索·恩·人物档案馆

004

一次对俄国文学巨匠生平和作品的探索之旅

Dostojewskij

Andreas Guski
Dostojewskij
© Verlag C.H.Beck oHG, München 2018

陀思妥耶夫斯基传
Andreas Guski

〔德〕安德里亚斯·古斯基 著　　强朝晖 译

社会科学文献出版社
SOCIAL SCIENCES ACADEMIC PRESS (CHINA)

THORN BIRD
索·恩
忘掉地平线
Beyond
the horizon

人物档案馆丛书序

斑驳的旧物埋藏着祖先的英勇事迹,典礼仪式上演的英雄故事传颂着古老的荣光。从司马迁的《史记》、普鲁塔克的名人合传到莎士比亚的历史剧,乃至今天风靡世界的传记电影和历史同人小说创作——我们不断切换视角、变换笔触,力图真切地理解当事者的生活时代,想象其秉性和际遇,勾勒更丰满的人物形象。无限还原的愿望与同样无限的想象力激烈碰撞,传记的魅力正蕴藏在真实性与艺术性的无穷张力之中。

今天我们仍然喜欢描写和阅读伟人的故事,一方面是因为他们的存在和行为对社会发展起了关键作用,塑造着历史潮流,其人生值得在"作为艺术作品的传记"中延续下去并承载教化的功能;另一方面,人们的思想、情感、需求很大程度是相通的,传记从一些重要人物的人生际遇中折射普遍的人性,有让读者感同身受的能力。置身新时代,今人和前人面对着同样的问题:如何决定自己的命运,如何改变世界。过去与现在的鸿沟被不变的人之本性和深厚的思想传统跨越,这使历史可与当下类比。

索·恩人物档案馆丛书和已推出的历史图书馆丛书一道坚持深度阅读的理念,收录由权威研究者撰写的重要政治人物、思想家、艺术家传记。他们有的是叱咤风云的军事领袖、外交强人、科学奇才,有的则是悲情的君主，或与时代格格不入的哲学家……无论如何，他们都是各自领域的翘楚，不仅对所生活的社会，而且对后世及世界其他地方也造成了深远持久的影响。因而，关于他们的优秀的传记作品应当包含丰富而扎实的跨学科研究成果，帮助我们认识传主性格、功过的多面性和复杂性，客观地理解个体映射的时代特征，以及一个人在其社会背景下的生活和行为逻辑，理解人与社会结构是如何相互联系的。同时，这些作品当以前沿研究为基础，向读者介绍最新发现的档案、书信、日记等一手资料，且尤应善于审视不同阶段世人对传主的认识和评价，评述以往各种版本传记之优劣。这样的传记作品既能呈现过往时代的风貌，又见证着我们时代的认知和审美旨趣。人物档案馆丛书愿与读者共读人物传记，在历史书写中思考人类命运和当下现实。

社会科学文献出版社

索·恩编辑部

我希望这些文字能让我赚到一万五千卢布,可是,这份差事简直就是苦役!

——陀思妥耶夫斯基于 1865 年 4 月 14 日致卡特科夫的信函

前　言 / *001*

引　子 / *003*
  "陀思妥耶夫斯基之旅" / *003*
  边界 / *008*

第一章　起步与受挫（1821~1849） / *013*
  莫斯科的童年时光 / *013*
  求学生涯 / *025*
  走上文坛 / *041*
  声名鹊起：《穷人》 / *051*
  批评与伤害 / *061*
  该以什么方式写作？ / *069*
  陀思妥耶夫斯基与彼得拉舍夫斯基小组 / *073*
  帝国的反击 / *086*
  "重生" / *099*

第二章　第一次流亡：西伯利亚（1850~1859） / *109*
  死屋岁月 / *109*
  列兵陀思妥耶夫斯基 / *121*
  艰难的回归 / *139*

第三章　文学上的新生（1860~1867） / *154*
  新的起点 / *154*

重返文坛：《被侮辱与被损害的人》 / *158*

东山再起：《死屋手记》 / *166*

动荡的年代 / *173*

欧洲：进步的象征 / *179*

新一轮危机 / *189*

烦恼的婚外情 / *193*

1864——灾难之年 / *200*

哈姆雷特，一只受辱的老鼠：《地下室手记》 / *206*

冒险的计划 / *216*

鲁列滕堡的豪赌：《赌徒》 / *226*

分裂：《罪与罚》 / *234*

重获自由 / *248*

第四章　第二次流亡：欧洲（1867～1871） / *259*

情非所愿的旅行者 / *259*

工作还是赌博？ / *262*

日内瓦，"令人厌恶的共和国" / *269*

俄国的基督：《白痴》 / *276*

意大利和德累斯顿：《永远的丈夫》 / *291*

斯拉夫派道路 / *297*

在欧洲的最后岁月：治愈赌瘾 / *299*

《群魔》：一出魔鬼的歌舞剧 / *303*

第五章　回归之路（1871～1876） / *332*
　　返回俄国 / *332*
　　一个资产阶级分子的成长与失败史：《少年》 / *344*
　　"矛盾百出，如群蜂乱舞"：《作家日记》 / *359*

第六章　巅峰时刻（1876～1881） / *372*
　　土地与孩子—新的责任—从刑场到大理石宫 / *372*
　　一座纪念碑，两位预言家
　　——1880年普希金雕像揭幕典礼 / *386*
　　文学遗产：《卡拉马佐夫兄弟》 / *395*
　　去世与封圣 / *411*

注释 / *421*

参考文献 / *436*

插图版权说明 / *447*

人名索引 / *448*

前　言

陀思妥耶夫斯基是一位"危机"作家。这不单单是指其小说中的人物和情节，同时也包括他的作品被世人接受的社会背景。在德国，陀思妥耶夫斯基最早受到关注是在第一次世界大战前后。正如爱德华·图尔内森（Eduard Thurneysen）所言，那些初次读到他的作品的人，会感觉眼前"突然冒出了一片荒野"，仿佛瞬间被带到了"已知人类世界的最后一道边界"之外。[1] 在战争刚刚结束时，没有人能够预见，再过短短二十年，这场疯狂将以更恐怖的方式再度重演。同样，也没有人能够料到，当第二次世界大战的灾难早已成为历史时，战后世界秩序会随着21世纪的到来重新陷入混乱，其疯狂程度远远超出了世人的想象。当年，陀思妥耶夫斯基以文学形式描写了19世纪俄国和欧洲经历的种种危机，今天，他的作品却依然会触痛（后）现代世界那些尚未愈合的伤口：科学与信仰、肉体与心灵、个体与社会、社会与共同体、民族与跨民族身份认同等，而这些，不过只是众多矛盾关系当中的几个例子而已。对今天人类所处的危机环境而言，陀思妥耶夫斯基仍然恰逢其时。否则我们该如何解释，为什么斯薇特拉娜·盖耶尔（Swetlana Geier）重译的陀思妥耶夫斯基作品会在德国如此广受关注，为什么柏林人民剧院的导演弗兰克·卡斯托夫（Frank Castorf）会把几乎所有陀氏作品都搬上戏剧舞台，而他的众多同行也都在效仿这一做法。

正是因为陀思妥耶夫斯基在21世纪的今天丝毫没有过时，所以我才斗胆尝试通过本书，以作家所处的时代为背景，对其人其作做出新的诠释。在书中，作家的"私人生活"没有被看作"作品之外、可悲却又无法忽略的一堆累赘"，就像德国著名陀氏传记作家卡尔·诺策尔（Karl Nötzel）所做的那样，而更多是被当作整个叙述的核心。除了陀思妥耶夫斯基的个人发展经历，书中特别强调的还有其创作的物质条件：他对作家身份的自我认知，在俄国图书市场上所处的位置，为赢得读者所付出的努力，以及他在文坛和"权力场"（皮埃尔·布迪厄语）所扮演的角色，作为民族"预言家"的重要地位等。

感谢贝克出版社斯蒂芬妮·赫尔舍博士（Dr. Stefanie Hölscher），谢谢她的耐心指教和建议；感谢佩特拉·雷德尔（Petra Rehder）和贝亚特·萨德尔（Beate Sander）对文稿的专业审校和修订；特别感谢我的太太汉内洛蕾·古斯基（Hannelore Guski, 1944~2015），如果没有她多年来的陪伴、批评和鼓励，就不会有这本书。我谨将它献给她，以资纪念。

柏林，2017年10月

引 子

"陀思妥耶夫斯基之旅"

　　2010年6月的一天，当莫斯科人第一次看到新落成的"陀思妥耶夫斯基"地铁站时，忍不住揉了揉眼睛。在站台四周用意大利进口大理石铺砌的墙壁上，一幅幅巨大的壁画赫然映入眼帘。壁画上描绘的是费奥多尔·陀思妥耶夫斯基小说中的场景：拉斯柯尔尼科夫挥舞着斧头，砍向瑟瑟发抖的第二位受害人；罗果仁手握匕首躲在暗处，窥伺着作为袭击目标的梅诗金公爵；娜斯塔霞·菲里波夫娜挥起手，将罗果仁给她的十万卢布扔进冒着火舌的壁炉。在俄国，每个读过几本书的人都对这些情节耳熟能详。作为后苏联时代为数寥寥的建筑成就之一，这座新地铁站在公众中获得的评价虽然褒贬不一，但是它明白无误地告诉人们：陀思妥耶夫斯基又回来啦！不仅是在这座位于玛莉娜灌林区的相对偏僻的地铁站（离站口不远处就是作家出生的故居），在繁华喧闹的市中心、正对着宏伟的俄罗斯国家图书馆大厦这个欧洲最大的图书殿堂的地方同样可以见到陀思妥耶夫斯基的身影。1992年以前，这座大厦的名字还是列宁图书馆。附近的地铁中央换乘站迄今仍然沿用了这个旧的名称。在图书馆大厦前的广场上，原来的列宁像如今已经不见，取而代之的是一个形容枯槁、垂目凝思的男人坐像。这个青铜浇铸的"冥想者"，与传统列宁像的雄伟身姿形成了鲜明对比。这座1997年揭幕的陀思妥耶夫斯基雕像是由雕塑家亚历山大·鲁卡维什尼科夫（Alexander Rukawischnikow）设计。2006年，德累斯顿会议中心竖起了一尊同比例的雕像复制品。这座雕像的出现象征着俄国在文化政治上的路线转型，这是陀思妥耶夫斯基在世时做梦也不敢想象的。

　　1990年对于俄国来说，究竟能不能算作一次彻彻底底的新生，仍然是一件值得探讨的事，但是在象征性行为的层面上，国家的转向

俄罗斯国家图书馆大厦广场上的陀思妥耶夫斯基纪念雕像，由雕塑家 A. 鲁卡维什尼科夫设计

却是一目了然，无可置疑。在俄国的公共空间中，这种象征性行为的意义历来超过西欧国家。俄国的路线转型体现在那些大大小小、被冠以陀思妥耶夫斯基之名的博物馆、纪念碑、街道和广场，还有两万多个新建或重新修缮的修道院和教堂，而比这些更重要的，是宗教信仰对社会的渗透。这一点通过克里姆林宫那些政治精英的表现便可略见一斑。每逢大的宗教节日，他们就像沙俄帝国的政客们一样，严格按照东正教仪式举行隆重的庆典。谁能想象，就在叶利钦执政时，他还搞不清复活节和圣诞节哪一个更重要。在后苏联时代的俄国，比所有同辈政治家更能体现这一变化的是弗拉基米尔·普京。1996 年，当他从郊外别墅的一场大火中救出女儿后，人们在清理废墟时发现了一

枚完好无损的十字架,那是笃信基督教的普京母亲留下的。从此之后,普京总是把它戴在裸露的胸脯上(说不定正因如此,他才总喜欢以赤膊形象示人)。普京的这次顿悟经历,曾经感动了他当年的政治对手和教友小布什。假如陀思妥耶夫斯基在世,一定会对此感同身受,因为这种保罗归信式的精神皈依既是其文学创作的核心主题,也是作家一生中最重要的经历。

在俄国,陀思妥耶夫斯基从被压制到重返公共视野,经历了一个漫长的过程。当年,列宁一直把陀思妥耶夫斯基看作一个令人厌恶的作家("我才没时间读这种垃圾!"[1])。布尔什维克们则把陀氏当成外国人迷恋的对象或不合主流的人物,只有其作品中体现出的"人道主义激情",还有对俄国城市无产者——那些"被侮辱与被损害的人"——的同情,换言之,只有以这些为主题的陀氏早期作品,是值得肯定的。相反,他对宗教的热忱,正如他对进步的怀疑以及对犹太人和社会主义者的仇恨,都是令人唾弃的。在布尔什维克眼里同样有害的,还有陀氏作品中主人公的复杂心理活动,它与革命"新人"的正直坦率、勇于牺牲和乐观主义精神完全背道而驰。马克西姆·高尔基在对陀思妥耶夫斯基描写罪恶方面的天赋表示欣赏的同时,对其描绘的"卡拉马佐夫式"人格和道德虚无却十分反感。

在1920年代的苏联,围绕陀氏作品的学术研究仍然是一个热门课题,其成果也颇为可观,列昂尼德·格罗斯曼(Leonid Grossman)、阿尔卡季·多利宁(Arkadij Dolinin)、米哈伊尔·巴赫金(Michail Bachtin)等人的论著便是其中的佼佼者。在斯大林执政的1930年代~1950年代,陀思妥耶夫斯基彻底变成了"不受欢迎的人"。相反,在柏林、布拉格和巴黎的俄国流亡者当中,陀思妥耶夫斯基则被奉为圣人。这些流亡人士从不同的意识形态观点出发,或将陀氏视作革命预言家,或将其看作现代存在主义的先驱。虽然20世纪最著名的三位俄国流亡人士——列夫·舍斯托夫(Lew Shestow)、伊万·蒲宁

（Iwan Bunin）和弗拉基米尔·纳博科夫（Vladimir Nabokov）——对陀氏的态度颇为保守，但是俄国流亡者对陀氏的崇拜却丝毫没有因此减弱。

进入赫鲁晓夫时代后，随着政治气氛的松动，一套十卷本陀思妥耶夫斯基全集于1950年代末正式出版。1959年，一套早在1920年代便开始编辑修订、其间中断数十年的陀氏书信集，推出了最后一卷。俄国陀思妥耶夫斯基研究的新里程碑，是由苏联科学院编辑、于1972~1990年陆续出版的三十卷本陀氏全集。虽然这套书的印数高达二十万册，但是其中的几卷纯文学作品，也就是小说部分，刚上市便告售罄。以往只有那些禁书才会受到读者如此青睐。一直到苏联改革时期，陀思妥耶夫斯基在俄国仍然有着反动颠覆的名声，也正是因为如此，读者对他既感到陌生又充满了好奇。

如今，这套学术界投入大量人力和物力编纂的三十卷本陀氏全集已亟待修订，因为书中的许多注释仍然带有明显的苏联意识形态色彩，自1990年代中期起，在弗拉基米尔·萨哈罗夫（Wladimir Sacharow）领导下，彼得罗扎沃茨克国立大学的一支团队开始着手编辑一套全新的修订版陀思妥耶夫斯基全集，其中包含了未曾发表的陀氏文章，以及去苏联化的全新点评和注释，此外，编者还根据原著对全书的文字和标点进行了全面修订。在萨哈罗夫看来，后一项工作尤为重要，比如说在三十卷本陀氏全集中，编辑按照苏联时期的文法习惯将"上帝"一词全部小写，而把"魔鬼"变成了大写。[2] 萨哈罗夫教授认为，《圣经新约》是理解陀思妥耶夫斯基作品的钥匙，它比任何参考文献都更能给人以启发。[3] 为了表彰萨哈罗夫教授在编辑陀氏全集方面做出的贡献，莫斯科州州长授予其谢尔盖·拉多涅日斯基圣人勋章，这一勋章的获得者还包括普京和亚历山大·卢卡申科等政界要人。由此我们可以清楚地看到，在后苏联时代，俄国东正教势力的重新崛起与民族话语的重构以及陀思妥耶夫斯基热的回潮，这三者之间的联系是密不可分的。

　　自1991年苏联解体后,随着俄国对苏联历史的清算以及对文化断裂的修复,陀思妥耶夫斯基作品的颠覆性魅力已不复存在。今天,作为经典作家的代表,陀思妥耶夫斯基的身影不仅出现在莫斯科的繁华闹市,他的作品也成为俄国文学的必读书目。在俄国中学和大学的教学计划中,其地位与另外四位俄国19世纪文学巨匠——普希金、果戈理、托尔斯泰和契诃夫——不分伯仲。然而在先锋派眼中,经典却被视作绊脚石。面对新一轮陀思妥耶夫斯基热,年轻的艺术家和文人以特立独行的姿态与之保持着距离。例如,一些大学生把国家图书馆大厦前表情凝重的陀思妥耶夫斯基雕像戏称为"痔疮病患者"。在弗拉基米尔·索罗金(Wladimir Sorokin)1999年创作的话剧《陀思妥耶夫斯基之旅》中,作者以《白痴》为蓝本,将陀思妥耶夫斯基关于"美好新人类"的理念变成了一幕充斥着淫荡和暴力的荒诞剧。在2003年莫斯科萨哈罗夫中心举办的名为"警惕宗教!"的展览中,展出了一件以陀思妥耶夫斯基为主题的三联画装置作品:左侧画面上的作家形象是长翅膀的天使,中间一幅是手举斧头(的天使),右边一幅是怀抱鸟笼(的天使)。在三联画顶端悬挂着一只真正的鸟笼,笼子里是一个陀思妥耶夫斯基胸像,其寓意大概是暗指《死屋手记》中那只被犯人捉住的鹰。创作者瓦莱里·舍特什金(Walerij Schetschkin)或许是想用这个装置作品来表达弗洛伊德的那句著名论断:"陀思妥耶夫斯基放弃了成为人类导师和救星的机会,而成了人类的监狱看守的同伙。"[4] 在展览开幕酒会结束后不久,一群右翼激进分子冲进了展馆,高喊着"干掉这伙东正教的敌人!",捣毁了大量展品,将散布仇恨的口号用喷漆喷在墙上。国家杜马以展览举办方侮辱东正教教会、损害宗教感情为由,宣布这群笃信宗教的破坏分子无罪。

边界

在乌拉尔山脉的一处山坡上，马车在一座小小的方尖碑前停了下来。碑上是两块黑底白字的路牌，一块写着"亚洲"，另一块写着"欧洲"。就在十年前，车上的旅人在这里经过：当时，这位戴着镣铐的囚犯冒着风雪和严寒，驶向相反的方向。如今，在1859年夏末的这一天，这位重获自由的男人将沿着边界另一块路标的指引，走向"欧洲"，不，是俄罗斯！在他的身后，是从塞米巴拉金斯克到叶卡捷琳堡的漫长旅途，是绵延数百公里的哈萨克草原，以及高温、沙尘和风暴；在他的身后，是四年苦役和西伯利亚第七线列步兵团的五年半兵营生活；在他的身后更遥远的地方，是他在文坛昙花一现的声望，还有曾经的青春。眼下，再过几个月，这个托上帝之福侥幸活下来的男人即将迎来他的三十八岁生日。等到了四十岁，他就算得上是个老人了。时间已是下午五时，太阳依然高挂在天空。但是，在浓荫蔽日的树林里，寒气依然逼人。空气里到处是松脂和湿土、蘑菇和草莓的味道。那是俄罗斯的味道。"我们下了车，"他在后来的信中写道，"我在胸前画了十字，承蒙主恩，让我终于抵达了这片应许之地。"（1858年10月23日）

"生涯"这个富有象征意味的词指的是人的一生所走过的道路。每个人都会沿着各自的轨迹，经过这条道路上的一个个站点。这条轨迹的走向，说到底是由一个人的文化背景决定的。在理想情况下，每个人生阶段都会给人带来价值上的新收获，至少是在经验和阅历方面。但是一个人的价值，只能在他走到人生旅程的终点时才能判定。所以，简历与悼词在本质上是相同的。在旧时的俄国，人们不相信人类能够依靠自身力量和修炼来实现自我完善。一个人的真正价值，只能通过最后的审判来裁定。人世间的生活不过是为进入天堂所做的准备，死亡并不是结束，而是通往永生道路上的一个中转站。

在18世纪的俄国，上述信念和其他许多传统观念一样也开始动摇。彼得大帝对俄国东正教教会实行压制，强迫其屈服于沙皇政府的统治，并以保障国家利益、促进"公共福祉"为名，于1772年颁布了"官秩表"法令，将全国文武官员划分为十四个等级，从最低一级的录事直到最高一级的一等枢密顾问。这套职级制度一直沿用到俄国十月革命，其宗旨是破除传统的贵族门第观念，论功取仕。"官秩表"的颁布同时还为个体的事业发展创造了条件。至少是在政治和文化领域，每个人都可以沿着固定的职业路径一路攀升，成就自己的一番事业。以往在俄国，这种情况是完全无法想象的。

"事业"（carrière）一词很快变成了俄语中的时髦词语，一个不言自明的概念。到了19世纪，除了入仕为官，人们还可以在其他领域赢得事业上的成就，从某种意义上讲，甚至比在官场更容易。这一点正是那些与风险并存的所谓自由职业的一大优势：无论是商人还是债券经纪人，建筑师还是律师，医生还是发明家，钢琴家还是演员，另外，当然还有作家。写作这件事"虽说算不上什么差使，但毕竟也是条门路，那些大人物会看到的"，陀思妥耶夫斯基在小说《被侮辱与被损害的人》中借天真的地主伊赫梅涅夫之口，对诗人伊万·彼得罗维奇——作家在小说中的化身——这样说道。

陀思妥耶夫斯基也曾梦想在文学领域树立自己的功名。他从没有一刻放弃过这一梦想，特别是在眼下，1859年夏末的这个午后，其内心的渴望比任何时候都更加强烈。但是同时，他对所谓"事业"也充满了疑虑，因为它的最大危险是受社会压力所迫而失去自我，正如司汤达和巴尔扎克笔下的许多主人公，还有陀氏小说《双重人格》中的男主角戈利亚德金一样。除此之外，"事业"这个词不仅令人联想到成名成家，还会让人把它和典型的西方式人生理想联系在一起：一种浮士德式的成功欲和名利心，还有一心想要飞黄腾达的野心，就像拿破仑的那句名言："我所有的政治就是为了成功！"（Et toute ma politique c'est le succès）从科西嘉少尉一路晋升、最终成为欧洲统帅的拿破仑,是19世纪俄国知识分子崇拜的英雄,也是《罪与罚》主人公拉斯柯尔尼科夫的人生榜样。如果换作拿破仑,他会不会自甘屈辱,钻到放高利贷的老太婆的床底下,去搜寻现金和值钱物件?绝对不会!拿破仑把自己看作超人和来古格士转世,他要做的事是推翻旧秩序,建立新秩序。而这一点,正是拉斯柯尔尼科夫想要效仿的。他希望从老太婆身上至少弄到三千卢布,再靠这笔钱为他一生的事业打下基础,这个事业的最终目标是拯救全人类。

但是,拉斯柯尔尼科夫的"事业"最终变成了一条"受难之路",正如陀思妥耶夫斯基于1840年代在文坛崭露头角后所经历的那样。"事业"是一种没有超越本体的进步,而"受难之路"则是一种基督式的修行,其换来的回报是复活和永生。就像他,陀思妥耶夫斯基,从人间堕入"死屋地狱",从一位受欧洲思想影响的知识分子变成一位普普通通的囚犯,还有他与那些"被侮辱与被损害的人"的相遇,这一切,与耶稣走过的道路有何分别?当然,苦役和流放并不是他的主动选择,正如钉死在十字架上并非耶稣所愿一样。但是,就像耶稣平静地接受公会的审断那样,他难道不是也以坦然顺从的态度接受了自己的命运吗?由此一来,他不是也将命运变成了自身意志的客体吗?到最后,他也因此迎来了重生,正如他在《死屋手记》结尾借刚刚出狱的主人公之口所言:"自由,新的生活,死而复活啊……这是多么美好的时刻!"

但是,在非象征性的现实层面,所谓"复活"和"新生"又究竟意味着什么?是指路的灯塔,还是纯粹的比喻和修辞?"每隔五个半小时,他便会'复活'和'新生'一次",对陀思妥耶夫斯基极度厌恶、笔名加拉哈德(Sir Galahad)的奥地利女作家贝尔塔·埃克斯坦-迪纳(Bertha Eckstein-Diener)曾以讽刺的口吻这样写道。[5]早在1849年12月谢苗诺夫校场的假死刑事件后,陀思妥耶夫斯基便迎来了自己新的人生:"如今,我的人生已彻底改变,我将以新的方式从头活过。"早在那时候,他便自认为得到了净化,就像现在结束了苦役、站在欧亚边界的他一样。年轻时关于革命的种种幻想,如今都已烟消云散。那位1840年代的社会主义者,已经变成了一位狂热的爱国者和沙皇的忠实信徒。这是一种"皈依"(Metanoia),一种双重意义上的信仰转变:一是道德,二是政治。

但是,他真的会从此走向"新生"吗?当然不。因为他心里清楚,他"对天堂的热情,依然带着俗世的烟火气",这是他敬佩的作家托马斯·肯皮斯(Thomas von Kempen)说过的话。他不仅知道,而且可以用身体的每个细胞感觉到,他绝不可能背离自己的天性,像托尔斯泰晚年时那样放下笔,拿起犁耙,过着粗衣粝食的乡间生活。正如他对功名利禄的反感一样,他对违背天性的圣徒式生活同样充满了警觉。"你即使把天性赶出门去,它也会从窗外飞进来",这是他在《卡拉马佐夫兄弟》中引用过的俄国谚语。后来他又在另一段文字中把同样的意思换了种说法:"所有违反天性的非自然之物,最终都会遭到报复。"

此时此刻,当陀思妥耶夫斯基站在两个大陆和两段人生的交界点时,他对生活的渴望远比对"新生"的期待更强烈。在他的身后,是长达五年的监禁、苦役、饥饿、病痛、羞辱和人间地狱般的生活,是在世界尽头的俄国外省小城度过的六年黑暗时光。在他的身后,是走了整整十一年的受难之路。如今,苦难已经尝尽,是时候拥抱生活了!虽然那里也有边界,但距离尚远。"我总是一刻不停地奔向最远的边界,我一辈子做的事,便是要跨越这条界线。"这大概就是他命中注定的生活。眼下,乌拉尔山脉并不是最远的边界。"死屋"一度是他最远的边界,直到今天,他才彻底将它甩在了身后。

在告别亚洲大陆前,陀思妥耶夫斯基拿出包里的苦橙酒,和同伴们一起举杯庆贺。一群人溜溜达达,活动着麻木的双腿。看守边界的卫士,一位退伍老兵,一瘸一拐地走出哨所,和大家喝酒闲聊。有的人心血来潮，跑进林子去摘草莓。在哈萨克草原，人们几乎早就忘记了这一世间美味。之后，一行人再次踏上了旅途。下一站是伏尔加河中游的喀山，然后是特韦尔，之后是莫斯科。最后的终点，是陀思妥耶夫斯基整整十年前离开的地方：圣彼得堡，俄罗斯帝国的都城。

第一章　起步与受挫（1821~1849）

莫斯科的童年时光

在陀思妥耶夫斯基的作品中，孩童总是扮演着核心角色，然而对于自己的童年经历，作家却总是讳莫如深。其实不只是童年，但凡涉及个人，陀思妥耶夫斯基一向不愿多谈。另一位大作家托尔斯泰则不然。后者最喜欢做的一件事，就是向自己和他人，甚至在整个世界面前进行自我剖析。单是他写下的日记，就有厚厚几大卷。与笔下的许多主人公相反，陀思妥耶夫斯基对暴露自己的内心十分反感。除了少数亲朋至交，他对写信这件事也从不热衷。他曾经开玩笑地讲，如果有一天下地狱，他多半会因为罪孽被判罚每天写十封信。

我们对作家童年的大部分了解，都是来自其胞弟安德烈的回忆。甚至对自己的身世来历，费奥多尔·米哈伊洛维奇·陀思妥耶夫斯基也没有特别的兴趣。直到作家去世后，他的遗孀安娜·格里戈利耶芙娜（Anna Grigorjewna）才对夫家的族谱做了详细考证。据其所述，陀思妥耶夫斯基的父系一脉源于贵族世家，16世纪初，该家族得到了一个名为陀思妥耶沃的村庄作为封地，地点在当时的立陶宛大公国，离布列斯特城（Brest）不远。于是，接下来的一代人便把这个村庄的名字变成了家族姓氏，陀思妥耶夫斯基一族由此诞生。据记载，16世纪时，曾有一位"费奥多尔·陀思妥耶夫斯基先生"在安德烈·库尔布斯基亲王（Fürst Fjodor Dostojewskij）麾下效力。库尔布斯基亲王曾是伊凡四世（"雷帝"）的密友，后与沙皇反目，逃到了立陶宛。正是从这时候起，这位陀思妥耶夫斯基先生成了亲王的法律顾问。进入17世纪后，有关立陶宛陀思妥耶夫斯基一族的记载逐渐消失。直到18世纪中叶，这个姓氏才在当时隶属波兰的乌克兰西北部重新出现。从家谱上看，信息记录较完整的是安德烈·格里戈利耶维奇·陀思妥耶夫斯基（Andrej Grigorjewitsch Dostojewskij），即作家陀思妥耶夫斯基的祖父（据推测生于 1756 年）。

1782 年，安德烈·陀思妥耶夫斯基受职东仪天主教会祭司。在第二次瓜分波兰（1793 年）、其所在村庄划归俄国后，老陀思妥耶夫斯基转信俄罗斯东正教，并打算让 1785 年出生的长子米哈伊尔进入教会做一名修士。但是，1809 年从乌克兰沙尔霍罗德 – 尼古拉耶夫神学院毕业后，米哈伊尔·陀思妥耶夫斯基却毅然决定前往莫斯科，到专门培养军医的帝国外科医学院求学。在这位胸怀抱负的年轻人眼里，当一名军医显然要比在乡间做一辈子修士更有前途。当拿破仑军队于 1812 年 8 月攻占斯摩棱斯克，战火逐渐向旧都莫斯科逼近时，医学院被迫转移，搬到了莫斯科以东的后方。在 1812 年 9 月给俄方造成空前伤亡的博罗金诺战役期间，以及因尸体无法及时掩埋而引发大规模瘟疫后，医学院的师生也全员出动，加入救护工作中。直到拿破仑大军撤退后，米哈伊尔·陀思妥耶夫斯基才得以继续学业，并于 1813 年成为博罗金诺步兵团的团部军医。1818 年，米哈伊尔被任命为莫斯科列福尔托沃军医院的上尉军医，一年后被提拔为中校医师，年俸六百卢布。

1820 年，时年三十一岁的米哈伊尔·陀思妥耶夫斯基在军医院的小教堂里迎娶了比自己小十岁的新娘玛丽娅·费奥多罗芙娜·涅恰耶娃（Maria Fjodorowna Netschajewa）。玛丽娅的父亲费奥多尔·蒂莫菲耶维奇·涅恰耶夫（Fjodor Timofejewitsch Netschajew）是卡卢加（Kaluga）的一位富商，祖上历代经营布匹生意。1812 年莫斯科大火后，原本兴旺的生意日渐冷清，家境从此破败。玛丽娅的母亲瓦尔瓦拉·米哈伊洛夫娜·科特尔尼茨卡娅（Warwara Michajlowna Kotelnizkaja）是牧师的女儿，她的父亲毕业于著名学府莫斯科斯拉夫 – 希腊 – 拉丁语学院，在 1755 年莫斯科大学创立前，这是俄国首屈一指的教育机构。作为教会印刷所的一名校对员，他整天和莫斯科知识界人士打交道。他的儿子瓦西里，也就是玛丽娅的舅

作家父母：米哈伊尔·A.陀思妥耶夫斯基与玛丽娅·F.陀思妥耶夫斯卡娅

舅，是一位教授，曾在莫斯科大学医学系担任讲师，既是医学史专家，也是一位历史学领域的通才。对陀思妥耶夫斯基一家来说，瓦西里·科特尔尼茨基（Wassilij Kotelnizkij）是全家人的骄傲，身为政府顾问，他总是身着制服，头戴插着羽毛的三角帽，出行有豪华马车接送。每隔一个月，没有子嗣的科特尔尼茨基夫妇都会到陀思妥耶夫斯基家串门喝茶，到了复活节的时候，还经常邀请陀思妥耶夫斯基家三个年龄较大的男孩到他们位于斯摩棱斯克广场的小木屋做客。每年元旦——这天恰巧是瓦西里·科特尔尼茨基的命名日——医学系的师生都会在这里齐聚一堂，欢度新年。

如果说在陀思妥耶夫斯基母亲的亲戚当中，科特尔尼茨基夫妇是学问人的化身，那么玛丽娅的姐姐亚历山德拉则让家族的经商传统在其手中得到了延续。对陀思妥耶夫斯基一家来说，她所扮演的角色就像是一位善良的仙女。1814年，亚历山德拉嫁给了莫斯科富商亚历山大·库马宁（Alexander Kumanin）。库马宁的父亲是位腰缠万贯的富豪，甚至在中国都有自己的生意。由于夫妇俩膝下无子，亚历山

/ 第一章 起步与受挫（1821-1849） / 015

德拉主动担起了妹妹玛丽娅家七个孩子的教母之责。自米哈伊尔·陀思妥耶夫斯基去世后,库马宁家位于克里姆林宫南侧莫斯科河畔区的豪华别墅,便成了这些失怙孩子的第二个家。实际上,在妹妹和妹父在世时,每当陀思妥耶夫斯基一家在经济上遇到困难,库马宁夫妇也总是主动伸出援手。不过尽管如此,在作家陀思妥耶夫斯基后来创作的小说中,商人形象却往往是负面的:这些人几乎没有例外,都是些没有教养、唯利是图的伪君子。

1820年10月13日,[1] 玛丽娅·陀思妥耶夫斯卡娅生下了第一个孩子,以父亲名字命名的长子米哈伊尔·陀思妥耶夫斯基。不久后,玛丽娅的丈夫从军队退役,并于1821年春进入莫斯科玛利亚医院任职。1821年10月30日,费奥多尔·米哈伊洛维奇·陀思妥耶夫斯基在这所医院出生。玛利亚医院得名于医院近旁的玛莉娜灌林(Marienhain),这是俄罗斯文学家们经常歌颂的地方。俄国早期浪漫派代表瓦西里·茹科夫斯基(Wassilij Schukowskij)曾于1809年写下了一首以《玛莉娜灌林》为题、家喻户晓的爱情诗,将这片林地描绘为一个鸟语花香的伊甸园。事实上,玛莉娜灌林并不是一个充满田园气息的静谧之地。这片不大的林子地处莫斯科北郊,紧邻拉撒路墓地,多年来,这里埋葬的大都是死刑犯和自寻短见的人。到了19世纪,玛莉娜灌林渐渐变成了莫斯科市民享受闲暇时光的休憩场所。每逢节假日,许多市民拉家带口聚集在这里,跳舞唱歌,饮酒作乐。各路江湖艺人也会在这里摆上摊子,演木偶戏的、卖唱的、耍马戏的,各色人马,一应俱全。与茹科夫斯基相比,另一位作家米哈伊尔·扎戈斯金(Michail Sagoskin)的描绘更贴近现实。在他的笔下,玛莉娜灌林是"狂欢买醉的好去处","在墓地包围的灌木丛里,生活沸腾着,却又处处透着死亡的气息。这边,吉卜赛人的欢快歌声在古墓间回荡;那边,萨莫瓦尔茶壶和朗姆酒瓶被摆在墓碑上,一群俄国商人正在举杯畅饮"。[2]

玛利亚医院的前身是17世纪建立的一家专门收治贫困病患的医护机构，在1771年黑死病大爆发期间被关闭。1804年，在沙皇尼古拉二世的德裔母亲玛丽亚·费奥多罗芙娜（Maria Fjodorowna）的倡议下，一家为莫斯科穷人提供免费治疗的济贫医院在这里奠基。医院的所有治疗和护理，都是依照现代医疗标准执行的。1806年，医院正式启用。医院大楼是由吉奥瓦尼·吉拉迪（Giovanni Gilardi）按照古典主义样式设计，外观看上去就像是一座宫殿。除了柱廊和庭院，还有一个医院专属的小教堂。医护团队是由一位德国医生领导，作为团队中少数幸运的俄国成员之一，1821年3月，陀思妥耶夫斯基医生分到了一间位于院内的宿舍。他的次子费奥多尔便是在玛利亚医院里度过了童年最重要的时光。

自1928年起，这套狭小的公寓被改建成莫斯科陀思妥耶夫斯基博物馆，里面的所有家具和设施都是按照19世纪初流行的毕德麦雅（biedermeier）风格仿制的。这些房间今天的样子，要比当时漂亮得多。作家弟弟安德烈·陀思妥耶夫斯基（Andrej Dostojewskij）在回忆录中谈起父母的家时，是这样描写的：

> 和今天的公寓宿舍相比，那时候的设施要简陋得多。当时，对于拥有中校参谋职衔、拖着四五个家眷的父亲来说，这套公寓除了厨房和门厅之外，实际上只有两个像样的房间。进门后是一条带窗户（外面是前院）的走廊，这条长长的走廊的最末端，隔着一道天花板高的屏风，是黑漆漆的儿童房，旁边紧挨着厅堂。厅堂面积很大，有两个临街的窗户，还有三个窗子朝向前院。再往后是有两扇临街窗户的起居室，里面用屏风隔出了一个几乎见不到光的隔间，作为父母的睡房。这就是公寓的全部！[3]

在米哈伊尔和费奥多尔两兄弟之后，家里又添了五个孩子；分别是 1822 年出生的瓦尔瓦拉（Warwara），1825 年的安德烈，1829 年的薇拉（Wera），1831 年的尼古拉（Nikolaj）和 1836 年的亚历山德拉（Alexandra）。从此，家里的居住环境变得更加拥挤不堪。和局促的房间格局一样，屋里的家具陈设也十分简陋。墙壁只用石灰涂料简单地刷白，外衣、内衣和日用品混乱地堆在箱子和柜子里，有些箱子同时也被用作床铺。到了夜里，奶妈和保姆睡在父母卧室中用木板隔出、没有窗户的隔间里，婴儿的摇篮就摆在父母的床边。天黑后，客厅里的长沙发就变成了两个大女儿的床。屋里仅有的几件贵重家具是一个五斗橱，一个书架，还有两个小方桌，那是几个孩子上课和写作业的地方。

莫斯科玛利亚医院，前面是由 S.D. 梅尔库罗夫设计的陀思妥耶夫斯基雕像

居住空间的狭窄逼仄，特别是两兄弟那黑漆漆没有窗户的睡房，在陀思妥耶夫斯基的作品中留下了清晰的印迹。其处女作《穷人》的主人公马卡尔·杰武什金租住的斗室紧挨着女房东的厨房，屋里四处透光，既不隔音也不隔味。《罪与罚》的主人公拉斯柯尔尼科夫居住的隔间"与其说像间住房，不如说更像个衣柜或大橱"。《群魔》中拥有一幢豪华别墅的富人斯塔夫罗金，最后却吊死在一间狭小的阁楼里。最能直观反映陀思妥耶夫斯基对棺材般狭小空间印象的，莫过于小霍尔拜因（Holbein）的油画《墓中的基督》。在作家的视觉记忆中，这幅作品带来的冲击力始终占据着中心的位置（见本书页边码第287页）。

对于1832年获得枢密顾问头衔并从此跻身贵族的陀思妥耶夫斯基医生来说，玛利亚医院的这套公寓实在太过寒酸了。或许正因为如此，无论在陀思妥耶夫斯基的书信还是文学作品中，父母的房子从来都不像在列夫·托尔斯泰、谢尔盖·阿克萨科夫（Sergej Aksakow）、伊凡·冈察洛夫（Iwan Gontscharow）等人的作品中那样，被描绘成一个温暖安全的港湾。除了居住空间的拥挤，贫困也是陀思妥耶夫斯基童年经历的重要部分。父亲总是在几个儿子面前把自己装扮成一个可怜的穷鬼，并且不厌其烦地警告说，等他死了以后，孩子们都得到街上乞讨。不过，虽然老是在家里哭穷，可这并不妨碍他每次去病人家出诊时（他也由此赚了不少红包），都会叫上一辆四轮马车，再带上一位穿制服的男仆。除此之外，他还在1830年代初斥资一万二千卢布，在莫斯科东南侧、距首都大约一百五十俄里[①]的图拉省，买下了两处田庄：达罗沃耶和切列莫什那。每年夏季，一家人都会到这里避暑。从经济角度看，这是一笔失败的投资。在购买切列莫什那时，陀思妥耶夫斯基医生不得不用之前买下的达罗沃耶村作为抵押，以申请贷款。而且，这两处田产带来的收益也少得可怜。1830年代的持续干

---

① 一俄里即1.0668公里，或0.6629英里。（如无特别说明，本书脚注皆为译者注。）

旱让庄稼收成更加雪上加霜。刚刚买下一年，达罗沃耶就遭遇了一场大火，陀思妥耶夫斯基家小小的庄园几乎被燃成灰烬。另外，还有与邻村旷日持久的地界之争，也总是让人不得安宁。

　　这处不久后重新修缮的乡间别墅，对陀思妥耶夫斯基一家来说大概只有一个好处：它让这个人口不断壮大的家庭可以在每年春季到秋季逃离莫斯科拥挤的小屋，享受广阔天地带来的自由。其中最开心的，还要属孩子们。在莫斯科，就连附近的玛莉娜灌林，父母都不许他们接近，而在达罗沃耶，他们可以在大自然里尽情撒欢。对陀思妥耶夫斯基家的孩子们来说，每年暑假在乡下的日子，或许是他们仅有的无忧无虑的时光。因为工作原因，父亲不得不独自留在莫斯科，偶尔才能抽出时间去乡下探望。于是，在达罗沃耶，母亲便代替父亲成了一家之长。这个在城里长大的富家女很快便成了干农活的一把好手，在管教子女方面，她比丈夫要宽松得多。几个大点儿的男孩米哈伊尔、费奥多尔和安德烈可以在乡间追逐打闹，挖池塘，盖房子，在野外露营，装扮成印第安人或鲁滨孙到林子里游戏。

　　这与父亲的教育方式相比近乎天壤之别。在他眼里，孩子们是一群小大人。纸牌、象棋、球类游戏等，都是不被允许的。济贫医院的小花园，是公寓宿舍之外唯一允许孩子们去的地方。但是，与身穿褐色病号服、头戴白色纸帽在花园散步的病人攀谈，则被明令禁止。所以，孩子们在花园里实际上并不是玩耍，而是"乖乖地跟在保姆艾莉奥娜·弗洛罗夫娜身后散步，或者坐在花园的长凳上发呆"。[4] 甚至在年满十七岁之后，米哈伊尔和费奥多尔两兄弟也不能独自外出，因为在父亲看来，这样做是不合规矩的。

　　三个大儿子最初是在家里上课，为他们教授俄语、宗教和算术的，是既虔诚又爱讲故事的教会执事伊万·钦科夫斯基（Iwan Tschinkowskij），法语课老师是一位法国老兵，他把法语姓氏"苏查德"（Suchard）的字母顺序颠倒过来，给自己起了个俄语名：德查索夫（Draschussow）。拉丁文课则由父亲亲自教授，这是米哈伊夫和费奥多尔最怕也最恨的课程。上课地点通常是厅堂的方桌旁，上其他课时，几个男孩可以坐下来听讲，但是轮到父亲上课时，孩子们只能站着学习拉丁语的变格变位，常常一站就是一个小时，甚至更长。而且在上课的时候，父亲严禁他们把身体靠在椅子上，哪怕用手指尖撑一下也不行。不过，他在教育方面表现出的才能，却远远比不上他对师道的重视。这位老师既缺乏耐心，又简单粗暴。只要他没有在第一秒得到正确答案，就会立刻暴跳如雷。他经常会把课本往桌子上一摔，然后怒冲冲甩手而去，又一次对这些不成器的儿子大失所望。

尽管态度严厉，但米哈伊尔·安德烈耶维奇却从未对儿子实行过体罚。在19世纪初的俄国，这种情况并非理所当然。据安德烈·陀思妥耶夫斯基猜测，父亲之所以让几个孩子在家里上课，主要是因为在当时的学校里，体罚还是普遍现象。直到1860年代初，俄国民众才就体罚学生的意义问题展开了一场公共大讨论。陀思妥耶夫斯基医生放弃棍棒教育的另一个原因，是受18世纪末19世纪初俄国知识界推崇的感性思维影响。尽管米哈伊尔·安德烈耶维奇·陀思妥耶夫斯基本人对卢梭的理念并不完全接受，但是在强调感性的教育观念方面，他却或多或少受到了感染，特别是对家庭观念和夫妻之道的重视。在叶卡捷琳娜大帝时期，为抵抗俄国王公贵族中的道德沦丧之风，这些理念格外受到推崇。另外，还有宗教信仰上的虔诚，这种虔诚不仅体现在日常生活中的一点一滴，同时也借助语言得到了清晰反映：

> 想念你，我的宝贝，我的天使！我的挚爱，得悉你和孩子们一切安好，甚喜。这皆拜万能的主所赐。愿主保佑你们，我的亲人，以他的慷慨和慈悲！不要挂念我，托上帝之福，我和孩子们

/ 第一章 起步与受挫（1821-1849） / *021*

都很康健……

保重，我的心肝，我的小鸽子，我的欢乐，我的唯一和我的全部！吻你，用最热烈的方式吻你。也请替我吻我们的孩子……保重，我唯一的情人，记住，我会永远爱你，直到死去。你的M. 陀思妥耶夫斯基。[5]

父母的虔信不仅体现在他们彼此的通信中，而且渗透在日常生活的每一个细节中。每次启程去乡下之前，他们都会请医院里的神父带领全家一起祷告，祈求上帝保佑家人平安。无论早晚还是餐前，祷告都是全家例行的功课。对陀思妥耶夫斯基一家来说，上帝的存在乃是不容置疑之事。每年春秋两季，一家人都会举行祭祀仪式，祈祷风调雨顺，保佑庄稼有个好收成。每当村里有新的水渠或水坝落成，隆重的圣水仪式和圣像游行也是必不可少的。每年陀思妥耶夫斯基医生都会带着一家老小到莫斯科北边、靠近玛莉娜灌林的谢尔盖圣三一修道院去朝圣。这个神秘而美丽的修道院是俄罗斯东正教的圣地之一，在年幼的陀思妥耶夫斯基的记忆中留下了不可磨灭的印象。1832年达罗沃耶村遭遇大火后，当一位村民骑着马赶到莫斯科，把消息通报陀思妥耶夫斯基一家时，夫妇俩的第一反应是拉着孩子们在家里供奉圣像的祭坛前跪下，向上帝祷告。

陀思妥耶夫斯基家的子女对宗教的认识，还通过读书识字得到了强化。他们读的第一本书是《圣经故事汇编》，这是约翰·胡伯纳（Johann Hübner）编写、当年在欧洲流行一时的少儿插图版《104个圣经故事》（初版于1722年问世）的俄语译本。这本书后来成为陀思妥耶夫斯基最喜爱的书籍之一。尽管作家一生中经历了各种宗教上的怀疑和信仰危机，正如其作品《罪与罚》中反叛上帝的主人公拉斯柯尔尼科夫一样，但是在他身上，虔诚善良的本性却一生未曾改变。[6]

由于工作原因,每年夏天陀思妥耶夫斯基医生只能独自留在莫斯科,和家人分居两地。不过正是因此,才有了夫妇之间的大量通信。其中有很多书信充满感伤色彩,让人不禁联想到理查逊(Samuel Richardson)和卢梭的书信体小说。从这些信件中我们可以看到,长时间的独居生活给陀思妥耶夫斯基医生的心理造成了多么大的伤害。由于天性多疑,他对身边的仆人也充满了戒心,甚至怀疑他们偷窃家里的财物:

> 你信中说,家里有六把汤匙,可我只见到五把。另外你还说,在五斗橱里还有另外一个打破的勺子,我也没找到。所以我请你再想一想,你是不是记错了?因为我告诉你,自从你走以后,家里就只有五把勺子。还有那把打破的勺子,你也想想,是不是把它放到了别处。因为我的钥匙一向都和我寸步不离。[7]

随着一天天衰老,米哈伊尔·安德烈耶维奇·陀思妥耶夫斯基逐渐出现了抑郁倾向。由于妻儿不在身边,抑郁症状越来越严重。1835年5月,他在从莫斯科写给乡下妻子的信中写道:"今天是圣三节(俄罗斯节日,复活节之后的第七周,作者注),可我没去玛莉娜灌林赶集。我的心情压抑得很,脑子里全是乌七八糟的念头,这感觉简直生不如死。"[8]这时候,玛丽娅·费奥多罗芙娜正怀着小女儿亚历山德拉,还有一个月就要生产。因为怀孕反应比以往任何一次都要严重,满是阴暗心理的丈夫甚至怀疑,妻子腹中的胎儿不是自己的骨肉。玛丽娅"对上帝,对天对地,对我的孩子们,用我全部的幸福和生命"发誓,其腹中孕育的是"连接我们彼此间爱情的第七根最亲密的纽带"。[9]

这番指天发誓的话是否让多疑的丈夫就此打消了疑虑,我们无从知晓,不过我们知道的是,早在几个月之前,玛丽娅·费奥多罗芙娜就开始不停地咳嗽。待1835年夏生下女儿亚历山德拉之后,咳嗽变得越发严重，表现出明显的肺痨症状。1836年这一年，母亲的身体眼看着垮了下来，就像阴云一般笼罩着整个家庭。莫斯科的亲戚们总是时不时来家里探望，每个人讲话时都会不自觉地压低声音，就连走路都是踮着脚尖。1837年2月27日，年仅三十六岁玛丽娅·陀思妥耶夫斯卡娅因肺痨去世，留下了七个孩子，还有心理崩溃的丈夫。陀思妥耶夫斯基医生让人在妻子的墓碑上刻下了一段碑文，开头是："永生铭记的挚友、贤妻与良母。"接下来是俄国感伤主义文学代表人物尼古拉·卡拉姆津（Nikolaj Karamsin）撰写的墓志铭："安息吧，亲爱的遗骨，直至快乐地苏醒！"（直译为："直至欢乐的黎明！"作者注）

费奥多尔·陀思妥耶夫斯基深爱着母亲，并且打心眼里崇拜她。1864年，当他和第二任妻子安娜·格里戈利耶芙娜来到莫斯科时，第一件事就是赶到玛莉娜灌林近旁的拉撒路墓地，给母亲扫墓。"每当他思念母亲的时候，内心总是充满了柔情。"[10]但是，对母亲的爱并没有让他在后来的创作中，对某些情节的设定有所避讳。在长篇小说《白痴》中，有一位名叫列别杰夫的小丑式人物。他跟人吹牛说，自己在1812年和拿破仑军队作战时，被法国人的大炮炸断了左腿。之后，他将截掉的残肢埋到了莫斯科瓦甘科夫公墓，并在墓碑的背面刻上了一行铭文，而这正是作家母亲坟墓上那句卡拉姆津撰写的墓志铭："安息吧，亲爱的遗骨，直至快乐地苏醒！"与陀思妥耶夫斯基同时代的读者都清楚，这段情节实际上是在影射1812年打败拿破仑军队的传奇式英雄、第一代安格尔西侯爵（Lord Uxbridge）。在滑铁卢战役中，作为联军骑兵指挥官，他被法国军队的大炮击中了右腿而被截肢，这条腿后来被埋在了一位布鲁塞尔市民的私家宅地里。从此，这里便成了世界各地游客到滑铁卢参观时的打卡地，同时也让这家人的后辈赚得盆满钵满。陀思妥耶夫斯基之所以借用卡拉姆津的话和滑铁卢战役的神话编造这样一段充满讽刺的情节，不仅是向俄国感伤主义文学——在1870年代背景下颇显过时的潮流——发出抨击，同时也直接反映了作家与父亲之间的矛盾分歧。这位同样亲历过1812年对法战争的英雄，面对身怀六甲、罹患重病的"贤妻"，竟然怀疑对方对自己不忠。

求学生涯

母亲的去世是陀思妥耶夫斯基一生中经历的第一次重大变故。另一次程度虽有所不及但同样深刻的转折发生在1834年秋天。陀思妥耶夫斯基和哥哥米哈伊尔一起，进入了契尔马克寄宿中学。这所私立学校是莫斯科的顶尖学校之一，校舍是一栋华丽的宫殿式建筑，位于东北部城区的诺瓦亚巴斯马娜亚大街。在这里就读的学生，每年要交高达八百卢布到一千卢布的学费。由于陀思妥耶夫斯基医生的收入只够支付一个儿子的学费，于是，库马宁夫妇便主动担起了另一半费用。学校的课程除了俄国文学和语法课，还有几门传统或时髦的外语（法语、德语、英语）课，再加上物理、数学、绘画、音乐等课。据弟弟安德烈回忆，两个哥哥最崇拜的老师是教俄语文法的尼古拉·比列维奇（Nikolaj Biljewitsch）。比列维奇原来在乌克兰涅任（Neschin）念书时，曾和果戈理同班。他本人也是狂热的文学爱好者，经常为各类刊物撰稿。

另外，比列维奇还曾把席勒的作品翻译成俄语。陀思妥耶夫斯基对席勒的热爱，或许便和比列维奇的影响有着直接关系。不过，陀思妥耶夫斯基兄弟对文学的热情早在此前便已被唤醒，那是从父母每天晚上带着孩子们一起读书的时候开始的。每次，先是父母轮流朗读，当他们读累了的时候，就由两个大儿子来接替。除了米哈伊尔·罗蒙诺索夫（Michail Lomonossow）、加甫里尔·杰尔查文（Gawriil Derschawin）等18世纪俄国经典作家，陀思妥耶夫斯基夫妇对同时代作家的作品更是情有独钟，尤其是尼古拉·卡拉姆津的感伤主义小说，还有瓦西里·茹科夫斯基的挽歌体诗作。相反，米哈伊尔和费奥多尔除了沃尔特·司各特等浪漫派作家，最喜欢的作家是普希金和早期的果戈理。关于普希金和茹科夫斯基谁才当得起桂冠诗人的称号，曾是父母和两兄弟争执不休的话题。就在母亲去世前几天，普希金在圣彼得堡的一场决斗中重伤后不治身亡。安德烈在回忆录中写道，如果不是当时正在为母亲服丧，两兄弟很可能会向父亲要求，去参加普希金的追悼活动。

1836年秋天，父亲在新成立的圣彼得堡军事工程学校为米哈伊尔和费奥多尔申请到了两个奖学金名额。在当时，像奖学金这样的区区小事，也要由大臣会议审批通过。这在今天听起来颇有些荒唐，但是在沙皇尼古拉一世统治的时代却十分平常。所以，陀思妥耶夫斯基医生足足等了三个月，才于1837年1月得到通知，两个儿子必须要通过录取考试，才能得到奖学金。之后又拖了三个月，米哈伊尔和费奥多尔兄弟俩才正式得到批准，去圣彼得堡参加考试。

临近动身，费奥多尔的声带突然出了毛病，于是，出发时间再次被推迟了两周。等到费奥多尔身体康复时，已是5月中旬。两兄弟在父亲的陪伴下，启程前往圣彼得堡。莫斯科距离圣彼得堡大约六百公里，乘马车大约需要一周。直到1851年，两地之间的铁路才终于开通。尽管已是春暖花开时节，然而旅途劳顿却仍然把陀思妥耶夫斯基父子三人搞得疲惫不堪。冰雪初融的公路上满是泥泞，马车只能以近乎步行的速度艰难地向前挪动。虽然一路没有更换马匹，但每到一处驿站，也都要等上几个小时才能再次上路。

在途中的一个驿站，陀思妥耶夫斯基三人看到了触目惊心的一幕。一个身着华丽制服的信使醉醺醺地跳上一辆刚刚驶入驿站的空马车，不等坐稳，便怒冲冲地"抡起右拳"朝着年轻马夫的"腮帮子狠狠地击去"。他这样做显然不是因为急着赶路，而只是为了向众人炫耀自己的身份，以及所肩负使命的重要性。赶车的农村小伙抱着脑袋缩起身子，半是恐惧半是恼怒地挥起马鞭，狠命抽打着牲口。拉车的驿马就像被毒蜘蛛刺中一般，发疯似的冲了出去。信使依然不肯罢休，而是机械式地不停地将拳头捶向马夫。后者随着同样的节奏，把鞭子一个劲儿地向马背抽去，直到这辆载着施暴者和受虐者的马车在视线中消失。时隔十四年后，陀思妥耶夫斯基在《作家日记》中回忆起这段往事：在他看来，"这一令人厌恶的情景"不仅反映出农奴制的弊端，而且也是俄国社会中恶行泛滥的证明。[11] 在为《罪与罚》撰写的提纲中，他写下了这样的提示词："我个人第一次目睹的凌辱事件——马，信使。"

但是，即使没有在驿站中见到的这一幕，陀思妥耶夫斯基兄弟的心情也一样低落。去工程学校上学并不是他们的愿望，而是父亲的安排，是这位军医根据自己的人生经验为儿子们做出的职业选择。两兄弟对工事学、弹道学和如何修造浮桥没有丝毫兴趣，对演习和训练更是充满了厌恶。陀思妥耶夫斯基在回忆这段经历时写道：

> 那时候，我和哥哥对新生活充满了渴望。我们热烈地向往着一切"美好和崇高"的事物，当时，这些词语充满了新鲜的气息，没有一丝嘲讽意味。哎，那时候有多少美妙的词语啊！……我们满怀激情，甘愿为信仰付出全部身心。虽然我们俩清楚地知道数学考试的各种要求，但是我们幻想的只是诗歌和诗人。哥哥写诗，每天要写两三首，甚至路上也不间断，而我一心想着要写一部小说，情节发生在威尼斯。[12]

到了圣彼得堡之后，陀思妥耶夫斯基医生才意外得知，工程学校的入学考试是在 9 月，也就是说，还要再等上足足三个月，而他不可能在圣彼得堡待这么久。为了让两个儿子在考试中能够取得好成绩，父亲将他们送进了退休军官科罗纳德·科斯托马诺夫（Koronad Kostomarow）开办的预科班，这所补习学校在帮助备考学生提高成绩方面一向有口皆碑。

陀思妥耶夫斯基医生花了两个月时间，带着两个儿子在新都圣彼得堡各处游览，之后于1837年7月独自返回了莫斯科。爱妻的离世再加上与两个儿子的分离，让他在精神上备受打击。还没有到家，他便以健康和服役年头为由，向医院提出了退休申请。1837年8月，申请得到批准后，他带着女儿瓦尔瓦拉、薇拉和亚历山德拉，还有儿子尼古拉、女管家阿廖娜·弗罗洛芙娜（Aljona Frolowna）以及医院公寓的全部家当，搬到了达罗沃耶的田庄。十二岁的安德烈独留在了莫斯科，和当年两位兄长一样，由库马宁一家资助，进入契尔马克寄宿学校就读。

归隐田园后，陀思妥耶夫斯基医生并没有像自己希望的那样，获得心灵上的宁静。原本就贪杯的他，从此彻底沦为了酒鬼。他整天自言自语，两手不停地颤抖，同时还害上了头晕病。很多时候，人们清早见到他时，他已经喝得醉醺醺了。搬到乡下不久，他就开始和十八岁的女仆同床共寝，并且生下了一个儿子。不过，孩子很快便夭折了。两个年龄较大的女儿瓦尔瓦拉和薇拉实在不能忍受父亲的混乱生活，干脆搬回了莫斯科，住到了姨妈家里。

从圣彼得堡传来的有关两兄弟的消息，更是让父亲的坏心情雪上加霜。在工程学校的入学体检中，天生体质羸弱的米哈伊尔被查出有肺结核迹象，因此未能被录取。米哈伊尔先是作为"残次品"被安排到圣彼得堡的另一家工程学校，三个月后又被转到了爱沙尼亚雷瓦尔[①]的一家分校。这个结果让陀思妥耶夫斯基医生的心理备受打击。除了由此带来的经济压力，身为退役军医，他感觉自己的职业尊严受到了伤害。为此，他向学校方面发去了一封儿子的健康证明信，以推翻圣彼得堡同行的诊断，最后自然是徒劳。但实际上，他的抗议是有道理的，因为工程学校的体检结果的确是一次误诊。

---

① 即今天的塔林。

米哈伊尔的落榜更是让费奥多尔伤透了心。哥哥被安排到遥远的波罗的海地区去上学，对他来说意味着，他的身边从此少了一位亲人和挚友。兄弟俩是一对心有灵犀的知音，他们共同分享对文学的热爱，相互倾诉自己心底深处的秘密。十二年后，当陀思妥耶夫斯基作为彼得拉舍夫斯基小组成员被捕后，当审讯员问他"你和谁关系最近，和谁交往最密切"时，他的回答是："我和任何人都没有绝对亲近的关系，除去一个例外，即我的兄长、前工程兵少尉米哈伊尔·陀思妥耶夫斯基。"[13]

很快，陀思妥耶夫斯基医生又得知了另一个坏消息。尽管费奥多尔于1837年9月顺利通过了录取考试，却没能得到国家颁发的奖学金。学校方面的解释是，所有公费名额都已发放完毕。但实际原因并不是公费生的名额太少，而是因为陀思妥耶夫斯基不肯用赠送礼金的方式去贿赂主考官。在沙皇时代的俄国，用钱来买通关系的现象十分普遍，不仅是在法律和行政部门，在军队同样也不例外。虽然考试成绩优异，但费奥多尔最后却只被定为十二级。米哈伊尔对此解释说，那些富家子弟都已经习惯了用钱而不是依靠努力去达到自己的目的。"我们没有钱能拿给别人，就算有，我们也不会这样干，因为用钱来代替行动去获取特权，是违背良知和令人耻辱的"，他在给父亲的信中（1837年9月27日）写道。米哈伊尔显然是想用这番话来安慰父亲，让他相信自己的两个儿子是品德高尚的人，从而使内心受到的打击得到缓解。

工程学校的学费每年九百五十卢布，这是年迈的陀思妥耶夫斯基医生根本没有能力负担的。于是，他只能不顾脸面，再次向库马宁夫妇求助。而且，实际上的花费还不止这些。费奥多尔总是用各种各样的理由向父亲要钱：茶叶，衣服，靴子，水彩，铅笔，描图纸，等等。他不想在学校里被人看成穷人家的孩子，并因此低人一等。

/ 第一章 起步与受挫（1821-1849） / 029

5月阅兵礼就要到了，我的制服和装备还有很多需要修补和添置。说具体点儿，我的同学们每人都有一顶新军帽，这会让我那顶旧军帽（学校免费发放给学生的库存军需品，作者注）在沙皇面前变得很惹眼。所以，我必须买一顶新军帽，价格是二十五卢布。（1838年6月5日）

　　阅兵礼之后是军事演习，这又意味着新的花销。演习之后又是新一轮阅兵，接下来又是演习。父亲不得不一次次给儿子往圣彼得堡汇钱，时间越久，心里积压的火气就越大，因为他原以为，只要儿子能够顺利通过考试，每年近一千卢布的学费就会自然得到解决。

　　在写给父亲的信中，费奥多尔总喜欢模仿父母写信时惯有的多愁善感语气，虽然在当时，这种感伤风已经成为诸如普希金等新生代作家嘲讽的对象。

　　我的天啊，我这是有多久没给您写信了啊，内心又有多久没有感受到那些真诚又纯洁、崇高又超然的幸福时刻了啊，这种幸福感，只有当你拥有一个百分百可以信赖的人时才能感受到，你可以与他分享你心底激荡的每一丝涟漪。哦，此刻我是多么急切地渴望沉醉在这种幸福中。（1838年6月5日）

　　从这种风格老派的笔调中可以看出，在文化修养方面，陀思妥耶夫斯基在很大程度上是受父母的熏陶，但是在更多时候，这种矫情做作的语气不过是儿子为了向父亲要钱而耍的花招。事实证明，儿子的信写得越矫情，措辞和语气越对父亲的口味，就越容易说通父亲，松开腰包给儿子汇钱。从这一意义上讲，正是陀思妥耶夫斯基少年时写下的这些讨钱信，后来变成了其作家生涯中的谋生手段，即用文字来换取金钱。

但是，就算信写得再讨人欢喜，父亲的耐心也总是有限度的。1839年5月，当费奥多尔又一次写信向父亲要钱时（这次是为了买靴子和一套新文具），父亲虽然如数汇给他需要的款项，但同时以哀伤的口吻描述了家中的悲惨境遇：虽然已是5月，可是在达罗沃耶和切列莫什那，地里的雪却还没有融化，所以他不得不额外花费六百卢布给牲畜购买饲料。可就算是这样，新买来的饲料和剩下的草料加在一起，也仍然不够。所以，田庄里的农民只好拆掉草棚，把苫屋顶的稻草拿去喂牲口。漫长的寒冬之后是旷日持久的干旱，这样下去，过冬的庄稼都要旱死在地里了。连续几个星期，天上没有下过一滴雨。

> 听到这些以后，你还抱怨父亲给你寄的钱太少吗？就连我自己也急需添置新衣，虽然旧的那些早已破破烂烂，可我整整四年没买过一件新衣服。在我自己需要用钱的地方，我连一个戈比也拿不出……现在我给你寄去三十五纸卢布，按照莫斯科的汇率，可以兑换四十三点七五银卢布。这些钱你要省着花，再说一遍：我没有能力很快再寄钱给你。[14]

这大概是父亲写给费奥多尔的最后一封信。十天之后，米哈伊尔·安德烈耶维奇·陀思妥耶夫斯基离开了人世，时年五十四岁。他的死引发了一场持续至今的有关死因的争论。据官方文件记载，陀思妥耶夫斯基医生是于1839年6月6日从达罗沃耶返回切列莫什那的途中因中风去世。但是小儿子安德烈却坚持认为，父亲是被自家农奴杀害的。安德烈在回忆录中写道，这天，一向脾气暴躁的父亲趁着酒劲，把几位村民劈头盖脸臭骂了一顿，骂他们是一群不好好干活的懒汉。其中一位村民"恶言恶语地顶撞了几句，因为害怕自己的冒犯会招来父亲的报复，便朝村民们喊：'哎，伙计们，咱们把他干掉！'话音刚落，这群壮汉——总共有十五人左右——便一拥而上，把父亲扑倒在地，然后活活打死了"。[15] 据安德烈称，调查委员会虽然安排了尸检，然而由于村民"用一大笔钱"买通了当局，所以死因最终被确定为"中风"，之后死者被草草下葬。一位了解事情真相的邻村地主劝陀思妥耶夫斯基家人放弃调查，也不要对当事村民提出诉讼，因为一来这不能让逝者死而复生，二来如果对事件进行彻查的话，也许达罗沃耶的所有男性村民都会被流放到西伯利亚，那样整个村子就会破产，陀思妥耶夫斯基一家也会随之遭殃。

安德烈·陀思妥耶夫斯基在讲述完整个事件后写道："我的两个哥哥很可能从一开始便了解事情的真相，却闭口不言。而我自己当时还年纪太小，尚未成年。"陀思妥耶夫斯基的女儿柳波芙（Ljubow）在1921年出版的回忆录中称，当事村民在法庭面前坦白，他们是为了报复父亲平日对他们的残酷压迫，用一个枕头把他活活闷死的。[16] 按照十月革命后在达罗沃耶村流传的说法，这场谋杀的经过更加富有戏剧性。村民们说，他们听自己的父母或祖父母讲，当时是切列莫什那的村民出于仇恨谋害了老陀思妥耶夫斯基。这些人强行给他灌下了整整一瓶伏特加，然后把他绞死。

这类谋杀情节与市面上流行的各种以小说笔法撰写的陀氏传记十分搭调，亨利·特罗亚（Henri Troyat）的作品便是其中的代表之一。另外，它与"受剥削的农奴奋起反抗残暴的地主"的阶级斗争思维同样也很合拍，因此在苏联，这种说法在很长时间里一直得到官方的认可。不过，还有一套与此截然不同的认知模式，对谋杀说也持肯定的态度，这就是精神分析学。西格蒙德·弗洛伊德在1928年发表的名篇《陀思妥耶夫斯基和弑父者》（*Dostojewski und die Vatertötung*）中提出，《卡拉马佐夫兄弟》中的弑父情节与陀思妥耶夫斯基父亲之死有着密切的关系。小说中伊万·卡拉马佐夫与同父异母的兄弟斯乜尔加科夫合伙杀死父亲的情节，反映了作家少年时潜意识里有过的愿望。因此，父亲的死让陀思妥耶夫斯基在心理上产生了强烈的负罪感，并由此导致癫痫的发作，这是作家以象征性死亡的方式对自身实施的惩罚。弗洛伊德的个案研究在陀思妥耶夫斯基研究者当中遭到了强烈的反驳。这些反对声音有些是从学术严谨性出发，对弗洛伊德论据的可靠性提出质疑，还有一些是内心受到伤害后做出的应激反应，因为这位精神分析之父的观点不仅让全世界陀思妥耶夫斯基迷无法接受，同时也让那些以这位伟大作家为荣的俄国人感觉受到了侮辱。

由于缺乏事实依据，老陀思妥耶夫斯基的死因始终是一个没有解开的谜。但是，与作家的人生经历和作品相比，这个问题是无关紧要的。由于没有一位家人目睹父亲的死，也没有人能够在事发后迅速赶到现场，因此与其花费大量精力去破解死亡的真相，还不如让我们将注意力放在另一个问题上，这就是，父亲的去世究竟给陀思妥耶夫斯基造成了怎样的影响。按照安德烈的说法，两个哥哥明知父亲是被人谋杀，却"闭口不言"。虽然这种沉默不能简单地解释为对谋杀行为的默许，就像伊万·卡拉马佐夫那样，但是它至少说明，兄弟俩和死者之间是存在情感障碍的。尤其是对陀思妥耶夫斯基这种比常人情感更丰富更细腻的人来讲，面对父亲的死，他在情绪上的反应本应更强烈，更何况是在知道父亲是死于非命的情况下。另外，在表达哀伤方面，陀思妥耶夫斯基也表现得出奇的克制，而且只有唯一一次。那是在父亲去世两个多月后，他才在给哥哥的信中以稍带一提的口吻写道："我因为父亲去世流了许多眼泪。"可他"更伤心"的是，几个年幼的弟弟和妹妹从此将变得无依无靠（1839年8月16日）。

从根本上讲，陀思妥耶夫斯基并不愿和人谈起自己的父亲。在朋友面前，每当说起自己的童年时，他总是用"压抑和不开心"来形容。他甚至干脆告诉朋友，不要问他关于父亲的事。[17] 相反，只要说起母亲，他就总是滔滔不绝，言语间饱含温情。对父亲的冷漠态度让人禁不住怀疑，以往他在给父亲的信中写下的那些伤感之辞统统都是违心的。这样的反差究竟是出于何种原因，我们只能通过猜测去判断。这有可能与陀思妥耶夫斯基性格中的许多矛盾因素有关，另外还有生性温柔、崇尚自由的母亲在儿子记忆中留下的理想化印象，以及对专横严厉的父亲的反感和畏惧。作家或许是想用这种冷漠，与父亲身上某些近乎怪僻的性格特征划清界限。除了一些无可争辩的优点，陀思妥耶夫斯基医生的性格中确实有不少缺陷：过度敏感，病态的虚荣心，多疑，喜欢猜忌，嫉妒心重，等等。这些性格特征在后来的作家陀思妥耶夫斯基身上几乎表露无遗。通常情况下，子女对那些从父母身上继承来的性格缺陷往往会感觉很委屈，反过来，他们对父母二人中与自己在情感上较冷淡甚至刻意疏远的一方，又难免会怀有某种负疚感。

1838年1月，陀思妥耶夫斯基离开涅瓦大街的科斯托马诺夫补习学校，搬进了所谓"工程兵宫"。这座建筑本名圣米迦勒宫，它是以罗曼诺夫家族的守护神大天使长米迦勒（Michail）命名的，如今这个旧名已重新恢复。自1823年起，这里成为军事工程学校所在地。这栋位于圣彼得堡两大河流莫伊卡河（Mojka）和丰坦卡河（Fontanka）交汇处的宏伟建筑有着一段黑暗的历史。1801年3月12日深夜，保罗一世在这里遇刺身亡。这位不受百姓爱戴，就连他的亲生母亲叶卡捷琳娜大帝都看不上眼的沙皇，被几个宫廷政变者用围巾勒死。据传幕后指使者是下一任沙皇，即史称"欧洲救世主"的亚历山大一世。当时在沙皇俄国，老百姓没人敢对保罗一世的暴毙说东道西。[18]官方公布的死因是"中风"，和陀思妥耶夫斯基父亲一样。但是每个人心里都很清楚，沙皇其实是死于非命。

在当时，这栋建筑其实更像座兵营，而不是宫殿。它是保罗一世仿照母亲的巴洛克式居所——距此仅有咫尺的冬宫——设计而建。1801年2月，就在遇刺前大约四十天，保罗一世在隆重的列兵仪式后正式搬出冬宫，迁入丰坦卡河畔的圣米迦勒宫。在保罗一世死后二十多年时间里，这座建筑曾先后用于不同用途，直到1819年亚历山大一世下令将其作为军事工程学校的校舍、为帝国培养工程兵和"天才军官"的基地。在卫国战争中人们看到,俄国急需这方面的专业人才。1822年,圣米迦勒宫被更名为"工程兵宫"。在这座气势宏伟的建筑里,除了上课的教室和学生宿舍,还有很多布置华丽的大厅,可供皇家在这里举办舞会、化装舞会和音乐会等活动。

即使在没有这类盛事的时候,皇室在学校的日常生活中同样也扮演着重要角色,这令身为学员的陀思妥耶夫斯基很反感。沙皇亚历山大一世的胞弟、因沙皇身后无嗣而继承皇位的尼古拉一世,在1825年登基前一直担任工兵总监,专门负责军事人才特别是工兵和工程兵的培训事宜。之后,这一职务由尼古拉一世的弟弟康斯坦丁·尼古拉耶维奇大公(Großfürst Michail Pawlowitsch)接手。这两位罗曼诺夫家族成员和他们的父亲一样,都认为军事演习和阅兵式能让男性的健壮体魄得到最充分的展示。因此,他们对"工程兵宫"一百五十多名军校学生的训练格外重视。尼古拉一世在继任沙皇后,仍然保持着一贯的事必躬亲的执政作风,对军校教学工作的每一个细节都要亲自过问。一方面,这是个人性格所致;另一方面,这与俄国统治者的传统理念也是吻合的,即把这些军校学生以及其他军事后备人才当作皇室成员来看待。[19]

尼古拉一世不仅经常到工程学校视察,还对学员们在彼得霍夫宫举办的各种越野训练抱有极大的兴趣。其中他最热衷的,是在那里举行的每年一度的军事演习。演习的最后一个项目是"参孙瀑布冲刺赛":参赛的学员从巴洛克风格的参孙喷泉出发,沿着哗哗淌水的大瀑布阶梯一路向上攀登,冲向最高处的彼得霍夫宫主殿。比赛是由沙皇亲自发令,最先抵达终点的三位全身湿透的优胜者会从沙皇手中接过由皇家石雕厂制作的奖杯。陀思妥耶夫斯基从来不会参加这类比赛,他对这种用戏水的方式来取悦沙皇的做法很不感冒。

由于军事工程学校毕竟是一所军校,因此,学校的管理比普通寄宿学校还要严格得多。除了工事学、弹道学、测地学、绘图等主科，学校还设置了几何、代数、地理、物理、建筑，以及历史、语文、法语、德语、圣经课等日常科目。考试不及格的学生周日不得离校外出，违反校规的学生要被关禁闭。和知识类科目相比，那些与军事训练直接相关的科目，如体操、击剑、射击、队列训练等，更加受到重视。可这些偏偏都是陀思妥耶夫斯基的弱项。

比严苛的校规和无聊的科目更令陀思妥耶夫斯基厌恶的，是高年级学生欺侮低年级学生（在学生们口中，后者被称为"西伯利亚"）的校园霸凌。这种"捉弄新人"（俄语说法是 Djedowschtschina）的坏习气在俄国十分盛行，从皇室家族到红军，再到今天的俄罗斯军队，普遍都存在这样的现象，并成为俄国暴力史上重要的一章。在军事工程学校里，这种包括殴打、性侵在内的"传统习俗"在程度上甚至比军队更严重。

俄国工程兵培训基地——圣彼得堡圣米迦勒宫（"工程兵宫"）

校方对此虽然心知肚明，却不闻不问。这不是因为校方没有能力干预，而是这些人认为，霸凌可以让学员受到锤炼，帮助他们更快地适应未来艰苦的军人生活。

早在于莫斯科和圣彼得堡的寄宿学校读书时，陀思妥耶夫斯基就是个性格孤僻的局外人。军事工程学校的生活并没有让他变得更合群。在这里，他仍然与周围的一切格格不入。同学们在业余时间的各种消遣，比如踢球、跳舞、相互打闹、恶作剧等，他都没有兴趣参加，或者干脆被排斥在外。同学间的力量或胆量比拼也是令陀思妥耶夫斯基反感的事，就像讨厌集体洗澡，还有击剑课和舞蹈课一样。在老师们眼里，陀思妥耶夫斯基是一个"独来独往的怪人"[20]，因为在课余时间里，他总是躲在一处能够望见丰坦卡河的角落里，一个人静静地看书。他在给哥哥米哈伊尔的信中写道："我把自己想象成作家笔下的那些主人公，在他们的陪伴下，自由开心地度过一个个美妙的时辰。"（1839年8月16日）一位当年的老师回忆道：

> 他最喜欢的座位是圆形卧室——人们所说的圆厅——中靠窗的角落。那是一个拐角房间，窗外是丰坦卡河。陀思妥耶夫斯基总是坐在这个和其他桌子隔开的位子上，专注地做自己的事，对周围发生的一切浑然不觉……直到巡夜人敲过晚钟，挨个房间巡视时，他才会在催促下把书本收进抽屉。[21]

过了很长时间，陀思妥耶夫斯基才最终接受了与哥哥米哈伊尔天各一方的现实。在最初几个月里，两人之间的通信是他生活中的唯一消遣。随着时间的推移，费奥多尔身边渐渐聚起了一些小伙伴，他可以和他们一起分享对文学的热爱。他们当中最早的一个是比陀思妥耶夫斯基年长一岁的伊万·别列热茨基（Iwan Bereschezkij），在1839/1840年冬天，两人几乎形影不离。陀思妥耶夫斯基在提到他时，言语中饱含爱慕，仿佛是一位少年遇到了自己的初恋：

> 我（去年冬天）结识了一位密友，一个我非常喜爱的家伙……我与他一起读席勒，在他身上，我仿佛看到了高贵热情的唐·卡洛斯、波萨侯爵和莫蒂默。这份友谊带给我多少悲伤和欢乐啊！我再也不愿提起这些事。但是对于我，席勒的名字已经变成了一个熟悉的带有魔性的声音，唤起我许许多多的梦想……（1840年1月1日）

陀思妥耶夫斯基在席勒身上的发现，后来成为其自身文学创作的标志性特征，这就是"捕捉人类心灵深处最隐秘活动"的能力，正如席勒在《强盗》（*Räubern*）序言中所说的那样。此外，席勒吸引他的另一大魅力在于，借助以诗歌手法描绘的崇高的理念世界，达到超越现实的目的。陀思妥耶夫斯基深信，只有文学才能帮助人类摆脱平庸的日常生活，从而获得自由，在这方面，没有任何一位作家能与席勒比肩。早在身处莫斯科的时候，米哈伊尔和费奥多尔两兄弟就对席勒的戏剧十分着迷。米哈伊尔在1838年11月给父亲的信中写道，阅读席勒可以让他忘掉这个世界。不过在父亲眼里，两个大儿子对文学的热情并不是一件值得鼓励的事。

在工程学校读书期间，陀思妥耶夫斯基的另一位密友是康斯坦丁·希德洛夫斯基（Kontantin Schildlowskij），他是陀思妥耶夫斯基父子三人于1837年抵达圣彼得堡当天，在旅店投宿时偶然结识的。[22] 希德洛夫斯基比费奥多尔大五岁，在财政部供职。不过，就像陀思妥耶夫斯基对学业毫无兴趣一样，他对给政府当差也没有多少热情。当时，这个同样酷爱席勒的年轻人和一位有夫之妇陷入了热恋。一边是对文学的爱，另一边是对情人的爱，希德洛夫斯基就在这两种爱当中摇摆着，挣扎着。这段不幸的爱情带给他的痛苦让他在陀思妥耶夫斯基眼中变成了一位真正的诗人，一个"了不起的高尚的人，一个莎士比亚和席勒笔下人物的真实样本"（1840年1月1日）。

对陀思妥耶夫斯基来说，希德洛夫斯基便是浪漫主义英雄在现实中的化身。这类人物既懂得世间悲苦，又有像拿破仑那样做大事业的野心，他们给俄国人带来的最深刻影响，是拜伦式的殉道者传统。在希德洛夫斯基身上，生命的蓬勃欲望与自甘承受苦难的宗教情怀融为一体。在结束公务员生涯后，希德洛夫斯基下决心做一名修士。但是，最后他并没有如愿进入修道院，而是被送进了西伯利亚苦役营。从苦役营获释后，他让人用自己坐监时的镣铐打制了一枚戒指，把它戴在手上，直到最后吞掉它自尽。[23] 在陀思妥耶夫斯基心目中，希德洛夫斯基始终是一个拜伦式的偶像，甚至在进入中年后，他依然奉其为人生中的标杆，一个"欧洲生活中伟大、神圣而不可或缺的存在"。[24]

在从莫斯科来到圣彼得堡后，陀思妥耶夫斯基对文学的兴趣也从浪漫派——在俄国，席勒也被视为浪漫派一员——转到了法国文学。由于他的法文水平远在德文和英文之上，无须依赖译本，于是他开始如饥似渴地阅读法国作家的著作，如雨果、拉马丁、巴尔扎克、乔治·桑、欧仁·苏等。很快，他文学方面的渊博知识便让他在学生们当中脱颖而出，并被周围的一群伙伴视为才子。这些人当中的一个是德米特里·格里戈罗维奇（Dmitrij Grigorowitsch），1840年代俄国早期现实主义代表作家之一。格里戈罗维奇性格乐观开朗，在很多方面都和陀思妥耶夫斯基形成对比。后者的深厚文学修养、哲学思辨的能力以及出色的口才，让格里戈罗维奇佩服不已。他和别列热茨基、阿列克塞·别克托夫（Alexej Beketow）——俄国著名科学家别克托夫兄弟中的老大，还有后来成为考古学家的尼古拉·维特科夫斯基（Nikolaj Witkowskij），都是由陀思妥耶夫斯基牵头的文学小圈子中的骨干成员。在工程学校这个注重男性气概的环境里，这些人活脱脱就是一群异类。在这群志同道合的朋友当中，没有恃强凌弱，没有发号施令，而只有自由的、兄弟般的思想和情感交流，以及破除权威的理性讨论。这种做法超越了浪漫派对友谊的崇尚，而更多是受法国大革命所宣扬的自由平等理念的影响。

  多亏了陀思妥耶夫斯基在圣彼得堡的朋友圈，我们才得以通过他们为同窗绘制的肖像画，了解到这位未来文学大师少年时的模样和气质。在康斯坦丁·特鲁托夫斯基（Kontantin Trutowskij）为陀思妥耶夫斯基所作的一幅稍有美化嫌疑的铅笔素描上，我们看到的是一位年轻英俊的男子，他有着高高的额头，头发略显稀疏，眼神清澈而深邃，留着短髭的下颌棱角分明。据1846年后担任陀思妥耶夫斯基私人医生的斯捷潘·亚诺夫斯基（Stepan Janowskij）回忆，这位年轻作家身材矮小结实，有着宽厚的肩膀、大小适中的脑袋，还有"格外发达的下巴"，浅灰色的眼睛闪着灵光，薄薄的嘴唇总是紧抿，淡黄色的头发有些稀疏，手脚的比例明显偏大。

同学 K. 特鲁托夫斯基为陀思妥耶夫斯基所作的铅笔素描，1847 年

> 他总是打扮得很得体，甚至称得上优雅……如果说他的穿着有什么地方显然有些不和谐的话，那就是他脚上的鞋子不够考究，另外，他的动作多少有些呆板，这让他看上去不像是军校学生，而更像是修士学校的毕业生。[25]

亚诺夫斯基还提到，陀思妥耶夫斯基经常会头疼，而且还有很重的疑心病。严重的时候，因手头拮据平日只喝热水的他，偶尔喝过一次红茶之后，都会担心自己的脉搏是不是正常，舌苔有没有变厚。

陀思妥耶夫斯基搬出圣彼得堡工程学校后，曾和一位名叫亚历山大·里森坎普夫（Alexander Riesenkampf）的年轻医学院学生合住过一套公寓。里森坎普夫来自雷瓦尔，有一半德国血统，是哥哥米哈伊尔的朋友。据里森坎普夫描述，年轻时的陀思妥耶夫斯基和哥哥在样貌上有着很大反差：有一头蓬松的金发，脸庞圆润，鼻梁微凸，一双不大的眼睛深陷在眼窝里，嗓音低沉沙哑，牙齿的损坏程度和年龄有些不符。在里森坎普夫看来，陀思妥耶夫斯基引人注目的苍白面色和慢性呼吸道疾病有关。和亚诺夫斯基的看法一样，里森坎普夫也认为陀思妥耶夫斯基性格比较悲观，有过度敏感和神经质的倾向，一旦发起火来很容易失控。[26]

走上文坛

1841年8月，在修完工程学校的基础课程后，陀思妥耶夫斯基被晋升为少尉。接下来，他还要继续留在"工程兵官"，以便完成为期两年的军官培训课。不过，因为有了少尉这个低级军官头衔，他已经有权利在校外居住。最初，他和一位名叫古斯塔夫·阿道夫·冯·托特列边（Gustav Adolf von Totleben）的同学在工程学校附近的卡拉瓦尼亚大街合租了一套公寓。阿道夫的哥哥爱德华·冯·托特列边（Eduard von Totleben）是后来塞瓦斯托波尔围城战中的功勋英雄，对陀思妥耶夫斯基的人生有过重要影响。搬出工程学校后，费奥多尔这个过去在同学们眼中不合群的书呆子，向人们展现出性格中的另外一面。只要手头宽裕，他就会整天出入剧场、戏院和音乐厅，和朋友去高档餐厅聚餐，大量购买书和杂志，添置时髦讲究的衣物。而且，就在人生中第一次享受到自由的头几年，他就染上了作家圈中许多同行都戒不掉的恶习——赌博。从屠格涅夫到涅克拉索夫，从托尔斯泰到冈察洛夫，个个都是大名鼎鼎的赌徒。里森坎普夫用德国新教徒的严苛目光观察到了发生在自己室友身上的变化，并对陀思妥耶夫斯基的挥霍无度、经济上的拮据以及对纸牌和轮盘赌的狂热感到十分震惊。

从生平经历的角度看，搬离工程学校后的头几个年头可以称得上是"风平浪静"的一章，用陀思妥耶夫斯基自己的话讲，是一段"散漫时光"（1846年2月1日）。然而在这平静的表面下，一场从读者到作者、从文学爱好者到文学家的剧变正在发生。很久以来，陀思妥耶夫斯基对自己在文学上的天赋和抱负早已有清醒认识。但是，对自身天赋的意识和立志将文学作为职业毕竟是两回事。特别是在俄国，选择"文学事业"（果戈理语）[27]是有风险的，这种风险比在西欧国家要大得多。因为在西欧，从18世纪开始，职业作家已经成为在社会上得到普遍认可、靠脑力劳动挣钱的职业。很久以来，出版社、印刷厂、杂志社、营销系统、读书会、公共阅览室、作家、译者、批评家、编辑，还有不同出身、不同性别和不同口味的读者群体——简言之，所有与文学生活相关的人员和机构，都已发展得相当完善。

相比之下，在俄国，作家直到19世纪仍然是没有归属的职业，他既不属于家财万贯的贵族，也不属于为政府当差的公职人员。文学是一种业余消遣，而非职业。不仅是古典主义和感伤主义作家，就连俄国浪漫派作家也不例外。普希金靠写作虽然赚了不少钱，但从来都没有把文学看成职业。果戈理也一向认为，账本和文学是完全不搭界的两件事，就像他在短篇小说《涅瓦大街》中形容妓女脸上笑容时所说的那样："那微笑在她的脸上显得十分怪诞，犹如贪赃枉法之徒硬要装出笃信上帝的样子。明明是诗人却去捧读账本那样格格不入。"对诗人的真正奖赏从来都只有一样，这就是荣誉——"在人生一切至宝之中，最高贵者无过于荣誉"（席勒《凯旋庆典》）。

但是，自 1830 年代起，俄国的情况开始发生变化。这种变化最初并不是发生在抽象的审美领域，而是发生在现实生活当中。这股新的潮流主要和一个人有关，这就是书商和出版商亚历山大·斯米尔丁（Alexander Smirdin）。他一手创办了"大厚本文学刊物"《读者丛刊》（Die Lesebibliothek），在 20 世纪末以前，俄国大多数畅销文学作品都是以连载形式在这本刊物上初次发表的。斯米尔丁为优秀作品支付的稿酬相当可观。在他这里，普希金每一行诗的稿酬是一枚金币（大约折合三个银卢布）。他为人称"俄国拉封丹"的伊万·克雷洛夫（Iwan Krylow）的寓言集支付的稿酬是 4 万卢布，这在当时简直是天价。陀思妥耶夫斯基把这些都清楚地看在了眼里。"看看普希金和果戈理，"他在给哥哥的信中写道，"他们写下的文字并不多，但未来人们却将为他们树碑立传。如今果戈理得到的稿酬是每印张 1000 银卢布，而如你所知，普希金每一行诗都可以卖出一枚金币的价格。"（1845 年 3 月 24 日）

在政治上持左翼立场、对空想社会主义抱有浓厚兴趣的评论家、被誉为俄国文学教宗的维萨里昂·别林斯基（Wissarion Belinskij）认为，斯米尔丁的最大贡献正在于，他以其创办的《读者丛刊》，让文学在俄国首次突破了贵族精英的小圈子，向广大民众敞开了大门，同时也让作家这一职业得到了认可。

现如今，人离开钱是无法生存的，要想活下去，只能依靠劳动。可是在今天，文学却无法以金钱形式获得赏识，从根本上讲，文学不仅得不到尊重，其存在甚至完全被忽略。在一个"从旧玻璃到垃圾和沙子——样样皆商品，唯有书籍例外"的国度里，人们如何能够想象会出现文学的繁荣？如果每个苦力、小贩和捡破烂的人，或是在政府部门当差的抄写员都能依靠劳动来维持生计，可作家和诗人却偏偏做不到，人们如何想象，这里会有文学生存的地盘？[28]

恰恰是当书籍成为每个人都能用钱买到的商品，当出版商和作家之间的合同是以"平等协议"[29]为原则时，文学才能彻底摆脱靠资助过活的条件下供人交易的坏名声。

在当时，陀思妥耶夫斯基立志要以作家为职业的确是一件冒险的事，因为他尚未发表过一篇作品，甚至连一部能达到出版标准的作品也拿不出来。虽然在他的抽屉里已经有三个剧本的手稿，一部是《鲍里斯·戈都诺夫》（*Boris Godunow*），还有一部是《玛丽·斯图亚特》（*Maria Stuart*），但问题是，这两部都是普希金和果戈理用过的旧题材。另外还有一个剧本名为《犹太人扬克尔》（*Der Jude Jankel*），它很可能是陀思妥耶夫斯基在莎士比亚的剧作《威尼斯商人》和果戈理的短篇小说《塔拉斯·布尔巴》（*Taras Bulba*）基础上加工创作的。这些手稿没有一部能够留存下来，究其原因，很有可能是作家羞于让世人看到自己少年时创作的青涩之作，而把它们偷偷销毁了。前面提到的那部关于威尼斯的小说手稿，结局大概也是一样。

由于在当时，陀思妥耶夫斯基仍然把戏剧看作最高级的文学形式，因此，除了亲自创作剧本，他还劝说哥哥米哈伊尔将席勒的剧作翻译成俄文。他给哥哥算了一笔账：如果把席勒的《唐·卡洛斯》翻译出版，只要卖出一百本，就可以收回成本，假如能卖出上千本，就可以大赚一笔。从他写给哥哥米哈伊尔的信可以看出，翻译席勒的计划更多是为了赚钱，而不是以文学为目的："《唐·卡洛斯》肯定能让我们赚上一笔，我一定要为它争取可观的稿酬。"（1844年7/8月）陀思妥耶夫斯基对出版的各种细节，从纸张价格、印张数到字体、装订样式，以及印数、单价和销售前景，都做出了精细的计算，谈起这些计划时，他的语气就像是个职业的文学操手："你不用担心我，我对这些事都一清二楚，我肯定有办法把书卖出去，绝不会让它们砸在手里。"（1844年3/4月）但是，这项计划最终也泡了汤。直到1848年和1850年，米哈伊尔才亲自将自己翻译的几部席勒作品《唐·卡洛斯》、《强盗》和《论质朴与多情的文学》（*Über naive und sentimentalische Dichtung*）印刷出版。但是，费奥多尔并没有因此灰心丧气。他坚信，从当时的情况看，翻译文学作品肯定比出版自己的作品更容易赚到钱。

1843年12月，费奥多尔又拉哥哥参与他新想出的另一个"非常赚钱的项目"：翻译欧仁·苏的小说《玛蒂尔德》（*Mathilde*），其代表作《巴黎的秘密》（*Les mystères de Paris*，1842/1843年）不久前在法国读者中掀起了热潮。由于陀思妥耶夫斯基当时手头吃紧，为了让"项目"尽早完成，他建议和哥哥以及工程学校一位名叫奥斯卡·帕顿（Oskar Patton）的同学一起合作翻译。"我出五百卢布，帕顿出七百，这点儿钱他还是拿得出来的。另外，他妈妈给他出两千，收他四成利息。这些钱支付印刷费绰绰有余，剩下的费用我们可以贷款。"（1844年1月下旬）陀思妥耶夫斯基自信，这个项目可以让他赚到七千卢布。但是，和翻译乔治·桑长篇小说《最后的阿尔比尼》（*La dernière Albini*）的计划一样，这个项目最后也无疾而终。

1844年1月，陀思妥耶夫斯基在写给哥哥的信中说，自己近年来一直在忙着翻译巴尔扎克的小说《欧也妮·葛朗台》，这"至少"能让他赚到三百五十纸卢布。最后他拿到的实际稿酬是多少，没有人知道。不过，这部翻译作品确实于1844年匿名发表在《剧目与文萃》(*Repertoire der russischen und Pantheon Sämtlicher europäischer Bühnen*)杂志上，篇幅被缩减了三分之一。这是陀思妥耶夫斯基第一部正式出版的作品。[30]这个结果在某种意义上是受到外部因素的影响，因为就在1843年夏天，巴尔扎克这位享誉欧洲的文豪刚刚偕同情人——出身乌克兰的伯爵夫人埃韦利娜·汉斯卡（Eweline Hanska）——到圣彼得堡度假，俄国媒体对此做了详细报道。

比这次巧合更重要的因素是巴尔扎克与陀思妥耶夫斯基两人在精神上的互通性。[31]"巴尔扎克是个伟大的作家！"陀思妥耶夫斯基在给哥哥的信中写道，"他的人格禀赋是宇宙智慧之杰作！"（1838年8月9日）陀思妥耶夫斯基和巴尔扎克一样，都对拜金主义的颠覆性影响以及由此导致的知识资本化有着敏锐的嗅觉，并且都把文学首先看成一门生意。[32]他们两人都抵挡不住金钱的魔力，但同时又对所谓的金钱万能抱有深刻的怀疑。巴尔扎克在小说《欧也妮·葛朗台》中描写了一个女子的悲剧故事，"其神圣的生活被金钱的冷酷所毁灭"，其炽热的情感也因此一点点熄灭。在小说《高老头》中，巴尔扎克借德·纽沁根男爵夫人之口发出了这样的感叹："金钱只有在情感死去的一刻才获得了意义。"金钱与情感的不可交易性，正是陀思妥耶夫斯基处女作《穷人》（1846年）讲述的主题。

1841年夏，陀思妥耶夫斯基晋升为少尉，被安排到圣彼得堡工程兵指挥所绘图处任职，该部门与工程学校同在一座大楼，他负责的工作是每天从上午9点到下午4点为参谋部绘制地图。这份工作虽然无聊，却让陀思妥耶夫斯基有更多精力去完成自己的文学计划。在业余时间里，他总是沉迷于各种各样的消遣，这使得他的生活更加入不敷出。据室友里森坎普夫回忆，陀思妥耶夫斯基当时经常是靠赊来的面包和牛奶糊口。

除了每月六十六卢布的微薄薪水，陀思妥耶夫斯基每月还从莫斯科的妹夫彼得·卡列平（Pjotr Karepin），也就是妹妹瓦尔瓦拉的丈夫那里，得到两百卢布的汇款，作为生活补贴。父亲去世后，卡列平被指定为弟弟妹妹们的监护人，家庭资产也被交予他打理。用里森坎普夫的话说，陀思妥耶夫斯基之所以留在工程学校继续完成军官课程，是因为他一旦逃学，妹夫卡列平就会立刻停止给他汇钱。陀思妥耶夫斯基和妹夫从未谋面，却对后者恨之入骨。但是据周围人讲，卡列平人虽然性格执拗，但做事认真，为人也很随和。可是作为代理监护人，他毕竟没有一家之长的合法权威，能够让陀思妥耶夫斯基像当年对父亲那样心怀敬畏。

陀思妥耶夫斯基每次给卡列平写信，几乎都是为了一个目的，就是要钱。信里的措辞和语气也不像当年向父亲写信要钱时那样低声下气，而是直截了当，有时甚至是蛮横。在两人的通信中，卡列平总是按照当时的习俗规矩，称呼自己的大舅哥为"亲爱的兄弟"，但陀思妥耶夫斯基在回信中却永远都是以"尊敬的先生"相称。有好几次，除了每月的生活补贴，卡列平还给陀思妥耶夫斯基额外汇去了几笔大额款项，以解其燃眉之急。可是，这些钱很快就被挥霍一空，用陀思妥耶夫斯基的话说，钱在他手里就像肆意横行的螃蟹（1845年3月24日）。1843年11月，卡列平给陀思妥耶夫斯基汇去了一千卢布。就在收到汇款的当日，这笔钱就被花得分文不剩：偿还借款，支付各种娱乐消遣，购买新衣，另外还有赌博。后来有一次，陀思妥耶夫斯基又从妹夫那里得到了一笔类似数额的"巨款"。他拿着钱兴冲冲地跑进里森坎普夫屋里，把因为流感正躺在床上休息的好友从被窝里拽起来，叫了辆马车，直奔全城最豪华的餐馆，在优美钢琴乐曲的伴奏下，享用美酒佳肴。[33] 据说吃完这次大餐后的第二天，里森坎普夫的感冒便痊愈了。1845年，陀思妥耶夫斯基在分割父亲留下的遗产时主动放弃了自己继承的份额，并得到了一千银卢布作为补偿。和以往一样，这笔钱也以同样的速度被挥霍殆尽。

/ 第一章　起步与受挫（1821-1849）

但是，这种放荡挥霍的生活并不能帮助陀思妥耶夫斯基摆脱绘图处日常工作带给他的苦闷和无聊。虽然每天工作时间只有五个小时，却让陀思妥耶夫斯基苦不堪言。他在写给哥哥的信中说："这份差事就像土豆一样乏味。"（1844年7/8月）在俄国，土豆不仅被看作单调的德国饮食的象征，而且还常常被用来形容呆板无趣的德国人。莱蒙托夫在一篇戏仿《浮士德》的讽刺作品中，便曾借用德语"土豆"的尾音"tofel"（托弗尔），给主人公起名为"梅菲斯托弗尔"。在尼古拉一世时代，俄国政府部门中很多居高位的公务员都是德国姓氏，例如沙思霍斯特、哈尔腾和沃尔肯瑙等，这些人的数量甚至超过斯米尔诺夫、帕科夫、伊万诺夫等俄国本土姓氏。无论是在莫斯科济贫医院，还是在圣彼得堡工程学校，情况都不例外。陀思妥耶夫斯基在信中提到"差事"时用的是德语外来词"Dienst"（译成俄语为sluschba）。当时，陀思妥耶夫斯还从没有去过德国，但是1843年在雷瓦尔，他从嫂子、米哈伊尔妻子艾米莉娅（娘家姓冯·迪特玛尔）的娘家亲戚那里，获得了对德国新教群体的最初印象，并对教徒们奉行的各种清规戒律十分反感。

1844年8月21日，陆军工程兵少尉费奥多尔·米哈伊洛维奇·陀思妥耶夫斯基正式提出退伍申请，恳请"至尊无上的尼古拉·巴甫洛维奇沙皇陛下，伟大贤明的君主"批准其退役，并为不能继续为军队效力表示遗憾。[34] 他在申请中提出的理由是"家事所迫"，在申请书结尾，他还特别提出，退役后绝不向国家提出任何薪金要求。

10月19日，陀思妥耶夫斯基的退役申请获得批准，并同时被授予中尉军衔。1844年9月30日，陀思妥耶夫斯基写信给米哈伊尔，告知自己退役的消息。同时，他向哥哥解释道："我向你发誓，我真的干不下去了。……如果整日就这样虚度光阴，我一辈子都不会开心的。而且说到底，我从来也没想过要在军队一直干下去。"（1844年9月30日）另外，工程兵指挥所还打算把他派往外省，作为一个刚刚起步的作家，离开了圣彼得堡，他还能做什么？他请米哈伊尔不要为他担心：

> 我很快就能重新挣钱养活自己。我会拼死拼活地工作，如今我终于自由了。可眼下我该做些什么，这才是问题所在。你想想看，哥哥，我有八百卢布的债要还，其中有五百二十五纸卢布是欠房东的（我已经写信给家里，告诉他们我有一千五百卢布的债务，因为我了解他们的习惯，不管你要多少，他们最多只会给你三分之一）。

陀思妥耶夫斯基在米哈伊尔面前把家人称作"莫斯科的猪"，这主要指的是妹夫卡列平。早在8月，陀思妥耶夫斯基就把退役的消息告诉了妹夫，并借机要求后者把继承父亲的遗产份额折成一千卢布一次性支付给他。从此之后，他将不再向家人索求任何资助。卡列平最初拒绝了陀思妥耶夫斯基的这一要求，理由是，费奥多尔从家里得到的钱一向都比兄弟姐妹们多。根据卡列平1844年底提供给莫斯科监护人法庭的财务报告显示，全家整个年度预算的一半开支，具体讲是四千五百五十九纸卢布当中的两千四百一十二卢布，都汇给了费奥多尔。[35] 透过卡列平的信我们同时也可以看到，陀思妥耶夫斯基走向自由职业的这一步在家人当中并没有得到太多的支持。卡列平把费奥多尔的文学野心称作"莎士比亚式的幻想"，并奉劝其找一份"令人尊敬的工作"，做个"对社会有用的人"。要做到这两点，最好的办法是在政府部门谋个差事，而且这样还有另外一个好处，它可以让年轻人清楚地认识到现实生活的复杂性，从而懂得什么才叫"真正的诗意"。[36]

远在莫斯科、想法天真的卡列平完全没有想到，这番语重心长的话会让陀思妥耶夫斯基火冒三丈。后者用犀利的言辞给妹夫写了回信，并把这件事告诉了米哈伊尔："我写了一封有模有样的信给他，确切地讲，是一篇精彩的檄文。"（1844年9月30日）他绝不允许别人"假冒父亲的口吻，规劝和教训"自己，而且卡列平有什么资格对一位英国文学天才如此恶语相向："可怜的莎士比亚！"

为了调解两人的争端，米哈伊尔在卡列平面前为弟弟立志做一位职业作家的决定努力辩解。他说，尽管他觉得费奥多尔最好能再"等上一两年"，不过他相信，未来"一定会有一条通往声名和财富的大道向其敞开"。即使费奥多尔只靠文学翻译为生，一年也可以轻松地挣到八千卢布，在圣彼得堡文学圈里闯出名头。[37]

在当时，这番话无疑是夸大其词。直到很久之后，陀思妥耶夫斯基才依靠写作挣到了这个数目。不过，卡列平和米哈伊尔一样，对文学市场没有任何概念。米哈伊尔之所以对弟弟予以鼎力支持，一来是因为他对后者的才华深信不疑，二来是作为一个酷爱诗歌的文学青年，他对弟弟的决定佩服不已，那是一条他梦想已久却没有勇气踏上的道路。如今，居住在雷瓦尔的他要挣钱养家糊口，更何况在当地的基督教圈子里，立志成为职业作家比在莫斯科更让人瞧不起。对陀思妥耶夫斯基的职业选择来说，别林斯基在1845年写下的一段话可谓最佳诠释：

> 虽说是仁者见仁，智者见智，但有一条无可争辩的真理是：一个人不可能既是优秀的官员，又是优秀的作家。官员和作家之间，永远都是相互排斥的关系。因此，如果一个人立志成为文人或作家，他就必须在科学、艺术或文学领域具备独一无二的天赋，或曰手艺，用政治经济学的话讲，是具备某种独特的产能。[38]

别林斯基虽然一向反对纯粹的商业写作，却并不是文学市场的敌人。在他看来，书籍印刷和交易、出版社和杂志、文学与文学批评是培育具有批判精神的公众群体不可或缺的前提；在俄国，只有形成这样的群体，整个国家才能跟上时代进步的大潮。正因为在别林斯基眼里，作家是推动这一进程的重要参与者，所以与卡列平的观点不同的是，他认为，作家理应拥有比国家公职人员更高的社会威望："在我们这里，诗人的头衔和作家的名分足以将炫目的肩章和华彩制服变得黯然失色。"[39]

陀思妥耶夫斯基正是别林斯基所推崇的俄国写作"产业"开拓者和作家这一新型身份的先驱，虽然在很长时间里，他对自己扮演的这一角色并无意识，也从不曾以此作为奋斗的目标。俄国剧作家亚历山大·格里鲍耶陀夫（Alexander Gribojedow）在其家喻户晓的喜剧《聪明误》（*Verstand schafft Leiden*，1824年）中，借受欧洲启蒙精神影响的主人公恰茨基之口说过这样的名言："乐意效劳，但厌恶逢迎。"当朋友问陀思妥耶夫斯基，为什么不为经济保障考虑在做公务员的同时从事写作时，他毅然决然地答道："我厌恶逢迎！"对陀思妥耶夫斯基来说，恰茨基名言的前半句也不再是问题，因为他已然决定不再"效劳"。[40]

声名鹊起：《穷人》

1844年9月30日，陀思妥耶夫斯基在给米哈伊尔的信中说，他即将完成一部篇幅相当于《欧也妮·葛朗台》的小说，准备投给《祖国纪事》（*Vaterländischen Annalen*）。这是一部"非常独特的小说"，他自信能赚到四百卢布稿费。后来，他实际拿到的稿费只有二百五十卢布，而这部小说也并没有发表在他预想的杂志上。但是就在1845年春，在经过对手稿的反复修改润色后，朋友们终于迎来了他们期待已久的那一刻：陀思妥耶夫斯基成功发表了自己的作品！从这一刻起，他彻底走出了文学爱好者的舒适区，他不再是一位普通的读者和文学迷，而是以作家的身份向自由的文学天地迈出了第一步。过不了多久他便会发现，这片天地其实是一处布满地雷的险地。但眼下这并不重要,重要的是:其处女作大获成功!

德米特里·格里戈罗维奇是陀思妥耶夫斯基当时的室友,他们两人共同租住在一套两居室的公寓里。多亏这位室友的详细描述,我们方能对这件事发生的前前后后有所了解:

> 一天早晨(那是在夏天),陀思妥耶夫斯基把我叫到他的房间。一进屋,我看到他坐在夜里当床用的沙发上,面前是一张小书桌,桌上放着厚厚的一摞写满密密麻麻小字的稿纸。"请坐,格里戈罗维奇。昨天才抄完,想读给你听听。坐好,别打岔",他异常兴奋地说。接下来,他几乎没有停顿地念了下去,这些内容就是不久后以《穷人》为名发表的小说。……刚刚念了几页,我便清楚地意识到,这是陀思妥耶夫斯迄今写过的最好的作品。……我听着,激动得不得了,有几次都想去抱着他的脖子,可是知道他不喜欢这样大吵大嚷地表露情感,只好作罢。……我激动地把书稿抢了过来,把它拿给了涅克拉索夫。这段故事,陀思妥耶夫斯基在他的《日记》里自己也提到过。不过,也许是出于谦虚,他对在涅克拉索夫那里的情景没有细谈。我把稿子念给涅克拉索夫听,当念到最后一页杰武什金和瓦莲卡告别的情景时,我激动得不能自已,不自觉地抽泣起来。这时,我偷偷瞥了下涅克拉索夫,他的脸上也已满是泪水。于是我说服他和我一起,立刻(当时大概是凌晨4点)去找陀思妥耶夫斯基,祝贺他的成功,并和他商量小说出版的事。[41]

涅克拉索夫把稿子拿给了别林斯基。他一见到别林斯基就喊道:"新的果戈理出现了!"别林斯基接过稿子,立刻开始读。当天傍晚,涅克拉索夫又去找别林斯基,别林斯基打开门见到他便喊道:"领来,快把他领来!"第二天,1845年6月1日,陀思妥耶夫斯基第一次见到了这位"可怕而令人生畏的批评家",[42] 他的赞扬让陀思妥耶夫斯基的文学天赋获得了肯定。

维萨里昂·别林斯基是俄罗斯文学批评的奠基人。他比陀思妥耶夫斯基年长十岁,和这位军医之子一样,他于 1834 年中断了在莫斯科大学神学专业的学习,从此开始了其批评家的生涯。此前在俄国,文学批评都是一些业余爱好者在茶余饭后从事的活动,可别林斯基却将这项爱好变成了职业。1839 年,别林斯基从莫斯科迁居圣彼得堡,成为《祖国纪事》杂志主编。别林斯基曾是黑格尔的信徒,但是从 1840 年代初开始,他越来越多地受到法国空想社会主义的影响。在他眼里,文学批评不再只是寻求真理的手段,而是应当与其批评的对象文学一样,以"行动哲学"[43] 为纲领,成为社会批评以及社会进步的工具。在别林斯基看来,陀思妥耶夫斯基的小说《穷人》完美地实现了他所推行的主张:作家应当用笔下的文字,照亮社会生活中那些以往被文学忽略的角落,从而唤醒公众对尼古拉一世独裁统治下的俄国诸多社会问题的意识,这些问题只有文学和艺术才能敏锐地感知。别林斯基判断,陀思妥耶夫斯基在创作《穷人》时并没有意识到这些,他只是透过作家的直觉把它们记录了下来,这样做的好处是,他可以就此绕过知识和经验的各种迂回,直抵真理。

陀思妥耶夫斯基料到了一切,却没有料到自己的作品竟然会得到俄国文学界泰斗级人物的亲口赞扬。他在回忆录中写道:"那是我一生中最精彩的时刻,后来当我在苦役营中回想这些时,都会萌生出新的勇气。直到今天,每当我回忆起那一刻,内心仍然会激动不已。"[44] 书稿经过了耗时漫长的审查后,终于在 1846 年 1 月发表在尼古拉·涅克拉索夫编辑出版的《彼得堡文集》(*Petersburger Almanach*) 上。涅克拉索夫是俄国著名现实主义诗人,与陀思妥耶夫斯基同龄。他还有另一个鲜为人知的身份:精明能干的文学出版人。涅克拉索夫和陀思妥耶夫斯基一样,也是出身于低层贵族家庭,同样也是被父亲送到了圣彼得堡，以期在军队中谋得一官半职；与陀思妥耶夫斯基一样，他也选择了退役，并决定以文学作为职业，并因此与父亲断绝了来往；此外，他也和陀思妥耶夫斯基一样，把写作看作"工作与冒险"的双重游戏。[45]

涅克拉索夫与圣彼得堡的文学名流过从甚密，在1840年代中期立志投身出版业时，他早已是俄国文学界的一位核心人物。[46] 1845年，涅克拉索夫编辑出版了丛刊《彼得堡风貌素描》(*Die Physiologie Petersburge*)，这是俄国早期现实主义文学的纲领性文献之一。这一新的文学流派的特点是以自然主义手法描写"底层"社会的现实状况，并因此被其反对者称为"自然派"。所谓"风貌素描"包括文学速写、场景描写、随笔、新闻式报道等，其描写对象可以是某个固定的社会阶层或社会群体。[47]《彼得堡风貌素描》出版后不久便被抢购一空。涅克拉索夫决定趁热打铁，于次年推出《彼得堡文集》，作为《彼得堡风貌素描》的续集，并相信可以借此赚到一万卢布。[48] 这部文集的作者除了陀思妥耶夫斯基，还有别林斯基、亚历山大·赫尔岑、伊万·屠格涅夫等。和一年前的《彼得堡风貌素描》一样，《彼得堡文集》一俟上市便很快脱销。其成功主要归功于陀思妥耶夫斯基的处女作《穷人》，正如别林斯基在一篇评论中称赞这部作品时称，"无论是（在文集中的）排序还是质量"，它都是所有作品中当之无愧的第一。[49]

《穷人》讲述的是小职员马卡尔·杰武什金与比他小二十岁的穷家女子瓦尔瓦拉·多布罗谢洛娃之间的悲惨爱情故事。两位主人公隔着圣彼得堡一栋廉价出租屋的后院，保持着长达数月的书信往来，并以此方式交流彼此的思想和感情。有些信件从体例上看，就像是一部部独立的短篇小说。瓦尔瓦拉是为了躲避一位老鸨的算计，带着女仆搬到这栋楼里的。这个老鸨在瓦尔瓦拉父母去世后，得到了对这位孤女的"监护权"。马卡尔·杰武什金则是退掉了原来租住的破旧公寓，搬到了住宅楼对面的一侧。杰武什金用自己微薄的薪水，倾尽全力资助这位落魄的年轻女子。他编造借口称，这些钱是出自多年来积攒的一笔丰厚积蓄，但实际上，他常常不得不提前预支薪水，买来礼物讨瓦尔瓦拉的欢心，并最终背上了沉重的债务。瓦尔瓦拉得知杰武什金的窘迫处境后，反过来又开始用自己的钱帮助对方。

直到有一天，当有钱的地主贝科夫从遥远的外省来到圣彼得堡后，事态变得异常严峻。这个在瓦尔瓦拉幼年时勾引过她的家伙，突然提出要娶她为妻。他的真实目的是生下一个后代，以便剥夺圣彼得堡某个废物侄子的继承权。尽管有各种顾虑和良心的折磨，瓦尔瓦拉为了不让恩主再为自己受苦，最终还是接受了贝科夫的求婚。杰武什金给瓦尔瓦拉的最后一封信，是一个老男人发出的撕心裂肺的呼喊，因为瓦尔瓦拉的决定让他失去了生活的唯一意义。陀思妥耶夫斯基用其擅长的心理素描笔法，细腻地刻画出男主人公在两种矛盾心情之间的痛苦挣扎：一边是抗议，一边是绝望。

这部小说的情节和人物设计所采用的，是西欧以乔治·桑和狄更斯为代表的早期社会小说的范式。在写作手法上，陀思妥耶夫斯基采用了书信体形式，放弃了第一人称叙事，让主人公用自己的嘴来说话。这些信件的措辞和口吻反映了主人公所代表的社会阶层的典型特征，在以往的俄罗斯文学中，这个阶层从来不曾有发声的机会。杰武什金的语言风格带有明显的感伤色彩，其心灵远比语言更丰富。

在处女作大获成功后，陀思妥耶夫斯基一夜间变成了俄国文学界"自然派"的明星。别林斯基称，这样的处女作在俄国文学史上堪称绝无仅有。[50] 人们普遍认为，别林斯基之所以不吝溢美之词对《穷人》大加称赞，主要是因为这部小说与其倡导的社会现实主义文学是一脉相承的。一个半世纪以来，俄国特别是苏联时期的陀思妥耶夫斯基研究者在这一问题上大都持相同观点。但是，人们却往往忽略了一点，《穷人》在某个重要方面彻底突破了社会小说的范畴，并清楚地指明了陀思妥耶夫斯基未来创作的发展方向。

　　陀思妥耶夫斯基早期作品中的主人公也并不单纯是社会问题的产物。在批判现实主义小说中,作者是通过对主人公命运的描写,反映出导致其失败的种种社会丑恶现象。而在《穷人》这部作品中,命运是作为外部力量"进入主人公的生活视野……成为其痛苦的自我意识的对象",[51] 并由此变成了主人公的某种心灵现象。在围绕马卡尔·杰武什金和瓦尔瓦拉·多布罗谢洛娃展开的社会戏剧背后,一出心理戏剧也在同步上演,其讲述的故事与一位地位卑微的圣彼得堡抄写员物质上的悲惨困境全然无关。从心理学角度讲,导致杰武什金失败的既非俄国的阶级社会,也非金钱的力量,而是对异性的畏惧。而陀思妥耶夫斯基对人的观察,从一开始便是将人的心理作为着眼点。男主人公的名字"杰武什金"(Djewuschkin)是俄语"年轻姑娘"(Djewuschka)的谐音,在瓦尔瓦拉面前,他努力把自己装扮成父亲替身的角色("哦,瓦莲卡,父爱,只有父爱,才能赋予我灵魂"[52]),并以此提醒对方——更重要的是提醒自己——他对瓦尔瓦拉的感情只是出于爱护,不得有任何性爱的成分。

　　他无论如何也不愿承认,自己实际上是深深地爱上了瓦尔瓦拉。他送她衣裙,亲吻她的来信,用温柔的目光去拥抱她睡过的"小床",并且刻意回避去思考,这样做到底是出于怎样的感情。他把自己想象成一个父亲,一个垂暮老人,虽然我们从陀思妥耶夫斯基和托尔斯泰的例子就可以看出,在19世纪的俄国,夫妻年龄差距超过二十岁并不是什么稀罕事,更不会被人瞧不起。另外,杰武什金还对瓦尔瓦拉的各种亲近表示装聋作哑,努力阻止两人之间的关系超出信友的范畴。一次又一次,她为他搭起一座金色的桥梁,指引他沿着这座桥走向自己并向她求爱。可他却总是止步于桥的另一边,因为他内心深处的恐惧之桥是无法逾越的。

　　作为一部心理素描作品,《穷人》讲述的是一个男人迷失自我并最终被自己装扮的假象打败的故事。在这里，我们不妨借用一下米哈伊尔·巴赫金（Michail Bachtin）的理论：这部小说描写的并不是客观现实向男主人公自我意识的渗透过程，而是其自我意识的彻底缺失。杰武什金一心希望在贪婪成性的"野兽"和"公牛"——新郎的名字"贝科夫"（Bykow）即出自俄语"公牛"（Byk）一词——当中，用美好的思想和情感搭建起一个微小而圣洁的世界。但是，这些情感实在太过高贵，以至让主人公不得不违背自己身为人的天性。为了让自己想象中的世界显得更可爱、更纯洁，杰武什金在写信时总喜欢在一些词前面加一个"小"字（"小鸽子"、"小妈妈"、"小故事"、"小指头"、"小鸟"、"小天使"、"小雀巢"、"小床"，等等）。这样的措辞也让自己和瓦尔瓦拉之间的关系变得更纯洁。

　　瓦尔瓦拉借给杰武什金一本普希金的小说集，里面一篇名为《驿站长》（*Der Postmeister*）的小说令他深为感动，他对书中主人公的绝望处境感同身受。杰武什金把普希金的这部作品片面地理解为社会小说，正如人们长时间以来对陀思妥耶夫斯基《穷人》的解读一样。[53]造成杰武什金悲剧的并不是现实，而是他自己。他满心渴望的是能有一片净土，一个不染一丝尘埃的角落，一片波澜不惊的生命之湖，在那里，他无须冒险，也无须做任何选择。但是，在这想象中的世界里，他只是苟延残喘，而不是真正地活着。在后来的作品中，陀思妥耶夫斯基将笔下的主人公们一次次置于险地，让他们被迫去面对选择甚至是生死抉择，并由此让人们清楚地看到，杰武什金的生活方式是一种错误。

　　别林斯基对《穷人》的赞誉也是以社会小说作为前提："把荣誉和敬意献给这位年轻的诗人吧！他的缪斯女神对生活在底层的人们充满爱意，她告诉那些生活在金碧辉煌的殿堂里的居民：'他们也是人，是你们的兄弟！'"[54]但是，对于一部有着明确政治观点的社会小说而言，马卡尔·杰武什金这个人物实在太过复杂了。别林斯基在1846

年春为《祖国纪事》撰写书评时，似乎也意识到了这一点。当时，他与陀思妥耶夫斯基之间的关系已经明显变得冷淡。然而在1845年夏秋时分，在格里戈罗维奇和涅克拉索夫拿着陀思妥耶夫斯基的手稿去找别林斯基的那个令人难忘的夜晚过后几个月里，随着普希金的过世和果戈理的搁笔，《穷人》的作者俨然已成为俄国文学最大的希望。

早在正式付梓之前，这部小说便已是轰动整个文学界的大事件。即使是陀思妥耶夫斯基这种不易感情冲动的人，也难免会在如此巨大的成功面前变得飘飘然。他在1845年11月16日给哥哥米哈伊尔的信中骄傲地写道：

> 我认为，我的声望永远都不会超过现在。周围所有人都对我致以难以置信的敬意，对我个人怀有强烈的好奇心。我认识了很多上流社会人士，奥多耶夫斯基伯爵邀请我去府上拜访，索洛古柏公爵情绪失控地扯着我的头发，帕纳耶夫告诉他，一个天才诞生了，所有人都被踏在了脚底。……别林斯基对我喜爱备至，无以复加。这些天屠格涅夫刚刚从巴黎回来……他第一刻便向我表示了好感，他对我的情谊之深，让别林斯基只能用一个理由解释：这是屠格涅夫爱上了我。

这番话听上去就像是果戈理喜剧《钦差大臣》中满口大话的主人公赫列斯达可夫的长篇独白，陀思妥耶夫斯基本人也意识到了这一点，他在信尾附言中以愧疚的口气地写道："我又读了一遍这封信，我发现：一，文风可憎；二，自命不凡。"

处女作的成功给陀思妥耶夫斯基带来了莫大的荣耀，这个以往一直在圣彼得堡文学圈外观望的圈外人，如今变成了聚光灯下的明星。在文学贵族的簇拥下，他的虚荣心得到了极大的满足。最令他骄傲的是，从今往后，他可以与伟大的别林斯基及其背后的一群精英——

屠格涅夫、赫尔岑、涅克拉索夫等大名鼎鼎的作家——成为同道，并彼此以"同僚"相称。1845年11月，陀思妥耶夫斯基初次结识了帕纳耶夫夫妇。帕纳耶夫家的沙龙是当时俄国左派文人最喜欢的聚会场所。阿芙多季娅·帕纳耶娃（Awdotja Panajewa）在回忆录中讲述了对这位客人的印象：

> 一眼就能看出，陀思妥耶夫斯基是个敏感和神经质的年轻人，他外貌清瘦，个子矮小，苍白的面色露出病容。他的灰色小眼睛总是不安地瞥来瞥去，没有血色的嘴唇紧张地抽搐着。[55]

陀思妥耶夫斯基在帕纳耶夫家沙龙上的羞涩表现与女主人的魅力不无关系。容貌出众、风姿绰约的帕纳耶夫夫人给这位年轻的作家留下了深刻印象，但同时也削弱了他的自信心。随着时间的变化，最初的羞怯和拘谨渐渐消失了。初涉文坛的成功以及来自方方面面的好评让陀思妥耶夫斯基找回了信心，他在众人面前的表现也因此变得越来越傲慢。他经常以居高临下的态度评点同行的作品，这种自负的态度很快会让他吃到苦头。

别林斯基作为权威人士的肯定不仅让陀思妥耶夫斯基收获了名誉这种象征性资本，同时也让他收获了大把的卢布。《祖国纪事》主编亚历山大·克拉耶夫斯基（Alexander Krajewskij）为陀思妥耶夫斯基1846年2月发表在该杂志上的小说《双重人格》（*Der Doppelgänger*）给出了六百银卢布的稿酬，这个价格虽然低于别林斯基提出的每印张两卢布（约折合七十银卢布）的最低稿酬建议（1845年10月8日），但远远高于涅克拉索夫为《穷人》全部书稿所支付的两百五十银卢布的稿酬。经过长时间的拮据生活之后，陀思妥耶夫斯基手头重新变得宽裕起来。不过，除了实际收入的增加，更重要的原因是《穷人》的轰动性成功让他收获了巨大的信用资本。

"这些天，克拉耶夫斯基听说我手头缺钱，便主动提出借给我五百卢布。"（1845年11月16日）手里有了钱，陀思妥耶夫斯基又开始过上了挥霍无度的生活。在短短半年之内，他花出去的钱就多达六千卢布（1846年4月1日），这是小说《穷人》中男主人公杰武什金全年薪酬的十二倍，是陀思妥耶夫斯基计划中每年最低花销的十倍（1849年2月1日）。

如此庞大的开销让陀思妥耶夫斯基的生活重新变得入不敷出。和1841年刚从工程兵学校毕业的那些日子一样，陀思妥耶夫斯基整日流连于圣彼得堡的各种娱乐场所，从音乐厅到剧院，另外还有妓院。"敏儿、克莱尔和玛丽亚们个个漂亮得很，可也贵得出奇"，费奥多尔在给哥哥的信中坦白道（1845年11月16日）。在嫖妓问题上，他从来不曾有意掩饰。虽然在陀思妥耶夫斯基的时代，嫖妓并不像20世纪时那样被视作伤风败俗的事，但是从1850年代起，卖淫作为农奴制的特殊形式在俄国自由派圈子里受到了越来越多的抨击。屠格涅夫和别林斯基对陀思妥耶夫斯基放荡纵欲的生活方式明确表示出反感，陀思妥耶夫斯基本人也在自己的小说作品中，对各种形式的爱情交易——从儿童卖淫到金钱婚姻——予以大肆批判，不过对他来说，嫖妓带来的并不是道德上的问题，而是开销上的麻烦。"我的日子过得太漫不经心了，这是全部问题所在"，他在给米哈伊尔的信中谈到自己的挥霍生活时轻描淡写地说。

陀思妥耶夫斯基所说的"漫不经心"，更多是指自己没有能力把握好收支的平衡。对金钱的挥霍态度是前资本主义时代欧洲和俄国贵族圈子里盛行的习气，在19世纪中叶前是一种普遍现象。按理说，陀思妥耶夫斯基出身于低层贵族，再加上父亲的薪水一向微薄，他本不应染上这样的习气。所以，他所受到的影响很有可能是来自文化方面：在俄国文学艺术圈里，对待金钱的淡漠态度以及今朝有酒今朝醉的生活方式往往被视为一种理想。[56] 这种人生态度后来被陀思妥耶夫斯基美化为俄罗斯民族的独有特征。

　　此外，陀思妥耶夫斯基的行为方式在一定程度上也是受到浪漫主义的影响。浪漫派作品中的英雄人物通常都是放荡不羁，不愿受到约束，更不会被金钱收买，因此这些人总是热衷于冒险、决斗，当然还有赌博。对赌徒来说，他们宁愿丢掉性命，也不肯停止赌博。[57] 青年时代的陀思妥耶夫斯基便已表现出对纸牌和轮盘赌的狂热爱好，在与他同龄的一代人当中，像他一样的人并不在少数。[58] 浪漫主义的冒险精神与市民阶层的谨小慎微，赌徒式的投机与商人式的精明算计——这是陀思妥耶夫斯基1840年代初涉文坛时，影响文学界的两股潮流，在俄国，投机的因素明显占据了上风。在这里，方兴未艾的文学市场就像一桌庞大的轮盘赌，人人都想赚得盆满钵满，却随时都有可能输得一文不剩。在那些年里，文学与金钱的结盟催生出一股淘金热，涅克拉索夫和克拉耶夫斯基这些精明的出版商成为最大的赢家。

　　陀思妥耶夫斯基也想成为这股文学热潮的受益者，并为此总结出一条公式："工作，冒险，赚钱。这便是力量之所在。"（1843年12月31日）这股力量的重要源泉便是投机精神，在陀思妥耶夫斯基的文字和书信中，这一点表现得比其他所有同时代作家都更加清晰。1846年10月20日，他在给米哈伊尔的信中写道："如果你手里有两百银卢布……难道你不想拿它去投机吗？如果你把钱存起来，这些钱就会白白放在那里，没有任何用处。"作为欧洲舞台上的新兴形象，投机者的魅力——正如西哀士在论述第三等级时所言——在于其"从一无所有中获得一切"[59]的能力。

批评与伤害

　　与别林斯基等人1845年初夏看到《穷人》手稿后的激动表现相比，文学批评界对这部小说的反应要冷淡得多。不过，陀思妥耶夫斯基并没有为此自辩，或许在他看来，作品的热卖便是对批评者最有力的反驳。另外他相信，其背后的"同僚们"一定会继续支持他，同时他还希望，别林斯基及其同党能够通过文字予以回击。而且就在《穷人》问世短短几周后，陀思妥耶夫斯基便在克拉耶夫斯基主编的《祖国纪事》上发表了自己的新小说《双重人格》。

和《穷人》一样，《双重人格》也是一篇戏仿果戈理之作，其仿效对象是《鼻子》（*Die Nase*，1836年）。果戈理在小说中描写了一位圣彼得堡小职员的奇遇。有一天，这个小职员的鼻子突然从他的身体独立了出去，以"他我"（Alter Ego）的形象在涅瓦大街上闲逛。果戈理通过这个故事，把人格分裂这一浪漫主义主题变成了一出充满讽刺的荒诞剧。陀思妥耶夫斯基借鉴了果戈理幽默诙谐的叙述方式，但是在叙事的同时，他以细腻的笔触真实地刻画了主人公——圣彼得堡小职员雅科夫·彼得罗维奇·戈利亚德金——从自我意识的沦丧到双重人格形成的渐进式过程，并以此为"人格分裂"这一主题赋予了更多的现实主义色彩。戈利亚德金的自我认知始终是在狂妄自大与自卑情结之间摇摆：一方面，他胸怀"远大抱负"，梦想能有朝一日出人头地，跻身上流社会；另一方面，他永远都无法克服深藏于内心的强烈自卑感。当这两种心理的矛盾冲突发展到极限时，他的做法是掩藏真实的自我，在想象中把自己幻化成另一个人："这根本不是我，不是我——就这样。"

《双重人格》是陀思妥耶夫斯基第一部以旁观的局外人角度展开叙述的作品，换句话讲，这是一部真正意义上的叙事性作品，而不像书信体小说《穷人》那样，是从主要人物的视角出发，使故事情节的层层推进得以呈现。人们在这部作品中可以发现，作者对叙事性文体的把握还缺乏足够的经验，一些情节的设计略显生硬，叙述者对主人公的态度总是在冷嘲热讽和怜悯同情之间摇摆。另外，整部小说的文字也显得过于拖沓冗长。但是从另一角度看，陀思妥耶夫斯基将心理描写作为叙述的重点，并在这方面展现出其非凡的才华。他细致入微地刻画了戈利亚德金面对另一个自我的复杂心理活动：一方面，他努力借助理性为"他我"的存在寻找解释；另一方面，他又想尽各种办法去排斥它、压制它。另外，陀思妥耶夫斯基以高超的技巧对"诡异之物"（Das Unheimliche）加以文学化描写，自现实主义文学兴起后，这类描写作为浪漫派擅长的手法已逐渐遭到摒弃。与普通叙事性小说不同的是，在陀思妥耶夫斯基笔下，"诡异"的出现并非来自一个人与某样陌生事物的意外相遇，而是源于自身的异化经验，换言之，它是在人与"自我"熟悉的事物——图像、物体、人物等——日常相处的过程中产生的。（诡）"异"即是"未知"，而"未知"的存在则是以"已知"作为前提。根据弗洛伊德的理论，"诡异"是人的"自我"的一部分，是在潜意识中被排斥的对象，并不断以恐惧的形式重复出现。但是，当人们熟悉的物体、空间和人物等因为光线、色彩或大小的变化而失去平常的样貌，成为威胁的化身时，这些平常事物便会转化为"诡异"之物。在《双重人格》中，这个"诡异"的化身便是戈利亚德金的"他我"：他实现了真实的戈利亚德金梦寐以求却无法达到的理想：成为志得意满、飞黄腾达的"人上人"。

　　自我分裂——"拥有占有欲的'陌生'身份对人格的损害"，特别是无法达成的理想目标对本我的折磨，成为陀思妥耶夫斯基作品中永恒的主题。[60] 但是，在同时代人眼里，陀思妥耶夫斯基在心理剖析方面所表现出的才能却并未受到重视。小说中的各种荒诞情节在读者看来，都是对果戈理《鼻子》的幼稚模仿，并无任何新意，而那些对虚妄和诡异之物的描写，则被斥为老调重弹，是拾浪漫派的牙慧。别林斯基在第一次评论《双重人格》时，曾就读者对文字拖沓冗长的指责辩解称，这是作者"思想过于丰富"所致。但同时，他也不加掩饰地表达了对《双重人格》的失望之情，认为陀思妥耶夫斯基显然还没有找到艺术创意与和谐之间的平衡。一年后，别林斯基的批评变得更加不留情面。他不仅以犀利的言辞指责陀思妥耶夫斯基的新作缺乏分寸和尺度（"所有在《穷人》中因为新手的缘故得到谅解的错误，在《双重人格》中都变成了赤裸裸的败笔……"），同时还对作者对描写虚幻妄想的偏爱表示不屑："如今，虚幻妄想只能在疯人院而不是文学中找到位置，它是医生的事情，与诗人无关。"[61]

别林斯基第二篇关于《双重人格》的评论发表于1847年1月，此时，他与陀思妥耶夫斯基的关系已彻底破裂。早在1846年春，两人的关系便开始趋于紧张。就在《穷人》发表后不久，涅克拉索夫撰写了一篇题为《别林斯基致陀思妥耶夫斯基的一封长信》(Sendschreiben Belinskijs an Dostojewskij)的小品文，他在这篇手法平庸的文章中，对陀思妥耶夫斯基的傲慢和虚荣大加嘲讽。他在文中把陀思妥耶夫斯基比喻为"悲伤的骑士"，"就像一颗在文学的鼻子上冒出的青春痘"："诗人年纪轻轻，便一鸣惊人；国王和皇帝们视其为珍宝，赐之以洛伊希滕贝格公爵的封号。"[62]这段话的末尾一句是在影射当时坊间流传的一个谣言：据说陀思妥耶夫斯基对自己的处女作《穷人》十分得意，认为其水平远在《彼得堡文集》其他所有文章之上，并因此要求出版方对自己的作品在版式上予以特殊待遇，以示区别：具体做法是，在整部小说每一页文字的四周都用花边作为装饰。

陀思妥耶夫斯基看到这篇讽刺文章后勃然大怒，据阿芙多季娅·帕纳耶娃回忆，这位备受伤害的作家冲进了涅克拉索夫的工作室，对其大发雷霆。"当陀思妥耶夫斯基走出办公室，来到门厅时，他的脸就像一张白纸，毫无血色；当侍者把大衣递给他后，他用了好长时间才找到大衣的袖子。"[63]在此之前，屠格涅夫的表现便曾让陀思妥耶夫斯基的情绪受到严重刺激。有一天，在帕纳耶夫家的沙龙上，面对一群别林斯基的好友，屠格涅夫谈起了一位来自外省的作家，在出名后自我膨胀，到处以天才自诩。在当时的场合下，其所指不言自明。"陀思妥耶夫斯基脸色煞白，整个身体都在颤抖，没等屠格涅夫把话讲完，便夺门而去。"[64]

面对这些伤害，陀思妥耶夫斯基大部分时候都是忍气吞声，偶尔才会写信向米哈伊尔倾诉。一连串的伤害在他的内心投下了一道长长的阴影，直到1870年代，他与屠格涅夫等人的关系仍然被这道阴影所笼罩。令他难过的是，就在不久前，他还天真地相信屠格涅夫爱上了他（1845年11月16日）。陀思妥耶夫斯基是个记仇的人，他对这段受伤害的经历始终耿耿于怀，就像他的小说中那些被侮辱与被损害的人一样。除了神经受到的刺激，他的健康也因此受到了损害。与此同时，他在经济上也再次陷入了窘境。1846年夏，他又一次来到雷瓦尔，和米哈伊尔一家一起度过了整个夏季。在这里，他完成了自己的下一部作品《普罗哈尔钦先生》（*Herr Prochartschin*）。这部短篇小说讲述的也是发生在圣彼得堡小人物身上的故事，但作者很少将主人公遭遇的困境归咎于其悲惨的社会处境。和前两部作品相比，这一点在这部新作中表现得更加突出。尽管主人公活得像一个乞丐，但是在他死后，人们却在他的床垫里发现了价值两千五百卢布的硬币，因为担心这些钱被人偷走，他整天都在担忧和恐惧中度日。

在1845年夏天完成的处女作中，陀思妥耶夫斯基在描写贫穷这个主题时，采用的手法还像是自然主义流派的模范生。然而到了《普罗哈尔钦先生》这里，贫穷与社会现实之间的关系则已完全脱钩。普罗哈尔钦先生并不是一个靠社会救济过日子的人，而是一个把自己装扮成穷人来换取同情的骗子。从第一部作品开始，陀思妥耶夫斯基在其笔下主人公身上所做的文学实验，始终都遵循着同一个模式：一个地位卑微的小人物，一个"纤毛虫"式的社会生物，[65]其背负的沉重精神压力远远超过了自身的负荷。[66]在《穷人》中，这种压力来自奥赛罗式的爱情和嫉妒；在《双重人格》中，是妄想征服世界的拿破仑式野心；在《普罗哈尔钦先生》中，是魔鬼般的吝啬，就像莫里哀笔下的阿巴贡一样。

普罗哈尔钦不仅是躺在自己的钱财上睡觉,而且是与它们"同床共寝"。[67] 对这个守财奴来说,吝啬从一种带有性意味的激情,进而转化为一种与权力欲相仿的情感活动。巴尔扎克在《欧也妮·葛朗台》中对这种病态心理的描写,或曾让陀思妥耶夫斯基受到了启发。不过,与莫里哀和巴尔扎克相比,普希金的剧作《吝啬的骑士》(*Der geizige Ritter*)对这一主题的探讨可谓更胜一筹。在这部剧中,吝啬的老男爵望着堆成山的财宝,内心的满足感就像是享受无边的权力。[68] 甚至可以说,与天下独尊的权力相比,战胜自我带给他的自豪感要美妙得多。成功地打败所有的欲望和嗜好,这样的意识让他陶醉于其中,无法自拔。陀思妥耶夫斯基笔下的圣彼得堡小职员也是如此。他为了节省睡衣,每天夜里都是光着身子睡在藏着财宝的床垫上。这时候,这个清教徒式的小人物,俨然变成了真正的"巨人"。[69]

但是,这一切对于陀思妥耶夫斯基的同时代人来说过于超前了。如果说别林斯基在评论《双重人格》时语调还略显收敛的话,那么这一次,他在就《普罗哈尔钦先生》撰写评论时已不再有任何顾忌。面对这位他曾寄予厚望的年轻作家的新作,他的评价是:狂妄自负,矫揉造作,故弄玄虚,晦涩难懂。这一评价暴露了别林斯基的短视。虽然说陀思妥耶夫斯基的新作和《双重人格》一样在结构上仍然不乏缺陷,然而就整部作品的思想性而言,却当得起"伟大"二字。作者用敏锐的目光和犀利的笔触对吝啬鬼的心理做出了现象学式的剖析,揭露了禁欲和节俭是资本主义发展原动力的真相,这一发现比卡尔·马克思和马克斯·韦伯还要早得多。可惜,别林斯基活得不够久,还没能来得及对陀思妥耶夫斯基小说的未来潜力做出准确的评价,便于1848年夏因肺结核在西里西亚小镇巴德萨尔茨布伦撒手人寰。假如他能够活着看到陀思妥耶夫斯基的《少年》(*Der Jüngling*)问世,他一定会坦白地承认,当年这位初出茅庐的作家在揭露资本主义核心本质时对自己的直觉是多么自信。所以,他眼中看到的只有一点:这位备受其青睐的门徒背离了自然派文学的道路，变成了一个离经叛道的逆子。

当陀思妥耶夫斯基的又一部新作《女房东》(*Die Wirtin*，1847年)发表后，别林斯基更加明确无误地相信，这位他曾经看好的年轻作家在文学道路上已彻底步入了迷途，甚或是歧途。无可否认，这部作品的确带有明显的 E.T.A. 霍夫曼（Hoffmann）和果戈理早期作品的风格，无论题材还是情节处理都与浪漫主义文学颇有雷同。小说讲述的是发生在一位圣彼得堡年轻学者和他美丽的女房东以及一位神秘诡异的老人之间的故事。这段奇特的三角关系充满了怪诞气息，如梦境般虚幻，又令人惊悚。这种现代写作手法直到阿图尔·施尼茨勒（Arthur Schnitzler）《梦的故事》(*Traumnovelle*) 以及卡夫卡的一系列作品问世后，才真正被读者接受和赏识。特别是卡夫卡，在这位半个世纪后享誉世界的现代派作家的小说作品中，随处都可以找到受陀思妥耶夫斯基影响的痕迹。浪漫派作家认为，梦境能够给世界带来"质的倍增"（诺瓦利斯语）。陀思妥耶夫斯基的观点则相反，在他看来，当现实被梦境压倒时，其结果是导致世界的"倍减"。"梦想家"是意识的外化表现，它是人的内在与外在失衡造成的。1847年1月，陀思妥耶夫斯基在给哥哥米哈伊尔的信中写道：

> （人的）内在与外在必须保持平衡。……否则，当外部经验缺失时，内在便会取得危险的压倒性优势，神经和幻觉将在生存中占据过多空间，每一种外部现象都会变成巨兽的模样，对人造成惊吓，让人不由得对生活产生畏惧。

别林斯基并没有把陀思妥耶夫斯基对人类意识的批判性思考放在眼里，在他看来，《女房东》只是一部"令人厌恶"的失败之作。更何况，别林斯基对梦境描写一向不感兴趣，对陀思妥耶夫斯基这种怪诞的意识流手法更是难以接受。依照他的观点，文学必须观点清晰，直戳要害，不能有"任何阴暗和隐晦的成分"，因为只有作为启蒙的工具，文学才有其存在的合理性。所以，这位俄国文学教宗最后给出的评判是："整篇小说中找不到一个简单而有生命力的词语……一切都显得牵强、做作、夸张、荒诞和虚假。"[70]

这些话让陀思妥耶夫斯基深受打击，但从程度上看，并没有比1846年春文学"同僚"们的背叛给他造成的伤害更重。当时，别林斯基的追随者对他的大肆攻击和谩骂，使得其身心彻底崩溃。眩晕、心悸和幻觉的频频发作，让他陷入了一场严重的健康危机。他在雷瓦尔米哈伊尔家里住了三个月，可病情不仅没有改善，反而变得越发严重。这两位心心相印的兄弟第一次发生了激烈的争吵，起因是米哈伊尔觉得费奥多尔的反应总是太过神经质。去意大利和法国疗养并借机酝酿新作品的计划，也因为经费不足而没能成行。另外，陀思妥耶夫斯基原本还打算自筹资金出版自己的作品，从而摆脱出版商和书商的控制：因为这些"无赖"总是用法律上的花招，设置各种圈套诱他上当（1846年10月20日）。

涅克拉索夫也被陀思妥耶夫斯基划入了这群卑鄙的"奸商"之列（1846年11月26日）。当时，涅克拉索夫正忙于重组由普希金创办、不久前倒闭的《现代人》(*Der Zeitgenosse*) 杂志，与克拉耶夫斯基的《祖国纪事》争夺文学地盘。在凑齐启动资金后，他把为《祖国纪事》撰稿的知名作家几乎悉数招募到自己的麾下。只有极少数作家选择留下来，继续与克拉耶夫斯基合作，而陀思妥耶夫斯基便是其中一个。这一决定与忠诚无关，而是另有原因：在过去一段时间里，陀思妥耶夫斯基总是不断向克拉耶夫斯基预支稿酬，并因此欠下了大笔债务，他只能继续为其工作，用文字来抵债。虽然陀思妥耶夫斯基对克拉耶夫斯基的"文学奴役制"（1846年10月7日）总是抱怨不迭，但是，他对与别林斯基及其同党的决裂以及随之而来的与《现代人》麾下作家的分道扬镳，却没有显得太过伤心。

该以什么方式写作？

文学评论界的负面反馈使陀思妥耶夫斯基的自信心受到了严重摧残。如今，同时代人的评价很少再被视作衡量文学作品的美学价值和影响力的可信标准。直到20世纪，人们才终于发现了陀思妥耶夫斯基早期作品的丰富性与文学独创性，在此之前，它们一直被这位作家那些旷世杰作的光芒遮蔽。但是，对陀思妥耶夫斯基这种靠写作糊口的作家来说，这种身后之名并不能带来多少好处。声名大跌给他带来的后果除了象征性资本的流失，还有现实资本的损失。读者需求的匮乏给文字更大范围的传播带来了困难，因为传播作品的最好办法，是将《祖国纪事》上首次发表的作品制作成单行本或文集，拿到市场上销售。

陀思妥耶夫斯基在1840年代后半期之所以陷入困境，还有另外一个原因：他在立志写作的初始阶段还没有形成一套固定的工作流程，而这本是任何一种职业都必不可少的。虽然从表面上看，没有任何一项工作比写作更自由，更不受约束，但是如果一个人要想以此为业，就必须有自己的一套章法。这里面包括确定主题，拟定提纲，针对性调研，搜集和积累素材，以及书写、修改和誊清等。浪漫派作家对文学创作的这套固定模式不仅不认同，而且打心眼里感到厌恶。在他们眼里，文学不是工作，而是才华和灵感碰撞的结晶。

但是，当陀思妥耶夫斯基步入文坛时，浪漫派作家已经成为历史。对此，所有同时代人几乎已达成共识。对尚未被贴上"现实主义"标签的新一代作家来说，他们面对的现实是：写作虽然已被定义为"工作"，但还没有形成自己的规矩和范式：比如说，作家该如何推销自己的"商品"，如何与文学界大腕建立联系（即今天人们常说的"人脉关系"），以及如何对金钱、时间和健康等资源进行合理化管理等。陀思妥耶夫斯基要想学会这些，还需要一个漫长而艰辛的过程。

直到1860年代，陀思妥耶夫斯基才终于有了一套自己的工作程式，除了日常写作的时间和节奏，还有一系列作为调剂的配套仪式，例如清理书桌、削铅笔、泡茶、准备足量的香烟等。在此之前，他对待写作的态度和生活一样，从来都是散漫随性。他很少会在时间充裕或闲暇时写作，而往往是随着交稿期限的临近，迫于压力才被迫动笔。另外，身为单身汉和圣彼得堡波希米亚文人中的一员，他整天忙着出席各种社交和文化活动。后来，自从有了固定的写作习惯后，他很少再把时间花在这类事情上。

除了上述与写作相关的技术性条件，年轻的陀思妥耶夫斯基在文学风格上也还没有为自己找到方向。18世纪通行的一套规则早已过时：例如，如何确立一种文学范式，如何借助文学批评去褒贬它。别林斯基推崇的自然主义文学——《穷人》即被视为这一流派的典范之作——虽然有其独有的社会伦理作为标准，但是在文学上却缺乏共同的基础。那些被归入自然派的作品都是在题材上具有某种相似性，它们都是把小人物的处境、圣彼得堡底层社会以及俄国农民的贫困生活作为描写对象。这些作品的另一个共同点是它们都反对浪漫主义和英雄主义的陈词滥调，而且正因为如此，它们都对讽刺手法情有独钟，就像德国三月革命前时期的文学中常见的那样。但除此之外，这些作品并没有多少共同点。在这一时期，陀思妥耶夫斯基所擅长的以复杂心理分析为特点的风格还远远没有成型，直到进入1860年代，随着《罪与罚》的问世，他才在小说的主题与结构、叙述节奏以及人物刻画等方面为后来的创作找到了明确的方向。

陀思妥耶夫斯基的风格是经过日积月累逐渐形成的。在这一过程中，尽管遭遇了种种批评和挫折，然而自步入文坛第一天起，他对文学的执着和探索便从未有过动摇。为了重返事业巅峰，他做出了无数尝试：变换主人公身份，改变叙述视角和体裁。早期小说中的"小职员"被替换成新的角色：被骗的骗子[《九封信的小说》(Roman in neun Briefen)]，遭人算计的丈夫[《圣诞树与婚礼》(Der Christbaum und die Hochzeit)]，逃避现世的幻想家[《白夜》(Weiße Nächte)]，被人讥笑的小丑[《波尔宗科夫》(Polsunkow)]，多愁善感的孩子[《小英雄》(Ein kleiner Held)]。另外，他还尝试从轻喜剧或滑稽戏等戏剧形式中汲取新的素材，并添加了一位口若悬河的叙述者，用一些道听途说的传闻为故事主线作烘托。除了小说，他尝试过的其他体裁有滑稽故事[《别人的妻子和床下的丈夫》(Die fremde Frau und der Mann unterm Bett)]、小品文[《彼得堡小品文》(Petersburger Chronik)]、浪漫派小说(《女房东》)、成长小说[《涅托奇卡·涅兹万诺娃》(Netotschka Neswanowa)]等。在从事文学创作的头四年，他总共完成了两部长篇、一部体量庞大的长篇小说片段、七部短篇、四部滑稽故事和四篇随笔，总字数超过了五百印张。其作品的数量，是1840年代在俄国文坛崭露头角的大多数作家望尘莫及的。

但是，所有这些尝试都没能像陀思妥耶夫斯基希望的那样，帮助他挽回失去的盛名。这主要是出于两方面原因：其一，陀思妥耶夫斯基的不少早期作品都存在一个明显缺陷，即叙述啰唆、行文拖沓冗长，这一点在批评家当中备受诟病，陀思妥耶夫斯基一生都没能摆脱这样的指摘。其二，这或许也是因为，当时陀思妥耶夫斯基的稿酬是按照印张数计算的。但是，陀思妥耶夫斯基烦冗复杂的叙述方式主要是由其独特的语言风格决定的，它与普希金"短小精悍"的文风形成了强烈的反差。有一种传言称，在中国，心血管专家认为，诺贝尔文学奖得主莫言惯用的长句子会让读者因沉闷而血压下降。陀思妥耶夫斯基的长句子则有完全相反的功效，它不仅冗长烦琐，文法结构复杂，有数不清的从句和插入语，而且从头到尾贯穿着一种强烈而令人窒息的张力，如果用医生的话讲，可谓高血压患者不宜。

除了语言上的张力，陀思妥耶夫斯基的小说还具有另一种张力，这就是"同一段表述中两种不同寓意"之间的张力，[71] 其主要表现是一段话的表面含义与背后寓意之间的矛盾。在《穷人》中，马卡尔·杰武什金在给瓦莲卡的信中把自己的住处描写得非常舒适，但实际上，他住的地方不过是一个从厨房隔出来的隔间。在这里，叙述者对自己的欺骗行为是有意识的（目的是美化个人的生活状况，以博得收信人的好感）。但从心理学意义上讲，比这更有趣的是，在另外一些地方，无论是出于单纯，还是为了自我欺骗，叙述者对自身行为与言语的动机并无意识，其公开与隐藏含义之间的矛盾更多是由潜在的心理因素决定的。例如，杰武什金把自己对瓦莲卡的好感解释为无私的父爱本能，但其实每个读者和小说中的其他人物都心里清楚，他是爱上了这位年轻姑娘。这种无意识自我欺骗的另一个例子是叙述者在讲话时明显的口是心非。在小说结尾处，瓦尔瓦拉一反常态地用不客气的口吻向杰武什金提出要求，让对方出钱给自己购买结婚时的礼服。她写给杰武什金的最后一封信看起来，就像她在写信时，她那嫉妒多疑的新郎贝科夫始终站在背后监视着她一样。[72]

陀思妥耶夫斯基偏爱通过叙述者的角度来展开描写，这些叙述者并非通晓全局的全知者，而是与情节有着直接或间接关系的参与者。这些"令人半信半疑的叙述者"所掌握的情况，通常并不比小说中的其他人物更多。他们陈述事件时的方式总是受许多主观或客观因素的影响，例如情绪、偏见、教育背景、某种不为人知的心思，或是不愿人云亦云而刻意做出的伪装。

但是对那个时代的读者来说，这种错综复杂的情节架构以及晦涩难懂的文本并不符合他们的口味。复杂的心理描写是浪漫派的偏好，而浪漫派早已是过时的玩意儿。在1840年代流行的五花八门的文学潮流中，只有对浪漫派的批评让人们罕见地达成了共识。浪漫派文学所特有的英雄主义和感伤风格,其笔下装腔作势、顾影自怜、"内心分裂"的人物形象,都已成为批评家们的攻击对象。因此,同时代人对陀思妥耶夫斯基早期小说的典型批评是:这些作品不过是浪漫派的又一次老调重弹。

无论是屠格涅夫和托尔斯泰作品中那种简洁直白的文风,还是自然派文学所倡导的美学观和宇宙观,以及别林斯基推崇的无神论思想,在陀思妥耶夫斯基的一生中都没能产生任何影响。其作品中那些同时代人眼里的缺陷,直到几代人之后,才被他的读者奉为独树一帜的创新。直到进入20世纪,人们才发现,陀思妥耶夫斯基那些伟大作品所特有的多层次、多寓意、充满神经质和心灵感应的写作风格,在其早期作品中便已露出了端倪。正因为如此,他才被后世奉为现代文学的先驱,在这方面,他的地位甚至远在托尔斯泰之上。

陀思妥耶夫斯基与彼得拉舍夫斯基小组

陀思妥耶夫斯基很快便忘记了与别林斯基及其同僚决裂所带来的伤痛。从1846年起,他经常出没于以别克托夫兄弟(Brüder Beketow)为核心的文学圈子。别克托夫兄弟中的老大阿列克谢是陀思妥耶夫斯基在军事工程学校时的好友,他的两个弟弟尼古拉和安德烈当时还在大学就读。后来,兄弟俩都在学术界闯出了名声,尼古拉成为哈尔科夫大学(Universität Charkow)的化学教授,安德烈成为植物学教授和圣彼得堡大学的校长。在1840年代的俄国,类似别克托夫兄弟这样的文学圈子如雨后春笋般兴起,其成员并非都出身于上层贵族,而是来自社会各界,身份有艺术家、文学家、职员、学者等。这股潮流是在尼古拉一世时代俄国在政治上走向反动、审查制度日益严苛的环境下诞生的,并对俄国"思想市场"[73]的形成发挥了重要作用。别克托夫小组的成员还有陀思妥耶夫斯基的家庭医生斯捷潘·亚诺夫斯基(Stepan Janowskij),诗人阿列克谢·普列谢耶夫

（Alexej Pleschtschejev）和德米特里·格里戈罗维奇，以及阿波隆和瓦列里安·迈科夫（Apollon und Walerian Majkow）兄弟。瓦列里安虽然年纪尚轻，却是个天资聪慧、颇有见地的评论家，他很快便发现了陀思妥耶夫斯基身上独有的天赋，并对他在剖析人物心理方面的精准和犀利给予了极高评价。

当别林斯基离开《祖国纪事》后，瓦列里安·迈科夫接替他的位置，成为该杂志的首席评论员。在1847年1月刊中，他将陀思妥耶夫斯基抬高到了与果戈理比肩的高度。他在评论中指出，果戈理在作品中关注的是社会现状，而陀思妥耶夫斯基则将目光投向个体，以及对人类心灵受社会影响的剖析。针对当时称霸文坛的实验主义和自然主义潮流，迈科夫以基督教宣扬的自由意志理想作为回应。这种思想将对陀思妥耶夫斯基未来的作品产生至关重要的影响。可惜的是，年轻的迈科夫还没来得及让自己的才华得到充分施展，便在出任《祖国纪事》评论员短短数月后因心脏病猝死，去世时年仅二十三岁。在他死后，比他年长两岁的哥哥阿波隆——一位热衷诗歌创作的法律系毕业生——接替弟弟，成为与陀思妥耶夫斯基维系友谊超过十年的为数不多的几位作家之一。

迈科夫和别克托夫兄弟的圈子让陀思妥耶夫斯基重新找到了归宿，让他受伤的自尊心得到了修复。这里没有别林斯基圈子里常有的阴谋和算计，他也无须想尽办法彰显自己的才华，以便在文学或才智上盖过他人。这群新的朋友对陀思妥耶夫斯基的心灵产生了治愈的作用，以至于他在1846年秋末决定，搬到圣彼得堡瓦西里岛上的一套公寓，与别克托夫一家合住。他把这种搭伙式关系称为"协作"（1846年11月26日），这种说法显然是受别克托夫兄弟的影响，因为在当时，这对兄弟对傅立叶（Charles Fourier）的空想社会主义思想十分痴迷。俄国富有批判精神的一代知识分子在经过了1830年代对德国理想主义哲学的潜心研究之后，开始将兴趣转向行动哲学，以从中寻求自我拯救之途。在这些人眼中，圣西蒙（Saint-Simon）、傅立叶、蒲鲁东（Proudhon）等人在文章中提出的方案要比谢林和黑格尔的系统哲学更具现实意义。

陀思妥耶夫斯基曾经受别林斯基影响对社会主义思想产生过兴趣，如今他也和别克托夫兄弟一样，被傅立叶的"四种运动理论"（Theorie der vier Bewegungen）深深地吸引。按照傅立叶的观点，宇宙各个领域，从自然界到历史、社会以及人类个体，都是受"情欲引力"——它是由牛顿万有引力定律推导而来——而非人的理性所支配。对陀思妥耶夫斯基而言，傅立叶学说的吸引力一方面是因为他将爱欲和情感的力量置于理性之上；另一方面是因为，与别林斯基信奉的以无神论为前提的理性主义不同的是，傅立叶努力尝试在其学说与基督教教义之间找到契合点。另外，傅立叶的反商业立场，以及他对商人群体——偷盗、欺骗以及占有欲的罪恶之源[75]——的批判，也让陀思妥耶夫斯基萌生了浓厚的兴趣。

陀思妥耶夫斯基显然忽视了一点：傅立叶学说还包括他对股票投机（陀思妥耶夫斯基对投机者的心理活动绝不陌生）的批判态度，因为在他看来，投机并不能创造财富，其唯一作用是让个体致富。[75] 不过说到底，陀思妥耶夫斯基对傅立叶的著作究竟熟悉到何种程度，本身是一个未知数。但可以肯定的是，他对傅立叶的法伦斯泰尔（Phalanstères）构想——建立生产与生活的合作型组织，以协作经济代替商业竞争——颇有研究。他在给米哈伊尔的信中谈起与别克托夫一家合住一事时，特别提到了"协作的益处"（1846年11月26日）。按照陀思妥耶夫斯基的说法，合住带来的最大好处是让生活成本大大降低，全年生活预算只要四百银卢布便绰绰有余。而节省生活开支，也是傅立叶在解释法伦斯泰尔的优势时提出的一条重要经济学理由。但是对陀思妥耶夫斯基来说，"协作"的主要好处还在于伙伴之间的团结合作气氛，根据傅立叶的观点，这一点正是"进步型家庭"与"个体家庭"之间的一大差别。[76]

1846年3月,就在陀思妥耶夫斯基的名声还如日中天时,他在一次散步途中遇到了一位形貌怪异的男子。这位男子主动和陀思妥耶夫斯基攀谈,并问起他的下一步写作计划。这位陌生人头戴四角形礼帽,没有像1840年代的时尚男子一样身穿带披肩的大衣,而是披着一件宽大飘逸的蓝丝绒斗篷,这种斗篷被称作"阿玛维瓦"(Almaviva),在二十年前流行一时。除了古怪的衣着,这位男子还蓄着络腮胡。自彼得大帝以来,络腮胡在俄国一直是一种忌讳,在公务员当中更是被明令禁止。这位陌生人自我介绍称,他名叫米哈伊尔·布塔舍维奇·彼得拉舍夫斯基(Michail Butaschewitsch-Petraschewskij)。彼得拉舍夫斯基是个出了名的怪人,据说他无缘无故打开过灭火器,还喜欢和陌生人进行私密交谈,并以嘲弄对方取乐。另外,他还经常把自己装扮成老妇(蓄着络腮胡!),在圣彼得堡街头漫步。据说有一次,他以这样的装扮走进了涅瓦大街上的喀山大教堂,与一群正在祈祷的女信徒站到一起。这时,一位警察发现并叫住了他:"哎,尊贵的女士,照我看,您是个乔装打扮的男人!""照我看,尊贵的先生,"彼得拉舍夫斯基反唇相讥道,"您是个乔装打扮的骚货!"[77] 话音未落,他便扬长而去。

这些怪诞的言行举止与彼得拉舍夫斯基在世人眼中的"典型俄国革命家"[78] 形象大相径庭。实际上,这些行为是浪漫主义时代在他身上留下的痕迹。当时,一些纨绔子弟为了表达对世俗的叛逆,故意做出各种古怪反常的举动。彼得拉舍夫斯基于1821年出生在一个军医之家,曾在俄国著名贵族学校、圣彼得堡郊外的皇村中学就读。在校期间,他便因为不守规矩而多次受到警告。中学毕业后,他在外交部得到了一个译员的职位。这个职位带给他的微薄薪酬,几乎难以维持生计。不过,彼得拉舍夫斯基依靠从父亲手里继承的田庄和房产,过了上优渥安逸的生活。[79] 他在外交部的职责是负责翻译从一些涉嫌违法的外国人手里查抄的文件，并将没收来的财产登记入册。在这些没收的财产中，最吸引他的是各种被审查机关判定的"禁书"。他把其中感兴趣的书偷偷带回家，再用自己的藏书或临时买来的书籍替换。于是，随着日积月累，彼得拉舍夫斯基在其位于花园大街的公寓里，建起了一个颇具规模的图书室，里面有在俄国难得一见的各种有关社会批判的书籍，圣西门、傅立叶、埃蒂耶纳·卡贝（Cabet）、路易·勃朗（Blanc）、布朗基（Blanqui）、德拉梅内（Lamennais）、蒲鲁东、费尔巴哈（Feuerbach）等人的作品也都赫然在列。

受彼得拉舍夫斯基所藏禁书的影响，与他交好的军官尼古拉·基里洛夫（Nikolaj Kirillow）仿效法国百科全书的传统，编写了一套《袖珍外来语词典》（*Taschenwörterbuch ausländischer Begriffe*）。这套词典具有颠覆性的唯一目的是向俄国大众普及欧洲启蒙主义思想，这一点从其所列词条"劳工组织""经济""宪法""共和国""革命"等便可略见一斑。词典第一册（1845年）是由陀思妥耶夫斯基的好友瓦列里安·迈科夫担任编辑，第二册则是由彼得拉舍夫斯基本人亲自修订。第二册刚刚上市，便被政府审查机关发现，并因危险政治倾向于1846年5月被查禁。

彼得拉舍夫斯基是个信奉独身主义的人，"因为我在男人和女人当中找不出一个值得我为爱献身的人，所以我决定将为全人类服务作为己任"。他在解释自己对革命的热情时如此说道。为了实现他的人类计划，他决定拿自家农庄作为实验品。1847年，他让人在拉多加湖（Ladoga-See）畔的私人田庄修建了一座巨大的集体住宅，还有猪圈、谷仓和蓄水池等配套设施，并计划按照傅立叶的法伦斯泰尔模式让庄园里的农民搬入新居，过上自由幸福的合作式生活。新居落成的这一天，正值圣诞节。就在彼得拉舍夫斯基兴致勃勃地从圣彼得堡赶来，准备与农民一起为打破个人主义枷锁举杯庆祝时，他吃惊地发现，自己辛苦建成的理想居所已被一场大火烧成了灰烬。很显然，在这些农民眼里，和损失自家"又臭又脏的财产"[80]相比，放火的罪过要小得多。

自1845年起，在彼得拉舍夫斯基的公寓里，每周五晚上都会举行聚会。出席聚会的大都是受过高等教育的年轻人，大家聚在一起的目的，是讨论人们当下关心的各种社会、哲学和文学话题。自1847年2月起，陀思妥耶夫斯基也开始频频出席聚会，并经常在聚会上朗读自己的作品。"星期五聚会"通常都是由某个人以讲座形式开场，之后大家再一起展开讨论。聚会都是从傍晚开始，一直持续到凌晨两三点，在一场佐以美酒的消夜后结束。与其他圈子的聚会由客人分摊餐费的做法不同的是，彼得拉舍夫斯基家的聚会向来都是由主人自掏腰包。对于像陀思妥耶夫斯基这样家境不宽裕的客人来说，这一聚会因此格外富有吸引力。除此之外，每个出席聚会的客人还可以从彼得拉舍夫斯基收藏的傅立叶著作中挑一本回家研读。这个自然形成的小组并没有特别的规章，将这些人聚在一起的是对空想社会主义理念和傅立叶著作的共同兴趣，以及对俄国现行政治制度特别是沙皇专制和农奴制的反感。

随着1848年春巴黎革命的爆发，革命火种也传到了彼得拉舍夫斯基一群人当中。陀思妥耶夫斯基的密友之一、在1848年革命之年加入彼得拉舍夫斯基小组并曾将德拉梅内《一位信徒的话》（*Paroles d'un croyant*）翻译成俄文的亚历山大·米柳科夫（Alexander Miljukow）在回忆当时的情景时这样写道：

> 反动旧势力的腐朽基础日益瓦解，整个欧洲正在开始新的生活，只有俄国依然处于停滞不前的状态。科学和舆论面临着越来越大的压力……大量宣扬自由主义的学术和文学作品从国外被偷运进来。在法国和德国的报纸上，富有煽动性的文章随处可见，然而在我们这里，任何一项与学术和文学有关的活动都会受到压

制，检查机关简直就像是染上了恐惧症。人们可以想象，这一切对年轻人会产生怎样的刺激：一方面，他们通过从国外来的书籍接触到各种自由主义理念，甚至对社会主义激进思想也有所了解；但另一方面，他们却不得不眼睁睁地看着，在我们这里，就连温和无害的自由思想也会遭到无情的打压。[81]

面对从巴黎、柏林和维也纳传来的各种危险消息，对1825年十二月党人政变以及1830/1831年波兰起义仍然记忆犹新的尼古拉一世下令采取一系列管制措施作为回应。这些措施的第一项是加强审查制度，授命德米特里·布图尔林将军（Dmitrij Buturlin）领导的特别委员会对"俄国所有出版物的思想和导向"实行全面严格的监控。同时，由教育大臣谢尔盖·乌瓦罗夫（Sergej Uwarow）亲自负责对俄国报纸杂志的审查，禁止发表任何针对政府的批评性言论。

直到1855年尼古拉一世时代结束，布图尔林委员会一直用白色恐怖式的审查手段对俄国报刊界和文学界实行控制，因此这一时期在俄国历史上被称为"最黑暗的七年"。政府的另一项措施是加强臭名昭著的御前办公厅第三局的活动，第三局是1825年十二月党人起义后设立的秘密警察组织，拥有遍布全国的密探网络。其他管控措施还包括，取消长期以来被俄国教会最高权力机构神圣宗教会议视为眼中钉的大学哲学课——在后者眼中，它是孕育自由思想的园地——并对全国各大学实行入学限制政策。涅克拉索夫曾经就这"最黑暗的七年"写过一首讽刺诗："布图尔林像个狂热的斗士／他威严的呐喊尖利又大胆／响彻黑夜和白天：／关闭大学／让瘟疫不再蔓延！"[82]

受西欧革命的影响，彼得拉舍夫斯基家聚会的人数日益增多，农奴制问题成为讨论的主要议题。彼得拉舍夫斯基小组中的激进派主张立即废除农奴制，在这些人看来，自上而下的改革是没有出路的；在必要情况下，甚至可以通过武装起义来解放农奴。彼得拉舍夫斯基本人则认为，政变只会导致无谓的流血并有可能造成反动派的反扑，只有推动俄国右翼人士实行改革，才能让俄国社会各阶层——而不仅仅是农民——从中获益。

在这一问题上，彼得拉舍夫斯基的对手是出身地主家庭的尼古拉·斯佩什涅夫（Nikolaj Speschnjow）。斯佩什涅夫的父亲因为多次强暴自家农奴的妻子而被受害者杀死。和彼得拉舍夫斯基一样，斯佩什涅夫同样毕业于贵族名校皇村中学，并于1841年和一个地主邻居的妻子私奔到欧洲。虽然这场私奔是出于浪漫动机，但是在到了法国和德国后，他便被各种宣扬唯物主义和社会主义的书籍深深地吸引，整日沉溺其中，无法自拔。特别是费尔巴哈的人本主义哲学，更是为斯佩什涅夫这个浪漫派对一切权威——包括上帝的权威——的反叛提供了理论依据。据说，他在德累斯顿时与波兰反对派势力有过接触，并参加过瑞士的独立联盟战争。但是，这些说法并没有得到证实。不过，这些传言倒是与斯佩什涅夫在人们眼中活跃而神秘的行动主义者形象十分吻合。他的优雅举止和英俊外表，再加上他的沉默、难以接近和自我控制力，都和这副形象相得益彰。一位同时代人曾经说，斯佩什涅夫一头深色卷发的外形很适合为绘制基督圣像做模特。[83]

斯佩什涅夫于1847年12月返回俄国后，结识了彼得拉舍夫斯基。由于在欧洲深受卡贝、布朗基等法国社会主义思想家的影响，斯佩什涅夫对彼得拉舍夫斯基小组充满知识分子气息的讨论颇为不屑。他主张通过具体行动来反抗现行的政治制度，这些行动包括发动武装起义，组建小规模地下组织，由中央委员会对革命行动进行统一指挥，并以适当手段开展政治宣传。陀思妥耶夫斯基后来在小说《群魔》（*Die Dämonen*）中描写过类似的情节，小说主要人物之一斯塔夫罗金很可能便是以斯佩什涅夫为灵感创作的。

随着"星期五聚会"规模的不断扩大，陀思妥耶夫斯基对彼得拉舍夫斯基小组的聚会渐渐感到厌烦。从1848年秋起，除了星期五聚会，他每周还固定去参加谢尔盖·杜罗夫（Sergej Durow）和亚历山大·帕尔姆（Alexander Palm）一群人的聚会。帕尔姆原是一名近卫军中尉，因为喜爱诗歌而从军队退役。吸引陀思妥耶夫斯基参加这一聚会的原因除了对文学的兴趣，还因为他觉得，这两人在意识形态路线上比彼得拉舍夫斯基更为明确。帕尔姆－杜罗夫小组的成员中还有当年别克托夫圈子里的诗人阿列克谢·普列谢耶夫，他创作了家喻户晓的革命歌曲《向前一步！莫犹豫！》(*Voran! Kein Zaudern darf es geben!*)，呼吁"流血斗争"，横扫"天地间一切鬼神"，因为世上只有一种权威，这就是"神圣的真理"。帕尔姆－杜罗夫小组中的政治气氛，在这首歌曲中暴露无遗。这首歌诞生于1846年，陀思妥耶夫斯基当时就在彼得拉舍夫斯基家里听到过，虽然歌词内容充满无神论色彩，但据说陀思妥耶夫斯基对这首歌颇为欣赏，这或许是因为它就像《马太福音》中的《山上宝训》一样，呼吁"朋友和兄弟们"将爱施予他人，"无论贫富贵贱"。歌曲配乐是德米特里·博尔特尼扬斯基（Dmitrij Bortnjianskij）创作的赞美诗《我们的大公在锡安山是光荣的》(*Wie herrlich unser Herr in Zion*)，这首曲子在1833年之前一直是沙皇俄国的非正式国歌。在彼得保罗要塞，这首曲子被当作准点时刻的报时曲，而这里正是彼得拉舍夫斯基小组成员被捕后临时受关押的地点。这不能不说是命运的一种捉弄。

1848年秋，普列谢耶夫和陀思妥耶夫斯基一起找到斯佩什涅夫，建议把每周的聚会改在别处举行，因为彼得拉舍夫斯基家的聚会学术味儿太浓，而且随着聚会规模的扩大，来参加聚会的有很多身份不明的人，这使得自由发表观点变得越来越危险。关于陀思妥耶夫斯基与斯佩什涅夫的关系，各方说法不一。据好友亚诺夫斯基回忆，陀思妥耶夫斯基的情绪在1848/1849年冬天发生了明显的变化。他整日郁郁寡欢，心神不宁。作为医生，他并没有在陀思妥耶夫斯基身上为这些变化找到器质性原因。于是，他安慰好友说，这些症状很快会消

四位彼得拉舍夫斯基小组成员：M.B. 彼得拉舍夫斯基，N.A. 斯佩什涅夫，S.F. 杜罗夫，A.I. 帕尔姆

失的。"不，不会消失，它将长时间折磨我。我拿了斯佩什涅夫的钱（他自述大约是五百银卢布），所以我现在只能听他使唤。我还不起这笔钱，他也不会向我讨要它，他就是这么一种人。"然后他又补了一句："你要知道，从那时候起，我就有了我的梅菲斯特！"[84]

不过，对陀思妥耶夫斯基来说，借债早已是家常便饭，他甚至压根不知道，不欠钱的日子该怎么过。因此人们很难想象，他会为五百银卢布的债务感到如此内疚。另外，不止一条证据显示，在1848年和1849年那两年，陀思妥耶夫斯基本人的想法其实和信奉费尔巴哈的斯佩什涅夫一样激进。[85]有一次，在帕尔姆－杜罗夫小组的聚会上，大家讨论到一个问题："如果不得不通过暴动来解放农奴的话，该怎么办？"陀思妥耶夫斯基回答说："那就来一场暴动！"[86]如果发生这样的情况，他会"手里举着红旗到街上去"。[87]据另一位帕尔姆－杜罗夫小组成员称，彼得拉舍夫斯基周围的人都觉得，"陀思妥耶夫斯基容易冲动的天性很适合去做政治宣传"。斯佩什涅夫的另一位朋友回忆说："陀思妥耶夫斯基的模样就像个阴谋家。"[88]

陀思妥耶夫斯基去世四年后，阿波隆·迈科夫在给文学理论家帕维尔·维斯科瓦托夫（Pawel Wiskowatow）的信中透露了一个在心里埋藏了数十年的秘密：1849年1月的一天傍晚，陀思妥耶夫斯基突然找上门来。他受斯佩什涅夫革命团体的委托，要劝说迈科夫帮助他们建立一个秘密印刷所。两人为此一直谈到深夜，因为天色已晚，陀思妥耶夫斯基不得不在朋友家的沙发上过夜。迈科夫回忆说："陀思妥耶夫斯基正襟危坐，仿佛是临终前的亚里士多德向朋友交代后事。他穿着睡衣，领口敞开，激情澎湃地讲述着这件事情的神圣性，还有拯救祖国的使命等。"[89]尽管陀思妥耶夫斯基费尽了口舌，但迈科夫还是拒绝了好友的请求，因为在他看来，这项计划无异于自杀。第二天早上临出门之前，陀思妥耶夫斯基答应了迈科夫的建议，不向任何人透露关于斯佩什涅夫计划一个字。用迈科夫的话讲，这个秘密团体的唯一目标就是"在俄国发动政变"。

从这些证据可以看出,当时陀思妥耶夫斯基在彼得拉舍夫斯基小组中的角色并非一个盲目的追随者,而是一位有着坚定信仰的"共犯"。按照德米特里·梅列日科夫斯基(Dmitrij Mereschkowskij)的说法,陀思妥耶夫斯基对"社会主义理念不仅一无所知,而且这些理念与他的天性是背道而驰的"。作为一个"牺牲品","他为之献身的是一件他一刻都不曾相信,并且打心眼里仇恨的事情"。[90] 这种说法显然是这位俄国流亡作家以己度人的揣测,他对十月革命不仅恨之入骨,而且把所有与之相关的历史背景,包括1840年代和1860年代的革命运动都变成了仇恨的对象。

陀思妥耶夫斯基本人后来也承认,彼得拉舍夫斯基小组成员是一群密谋者,是1860/1870年代革命分子效仿的"楷模":"这里确曾有过一场真正的阴谋,后来的各种阴谋活动都是仿照它的做法,比如秘密印刷所和石印等。"[91] 关于斯佩什涅夫用钱收买陀思妥耶夫斯基、把他变成革命者的说法,是很难说得通的。不过,鉴于陀思妥耶夫斯基过度敏感的天性,人们不难想象,假如有第三者将斯佩什涅夫的神秘借款(或者是馈赠?)与陀思妥耶夫斯基参与斯佩什涅夫团体的秘密活动挂起钩来,很有可能给这位作家的心理造成压力,以至于像亚诺夫斯基观察到的那样,在1848/1849年冬天出现情绪上的异常波动。

陀思妥耶夫斯基情绪低落的另一个原因,有可能是害怕自己的冒险行为被秘密警察发现。这种担心是合乎情理的。从1848年春起,彼得拉舍夫斯基小组便开始受到内务部的监视,负责监视行动的是一个叫伊万·利普兰季(Iwan Liprandi)的人。利普兰季在连续数月的跟踪调查后没有抓到可以指控的把柄,于是便招募了大学生彼得·安东内利(Pjotr Antonelli)为其充当密探,混入了彼得拉舍夫斯基在外交部任职的部门。从1849年3月起,安东内利开始出席彼得拉舍夫斯基的"星期五聚会",并每周向内务部汇报刺探到的情况。在4月15日陀思妥耶夫斯基朗读著名的别林斯基《致果戈理的信》的那次聚会上,安东内利也在现场。陀思妥耶夫斯基朗读的抄件是彼得拉舍夫斯基从莫斯科寄给他的。这封信是别林斯基关于意识形态问题的一份遗言,是他在下西里西亚巴德萨尔茨布伦小镇治疗肺结核期间写下的。虽然直到1914年,这封信才在俄国正式出版,但是早在1840年代末,便有数百份手抄本在民间流传。

别林斯基这封信的内容是针对果戈理1847年发表的《与友人书信选》(*Ausgewählte Stellen aus dem Briefwechsel mit Freunden*),一本"招灾惹祸的书"。[92] 果戈理长期以来一直在西欧生活,在三月革命前夕不断发酵的革命气氛下,他写下了这封信,并在信中将"神圣俄国"连同其独裁体制、农奴制和检查制度,都当作反抗西方颠覆性思想的信仰堡垒加以歌颂。别林斯基之所以对与果戈理的"通信"如此愤怒,是因为他一直把果戈理称作有胆识的社会批评家,并视其为俄国思想界的领袖。与之前对待陀思妥耶夫斯基一样,别林斯基也把对果戈理的态度由爱转为恨,其程度比上一次更激烈。他将果戈理称作"暴力统治的传教士"、"愚昧的使徒"和"愚民政策的捍卫者"。他以尖刻犀利的口吻对果戈理称颂的神圣俄国神话——尼古拉一世统治政策的三大信条之一(东正教、专制主义和民族性)——大加批驳,并向果戈理指出,俄国人并不虔诚,而是满脑子迷信;说到底,他们根本不相信上帝,"俄国人在说出上帝的名字时,其实是在给自己身体的某个地方挠痒。说起圣像,他的态度是:'如果有用,我们就拜它;如果没用,我们就把它当作锅盖丢到一边。'"别林斯基将俄国国家机器斥为"匪徒与窃贼的庞大联盟",并怒斥农奴制是"拿人做交易"的野蛮生意。[93]

自彼得·恰达耶夫(Pjotr Tschaadajew)第一封《哲学书简》(*Philosophischen Brief*,1836年)和屈斯汀侯爵(Marquis de Custine)

/ 第一章 起步与受挫(1821-1849) / 085

《1839年的俄国》(La Russie en 1839，1843年)问世以来，从没有一篇文章像《致果戈理的信》一样，把尼古拉一世的统治批得如此体无完肤。陀思妥耶夫斯基在拿到别林斯基信的手抄本后，先后朗读过三次：两次是1849年3月底在帕尔姆－杜罗夫小组，另一次是4月15日在彼得拉舍夫斯基的"星期五聚会"上。陀思妥耶夫斯基对信中的无神论言论或许并不赞同，但是别林斯基对农奴制和君主专制的激情澎湃、文采洋溢的控诉，却让他始终未泯的席勒式情怀深深为之触动。陀思妥耶夫斯基的朗诵有着和别林斯基文字一样的火力，从现场反应来看，其效果也毫不逊色。正如密探安东内利在报告中所写，陀思妥耶夫斯基的朗诵"博得了听众一阵阵喝彩……特别是当他读到别林斯基说俄国人是没有宗教的民族时。大家纷纷提议，要把信拿去复制，然后四处散发"。[94]

帝国的反击

1849年4月22日，彼得拉舍夫斯基家举行了最后一次"星期五聚会"。在聚会上，彼得拉舍夫斯基就文学界如何用行动来促进政治启蒙的问题发表了演说。一位与会者提议，俄国人应当以法国人为榜样，比如乔治·桑和欧仁·苏等。假如陀思妥耶夫斯基在场，他很可能会反驳说，他自己早就这样做了。可惜陀思妥耶夫斯基并没有到场，当天他感觉身体不适，浑身无力，像是害了病。和前一年一样，圣彼得堡又一次爆发了霍乱，整个城里的气氛变得格外压抑。傍晚时分，陀思妥耶夫斯基在城郊大街上遇到了弟弟安德烈。不久前，安德烈刚刚在圣彼得堡建筑监管局申请到一个职位。陀思妥耶夫斯基对弟弟说，他恨不得立刻放下手里的所有事情，出门去旅行，却又苦于没有钱支付旅行的花销。收入微薄的安德烈对此也只能表示无奈。两人相互道别，并约定后天，也就是周日，一起到米哈伊尔家聚餐。

这天，倾盆大雨下了足足一整天。陀思妥耶夫斯基被淋透了，虽然1849年春天比往年都暖和，可他还是冻得发抖。于是他决定到附近的亚诺夫斯基家去取取暖。亚诺夫斯基和平日一样，热情地把好友请进门，拿给他替换的干衣，还端来了热茶。当陀思妥耶夫斯基9点离开时，大雨依然如注。医生朋友建议他叫辆马车，可陀思妥耶夫斯基却没钱支付车费。亚诺夫斯基因为手里没有零钱，于是便自作主张，从他负责管理的帕尔姆-杜罗夫小组的集体账户上拿了几枚五戈比硬币，借给了好友。不过也有说法称，这主意其实是陀思妥耶夫斯基想出来的。为社团成员解燃眉之急，与法伦斯泰尔奉行的合作理念倒是很合拍。

9点半，陀思妥耶夫斯基上了路。亚诺夫斯基以为他是要去彼得拉舍夫斯基家，[96] 可陀思妥耶夫斯基实际是去了尼古拉·格里戈利耶夫（Nikolaj Grigorjew）的住处。格里戈利耶夫是斯佩什涅夫小组最激进的成员之一，一直在策划建立秘密印刷所，而且已经准备好了一份印刷后拿去散发的文章，题目叫《一个士兵的话》（*Soldatengespräch*）。这篇文章类似于早期的政治煽动性文字，[97] 内容讲述的是一位农奴因为不服管教，被狠心的地主发去充军，从此孤独终老的故事。凌晨三四点钟，陀思妥耶夫斯基才回到自己在马拉亚莫斯卡亚大街上的住处。这时候，他既无法预料自己再也没有机会偿还从亚诺夫斯基那里借来的公款，更无法预料自己只能再睡不到一小时。沙皇政府的反击战打响了。

御前办公厅很晚才得到有关彼得拉舍夫斯基小组的消息，因为好大喜功的内务大臣佩罗夫斯基伯爵（Graf Perowskij）为了贪功，一直绕过第三局，把案子把持在自己手里。这两个机构多年来彼此倾轧，为独揽大权使尽了手段和阴谋。佩罗夫斯基应该是在1849年4月20日向秘密警察头目奥尔洛夫将军（General Orlow）下达了行动命令，后者指示伊万·利普兰季立即整理出一份彼得拉舍夫斯基小组"星期五聚会"的出席者姓名和住址清单，并于第二天将这份列有三十四个人名和地址的文件呈交沙皇。与1825年十二月党人起义的参与者都出身中上层贵族不同，彼得拉舍夫斯基小组的成员来自社会各个阶层。御前办公厅由此做出了错误的判断，认为这是一场在群众中覆盖面极广的阴谋活动，因此危险已迫在眉睫。

奥尔洛夫将军得到命令，立即逮捕所有涉案分子。行动是在4月23日凌晨开始的，抓捕三十四个人的整个过程采用的是同一套程序：实施抓捕的是由军人和宪兵组成的联合行动队，由一名军官指挥。在指定时间里，这群身穿制服的人员强行进入涉案分子住处，向其宣读逮捕令，要求其起床穿衣，之后对房间进行仔细搜查，目标是所有书籍和带文字的纸张。曾被陀思妥耶夫斯基好友、同为帕尔姆-杜罗夫小组成员的亚历山大·米柳科夫称为尼古拉时代俄国藏书库的大批私藏书籍，此时统统暴露在国家暴力面前，变成了密谋的证据。每一本书都被翻开，拿在手里抖动，看看有没有夹带的物品，然后连同可疑的印刷品和手稿一起被打成捆带走。墙上的画被摘下来，拿掉框子或干脆把框子砸碎。就连取暖的火炉也被仔细检查，以防有人在搜查人员进门前的最后一刻把证据焚毁。搜查结束后，涉案分子被带上街边一辆窗户被遮得严严实实的马车，然后径直驶往第三局所在地，紧邻夏宫的一处宫殿式建筑。

时隔十一年后，陀思妥耶夫斯基才以轻松诙谐的语气描述了自己被逮捕的过程。透过这些文字，人们丝毫想象不出当时的场面是多么惊心动魄。[97]多亏了陀思妥耶夫斯基弟弟安德烈的回忆，我们才能够对当天发生的事情获得更为直观的了解。安德烈也被警察逮捕，因为当局把他与逮捕名单上的哥哥米哈伊尔·陀思妥耶夫斯基的名字搞混了。幸亏有这段时间上的延迟，米哈伊尔才得以将一些重要的涉案物品及时销毁。直到几天之后，警察才发现了自己的错误，并将安德烈释放，逮捕了米哈伊尔。安德烈回忆了逮捕过程的诸多细节，这些细节费奥多尔或是忘记了,或是出于政治上的考虑不愿再提及。

被逮捕的涉案分子陆续被带进第三局内的一间大厅,每个人一见到先到的同伴便急不可耐地扑过去,打听到底出了什么事。当时,大家还可以自由走动,相互交谈。费奥多尔·陀思妥耶夫斯基紧随弟弟安德烈之后进了大厅,一进门便冲到弟弟身边,打听逮捕这些人的原因。没等弟弟回答,两人就被拉开,和彼得拉舍夫斯基小组被逮捕的三十四个人一起被分成组,每组八人至十人,分别带进了不同的房间。在这里,他们被禁止交谈,但得到了像样的饭菜供应:有茶和咖啡,一份丰盛的早餐,之后是午餐。据安德烈回忆称,每一样饭菜都很精致。

上午10点左右,第三局头目奥尔洛夫将军开始了行动。他通知被捕者,因为从事反叛活动,他们被剥夺了所有公民权利,随后政府会对他们的罪行进行调查并做出判决。之后,一直到天黑,彼得拉舍夫斯基小组的这些人被关在屋子里,不得彼此交流。大约晚上11点,犯人们逐一被带到楼下的第三局总管杜贝尔特将军(General Dubelt)办公室。杜贝尔特看一眼面前的文件,然后向来者确认身份:"蒙贝利?"——"是!"——"杜罗夫?"——"是!"——"陀思妥耶夫斯基?"——"是!"问话结束后,已是凌晨时分。犯人们被带到院子里,在那里每个人都有一辆马车在守候。在三位骑兵的押送下,马车上路。由于涅瓦河洪水上涨,很多桥都被阻断,马车不得不一路绕行,兜了一大圈,最终抵达涅瓦河一处岛屿上的彼得保罗要塞。犯人们下了车,被看守押着穿过长长的、阴暗而潮湿的走廊,带进各自的囚室。面对眼前的黑暗,听到牢门在身后落锁的沉闷声响,犯人们终于开始预感到,未来是什么样的厄运在等待着自己。就连彼得拉舍夫斯基小组的核心骨干,不久前还在小组纪念傅立叶的聚会上大胆呼吁推翻俄国腐朽政治体制的德米特里·阿赫沙姆莫夫(Dmitrij Achscharumow),也在后来回忆时承认,当牢门在身后锁上时,他绝望地蹲到了地上,抱着腿抽泣着,然后开始祈祷。

从城市发展史来看,彼得保罗要塞堪称圣彼得堡的萌芽。18世纪初,彼得大帝时代,为了防范瑞典人进攻,俄国政府强行拉来数千名做苦役的农奴,在涅瓦河北岸兔子岛的沙地上修建了这个要塞。要塞既是国家军事权力的象征,同时也反映出彼得大帝要以人力征服自然的野心。要塞内的彼得保罗大教堂是罗曼诺夫皇朝的圣墓教堂,它那高耸尖细、非典型俄国式的教堂尖塔是要塞内最显著的地标,从城市任何位置都可以一眼望到。如今这座教堂已经成为俄罗斯民族的圣地。自俄国1709年在波尔塔瓦彻底打败瑞典人之后,彼得保罗要塞丧失了防御外敌的作用,之后两百年的时间里,这里一直被用作兵营和监狱。

要塞西侧的工事——阿列克谢三角堡——是专门关押政治犯的要地,人称"秘密囚楼"。它是"一栋用白色石块砌成的平层建筑……三面都有窗户,玻璃下边三分之二部分被厚厚的柏油涂黑"。[98] 彼得大帝曾将叛逃的大儿子阿列克谢关押在这里,施予酷刑,最后下令处决;在叶卡捷琳娜大帝统治时期,启蒙革命家亚历山大·拉季舍夫(Alexander Radischtschew)曾在这里遭受严刑拷打;1825年,发动政变的十二月党人曾在这里接受审判;后来,从尼古拉·车尔尼雪夫斯基到十月革命爆发,数百名政治犯曾在这里遭到监禁,其中包括后来被处决的弗拉基米尔·列宁的哥哥亚历山大·乌里扬诺夫(Alexander Uljanow)。

陀思妥耶夫斯基也被关押在阿列克谢三角堡。他在被抓捕时身上仅有的两样物品——六十戈比和一把梳子——被没收,家人给他送来的全套衣物,从棉衣到裤子、马甲、衬衣、内裤,再到围巾、袜子和皮靴,都被一一列入清单,交由监狱保管。狱方发给他一件粗麻衬衣和一条简易的麻袋片式的裤子,一双袜筒不停滑落的长筒袜,还有一双肥大不合脚的毛毡拖鞋。除此之外,他得到的物品还有一个肮脏不堪、上面布满污渍的军用睡袋，一块和睡袋同样颜色和大小的草垫，还有一个枕头，统统扔在窄小的木板床上。[99]

牢房里的布置也是简陋之极：一个炉膛通往走廊的取暖炉，一张简易床，一桌一椅，一盏昏暗的油灯，一只盛粪便的木桶，此外别无他物。牢房门上有一个小窗，看守透过小窗可以随时观察犯人的一举一动。不过，与关押在要塞另一处工事的安德烈相比，陀思妥耶夫斯基所在牢房的卫生条件和伙食还勉强可以忍受。安德烈在回忆录中抱怨，关押他的囚室光线昏暗，潮湿肮脏，让人透不过气来，特别是到了夜里，还常有老鼠出没。1849年夏，当十二名彼得拉舍夫斯基小组成员因为证据不足被释放后，要塞指挥官伊万·纳博科夫将军——《洛丽塔》作者纳博科夫的曾祖父——下决心改善监狱条件，向犯人们发放了新的毛巾、被单和号服。此外，他还安排为犯人们清洗床单和枕套，并允许犯人通过看守购买香烟、茶叶、砂糖和蜡烛，或让亲属给他们送来这类生活必需品。在年底之前，陀思妥耶夫斯基为这些奢侈品整整花掉了一百零七卢布。从7月开始，狱方允许犯人看书，但最初只限宗教类书籍，后来也允许犯人们阅读报纸杂志，给亲友写信，并允许亲属探视。除此之外，从夏天开始，犯人们每天都有十五分钟时间可以在院子里——后来放宽到要塞花园——散步放风。

尽管条件略有改善，但监禁生活仍然是一种磨难，作为教化手段，其目的便是摧毁人的意志。出人意料的是，陀思妥耶夫斯基对囚禁生活的抱怨比很多同伴都要少，特别是就其与生俱来的抑郁倾向而言。彼得拉舍夫斯基请求监狱负责人给犯人多提供一些读物，因为这种与外界隔绝的生活很可能让陀思妥耶夫斯基这种天生神经质的人丧失理智。[100]这种担心似乎是多虑了。牢房里的生活孤独寂寞，缺少阳光和空气，也无法活动和与人交流，这些都让陀思妥耶夫斯基饱受其苦，他也总是为身体上的病痛抱怨不迭，例如痔疮、胸口疼痛、失眠、头晕等，但是从他在狱中写下的信件却看不出任何绝望情绪，而更多的是自信。每次收到寄来的钱和礼物，特别是香烟、书籍和报刊，他都会回信表示谢意。5月6日，就在安德烈获释当天，《祖国纪事》发表了他的小说《涅托奇卡·涅兹万诺娃》（*Netotschka Neswanowa*）第三部分，这次，他连校样都没来得及看。直到6月，他才拿到编辑部寄来的杂志。他还为自己制订了新的文学计划："三部短篇和两部长篇。"（1849年7月18日）不过，这些计划中的作品真正完成的只有一部，这就是格调欢快的中篇小说《小英雄》。另外他还提到，监狱里的安静生活让他更能集中精力，而不像在外面时那样，总是为这样那样的事情分心。

由于眼下的世界对他来说只剩下思考，而"别无他事"（1849年8月27日），他终于有机会检视自己的人生，并且发现，原来有多少时间被白白浪费了（1849年12月22日）。在成为自由作家后的五年里，他在文学上的成就是贫瘠的。尽管他尝试过不同的类型、主题、题材和叙述视角，但是在1840年代后半段，他却没有写出过一部像《穷人》那样轰动文坛的作品。虽然一些作品也得到了阿波隆·格里戈利耶夫（Apollon Grigorjew）和瓦列里安·迈科夫等评论家的肯定，却仍然于事无补。自1845年以来，他的经济状况不断恶化，在被捕前写给出版商亚历山大·克拉耶夫斯基的最后一封信中，他在向对方借钱时，居然说出十五卢布这个可笑的数目。因为在当时，他不仅身无分文，还欠下了一屁股债。"我像拉奥孔与蛇缠斗一样和我的债主们周旋。"（1849年6月20日）他在信中解释说，这笔钱是作为《涅托奇卡·涅兹万诺娃》第五部分的预支稿酬，可那时候，他连第四部分还没完成。为缺钱发愁，以预支稿酬的方式向克拉耶夫斯基或其他出版商举债，这已经变成了陀思妥耶夫斯基日常生活的常态。

沉重的压力摧残着陀思妥耶夫斯基的神经，让他心力交瘁。"我一半时间在忙着挣钱糊口,另一半时间在与疾病和癫痫发作搏斗,到现在,我害癫痫已经三年了。"[101] 严重的健康危机甚至让陀思妥耶夫斯基萌生出一种幻觉,担心自己会被活埋,所以他总是习惯临睡前在床头放上一张纸条,上面写着:"今天我有可能陷入昏睡,在 X 天之内千万不要把我埋掉。"[102] 自 1845 年以来,陀思妥耶夫斯基的情绪总是处于剧烈的波动之中,并时常出现类似精神分裂的症状。[103]

陀思妥耶夫斯基在被逮捕头一晚与弟弟安德烈的一番对话,便是 1849 年春天作家身体和心理状况的写照,这种状况用今天的话讲,可以称作"倦怠综合征"。从他在信中告诉米哈伊尔自己在荒废时间的话可以看出,他在入狱前已经陷入了死胡同。拘禁生活虽然限制了他的行动自由,但也让他暂时摆脱了过去几个月以来令他身心交困的种种烦恼。或许正是因为心理压力的大大减轻,才使得有严重抑郁倾向的陀思妥耶夫斯基在监禁期间表现得比许多同伴更坦然。

1849 年 4 月 23 日,由彼得保罗要塞指挥官纳博科夫将军领导的五人调查委员会成立,委员会下面还设立了一个小组,负责研究搜捕时查获的文件资料。1849 年 4 月 28 日,审讯开始了。审讯通常是从傍晚 6 点到 9 点,经常会持续到深夜。陀思妥耶夫斯基于 6 月 8 日第一次接受审问。按照陀思妥耶夫斯基在文章中的说法,他当时的表现就像是口才出众的辩论大师。在他后来的作品中,那些阴险狡诈的人物往往也都有闪烁其词、善于狡辩的特征。他知道自己眼下的处境如履薄冰,每一个说错的字都有可能给自己或同伴招惹灾祸。因此,他选择采取灵活的自卫策略:一方面通过自我批评向当局承认自己犯有过失并表示悔恨,另一方面对当局指控自己的罪行则矢口否认或一问三不知。但与此同时,他也重申了自己的信仰,明确表达了对布图尔林特别委员会让民众噤声以及俄国书报检查制度的不满,[104] 并强调作为俄国公民，他有权对事关祖国安危的问题公开发声。陀思妥耶夫斯基的自我辩护总是不断地变换方向，这使得他在法庭面前的证词显得忽左忽右，让人感觉扑朔迷离。这一点也将成为他未来小说作品的标志性风格。因此，调查委员会不无理由地对陀思妥耶夫斯基其人做出了这样的评价："聪明，独立，狡猾，顽固。"[105]

陀思妥耶夫斯基在法庭面前的辩护词与其笔下的文学作品之间明显存在着某种共性。最能清晰反映这一点的，是他谈到同伴的性格特点时所表现出的强大心理分析能力：在他口中，杜罗夫心眼狭小，性情易怒；蒂姆科夫斯基（Timkouskij）"有一种与生俱来的优雅气质，每件事情都想做到尽善尽美"；菲利波夫（Filippov）是复合型人格，他自恋，贪图名利，还有一种近乎天真的狂妄自负。[106]陀思妥耶夫斯基在法庭面前做出的这些心理分析式辩解有两重目的：一是向检方表达自己作为被指控者的合作意愿，通过其有目共睹的善于洞悉他人心理的超凡能力，来协助委员会完成调查；二是以此方式来减轻政治密谋动机在整个案情中所占分量，把案情重点引向其他方面，例如人的虚荣心和想要出人头地的欲望，对情绪缺乏控制力，再加上年轻资历浅，社会经验不足，头脑简单，做事不经考虑，等等，总而言之，都是年轻人容易犯下的情有可原的罪过。陀思妥耶夫斯基的辩词看似达到了他所希望的目标。委员会在结案报告中得出结论：彼得拉舍夫斯基一伙人的行为主要是由于政治上不成熟、爱出风头，再加上自由派思想的鼓动，还有哗众取宠的潜意识作祟，因此不会给国家政治秩序造成严重威胁。[107]

陀思妥耶夫斯基在法庭前的部分陈词，是其后来转为民族保守主义者的征兆。这些表态并非出于策略考虑，而是自我深刻反思的结果。与世隔绝的监禁生活，让他终于摆脱了过去一段时间以来的忙碌和困惑，沉下心来思考各种问题。在谈到傅立叶理论时，他的观点是，这种典型的西欧思想在"我们的土地上"是没有任何发展前景的。陀思妥耶夫斯基1860年代倡导的"根基主义"（Bodenständigkeit）①主张，在这句话里已经露出了端倪。他将傅立叶的社会乌托邦理论称作"空想"，[108]这让人联想到其笔下那些逃避现实的"空想家"形象。早在《女房东》和《白夜》等作品中，这类人物便已出现。在陀思妥耶夫斯基眼里，"空想"是意识的危险的另一面。

反过来讲，对任何一种社会行为而言，人的意识都是不可或缺的，在这一问题上，陀思妥耶夫斯基与别林斯基的观点始终是一致的。意识不可能通过归隐和静修，[109]而只有通过对国家事务和人民生活的亲身参与才能获得。这种想法也为其后期作品的主题做了铺垫。陀思妥耶夫斯基相信，俄国知识分子的最大问题在于与大众的脱离，以及由此导致的割裂。这一点从《罪与罚》男主角拉斯柯尔尼科夫的名字所蕴含的深意即可看出（详见本书页边码第241页）。在陀思妥耶夫斯基看来，一个人整天"活在自己的脑子里"，"不停地思前想后"，是其心胸狭隘和自我封闭的根源。

1849年9月中旬，调查委员会结束了审讯工作，并在结案报告中得出结论：没有证据证明彼得拉舍夫斯基一伙人正在从事一项密谋颠覆活动，这些人既没有共同的意识形态纲领，也没有秘密社团所特有的组织形式。两周后，按照沙皇旨意，案件被移交给一个由将军和

---

① 根基主义又称根基派、土壤派，是19世纪中后期出现在俄国知识界的一个思想流派，根基主义（почвенничество）源自俄文的根基（почва）一词，其引申意义有两层：第一层是指人民、老百姓、民间；第二层更高的引申意义是指俄国文化，特别是东正教文化。根基派从爱国主义和民族主义的立场出发，批判斯拉夫派思想中某些陈腐的观点和不切实际的因素，同时指责西方派无视俄国现实，企图利用资本主义社会产生的某些激进思潮和盲动举措，来达到腐蚀俄国、使俄国失去独特性并最终让俄国沦为他国和他族的臣民和奴隶的目的。此外，根基派还反对当时俄国呈泛滥之势的虚无主义等激进主义思潮，主张知识分子应立足于俄国本土和国情，在尊重、保护和发扬本国和本民族特色的前提下，对外来文化采取有选择的拿来主义态度，克服西方文明中已经出现的道德和精神危机，呼吁知识分子和贵族接近人民、团结人民、从人民那里汲取艺术的养料和生命的价值，将俄国和俄罗斯文化建设成一个可供世界各国、各民族借鉴和学习的样板。

参议员组成的联合审讯团,按照军事法——比正常法律更加严格的条例——进行裁决。

经过裁决,十二人被释放,其中包括 6 月份被捕的米哈伊尔·陀思妥耶夫斯基。到 1849 年 7 月,被告人数减少到二十二人。尽管法庭遵从调查委员会的判断,认为并没有发生真正意义上的阴谋活动,然而根据战时军事法庭条例,被告犯有"危害国家罪",故此做出判决,对其中十五人执行枪决,费奥多尔·陀思妥耶夫斯基也在其列。其余七人分别被判处多年监禁或被流放。陀思妥耶夫斯基被判处死刑,一是因为他朗读并传播别林斯基含有反政府内容的《致果戈理的信》,二是因为他现场参与了格里戈利耶夫颠覆性作品《一个士兵的话》的朗读会。性质尤其严重的是,陀思妥耶夫斯基在对这篇煽动性文字的传播知晓的情况下,没有及时向当局告发和举报。

判决必须经过最高军事法庭,即总检察院审核批准,方能正式生效。后者于 11 月 19 日做出裁决,"恳请沙皇陛下就被告生死之决明察开恩,并视贱民罪责轻重,将死刑改判为相应徒刑"。[110] 这句话说白了,就是建议沙皇对死刑犯予以赦免。这出戏是事先与御前办公厅沟通好的。因为尼古拉一世喜欢扮演独揽大权、律令严明,但又宅心仁厚的统治者形象,在从重判决之后再由沙皇亲自颁发赦免令是其惯用的手法,这样可以在维护国威的同时更好地展现沙皇的宽容和仁慈。大多数判决都会根据沙皇谕令改判减刑,但是在浩荡皇恩降临到罪人头上之前,沙皇一定要让受刑者尝够恐惧的滋味。整个行刑过程都是严格按照事先写好的剧本进行的,包括每个步骤和每个细节,行刑人员当中只有极少数军官了解实情。就彼得拉舍夫斯基案件来说,按照计划是在执行死刑当天先向死刑犯宣读判决书,当他们吓得失魂落魄、四肢瘫软后,再告知他们被"赦免"。这种剧情反转用戏剧专业语言讲,叫作"突转"(peripeteia)。和历任沙皇一样,尼古拉一世也是个喜欢大戏的人,特别是当他能够在剧中亲自出演"天神"角色的时候。

1849年12月22日凌晨，犯人们不到6点就被叫醒，狱监把犯人九个月前被捕时穿的衣服递给他们，让他们换上。由于被捕时还是春天，而且比往年春天还要暖和，所以大部分人穿的都是轻薄的单衣。可现在已是凛冬，外面天寒地冻，还下了一整夜的雪。但当局对此不闻不问，面对一群行将赴死的犯人，谁还有心思去管这些。唯一和季节相配的衣物，是每个犯人都得到了一双厚厚的羊毛袜。一个小时后，死刑犯们被带上马车，和被逮捕时一样，也是每人分乘一辆，然后向城里驶去，没有人告诉他们目的地是哪里。在骑马宪兵的押送下，车队先是朝东驶入维堡区，再返回穿越涅瓦河，一路兜兜转转，避开繁华热闹的老城街区，驶向市中心。约莫半小时后，马车在白雪覆盖下的谢苗诺夫校场停了下来。在校场上，谢苗诺夫军团的兵士排成一列，只待行刑指示一到便开始行动。在队伍背后，朝向城郊大街方面，几百个围观群众默默站立着，被晨曦勾勒出一道模糊的轮廓。

彼得拉舍夫斯基小组的死刑犯陆陆续续被带到了谢苗诺夫校场，经过几个月的监禁，他们几乎已辨不清彼此的面目。很多人都是胡子拉碴，乱蓬蓬地堆在脸上，有些已经变得灰白。大部分人都瘦到脱相，面色蜡黄，没有一丝血色。校场中央竖着一个罩着黑纱的脚手架，前面站着一位身着法衣的神父，等待聆听死刑犯最后的忏悔。除了一个人之外，其他所有人——包括陀思妥耶夫斯基在内——都拒绝了这一程序。接下来，犯人按照指定的顺序排成一列，跟在佩戴着十字架的神父后面，从列队站立的一排士兵面前走过。在象征性地"游街示众"之后，死刑犯伴着鼓点一个挨一个登上台，在零下二十一摄氏度的气温下光着脑袋、身着单衣，分站成了两排。每个犯人身后都有一个端着枪的行刑手。

这时候，一位高官模样、身份大概是总宣判官的人走了过来。他胳膊肘下夹着一摞文件，爬上了台子，开始宣读判决书。他语速飞快，发音含糊，声调又没有起伏，以致犯人们根本听不清楚他在念些什么。二十二份判决书每张上面都写满了字，陀思妥耶夫斯基那一份的结束语是这样的：

> 前工程兵少尉陀思妥耶夫斯基因为对作家别林斯基反宗教反政府信件以及少尉格里戈利耶夫罪恶文章的传播知情不举，根据军事法典第一卷第142、144、169、170、172、174、176、177和178页相应条款，军事法庭现向其宣判革除军职，没收全部财产，判处死刑并执行枪决。[111]

宣读判决书的过程又持续了半个多小时。之后，所有犯人遵照命令套上了修士样式的白色带帽长衫，这是发给他们每个人的丧服。这样做其实是违法的，按照规矩，只有被判处绞刑的犯人在行刑前需要脱去原来的号服。这时，神父又一次出现了，他走过队列，把十字架递到每个犯人嘴边，让他们亲吻。这次每个人都照做了，就连坚信无神论的彼得拉舍夫斯基和斯佩什涅夫也不例外。在神父做完最后一遍祷告之后，第一拨三个犯人——彼得拉舍夫斯基、格里戈利耶夫和蒙别利（Mombelli）——被押下平台，缚在竖在近旁的三根粗大的行刑柱上。这一刻，陀思妥耶夫斯基忽然想起了不久前看过的雨果小说《一个死囚的末日》的结尾，他激动地对身边的斯佩什涅夫悄声说："我们将与基督同在。"（Nous serons avec le Christ）后者冷冷地回了句："几粒尘埃而已"（Un peu de poussière）。这番对答是两套信仰体系的对撞，一边是陀思妥耶夫斯基对灵魂不死的无条件信仰，另一边是斯佩什涅夫所信奉的虚无主义。在陀思妥耶夫斯基未来的所有作品中，这两种信仰之间的矛盾冲突将贯穿始终。

面对行将而至的死亡，彼得拉舍夫斯基也想摆出点儿架势表明自己的立场。在踏着积雪走向行刑柱时，他和同伴开了句玩笑："蒙别利,把腿抬高些,否则你会流着鼻涕进天国的。"身为坚定的无神论者,他和斯佩什涅夫都参加了之前的亲吻十字架仪式,这让他们感觉很丢脸,所以总想能做些什么,来挽回受损的形象。受刑者摆出一副大义凛然的姿态从容赴死,是俄国惯常的传统,同时这也是整套死刑仪式中最震慑人心的一部分。1826年,十二月党人领袖、诗人孔德拉季·雷列耶夫(Kondratij Rylejew)在被执行绞刑时,绞索没有系牢,以致脖子从绳套中滑落。当重新被带上绞架后他讥讽地说道,我很幸运,能为祖国两次受死。

当第二组三个人普列谢耶夫、杜罗夫和陀思妥耶夫斯基准备受刑时,第一拨三个人已经被拉低的帽檐遮住脸,牢牢地捆在行刑柱上。军鼓又一次敲响。指挥官举起军刀发出命令:"举枪!"开阔的校场上鸦雀无声,冬日的朝阳驱散了晨雾,映红了天空。时间仿佛凝固不动,每一秒都让人备感煎熬。彼得拉舍夫斯基把脸从帽檐下挣脱出来,两眼直视着枪口。没有人出面阻拦他。犯人们等待了近一分钟的时间,但"开火"的命令仍然没有下达。

本该第六个被执行枪决的陀思妥耶夫斯基当晚在牢房给哥哥米哈伊尔写了一封长信,他在信中说:"我排在第六个,三人一批,我自然在第二批。须臾之间我将离开人世。哥哥,我想起了你和你的一切。在临终前的那一刻,你,单单是你,留在我的心里,那时我才明白自己是多么爱你啊,我亲爱的哥哥!我也急忙拥抱了站在近旁的普列谢耶夫和杜罗夫,与他们诀别。这时,喝令后退的鼓声敲响了,那些绑在柱子上的人被带了回来。他们向我们宣布说,沙皇陛下赦免了我们的死刑,接着便宣读了真正的判决书。"(1849年12月22日)

"重生"

陀思妥耶夫斯基得到的"真正"判决是流放西伯利亚服四年苦役,之后作为列兵在西伯利亚军营无限期服役。军事法庭最初的判决是八年苦役，后经沙皇恩赦改为四年。当时正站在台子上等待被绑上行刑柱的陀思妥耶夫斯基在听到这一消息后，"令人惊骇的恐惧"立刻被莫大的喜悦冲得烟消云散。"生命是一次馈赠，"他在当晚给哥哥写信时仍然无法抑制内心的狂喜，"活着是福，每一分钟都能成为幸福的永恒。如果年轻时就有经验，那该多好！（Si jeunesse savait！）现在，我的生命改变了，我获得了新生。"陀思妥耶夫斯基将这意外的恩赐全部归功于沙皇，这如上帝一般无所不能的主。主可予之，主可取之，奉主名而来的，当受赞美！这是《圣经》的安排，这是沙皇的旨意。得救者唯有以谦恭和感恩作为报答。

陀思妥耶夫斯基一生再没忘记这一教训，从此之后，他再未对沙皇有过叛逆之心。对他来说，沙皇的特赦令就是允许他活下去的特许状。它是一段形而上的经验，一次"脱胎换骨的重生"，它是一篇寓言，"以死刑比喻人类之必死，以赦免喻示复活及永生"。[112] 所以，他在给哥哥的信中写下了那句法语名谚："如果年轻时就有经验，那该多好！"这句话的后半句是"如果年老还有精力，那该多好！"（si vieillesse pouvait），而陀思妥耶夫斯基其实更想说的是：一个不再年轻的人意外地获得了新生，这有多好！这场假死刑确实是一份恩典，即使不是来自沙皇，也一定是来自某个高高在上的神。

德米特里·梅列日科夫斯基便持这样的观点，他在陀氏传记中写道："命运的逆转让他大彻大悟，如获新生。他对这段经历从未忘怀，其思想认知也为之彻底颠覆。"[113] 依梅列日科夫斯基所见，这场假死刑如同上天的恩赐，它让受难者的思想提升了一个境界，使其旺盛的文学创造力得以迸发。这种效果甚至比发生在谢苗诺夫校场上的戏剧性一幕更加奇幻。持此观点者不仅是梅列日科夫斯基一人。最早用德文为陀思妥耶夫斯基立传的作者之一卡尔·诺策尔（Karl Nötzel）也认为，作家在谢苗诺夫校场上经历的一切是一次"极其特殊的天意安排"。但同时他还补充道，如果把这次事件说成"天意"，未免有"亵渎神灵之嫌",因为这场用彼得拉舍夫斯基一伙人进行的试验,"是人施加给他人的最严重的侮辱,是对人类心灵的恶意玩弄"。[114]

这句话确实切中了要害,它让"宽赦"这个词的意味变得苍白无力。这出由沙皇政府导演、把彼得拉舍夫斯基一伙人当作玩偶的恐怖大戏到底有多残忍,只要看看尼古拉·格里戈利耶夫的命运便可知晓。他与陀思妥耶夫斯基一起度过了被捕前的最后一晚,因创作煽动性文章《一个士兵的话》而受到指控。他在要塞牢房里已经显露出严重的心理异常迹象,假死刑仪式的惊吓让他彻底丧失了理智。但即便如此,法律机关仍然没有放过他,判处他多年监禁。直到1857年,格里戈利耶夫才结束流放生涯,回到了下诺夫哥罗德的家。长年来,他的身心状况与行尸走肉无异,到1886年去世前,一直处于受监护状态。

梅列日科夫斯基忽视了一点,这便是有预谋的国家恐怖行为与受害者反应之间的关联。这种恐怖行为已不是单纯的威慑,而是心理上的蹂躏;被蹂躏者的反应也并非发自真心的感激,而是被迫的和解。与大多数同伴不同的是,米哈伊尔·彼得拉舍夫斯基一生都没有表示过屈服。即使在1855年尼古拉一世亡故后,他也不曾向当局递交特赦申请书。他一再要求重审自己的案子,并坚持认为1849年的那场诉讼是对法律的滥用。但是,所有的努力最终都化为泡影。1866年,彼得拉舍夫斯基死在西伯利亚流放地,没能再踏上俄罗斯土地一步。但是,他以一己之力与专制抗争的不屈精神也带给他无上荣光,被后世景仰。

地理学家和探险家米哈伊尔·伊万诺维奇·文尤科夫(Michail Iwanowitsch Wenjukow)在一次去西伯利亚考察途中,曾与被流放的彼得拉舍夫斯基偶遇。文尤科夫身为少将,对革命者本来并无好感,却被彼得拉舍夫斯基坚韧不屈的精神深深地感染了。文尤科夫在回忆录中写道:

/ 第一章 起步与受挫(1821-1849) / 101

与其抛弃政治犯原有的荣耀，屈膝躬背，跑去与卑鄙无耻的俄国官僚们为伍，何不如挨饿受苦却高昂着头颅去赴死？……这便是彼得拉舍夫斯基和1849年其众多同党之间的巨大差别。……那些李沃夫们、斯佩什涅夫们、陀思妥耶夫斯基们，所有这些人在重返旧的政治体制后，在道德上究竟有何收获呢？[115]

从心理学角度讲，陀思妥耶夫斯基在死刑赦免后的狂喜自然是在情理之中，但这种反应却并非必然。在许多彼得拉舍夫斯基小组成员看来，"特赦令并不是什么令人开心的事，而近乎是一种侮辱。这样以捉弄人为乐的做法，在他们心中唤起了满满的仇恨"。[116] 如果说他的脑子里从未闪过这样的念头，那么陀思妥耶夫斯基便不是陀思妥耶夫斯基了。但是，直到二十多年后，他才以文学手法将这些感受升华，注入了他的长篇小说《白痴》。在小说中，梅诗金公爵以转述者的角度，如实还原了当年谢苗诺夫校场上发生的一幕。正如雨果的《一个死囚的末日》一样，陀思妥耶夫斯基借公爵之口，详细描述了一位死刑犯在临刑前最后一刻的感受：

> ……彼时对他说来最难受的莫过于这样一个持续不断的念头："如果不死该多好哇！如果能把生命追回来——那将是无穷尽的永恒！而这个永恒将全都属于我！那时我会把每一分钟都变成一辈子，一丁点儿也不浪费，每一分钟都精打细算，决不让光阴虚度！"他说，这个念头终于变成一股强烈的怨愤，以致他只希望快些被枪决。[117]

梅诗金本人的结论是："谁说人的天性忍受得了这种折磨而又不致发疯？为什么要这样侮弄人，为什么要采取这样不体面、不必要、不应该的做法？……不，不能这样对待人。"[118]

梅列日科夫斯基试图用这场假死刑给陀思妥耶夫斯基文学创作带来的间接好处，抵消这出恶剧的道德不义性，这样的做法显然是令人质疑的。然而有一点，梅列日科夫斯基的观点并没有错：谢苗诺夫校场事件确实给陀思妥耶夫斯基的"精神生活"烙上了不可磨灭的印迹。[119] 首先，假死刑仪式与西伯利亚苦役营的生活为贯穿陀思妥耶夫斯基后来作品的"苦难与救赎"主题打下了坚实的根基；[120] 其次，1849年12月22日这一天成为陀思妥耶夫斯基一生中的标记，让他懂得人生如何才能找到新的方向，从而成为真正有意义的存在。而这一切并不是按照启蒙理念通过一点一滴的积累获得的，就像车尔尼雪夫斯基所说的"通过劳作实现自身的发展"，[121] 而是如天降神迹一般，让人茅塞顿开。这不是领悟，而是顿悟，是整个人在瞬间从肉体到精神再到心灵的大彻大悟。陀思妥耶夫斯基小说《少年》的主人公、第一人称叙述者阿尔卡季·多尔戈鲁基称之为"觉思"，郭蒂尼（Romano Guardini）①称其为"此在的喜悦交融"，[122] 而用尼采的话说，这是"一种完全失去自我的状态，却又清楚地感受到全身细微的震颤和脉动，直到每一根脚趾；这是一种莫大的幸福，它让最痛苦和最阴暗的事物不再是对立体……而是光谱中必不可少的色彩"。[123]

直到许多年后，陀思妥耶夫斯基才通过《罪与罚》中的拉斯柯尔尼科夫和《卡拉马佐夫兄弟》中的阿廖沙那恣意狂放的情感宣泄，让思想和心灵中积压的所有块垒彻彻底底地得到了化解："他内心承载的一切都在顷刻间融化，眼泪止不住地淌了下来。"[124] 谢苗诺夫校场的生死一幕对陀思妥耶夫斯基的决定性影响，是让他的整个人生从那一刻起发生了根本性逆转：他从一位左翼亲西方派变成了正统的俄国

---

① 德国天主教牧师、作家和学者，20世纪天主教思想生活中最重要的人物之一。

派,从一位知识分子变成了人民之友,从一位革命者变成了民族保守分子。这些变化在他的作品结构上同样也有所体现:皈依宗教之路成为其偏爱的主题,在修辞上,他也总爱使用各种富有宗教意味的词语,例如"救赎""新生""复活""重生"等,有时候因为使用太过频繁,甚至难免有堆砌之嫌。另外,在情节出现转折的重要节点上,他经常会用一些突发的、毫无征兆的、凭理性无法预见的事件,作为决定事态走向的主导要素。

  接下来我们将要谈到的,是研究者们在讨论陀思妥耶夫斯基生平时分歧最大的一个问题。作家本人将其经历的转折称为"以新的形态的重生"。假如他指的仅仅是 12 月 22 日那一天的经历,那么所谓"重生"便不过是个比喻。但是,如果事情真的如此简单,那么它与人们日常生活中的经历,比如洗完一个清爽的冷水浴或度过一个惬意的假期之后那种通体舒泰的感觉又有何分别?因为在这些时候,人们也有可能用"如获新生"来形容当时的感受。然而陀思妥耶夫斯基却不止一次强调,按照他的理解,"重生"以及类似的近义词,如"新生""复活""拯救""救赎"等,并不是一种单纯的修辞手法,而是一种本质上的转折,就像是一场发生在人体内部的革命,它使人的核心价值观发生了一百八十度的逆转。在政治左派眼里,这样的转折无异于背叛。而对陀思妥耶夫斯基本人而言,这场转折将成为其一生的关键性叙事。

  如果说这场"保罗归信"式的转变是由某一次或某一刻的顿悟决定的,那么仍然有一个问题需要澄清:这场顿悟到底与作家人生(或经历)的哪一起特殊事件有关,其关联又究竟何在?难道如梅列日科夫斯基所言,是 12 月 22 日那场假死刑的惊吓造成的后果?还是像弗拉基米尔·萨哈罗夫(Wladimir Sacharow)猜测的那样,是作家不久后在西伯利亚托博尔斯克监狱里受《新约》启示而悟道?是像约瑟夫·弗兰克(Joseph Frank)所说,是陀思妥耶夫斯基在西伯利亚苦役营中对知识分子与俄国人民之间的血脉联系有了深刻体验,从而意识到自己在思想上获得了新生?莫非是霍尔斯特-于尔根·格里克(Horst-Jürgen Gerigk)认为的那样,陀思妥耶夫斯基是因为下意识地将自己的身份由受虐者转换为施虐者,所以才从一名革命者转变为忠于沙皇的爱国者?或者如弗洛伊德的分析,陀思妥耶夫斯基的转变是对自我的一种惩罚,因为憎恨父亲的他对"小父亲沙皇"采取了象征性弑父行动?要么是像列夫·舍斯托夫(Lev Shestov)所说,作家之所以强调"新生"的魔力,是为了借助洗心革面、成为俄国人民一员的美好画面,摆脱苦役营中的噩梦般经验,从而借助"自我暗示"——与格里克的分析同理——来达到"抚慰心灵"的目的?[125]

上述每一条假设都能够从陀思妥耶夫斯基的自述或文学作品中找到根据。然而作家本人对这一问题却一向闪烁其词。他将自我"重生"的神秘方式与19世纪自然科学界流行的演进式时间模式相混同,按照这种理论,人类与自然的变化是一个渐进而非跃进的过程,它是一种渐变,而非突变。关于渐变与突变的关联问题,陀思妥耶夫斯基在《罪与罚》的结尾给出了最明确的答案。在这里,作者借助福音书中拉撒路复活的故事,将拉斯柯尔尼科夫的"新生"比喻为在宗教奇迹的光芒下发生的蜕变。但小说的最后一句话却又打碎了人们对奇迹的幻想,而是给读者提供了一个完全开放的结尾:"不过一个新的故事已经开始,这是一个人逐渐获得新生的故事,是一个人逐渐洗心革面、从一个世界逐渐过渡到另一个世界的故事。"[126] 这里一遍遍重复的一个词"逐渐"所体现的是现实主义的渐进式时间模式,它与刹那间的顿悟显然是南辕北辙的。

在1873年发表的《作家日记》(*Tagebuch eines Schriftstellers*)中,陀思妥耶夫斯基也曾提到,他从亲西方的革命者转变为斯拉夫主义的人民之友,这场"信仰的转折"是一个过程,"它并不迅速,而是循序渐进,经历了很长很长的时间才完成的"。[127] 但是,从具体含义来讲,

"longue durée"① 的改变力量在陀思妥耶夫斯基身上究竟是如何发挥作用的,仍然是一个未解的谜。另外,他从革命者到反动保守派的转变也是一样。尽管人们经常用基督复活的故事来比喻他的"重生",并以此为这段经历赋予了过多的神话和象征意味,然而就学术分析而言,还有许多疑团有待澄清。[128] 1877 年 1 月,陀思妥耶夫斯基本人再次忆起彼得拉舍夫斯基小组的这段经历,但在这段回忆中,他对"自我"几乎避而不谈,关于"自我转折"的原因更是只字未提。当他说起自己曾是彼得拉舍夫斯基"犯罪团体"的一员,[129] 并因此遭受刑罚时,那语气"仿佛是在谈论一个下雨的周末,没有丝毫个人感情,只有对俄国革命者总是远离大众的社会学思考"。结论是:"……当事人拒绝任何分析,关于陀思妥耶夫斯基人生中的这场决定性转折,迄今没有一份有针对性、经得起推敲的心理剖析。"[130]

在宣读完特赦令和真正的判决书后,犯人们从谢苗诺夫校场被带回了彼得保罗要塞,只有被判处无限期流放的首犯彼得拉舍夫斯基被立刻套上了镣铐,因为沙皇指示要将他从刑场直接遣送西伯利亚。陀思妥耶夫斯基在上午 10 点左右回到了牢房,并提出请求,要见哥哥米哈伊尔。在请求被拒后,他给米哈伊尔写了一封情意绵绵的长信,诉说兄弟间的离别之情:

> 再会!再会!但我确信我将再次看到你——我希望如此。不要改变,要爱我,不要让你的记忆冷却,只要想到你的爱,这将成为我生活中最好的一部分。再会了!再说一遍,所有人,再会了!弟,费奥多尔·陀思妥耶夫斯基。[131]

在犯人们又一次请求之后,狱方同意家属到监狱与亲人进行最后

---

① 长时段,法国年鉴学派的常用历史术语。

一次会面。于是，1849年12月24日这天傍晚，米哈伊尔和费奥多尔兄弟终于得到了机会当面告别。陪同米哈伊尔前往的是亚历山大·米柳科夫，他也参加过杜罗夫小组的聚会，但没有被列入指控名单。两人在要塞指挥所办公室里等待了很久，才见到陀思妥耶夫斯基和谢尔盖·杜罗夫一起走了进来。他俩都已穿好发给他们的羊皮袄和毡靴。米柳科夫回忆说：

> 看到陀思妥耶夫斯基兄弟的道别，每个人都会发现，最痛苦的是那个有自由身的人，而不是准备启程去西伯利亚服苦役的那一个。哥哥眼里含着泪水，嘴唇颤动着。费奥多尔却很平静，安慰对方说："好了，哥哥，我又不是要进棺材，你又不是来为我送葬。苦役营里没有野兽，只有人，说不定还比我好，更值得尊敬……"[132]

半小时后，值守的军官打断了两人的谈话。兄弟俩最后一次拥抱，接下来，陀思妥耶夫斯基和杜罗夫被带出屋，在院子里被戴上了镣铐。沉重的镣铐拖着双腿，让每一步都变得艰难而痛苦。

彼得保罗教堂的钟声敲响了，晚上9点整，一列由四辆敞篷雪橇组成的车队出了要塞大门，厚厚的积雪淹没了马蹄声，几乎没有发出任何声响。最前面的一辆雪橇上坐着机要信使，后面三辆雪橇上分别是犯人杜罗夫、亚斯琴布斯基（Jastrschembskij）和陀思妥耶夫斯基，每一辆都由一名宪兵押送。雪橇车队先是驶向涅瓦大街方向，路两旁的住宅到处灯火通明，很多房间里装饰着圣诞树，透出一派节日气息。接下来，车队转头向东，穿过黑暗的城市、积雪的田野和森林，驶向拉多加湖畔的施吕瑟尔堡（Schlüsselburg）古要塞。那是去西伯利亚途中的第一处驿站，距离圣彼得堡大约十个小时雪橇车程，预计到达时已是第二天凌晨了。之后，车队将穿越大诺夫哥罗德、弗拉基米尔、雅罗斯拉夫尔、下诺夫哥罗德等城镇，以及欧俄①的最东部省份，直到乌拉尔山脉另一侧的托博尔斯克。虽然一行人在施吕瑟尔堡驿站便换上了有篷雪橇和厚实的冬衣，但是因为天气严寒，犯人们很快便冻得身体僵硬，每次在驿站歇脚时，就连火炉和热茶也没法让他们的身体暖和起来。"在彼尔姆的那天夜里，气温低到了零下四十摄氏度……翻越乌拉尔山脉是最悲伤的时刻，马匹和雪橇陷在雪堆里，暴风雪肆虐。我们走下雪橇——那是在深夜——站着等着雪橇被拖出来。四周是积雪和风暴，这里是欧洲边陲，前面就是西伯利亚，还有我们未知的命运，过去的一切都留在了身后——我心里一阵刺痛，不觉间潸然泪下。"（1854年1月30日至2月22日）

---

① 欧洲俄罗斯（俄语：Европейская часть России），简称欧俄，是指俄罗斯位于欧洲的部分，为俄罗斯在历史与文化上主要的组成区块。

第二章　第一次流亡：西伯利亚（1850~1859）

死屋岁月

1850年1月9日，经过两个星期的艰苦跋涉，带着三位"政治犯"杜罗夫、亚斯琴布斯基和陀思妥耶夫斯基的雪橇车队抵达了临时目的地——西伯利亚的托博尔斯克要塞。就在不久前，先期出发的彼得拉舍夫斯基已经抵达这里，但因为健康状况不佳，被送到了监狱医院。其他彼得拉舍夫斯基小组成员也都以两天至三天的间隔，陆续抵达这里。托博尔斯克（Tobolsk）位于托博尔河与额尔齐斯河交汇处，这座两万人口的城市是西西伯利亚的行政中心，同时也是一个世纪后被亚历山大·索尔仁尼琴称为"古拉格群岛"的黑暗王国的前哨。另外，同样具备上述双重功能的还有约9000公里长的"西伯利亚干线"，它从莫斯科经喀山、叶卡捷琳堡和托博尔斯克，一直通往尼布楚和北京。西伯利亚干线既是除丝绸之路之外的中俄之间最重要的通商线路（因此也被称为"茶叶之路"），同时，自16世纪末以来，它也将一些特殊人群从欧俄运送到西伯利亚腹地，按照官方说法，是为了"把他们从罪犯改造成对国家有用的人"。

托博尔斯克接纳的第一个"政治犯"是富有传奇色彩的乌格里奇大钟。1591年，年仅8岁的皇位继承人德米特里·伊万诺维奇（Dmitrij Iwanowitsch）神秘亡故后，伊凡四世遗孀玛丽亚·娜加娅（Maria Nagaya）被流放到伏尔加河上游的小城乌格里奇（Uglitsch）。由于怀疑幼子是被摄政王鲍里斯·戈东诺夫（Boris Godunow）的同伙刺杀，玛丽亚·娜加娅让人敲响乌格里奇教堂的大钟示警。乌格里奇的百姓听到钟声后聚集起来，动用私刑处死了十几个被怀疑刺杀皇太子的人。莫斯科方面毫不手软，立刻展开报复，二百名乌格里奇市民被流放到西伯利亚。由于在古代俄国，钟被视为有灵魂的物什，因此作为发出警报的"元凶"，教堂大钟第一个被判处流放。人们扯下它的"舌头"(钟锤)和"耳朵"(钟柄),当众施予鞭笞,然后"流放"到托博尔斯克。直到三百年后,亚历山大三世才于1892年宣布"赦免令",将钟运回了乌格里奇。在这三百年里,乌格里奇大钟在托博尔斯克目睹了数千名流放犯的来来去去,这些人身份各异,罪名也各不相同:有贩毒者、强盗、造反的农奴和哗变的士兵,有奸商、贪官和冥顽不化的异教徒,还有密谋叛乱的政治犯。

和彼得拉舍夫斯基小组成员一样被判定为"政治犯"的,还有1825年发动政变企图推翻俄国沙皇体制、成立宪政国家的十二月党人。政变失败后,包括孔德拉季·雷列耶夫在内的6位主犯被尼古拉一世下令处决,数百名起义的参与者和支持者被判处苦役,流放到西伯利亚。这些人刑满后虽然恢复了自由,但仍然不允许返回俄国本土。于是,很多十二月党人便携同家眷在托博尔斯克定居下来,并且因为他们当年的人道主义行为而备受尊敬。1850年1月彼得拉舍夫斯基一群人陆续到来后,得到了这些人的极大关注。十二月党人米哈伊尔·冯维辛(Natalja Fonwisina)的妻子娜塔利娅·冯维辛娜利用她和狱方的良好关系,带着另外两位十二月党人的妻子,在一位官员的住处见到了几位彼得拉舍夫斯基小组成员,其中包括斯佩什涅夫、格里戈利耶夫和陀思妥耶夫斯基。

这次会面给陀思妥耶夫斯基留下了深刻印象。自私是现代社会最大的恶,这是他从《圣经》和空想社会主义理论中学到的。他曾经在彼得拉舍夫斯基小组的聚会上,专门就现代社会的自私问题做过一场很长的报告。如今,在陀思妥耶夫斯基的眼中,这三位十二月党人的妻子便是无私和博爱的化身,不惧任何世俗的偏见和歧视。他后来作品中那些神圣的女性形象,便是以此为基础产生的。"她们有着多么高贵的心灵啊,整整二十五年,她们心甘情愿地忍受苦难和牺牲。因为受到严密监视,我们只能和她们仓促见上一面。可她们却给我们带来了食物和衣服,安慰我们,给我们鼓劲。"(1854年1月30日)

1850年1月18日，西西伯利亚总督戈尔恰科夫将军（General Gortschakow）指示将犯人杜罗夫和陀思妥耶夫斯基从托博尔斯克送往鄂木斯克（Omsk）。这天，当两人被押解上路，就要离开托博尔斯克时，娜塔利娅·冯维辛娜已经先行赶到城边，给他们送行。她告诉二人，她和鄂木斯克某些官员有些私交，今后一定会想办法继续关照他们。三天后，两人抵达了这次行程的最终目的地鄂木斯克。今天，这是一座有一百五十万人口的大城市，还有一所以陀思妥耶夫斯基命名的大学。可是在19世纪中叶，这里的人口只有不到两万，大部分都是军人及其家属。

"鄂木斯克是一个可怕的巢穴，四周见不到一棵树，"陀思妥耶夫斯基后来回忆说，"夏季是难耐的酷暑和沙暴，到了冬天，风雪整日肆虐。这里没有一处能称得上自然的风景，整个城市就是一座兵营，其污秽破败到了令人发指的程度。"（1854年1月30日）但是，陀思妥耶夫斯基将在未来度过四年苦役生活的地方，却还要肮脏和破败百倍。这处被木栅和土墙围起的西伯利亚木结构要塞，被称为鄂木斯克"堡寨"（Ostróg）。陀思妥耶夫斯基在这里度过的苦役生活，是其生平记录中史料最残缺的一部分。目前人们掌握的有限资料，只有作家从监狱释放后寄出的几封信件，以及1861年创作的《死屋手记》。尽管《死屋手记》并不是真正意义上的"史料"，而且作家在创作它时已经在思想意识上进入了新的阶段，然而作为对那些内容偏于潦草的信件的补充，我们仍然可以透过这部作品获得对犯人的日常生活、苦役营的环境、俄国的监控和刑罚体制、强制劳动以及罪犯的心理活动的详细了解。

"这种漫长单调的生活对人的生理和道德都是一种摧残，它把我整个人都压垮了"，陀思妥耶夫斯基在1854年2月从监狱释放后不久给恩人冯维辛娜的信中这样写道。今天的读者对"卡托加"（Kátorga，苦役营）地狱般的环境并不陌生，因为以苦役犯生活为主题的文学作品以"流放文学"之名，作为一个特殊的文学流派已经被写入20世纪俄国文学史。早在18世纪末，古堡题材的作品便受到不少作家的青睐，其中最著名的有拜伦勋爵的长诗《西庸的囚徒》(*The Prisoner of Chillon*)，约瑟夫·索恩莱特纳（Joseph Sonnleithner）的歌剧剧本《费德里奥》(*Fiolelio*)，还有普希金的诗体小说《高加索的囚徒》(*Der Gefangene im Kaukasus*) 等。这些作品中歌颂的浪漫主义英雄为了追求自由理想，甘愿被套上锁链，成为不见天日的囚徒。陀思妥耶夫斯基的《死屋手记》堪称"流放文学"的鼻祖，它不仅是一份苦役犯生活的心理素描，同时也是对监禁以及现代司法实践中"教化"机制的一份社会学分析。

在自然派作品中，一些作家出于对审丑的兴趣以及对俄国社会黑暗面的关注，也对监狱生活的种种丑恶不堪有过生动描述。在《死屋手记》中，这类描写更是有过之而无不及。此外，陀思妥耶夫斯基还用其细腻的笔法，让这些令人作呕的场景如画卷般在读者面前展开：拥挤狭窄的光板床，裹着满是破洞的羊皮袄、冻得缩成一团的囚犯；汗臭味夹杂着屋门口简易便桶散发出的粪便臭味，在不通风的营房里永远挥散不去；跳蚤、虱子和臭虫，让人整夜睡不安生；稀汤寡水的白菜汤，里面漂着蟑螂；犯人间永无休止的争吵和斗殴，惨无人道的笞刑；等等。所有能够想象的令人唾弃的社会和道德上的恶行：奸淫、酗酒、贿赂、偷盗、殴斗和谋杀，在这里一样不缺。

但是对陀思妥耶夫斯基来说，比这些更可怕的事是，他再没有一分钟时间能够独处。在工程兵学校读书时，他对处处受管教的寄宿生活早有领教，可是直到来到苦役营之后，他才深刻地懂得，在没有任何私人空间的环境下，要保护自己的人格不受损害是多么困难。"独处是一件再平常不过的事，就像吃饭和喝水。在这种强制群居的环境下，与人为敌变成了常态。"偷窥、公开或秘密监视，是陀思妥耶夫斯基作品中经常出现的情节，这与作者那段没有隐私的漫长苦役经历有着密切关系。除此之外，再加上犯人对新人的猜忌和歧视，特别是像陀思妥耶夫斯基这种并非因刑事犯罪而是因为政治被判处苦役的人。"他们对贵族绅士恨之入骨，所以对我们这些绅士总是充满敌意，对我们的遭遇幸灾乐祸。如果允许的话，他们恨不能把我们生生吞掉……"（1854年1月30日）在这段话里，陀思妥耶夫斯基第一次流露出罕见的贵族优越感，尽管从他的家世来看，他并不属于贵族阶层，顶多算是小官吏出身的知识分子。他总是刻意与其他犯人保持着距离，从不尝试去巴结和讨好他们。

陀思妥耶夫斯基对狱友们的态度其实是矛盾的。作为《死屋手记》中贵族出身的第一人称叙述者，他对那"一百五十个总是想尽法子折磨我们的敌人"（1854年1月30日）的反感，并不比他想与之为伍的愿望更强烈。其他犯人总是在被送到苦役营后不久，就很快适应了环境，"像在家里一样自在"。但是贵族出身的政治犯却不同，无论他怎样努力放弃社会偏见，友好待人，可在平民犯人眼中，他却永远被看作异类。哪怕他换上农夫的长袍，和农夫们站在一道，也能让人一眼识破。只有当一位贵族被剥夺了所有阶层特权，"变成平常百姓中的一员"时，[1] 他才能真正体会到贵族与平民之间的鸿沟到底有多深。

但是对陀思妥耶夫斯基来说，直到他成为"根基主义"重要思想家，并提出知识分子与大众和解的核心主张后，他向"平民"的转变才真正成为可能。不过，1860年代身为作家和出版商的陀思妥耶夫斯基，与在苦役营里忍饥挨饿、备受凌辱长达四年的犯人陀思妥耶夫斯基并不是同一个人。然而按照学术界的主流观点，这两个人往往被看作一个，因此人们通常认为，陀思妥耶夫斯基对俄罗斯人民的同情和关怀及其推崇的"俄罗斯理念"，是西伯利亚流放经历带来的结果。而陀思妥耶夫斯基本人也不断为这种神话式观点提供素材，例如，他在向读者荐书时，将《死屋手记》称为"自己重获新生的故事"。[2]

实际上，这种说法难免有美化的嫌疑。在刚刚从监狱释放时，陀思妥耶夫斯基对劳役生活的记忆远不是他后来描述的样子。那时候，他对苦役营的印象几乎全部是负面的。1854年11月6日，在被释放将近一年后，他在给哥哥米哈伊尔的信中写道："如今，我离开苦役营，开始新的生活已经十个多月了，可是那四年对我来说，就像一段被活埋的日子。……那种苦难无法言说，永无尽头，每一分每一秒都像石头一般压在我的心头。"

在鄂木斯克苦役营，折磨陀思妥耶夫斯基一生的疾病第一次发作，此后，每隔一段时间便会发作一次。这便是癫痫。很多迹象显示，其实早在1840年代，他便有过癫痫发作的经历，只是他自己对此并无意识。[3] 直到来到西伯利亚后，他才认识到这是一种严重的健康问题，而且直到他从监狱释放三年后，才被正式确诊为癫痫病。从1861年起，他开始对自己的癫痫发作病史定期进行记录，并按发作程度划分为轻、中、重三种。在他夫世前二十年里，按照这份记录，他一共发作过一百零二次。根据其他资料计算，数量比这个还要多二十多次。[4] 每次发作的间隔短则半天，长则半年，平均算下来大约是每月一次。每次癫痫发作都是在经过长时间的疲劳和抑郁状态之后，并且通常都有固定的先兆，即陀思妥耶夫斯基本人所说的"无法描述的狂喜"，[5] 不过，持续时间仅有短短几秒钟。这种伴有眩晕的狂喜状态后，紧接着便是一声大叫，病人失去意识倒在地上，口吐白沫，面部和四肢不停抽搐，呼吸声变粗，脉搏微弱而不规律，小便失禁。严重时，病人持续几天都会感觉疲倦无力，心理感觉极端压抑（"阵发性抑郁"），[6] 这导致陀思妥耶夫斯基一连几天都无法工作。

对陀思妥耶夫斯基而言，癫痫发作前那短暂的狂喜，就像是发作结束后各种痛苦和煎熬的补偿。

> 在那些短暂的瞬间里，我体验到一种平日从不曾体验过的幸

福，这是其他人绝对无法想象的。那一刻，我感觉和自己，和整个世界都达成了和谐。这种感觉是如此强烈和甜蜜，为这短短几秒钟的极乐，我甘愿付出十年甚至整个生命。[7]

在小说《白痴》中，主人公梅诗金公爵更是将这种感受提升到了一个更高的境界：

> 在这些像闪电般短促的瞬间，他对生命的感觉和自我意识几乎增加了十倍。他的头脑和心灵都被不寻常的光辉所照亮；他的一切焦虑、一切疑惑、一切不安，仿佛一下子都消释了，化为一种高度的宁静，宁静中还充满明朗和谐的欢乐与希望，充满理性和确定不移的根据。

被假死刑的记忆不断唤醒的噩梦便以这样的方式，通过这种天人合一的神秘体验得到了平衡。对陀思妥耶夫斯基来说，每一次癫痫发作都是一次小小的死亡，随后是一次小小的重生。

弗洛伊德从精神分析学出发提出一种观点，认为陀思妥耶夫斯基的癫痫症是弑父情结对神经系统造成的反应。如今，这种观点已经被证明是错误的。从医学角度看，陀思妥耶夫斯基的癫痫症很可能是"与生俱来"的，即所谓先天性疾病。正因为认识到这一点，陀思妥耶夫斯基在1859年回到圣彼得堡后，很少再为此去找医生进行治疗。[8]这种做法并非出于对现代西方医学手段的普遍怀疑，而是因为医生每每都会劝导他放弃写作，因为创作时大脑过于活跃的状态很容易成为癫痫发作的诱因。可是对陀思妥耶夫斯基而言，让他放弃文学上的挑战，整日无所事事地静养，简直是生不如死。[9]监禁生活对陀思妥耶夫斯基的健康造成的影响除了癫痫，还有监狱恶劣的伙食导致的胃病，营房寒冷潮湿的环境造成的风湿病，以及由于抽烟太凶而加重的

慢性支气管炎。"在这乌烟瘴气的环境里,人只能不停地抽烟,不然肯定会憋死。"(1854年1月30日)

在《死屋手记》中,犯人们日常劳动的场面被描写成苦役营生活的阳光一面。给人印象尤深的,是大家一起铲雪和之后打雪仗的情景。其描写手法,甚至会让读者联想起社会现实主义小说的风格。"囚犯们干这个活儿几乎总是兴高采烈。冬天的新鲜空气和户外活动激发起他们的热情,每个人都变得兴致高昂。处处响起了笑声,叫声,调侃声。"[10] 但是,在一位狱友的笔下,劳役的场面却完全是另一番景象。在他的记忆里,用镐头和铲子清理冻得像冰球一样坚硬的雪团,绝不是像陀思妥耶夫斯基描写的那样,仿佛是一场明媚阳光下的集体游戏:

> 这是一份苦不堪言的活计,更不要说工头还在一刻不停地催促,在我们头顶挥舞着皮鞭。……直到天黑,我们才结束这份让人体力透支的辛苦工作,拖着疲惫的身子回到牢房。在连续二十四小时挨饿受冻后,我们恳求厨子做点儿热的东西给我们吃。这时候,陀思妥耶夫斯基说了一句,他两眼发黑,撑不住了,便倒在地上失去了知觉。[11]

在鄂木斯克苦役营的犯人档案里,对陀思妥耶夫斯基劳动技能的评价是:"非熟练工人,有读写能力。"其他囚犯大多都有一两项技能,比如缝纫、修鞋、编织、刻石、剪发、做饭等,可以凭借这些技能赚些外快,让自己在苦役营里的生活稍稍有些改善。可是和这些人相比,陀思妥耶夫斯基却只能帮人打打下手,干些简单的体力活。除了铲雪,还有到河上拆除公家的旧驳船,在砖窑搬砖,烧制并捣碎建筑石膏,帮助车工转动砂轮,等等。虽然他对有些活计蛮有兴趣,特别是捣碎石膏之类,可他能明显感觉到自己因为体力单薄、笨手笨脚，处处受人嫌弃。

> 不管我在哪里凑上去帮他们干活，我都是多余的，我只会挡道，到哪里都碍事，到处都有人骂骂咧咧地赶我走。一个毫不起眼的可怜的家伙，自己也是干活极差的笨手……也自以为有权呵斥我，赶开我，要是我站在他身旁的话，借口是我碍着他的事。[12]

对陀思妥耶夫斯基来说，在苦役营里，比疾病、生活的艰苦和各种侮辱更让人无法忍受的，是他在长达四年的时间里不得写作。文学曾经是他的生命，是他思想的核心，是他唯一的收入来源，是他续命的灵丹。就连谢苗诺夫校场上的假处决事件，他也透过文学这面棱镜——雨果的《一个死囚的末日》——把它变成了可以接受的现实。他在1849年12月22日给米哈伊尔的告别信中写道："若不准许我写作，我必将死去。还不如手拿一支笔，在监狱里坐上十五年！"笔是他的武器，然而在尼古拉一世的时代里，就连书籍都被怀疑是武器，所以这两样都不允许他接触。既不能阅读也不能写作的生活，对他来说就像是被活埋。[13]"我根本无法向你描述，在苦役营里不能写作对我是一件多么痛苦的事情，"他在后来写给阿波隆·迈科夫的信中说，"不过尽管如此，我的内心一直在高强度地工作。"（1854年11月6日）

后来，当一位负责调查的法律官员问他在监狱或医院里有没有写过些什么时，他回答说："我从来没写过任何东西，但是我在为未来的作品搜集素材。"这位官员接着问他，这些素材都在哪里？他的回答是："在我的脑子里。"[14] 这并非都是实话。仰仗娜塔利娅·冯维辛娜的关照，监狱医院的主治医生经常会给陀思妥耶夫斯基开很长时间的假条，让他能够在医院的温暖环境里稍事休养，并趁机在本子上做些笔记。这个被称作《西伯利亚笔记》的小本子上记录着陀思妥耶夫斯基在苦役营里搜集的犯人们常用的说法和俗语，以及带有西伯利亚

/ 第二章 第一次流亡：西伯利亚（1850-1859） / 117

监狱粗口色彩的各种对话。在《死屋手记》中，陀思妥耶夫斯基大量使用了这些素材，好让书中人物的语言显得更写实更生动。陀思妥耶夫斯基在做这些笔记时，就像是一个为科学研究收集资料的观察者，与其他囚犯之间隔着一定的距离，这种角色与人类学家面对研究对象时的状况十分相似。另外，这种类似局外人似的观察，也在一定程度上减轻了劳役生活带给他的各种肉体和精神上的折磨。

陀思妥耶夫斯基在信中对迈科夫所说的"高强度工作"，并不仅仅是指这类民间语言的收集，比这些更有意义的，是对苦役营生活的心理学和社会学研究。这项工作确实是完全在脑子里完成的，直到1861年《死屋手记》发表，才被真正付诸文字的形式。创作这部虚构作品的过程，就像对其他囚犯的人类学观察一样，使陀思妥耶夫斯基面对残酷现实时的心理压力得到了一定缓解。另外，它还对陀思妥耶夫斯基开辟新的题材领域起到了积极作用，特别是在犯罪行为的心理学认知和精神分析方面。陀思妥耶夫斯基便是以这样的方式，在苦役营服刑期间为自己积累了一份重要的思想财富。从写给米哈伊尔的一封信中可以看出，早在当时，陀思妥耶夫斯基便开始小心翼翼地对这份财富的未来收益心怀憧憬：

> 看在基督的份上，千万别以为我在吹牛，但你要知道并且相信，我的文学名声绝不会就此沦落。在这七年当中，我搜集了很多素材，我的思想变得更加清晰，也更加坚定。……一旦他们允许我出书，我敢保证，每年肯定可以挣到六百卢布。（1857年12月22日）

早在十二月党人被流放的时候，西西伯利亚的政治犯的待遇就比东西伯利亚差得多。在偏远的伊尔库茨克服刑的彼得拉舍夫斯基可以相对自由地活动，还可以得到书籍、包裹和汇款。可所有这些，陀思妥耶夫斯基一样都不被允许。不过，鄂木斯克和所有监狱一样，犯人们总能通过私人信差与外界取得联系。但是陀思妥耶夫斯基的亲戚们却从不曾这样做，虽然他们每人的理由各异。库马宁一家都是听话的顺民，家里出了个"政治犯"让他们感到惊慌失措。因此很长时间以来，他们一直刻意与这个家族败类保持着距离。弟弟安德烈·陀思妥耶夫斯基1849年作为城市规划师，被派到乌克兰的叶利沙维特格勒①工作。当地人对陀思妥耶夫斯基与彼得拉舍夫斯基小组的事了如指掌，官方报纸《圣彼得堡新闻》(*St. Petersburger Nachrichten*)对整个案件的审理过程和判决结果做过详细报道。安德烈搬到这里后，很长时间不和任何人打交道。因为哥哥的事，他感到脸上无光，羞于见人。这兄弟俩的行为，让姐姐瓦尔瓦拉大失所望。

在陀思妥耶夫斯基服刑期间，无论是安德烈还是其他弟弟妹妹，都不曾想办法和他取得联系，只有哥哥米哈伊尔例外。后者曾于1850年春向当局提出申请，请求批准他与弟弟费奥多尔通信。但是和所有政治犯家属一样，他得到的结果是，当局不仅禁止他这样做，还威胁他如果不从将受到严厉惩处。这是陀思妥耶夫斯基获释后，米哈伊尔对他的解释，用米哈伊尔的原话讲，"他被捆住了双手"。[15]这个理由并没有充分的说服力，因为通过非正式渠道与流放犯取得联系，是完全可以办到的。陀思妥耶夫斯基在获释后写给米哈伊尔的第一封信里，毫不避讳地表达了自己对米哈伊尔杳无音信的失望和伤心。

因此，陀思妥耶夫斯基对自己的恩人娜塔利娅·冯维辛娜更是格外感激，后者总是利用一切渠道和手段和他保持通信。陀思妥耶夫斯基获释后的第一封信便是写给她的。1853年春，十二月党人冯维辛夫妇在经历近30年流放生活后，获准返回俄国本土。夫妇俩在流放期间

---

① 今名克洛佩夫尼茨基。

生下的两个孩子都不幸夭折，1828年流放前寄养在俄国的两个年长的孩子也在几年前因肺结核去世。冯维辛娜在1853年11月写给陀思妥耶夫斯基的信中说，回家之路对她来说是与痛苦的记忆相伴的。

这次轮到陀思妥耶夫斯基反过来劝导自己的恩人了，就像四年前初到托博尔斯克时，冯维辛娜对他的安慰和鼓励一样。

> 我从您的信中可以感觉到，您是带着极度痛苦的心情返回家乡的……不是因为您信教，而是因为我自己经历和体验过这一切，我才想对您说，在这样的时刻，谁都会像一棵"枯萎的小草"一样渴求信仰，而且会获得信仰，因为只有在不幸中，人才能悟出真理。根据我自己的经验，我想告诉您，我是**时代的孩童**，一个充满不信和怀疑的孩童，直到今天甚至（我敢肯定）直到生命终点，这一点都不会改变。这种对信仰的渴望使我过去和现在经受了多少可怕的折磨啊！我反对信仰的论据越多，我对它的渴望就越强烈。可是上帝毕竟也偶尔赐予我心灵宁静的时刻……正是在这种时刻，我心中形成了对宗教的信念，其一切于我说来都是明朗和神圣的。这种信念很简单，就是要相信：没有什么能比基督更美好、更深刻、更让人充实、更理性、更勇敢和更完美的了，不仅没有，而且我怀着忠贞不渝的感情对自己说，这绝不可能有。不仅如此，如果有谁向我证明，基督存在于真理之外，而且确实真理与基督毫不相干，那我宁愿与基督而不是与真理在一起。（1854年1/2月，粗体由本书作者所加）

陀思妥耶夫斯基讲这番话时很可能是认真的，但仍旧让人忍不住去想，这究竟是一份对"信仰"还是"怀疑"的宣示。[16] 其涉及的并非真理和信仰本身，而是对真理和信仰的渴求。这段话让人联想到莱辛的一句名言："假若上帝在他的右手握着所有真理，在他的左手握着对真理的毕生追求,并附带说,这毕生追求会使我的一生进入迷途。如果上帝要我选择,我会谦恭地去选择他的左手,并说'天父,让我毕生追求吧!纯粹的真理仅仅是为您而存在。'"[17] 陀思妥耶夫斯基将基督置于真理之上,或许是他当时已经预感到怀疑论者列夫·舍斯托夫针对莱辛名言做出的回应:假如一个人真的能够找到真理的话,他会发现,真理是一种"令人极度不适的'惊喜'"。[18] 陀思妥耶夫斯基所经受的长达四年的痛苦煎熬,仅凭对信仰的渴求是无法战胜的。在为信仰之高不可攀而挣扎的过程中,对信仰的否定就像深渊一样时刻伴其左右。深渊的存在"催生对信仰的意志,而意志又因为深渊在侧而随时受到威胁"。[19]

列兵陀思妥耶夫斯基

在整整四年后的这一天,谢尔盖·杜罗夫和费奥多尔·陀思妥耶夫斯基走出了鄂木斯克苦役营,在铁匠铺里卸下了镣铐。

> 铁匠们让我转身背对他们,从身后抬起我的一只脚,放在铁砧上。……镣铐掉在了地上。我拾了起来……我想拿在手里,最后再看上一眼。……"好啦,上帝保佑!上帝保佑!"囚犯们断断续续、粗声大气地说道。……是的,上帝保佑!自由,新的生活,死而复活啊……这是多么美好的时刻!

《死屋手记》里这激动人心的结局并没有发生在政治犯陀思妥耶夫斯基身上。对他来说,是怎样的"自由"和"新生"在等待他呢?根据 1849 年 12 月 22 日的判决书,在四年苦役后是到西伯利亚线列步兵团无限期服役,做一名没有军衔的普通士兵。和其他有军队背景的彼得拉舍夫斯基小组成员一样,他们在被判刑的一刻便被剥夺了军衔。对陀思妥耶夫斯基来说,这意味着他将在未来无限期的时间里,在部队里做一名级别最低的列兵，拿到的军饷甚至不足以维持生计。这意味着，他将住在军营一间四处透风的木板棚里，和在鄂木斯克时的唯一区别就是不用整夜忍受简易马桶的熏人臭气。这份对军事而言毫无意义的差事他将做多久，全看圣彼得堡当局的兴致。而且更重要的是，他仍然和以前一样，被继续隔绝于俄国文学界之外。

但是，新的环境还是给陀思妥耶夫斯基带来了一丝曙光。他又可以写信，接收信件和包裹了。而且，他还可以阅读报纸杂志，虽然在西伯利亚，报纸通常都会晚到四周至八周，具体时间取决于路况。他于1854年2月22日给哥哥米哈伊尔写去了第一封信，在信中详细描述了1849/1850年冬天从圣彼得堡到托博尔斯克一路上的经历，以及在鄂木斯克苦役营的生活。这是有关陀思妥耶夫斯基生平的最重要文献资料之一。你只要仔细读读这封信就会发现，作家在七年后发表的《死屋手记》中对劳役生活做了多大程度的美化。

这封信自然是通过私人渠道寄给米哈伊尔的。凡是通过邮差寄出的信件，都要接受检查。陀思妥耶夫斯基常常会在通过邮政系统寄送的信件中，特意夹杂一些对国家效忠的话，以此向秘密警察表明自己的政治立场。在信中，他向哥哥提出的最大要求就是给他邮寄文学书籍和杂志：历史、经济、教会史和神学家的著作，康德《纯粹理性批判》法文译本，还有黑格尔的《哲学史讲演录》，为了阅读后一本书，还需要一本德俄词典。虽然他最后收到的只有寥寥几本，然而这长长书单清楚地反映了他对阅读的渴望。除了书籍，他还直言不讳地要哥哥寄钱给他，在他被允许发表自己的作品之前："在这之前，请你帮助我，没有钱的话，这当兵的生活会要了我的命。……你为我花的钱，不会白白浪费的。别担心你给我花的钱会让你的孩子们吃亏。只要我能活下去，我会连本带息还给他们。"（1854年1月30日）虽然陀思妥耶夫斯基已经多年没有发表过作品，但他对自己的才华以及在文学市场上的机会始终坚信不疑。

1854 年 2 月底，陀思妥耶夫斯基出发上路，前往鄂木斯克东南方向六百公里之外的驻防城市塞米巴拉金斯克（Semipalatinsk），到西伯利亚第七线列步兵团服役。塞米巴拉金斯克位于额尔齐斯河畔，地处吉尔吉斯大草原[①]边缘。20 世纪时，该地区作为苏联的核试验基地为世人所知。塞米巴拉金斯克的词意是"七庙城"，是因为蒙古人当年在这里修建的一片佛教寺庙群而得名。但是在陀思妥耶夫斯基生活的时代，这些庙宇便已片瓦不存。18 世纪初，哥萨克人将这里修建成边防要塞，不久后，这里便成为中俄贸易的重要枢纽。在 19 世纪，塞米巴拉金斯克作为商路上的驿站，其重要性远远超过了边防。自 1851 年至今，塞米巴拉金斯克的州徽和市徽都是一只背负着货物的骆驼，上方是一枚下弦月。19 世纪中叶，这里的人口大约有六万人，与陀思妥耶夫斯基刚刚离开的鄂木斯克大致相当。

　　除了东正教教堂和七座清真寺中的一座，城里的所有建筑——包括兵营、学校和医院——都是采用木质结构。和俄罗斯本土的大多数外省城市一样，这里的街道也都是没有铺上石块的土路，每到雨天或雪融的时候，到处一片泥泞，让人举步维艰。到了旱季，城里沙尘弥漫，将一栋栋简易的平房或棚屋笼罩于其中。因此，在百姓口中，塞米巴拉金斯克一直被称作"魔鬼的沙土罐"。在城里的居民中，俄罗斯人、哥萨克人和吉尔吉斯人（哈萨克人）各占三分之一。大部分俄罗斯居民都是军人或行政官员的家属。由于只有军官或高级官员才有权利携带家眷，整个城市里几乎没有社交生活可言。全城只有一架钢琴，只有十几户人家订阅了报纸或杂志。来自俄罗斯和欧洲的消息传到这里比传到鄂木斯克还要迟，所以这里的居民对政治大多漠不关心。就在陀思妥耶夫斯基抵达塞米巴拉金斯克的时候，克里米亚战争正打得火热，可在这里却很少有人谈论这件事。

[①] 现名哈萨克草原。

在刚到的几个星期里，陀思妥耶夫斯基分配到的床铺在一间巨大的集体营房里。一张张简易行军床紧挨着，每张床上睡两个人，夜里，老鼠在床底下四处乱窜。从居住环境和条件来看，军营和苦役营几乎相差无几。更令陀思妥耶夫斯基失望的是，在这里，他依然没有自己的空间。1854年3月，他第一次收到了米哈伊尔的来信，信里夹着五十卢布。这些钱虽然不多，但可以让陀思妥耶夫斯基在军营附近为自己租下一个单间的木屋。租金加上日常服侍每月一共是五卢布。每日配给的伙食有面包、燕麦汤或白菜汤，外加格瓦斯或茶。陀思妥耶夫斯基通常是从食堂打回自己的房间吃，偶尔有需要的时候，他还可以请女房东帮他做些简餐。西伯利亚的生活费用和欧俄相比要低得多，只要一枚铜币就可以买到一磅肉，一普特（约合十六公斤）格瓦斯只要三十戈比。自五年前被捕以来，陀思妥耶夫斯基第一次又有了自己独立的住处，仅这一点对他来说已经是莫大的享受。更加难得的是，从此之后，黑夜终于只属于他一人，可以由他自由支配。虽然又过了很久时间，他才开始将这份自由奉献给自己朝思暮想的事业：写作。

女房东租给陀思妥耶夫斯基的不仅是一个房间，还有自己的两个女儿，一个二十岁，另一个十六岁，两个姑娘帮他打理家务，偶尔再通过"贴身"服务，顺便挣上几个戈比。陀思妥耶夫斯基的好友亚历山大·弗兰格尔（Alexander Wrangel）解释说："当时在西伯利亚……这种事很常见。"有一天，当陀思妥耶夫斯基就两个女孩卖淫一事对女房东进行道德说教时——这种双重道德标准在其后来的作品《地下室手记》的主人公身上得到了体现——女房东的回应是：和一位高贵的绅士睡觉，当然要比"为了两块姜饼或一包花生去和兵营里的某个文书或下士睡觉"更有面子。"这种讲究务实的逻辑让人很难反驳"，弗兰格尔在回忆录中写道。[20] 在鄂木斯克，卖淫是苦役营日常生活中的重要一部分，卖淫者里既有女人也有男人。陀思妥耶夫斯基在四年劳役期间是招过妓，还是如清教徒一样克制着自己的性欲，[21] 我们无从获知。但是我们都知道，早在被捕前，他对逛妓院便从未有过道德上的顾虑。各种舞台版本的《死屋手记》，从莱奥什·雅那切克（Leoš Janáček）的经典歌剧，到卡利克斯托·比耶托（Calixto Bieito）和帕特里斯·夏侯（Patrice Chéreau）的现代演绎，都把苦役营里的性压抑和性暴力当作描写的重点。经过四年的男性群居生活后，这个三十三岁的男人一定对性有着极度的渴求，更何况陀思妥耶夫斯基天生便是个性欲旺盛的人。维塔利·斯文佐夫（Witalij Swinzow）说过，陀思妥耶夫斯基"拥有强大的性能力，而且对性挑逗十分敏感"。[22]1860 年代曾与陀思妥耶夫斯基陷入爱河的阿波利纳里娅·苏斯洛娃（Appolinaria Suslova）抱怨说，他总是"欲火太旺"，[23] 作家的第二任妻子安娜·格里戈利耶芙娜也说过类似的话。陀思妥耶夫斯基的早期作品总是充斥着关于性的想象，就拿他在被捕前发表的两部小说《涅托奇卡·涅兹万诺娃》和《小英雄》来说，里面既有对情窦初开的少年性意识的描写，同时还夹杂着这些少年身边的成人赤裸裸的性欲望。

　　女房东的两个女儿大概以为，陀思妥耶夫斯基需要的是"低贱的爱情"，但实际上，后者真正向往的是"高贵的爱情"。他遇到的第一个符合这个标准的对象是阿芙朵季娅·帕纳耶娃。当陀思妥耶夫斯基于 40 年代在一场沙龙上遇到这位绝代佳人时，便立刻狂热而不可救药地爱上了她。可是在塞米巴拉金斯克这种地方，怎么可能遇到帕纳耶娃这样魅力四射的"沙龙女王"？陀思妥耶夫斯基爱上过一位在市场上遇到的卖糕饼的十七岁美女叶丽萨维塔（"莉桑卡"）·涅夫罗托娃（Jelisaweta [Lisonka] Neworotowa），并将其视为理想情人的化身。两人就像陀思妥耶夫斯基处女作《穷人》中的男女主人公一样，以柏拉图的方式彼此通信。这些表白心迹的信件后来遗失于十月革命的炮火之中，对爱吃醋的陀思妥耶夫斯基遗孀安娜·格里戈利耶芙娜，包括陀思妥耶夫斯基这位伟大的天才来说，这未尝不是一件好事。

来到塞米巴拉金斯克后不久，陀思妥耶夫斯基就被带入了当地人数不多的名流社交圈。介绍他进入这个圈子的人，是为人豪爽但贪杯好色的陆军中校别利霍夫（Belichow）。别利霍夫对陀思妥耶夫斯基的好感有一个特殊的原因，他总是让后者给他念那些发了黄的过期旧报纸，经常一念便是一下午。别利霍夫喜欢玩纸牌，又痴迷赌博，并因此欠下了一屁股债。后来他开始偷偷挪用公款，拿来还债。1857年，因东窗事发，别利霍夫被判处死刑，执行枪决。1854年，在别利霍夫家里，陀思妥耶夫斯基结识了海关官员亚历山大·伊萨耶夫（Alexander Issajew）。"托上帝之福，让我认识了一家人，对此我将永生难忘，"他在给米哈伊尔的信中开心地写道，"这家人姓伊萨耶夫……伊萨耶夫原本有个相当不错的职位，可惜有些事他没有处理好，惹了些麻烦，所以丢掉了这份差事。"伊萨耶夫实际是因为酗酒被开除的，一家人的生活也因此陷入了"可怕的贫困"。

> 他整天四处借债，过着挥霍放荡的生活，而且他从骨子里就是放浪形骸的那种人：热情固执，大大咧咧……像流浪汉一样不拘小节，自恋而骄傲。……其实他本性很善良，受过很好的教育，善解人意……尽管有各种招人讨厌的毛病，但仍然算得上是个高贵的人。（1856年1月13日）

陀思妥耶夫斯基对伊萨耶夫的描述在很多方面都会让人联想到其笔下的人物。就像《罪与罚》中年迈的马尔梅拉多夫一样，这些人大多聪明、敏感，有着强烈的虚荣心，同时却又十分神经质，意志力薄弱，事业和个人生活都是一事无成，最后只能依赖酒精来麻醉自己。在伊萨耶夫身上，还可以找到《穷人》——陀思妥耶夫斯基第一部同时也是流放前唯一一部在文学上获得成功的作品——当中主要人物的某些痕迹。也许他是想通过这些描写来唤起哥哥的同情心，以便说服对方继续给自己提供经济上的支持。用写信的方式，在情真意切地诉说生活悲苦的同时，不加掩饰地乞求对方帮助，这是陀思妥耶夫斯基最擅长的事，是他上学时在和父亲通信中磨炼出来的。在身为政治犯不允许发表作品的这段时间里，撰写一封封"乞怜（讨）"信，是他利用自己的"文学"才华换取收入的唯一渠道。

和平时的信件一样，陀思妥耶夫斯基在信快要结束时才说了实话："不过，真正吸引我的不是他（伊萨耶夫），而是他的妻子玛丽娅·德米特里耶夫娜。她是一位年轻女性，芳龄二十八岁，人很有教养，和蔼，聪慧，善良，亲切，举止优雅，有一颗高贵而包容的心……这样的女子我平生很少遇到。"玛丽娅·德米特里耶夫娜·伊萨耶娃（Maria Dmitrijewna Issajewa）娘家姓康斯坦特，当时已经三十岁。在19世纪，一个年过三十的女人已经称不上"年轻"了。因此，陀思妥耶夫斯基在哥哥面前刻意把岁数说小了两岁。玛丽娅的祖父弗朗索斯·德·康斯坦特（François de Constant）1794年为了逃避雅各宾专政从法国逃到了俄国。玛丽娅的父亲是里海沿岸城市阿斯特拉罕（Astrakhan）的检疫局局长，身为枢密院顾问，他有着显赫的社会身份，七个子女都受到了完整而良好的教育。三个女儿被送去女子寄宿学校，四个儿子在士官学校毕业后都进了近卫军。1847年，玛丽娅嫁给了当时在阿斯特拉罕海关任职的亚历山大·伊萨耶夫。一年后，儿子巴威尔（帕沙）出生。1850年代初，伊萨耶夫被派到西伯利亚，之后又被调到塞米巴拉金斯克。后来，他渐渐染上了酗酒的恶习，变成了让人又爱又恨的两面人。

陀思妥耶夫斯基在1854年春认识伊萨耶夫后，很快便对后者那美丽优雅、在西伯利亚显得颇有异域气质的妻子燃起了爱情之火。面对陀思妥耶夫斯基的示爱，玛丽娅的回应更多是撒娇，而不是出自真心。玛丽娅留下的唯一一张肖像照，是于1850年代拍摄的达盖尔银版照片。在照片上我们看到的是一位美丽清秀的女人，留着古典的中分发式，嘴唇丰满，五官轮廓鲜明。她左手托腮，两只黑亮的大眼睛略带挑衅地直视着镜头。每次陀思妥耶夫斯基来串门时，伊萨耶夫总是很快便醉成一摊烂泥，然后倒在沙发上睡去。于是，玛丽娅和陀思妥耶夫斯基不久便亲近起来，并从1855年初开始有了暧昧关系。可恰恰就在这时候，伊萨耶夫在距离塞米巴拉金斯克五百公里的库兹涅茨克（Kusnezk）小城找到了一份差事，负责酒吧业的监督管理。正如民谚所说，从山羊变成了园丁。

对陀思妥耶夫斯基来说，伊萨耶夫的调任就像世界末日。弗兰格尔男爵在回忆录中描述了这对恋人在1855年5月某个深夜依依惜别时的情景，那画面充满了戏剧性，在弗拉基米尔·霍金年科（Vladimir Khotinenko）导演的电视传记片《陀思妥耶夫斯基：激情人生》（2011年）中，导演不知是否有意将这段漏掉了。弗兰格尔和陀思妥耶夫斯基坐着男爵家的马车，送伊萨耶夫一家走过最初一程。在路上，弗兰格尔"依照西伯利亚习俗"，不停地给未来的"酒吧业督察"猛灌香槟，很快，伊萨耶夫便烂醉如泥，打起了呼噜，然后被扔到了另外一辆马车里。陀思妥耶夫斯基随即登上了伊萨耶夫家的马车，和心爱的玛丽娅一同顶着满天星光，在草原上飞驰。

> 公路笔直平坦，周围是茂密的松树林。月光朦胧地闪烁着，空气里透着一丝甜蜜而令人陶醉的气息……可是，分手的时候到了。两位恋人搂在一起，抹着眼泪，我把醉得不省人事的伊萨耶夫搬回到他自己的马车上……马儿跑了起来，车子开始移动，尘土从地面扬起。马车和乘客渐渐从视线中消失，铃铛声越来越弱……陀思妥耶夫斯基仍然站在那儿，脚下像生了根。他一言不发地低着头，任泪水在脸上肆意流淌。[24]

这篇于几十年后发表的回忆录除了与事实多少有些出入，其富有画面感的描写更多是受到脍炙人口的俄罗斯民歌《小铃铛》（*Eintönig läutet das Glöckchen*）的启发。不过，这种艺术上的夸张对弗兰格尔来说，是情有可原的。当时伊萨耶夫一家能够顺利搬迁，都是因为弗兰格尔男爵慷慨解囊，帮伊萨耶夫还清了债务。这并不是弗兰格尔平生做过的唯一善事。

亚历山大·乔治·弗兰格尔是来自波罗的海的丹麦贵族后裔。从圣彼得堡的亚历山大贵族学校毕业后，他在司法部得到了一个职位。这位天性活泼的年轻人不想留在首都发展自己的事业，便于1854年秋自愿申请去塞米巴拉金斯克任职，做一位负责当地法律事务的公诉人。还没到目的地，他便与从少年时起便打心眼里崇拜的作家陀思妥耶夫斯基取得了联系，给他带去了米哈伊尔夹着五十卢布的第一封信，外加来自首都的最新消息。虽然年龄相差十二岁，但两人一见如故，很快便成了一对形影不离的忘年交。

弗兰格尔不仅拥有种类齐全的私人藏书，还有丰厚的家产，每当陀思妥耶夫斯基手头紧张，他总是慷慨地出资相助。而且，不论任何时间，只要陀思妥耶夫斯基愿意，他随时都可以到弗兰格尔家做客，在宽敞明亮的公寓里接受美食美酒的招待。这年夏天，弗兰格尔男爵在额尔齐斯河畔租下了一座别墅，两位好友一起在别墅花园里种瓜种菜，到河里游泳，并肩躺在草地上欣赏吉尔吉斯大草原的美景，聆听牧羊人的歌声。这田园般的生活对陀思妥耶夫斯基来说既陌生又不真实，"时间仿佛停顿，亚伯拉罕和他的羊群似乎仍在眼前"。[25]

除了思想上的交流和生活条件的改善，对陀思妥耶夫斯基来说至少同样重要的一点是，弗兰格尔一家与圣彼得堡权势阶层有着密切的关系。如今，首都的政治空气发生了变化。尼古拉一世在执政三十年后，于1855年2月18日猝然离世。他留给后继者亚历山大二世的烂摊子，除了没有打完的克里米亚战争，还有俄国国内亟待解决的老问题：农奴制。新沙皇上台后做的头几件事之一，是针对依然在世的十二月党人颁布了大赦令，此举也让彼得拉舍夫斯基小组的政治犯们看到了希望。这位新统治者并没有走这么远，但是，他在1855年3月正式登基后宣布，所有被免去军衔的政治犯如果表现好，可以获得提拔：列兵可以提拔为士官，士官可以提拔为少尉。这项决定看似简单，但是正如沙皇政府的每项举措一样，推行起来都很艰难。过了整整八个月，列兵陀思妥耶夫斯基才被正式提拔为下士。而且，这次提拔也不是无条件的，它要求受提拔的人必须在政治上做出明确表态。

1854年4月，陀思妥耶夫斯基写了一首共有十节的诗，名为《一八五四年的欧洲事件》(*Auf die europäischen Ereignisse des Jahres 1854*)，在诗中赞美彼得大帝的同时，表达了对英法两国与奥斯曼帝国缔结联盟的愤慨。陀思妥耶夫斯基的上司别利霍夫中校通过西伯利亚指挥所参谋部，将这篇诗作寄给了圣彼得堡御前办公厅第三局，恳请将其发表在官方报纸《圣彼得堡新闻》上。但是，第三局总管杜贝尔特将军拒绝了这一建议。

在许多传记作者眼里，陀思妥耶夫斯基为俄国统治者书写颂歌，是一段"不光彩的往事"，[26]并对此解释说，这是作者为了能早日重返文坛而做出的无奈之举。[27]假如这确实是陀思妥耶夫斯基的唯一目的，那么无论从内容还是形式上，他都没必要做得如此过火。除了作为策略性目标，陀思妥耶夫斯基这样做还有其他的原因。这篇颂歌更多是作者在克里米亚战争背景下，对俄国政治体制三大支柱——东正教、专制主义和民族性——的一份"爱的表白"。它是一封公开的自我检讨书，更是一个作为国家敌人受到惩罚的男人写下的悔过书。它意在向当局宣示，这首诗的作者已经踏上了通往其所谓"信仰重生"目标的漫漫征途。

从文学手法上看，这首诗明显是模仿1854~1856年俄国报纸宣传文章的流行风格，这是陀思妥耶夫斯基获释后大量阅读报刊的影响所致。在诗中，他将"神圣的俄国"称为真正信仰的守护者，与背叛上帝的西方形成反照。正如两千年前在各各他山（Golgatha）上被钉上十字架的耶稣基督一样，俄罗斯民族正在克里米亚流淌着"神圣的鲜血"。这幅画面为陀思妥耶夫斯基后来关于"俄罗斯上帝"的理念发出了先兆，诗中有关欧洲的几行诗句则体现了迄今尚未绝迹的欧亚主义思想：

> 汝辈焉知俄罗斯之命运
> 乃由先神所赋？
> 东方——属于她！
> 亿万苍生
> 于此地，翘首仰望
> 其敬拜渴慕之双头鹰！[28]

在第一首诗受挫后，陀思妥耶夫斯基于1855年夏又创作了另一首诗，其由头是亚历山德拉·费奥多罗芙娜（Alexandra Fjodorowna）皇后的生日。但实际上，这首诗并不是献给皇后的，而是献给2月刚刚去世的沙皇尼古拉一世，因为作者"卑贱的嘴唇"不敢说出这么高贵的名字。在诗的第四节，陀思妥耶夫斯基感谢上帝的"审判"，感谢"上帝在疑虑不安的时刻给我们宣判"，并以此赐予其"新的生命"。[29]"疑虑不安的时刻"指的是彼得拉舍夫斯基小组从事革命活动的那些日子，上帝的"审判"指的是1849年12月的判决书。在这首诗中，一位政治犯的内心悔过与自责被表露得明白无遗。陀思妥耶夫斯基将当年的死刑判决与假处决歌颂为促使其心灵重生的源头，把掌掴自己的手捧到嘴边，恭敬地亲吻。最起码，为涅克拉索夫（Nekrassow）主编的《现代人》杂志撰稿的作家们是这样

/ 第二章 第一次流亡：西伯利亚（1850-1859）

看。陀思妥耶夫斯基为沙皇写颂诗表忠心的消息，很快便在这些人当中变成了新闻。陀思妥耶夫斯基对这些人的恶评似乎早有预料，并平静地接受了这一结果。当一个人决定皈依新的信仰并对外公开宣示时，自然不会毫无准备。

陀思妥耶夫斯基献给前皇后的这首颂诗，比上一首关于战争的诗得到的收获要大得多。一开始，西西伯利亚总督冯·哈斯福德将军（General von Hasford）拒绝将这首出自政治犯之手的诗转交沙皇政府。后来，通过弗兰格尔在圣彼得堡的关系，这首诗的手稿最终还是被呈送给前皇后，一并呈上的还有将列兵陀思妥耶夫斯基提拔为下士的请求。1855年11月20日，请求获得了批准。继克里米亚战争诗和生日颂诗之后，1856年春，陀思妥耶夫斯基又创作了一首庆祝亚历山大二世加冕的诗，祈求上帝为沙皇赐福，因为俄国刚刚结束了克里米亚战争，这位新统治者将踏上一条布满荆棘之路。这三首诗在陀思妥耶夫斯基在世期间都没能付梓，尽管作者本人曾为此做了一番努力。只有很少人读过这几首颂诗，米哈伊尔也在其中。这位在诗歌方面远比费奥多尔精通的文学爱好者直言不讳地告诉弟弟："你的诗我读过了，我觉得写得很烂。诗歌这玩意儿不适合你。"30

自从伊萨耶夫夫妇搬走后，塞米巴拉金斯克与库兹涅茨克两地间便飞鸿不断，只可惜这些通信中保留下来的只有一封，那是在弗兰格尔描绘的浪漫分别之夜过后，陀思妥耶夫斯基写给玛丽娅·伊萨耶娃的第一封信："两星期来，我的心情一直被悲伤笼罩着，整天心神不宁，魂不守舍。不知你能否想象我现在孤独凄苦的情状？这就像我1849年刚刚被抓进监狱时一样，所有我爱的人和珍惜的人，一下子都从身边被夺走了。"（1855年6月4日）他在信里还说，在过了四年监禁生活后，玛丽娅是唯一可以让他说心里话的人。对他来说，她就像亲姐妹一样亲密。自从她走后，他就像一个流浪的犹太人，终日漫无目标地游荡。就在抵达库兹涅茨克几周后，亚历山大·伊萨耶夫便患了重病，由于没能得到及时救治，于 1855 年 8 月故去，时年三十三岁。孤苦伶仃的玛丽娅身无分文，连给丈夫下葬的钱都没有。陀思妥耶夫斯基像发了疯一样，帮她四处借钱。于是，弗兰格尔又一次充当了救星的角色。

伊萨耶夫的去世为陀思妥耶夫斯基带来了新的希望。在被提拔为下士之后，他开始认真地筹划结婚事宜。可对他来说，时机还没有成熟，这并不是因为玛丽娅要等服丧期满才能再嫁人，而是因为她在结婚问题上还没有拿定主意。库兹涅茨克是只有不到两千人的小镇，不难想象，像玛丽娅这样优雅有魅力的孤寡女人并不多见。于是没多久，她的身边便冒出来一堆向她求爱的单身汉，陀思妥耶夫斯基得知这些后如百爪挠心。更令他痛苦的是，天性冷酷的玛丽娅还在信中问他，如果——只是假设——一个人品可信、有良好经济保障的年长男士向她求婚，她该不该答应？陀思妥耶夫斯基看过信后如遭雷击，顿时昏厥了过去，然后哭了整整一夜（1856 年 3 月 23 日）。玛丽娅安慰他说，事情还没有决定呢。

这场危机还没有过去，新的危险又来临了。这次是一位干净体面的年轻人，年龄只有二十四岁，比玛丽娅小很多。这位新出现的情敌名叫尼古拉·韦尔古诺夫（Nikolaj Wergunow），是库兹涅茨克镇小学的教师，同时，他还是玛丽娅儿子帕沙的私人美术老师，他接下这份差事或许本身就是另有所图。玛丽娅对这个小伙子的感情是认真的，而且她还毫不隐瞒，把这件事原原本本地告诉了陀思妥耶夫斯基。陀思妥耶夫斯基听到后，顿时便慌了神。他想马上跑去库兹涅茨克，找玛丽娅理论。他坦白地对好友弗兰格尔说："我简直伤透了心，夜里总是做噩梦，尖叫，抽搐，几乎喘不过气来……如果失去我的天使，我一定会死掉。我要么发疯，要么去跳额尔齐斯河。"（1856 年 3 月 23 日）后来，他没有投河，而是为自己请了几天假。虽然他手头只有去巴尔瑙尔（Barnaul）的签证，可他还是擅自绕路，跑

/ 第二章　第一次流亡：西伯利亚（1850-1859） / 133

到三百公里以外的库兹涅茨克。在那里，他和玛丽娅一起待了两天，用他后来的话说，那两日"既是极乐，也是无法言说的折磨"（1856年6月14日）。

玛丽娅的温柔款待让陀思妥耶夫斯基又看到了希望。可是，回到塞米巴拉金斯克之后，陀思妥耶夫斯基的痛苦又开始了。很长时间里，玛丽娅一直在两位爱慕者之间摇摆，拿不定主意。直到1856年底，玛丽娅感情的天平才逐渐倒向陀思妥耶夫斯基一边。就在这年9月，后者由下士正式晋升为少尉。这个结果在很大程度上又是弗兰格尔的功劳。在返回圣彼得堡时，弗兰格尔给爱德华·冯·托特列边（Eduard von Totleben）将军带去了一封陀思妥耶夫斯基的亲笔信。托特列边是克里米亚战争中的功臣，在守卫克里米亚重镇塞瓦斯托波尔（Sewastopol）的战役中，俄军正是凭借他设计的防御工事，才成功抵抗住了敌军猛烈的炮火攻击。托特列边将军也是圣彼得堡军事工程学校的毕业生，他的弟弟古斯塔夫·阿道夫是陀思妥耶夫斯基的同学与好友，两人长期合住过同一间宿舍。

陀思妥耶夫斯基于1856年3月24日写给托特列边将军的信又一次证明了他在政治信仰上的转变。在信中，他把当年加入彼得拉舍夫斯基小组的原因，解释为对不切实际的理论与乌托邦思想的盲目狂热。除此之外，他还解释说，他当时害有某种精神疾病，使他经常陷入抑郁多疑的状态。当然，这并不能为他做下的错事提供借口。他为自己犯下的反政府罪行受到了法律的公正惩处。"长期的痛苦磨炼"使他变得清醒，思想在"很多方面"都发生了改变（1856年11月9日）。鉴于他在军事领域一无所长，他能为国家做出贡献的方式只有一个，这就是依靠自己的天赋——写作。为了能以此维持生计，他恳求陛下恩准，允许他重新出版自己的作品。在陀思妥耶夫斯基的信件之外，托特列边还附上了一封推荐信，收信人是新沙皇的弟弟、负责工程兵事务的尼古拉·尼古拉耶维奇大公（Nikolaj Nikolajewitsch），后者于 5 月底将信件转交给了战争大臣尼古拉·苏霍萨内特（Nikolaj Suchosanet）。6 月，苏霍萨内特宣布，"鉴于西伯利亚第七线列步兵团下士陀思妥耶夫斯基的真诚悔过与认识转变"，批准授予其少尉军衔。晋升令于 10 月 1 日生效，又过了四个星期，陀思妥耶夫斯基本人才获知这一消息。

这一年，陀思妥耶夫斯基已经三十五岁。通常情况下，一名士官生在十七八岁的时候就可以晋升为少尉。但是不管怎样，陀思妥耶夫斯基毕竟又重新成为军官队伍中的一员。他的收入状况虽然改善甚微，但是作为一名军官，他的社会地位远远超过了他的情敌，一文不名的年轻小学教师韦尔古诺夫。陀思妥耶夫斯基决定不再迟疑，向玛丽娅正式求婚并得到了对方的首肯。

求婚者的地位提升以及就此彻底离开西伯利亚的可能性，对玛丽娅的决定无疑起到了至关重要的作用。弗兰格尔对好友的这桩婚事极力阻拦，就连米哈伊尔也预言，弟弟会因为婚姻和家庭生活这点"蝇头小利"，毁掉自己的文学事业这桩"大买卖"。[31] 米哈伊尔对此有着亲身体会。十四年的不幸婚姻让他牺牲了自己的文学爱好，为了养活家里不断增加的人口，他借高利贷开办了一家烟草加工厂，收入时多时少，很不稳定。

可费奥多尔本人却决心已定。"我的决定是不容悔改的"，[32] 他在给哥哥的信中写道。他不仅不听从后者的劝告，还请求对方在经济上给自己提供资助，以解燃眉之急。他在晋升少尉后从妹妹瓦尔瓦拉那里收到的两百卢布贺礼，都被他用来偿还债务和置办新装。作为一名军官，除了军帽、绶带、带缨穗的佩剑等必备行头，他还得给自己添置一双新皮靴和两套军服：一套用于日常着装，另一套是检阅和婚礼时穿的礼服。这时候，他早已开始在脑子里筹划未来的婚礼了。在重新获准发表作品之前，他打算借笔钱作为过渡期的花销，因为照他估计，他手头的书稿至少值一千卢布，到时候拿来偿还借款绰绰有余。

作家第一任妻子：玛丽娅·I.陀思妥耶夫斯卡娅

另外，新娘也需要为即将到来的婚礼添置些物件，这些物件"几乎算是最低限度的需求"了。具体清单如下：

一、复活节时戴的宽檐帽一个（这边根本没的买），当然要适合春季佩戴；

二、（急需）制作连衣裙（不包括婚纱，款式随意）的面料一幅，要当今市面上最流行的颜色（她是金发，身材中等，腰身纤细，体型和我印象中的艾米莉娅·费奥多罗夫娜［米哈伊尔妻子，作者注］大致相仿）；

披肩一条（丝绒或其他面料），款式随你选；

荷兰产细纱女士手帕半打；

休闲帽两顶（最好有蓝色系带），要物美价廉；

带棉质蕾丝的女款长袍一件（如果价格不太贵的话）。
（1856年12月22日）

这张清单和《穷人》中男主人公杰武什金从他心爱的瓦尔瓦拉手里拿到的婚礼用品清单十分相像。陀思妥耶夫斯基知道，米哈伊尔很可能也会产生这样的联想，所以他特意在备注中写道："假如你觉得这张清单很可笑，毕竟我是在向你索要近一百卢布，那你只管把它当成笑话，就送我一只篮子好了。"

1857年1月底，陀思妥耶夫斯基请了两周假，来到库兹涅茨克。2月6日，"西伯利亚第七线列步兵团少尉费奥多尔·陀思妥耶夫斯基，年龄三十四岁，信仰东正教，初婚"与"寡妇玛丽娅·德米特里耶夫娜，已故酒吧业督察、部门秘书亚历山大·伊萨耶夫前妻，信仰东正教，二婚"，在赫德歌利亚圣母教堂举行了婚礼。[33] 陀思妥耶夫斯基前任情敌尼古拉·韦尔古诺夫为男方担任证婚人，女方证婚人是新娘的房东、协助筹办婚礼的区法官伊万·卡塔纳耶夫（Iwan Katanajew）。

婚礼后的狂欢持续了整整一周，2月中旬，夫妇俩兴高采烈地上了路，准备返回塞米巴拉金斯克。路上，两人计划在巴尔瑙尔停留一晚，作为休整。可就在这天夜里，不幸发生了。陀思妥耶夫斯基的癫痫病严重发作，第一次见到这样场面的玛丽娅被吓得要死。这天来出诊的是一位很有经验的医生，他诊断陀思妥耶夫斯基的病是"原发性癫痫"，一旦在发作时因身体抽搐引发气管痉挛，病人随时可能死亡。陀思妥耶夫斯基情绪陷入了失控：

现在你明白了，我的朋友［米哈伊尔］，是什么样的绝望想法在我的脑海里游荡。我结婚的时候，我完全信任医生说过的话，他们信誓旦旦地告诉我，我的病只是神经性发作，只要改变生活

/ 第二章　第一次流亡：西伯利亚（1850-1859）

方式，一切就都会过去。假如当初我知道自己得的是原发性癫痫，我是不会结婚的。（1857年3月9日）

在巴尔瑙尔的停留时间因此不得不延长。陀思妥耶夫斯基每次癫痫病发作，都需要几天的时间才能恢复过来。2月20日，夫妻俩疲惫而沮丧地回到了塞米巴拉金斯克。玛丽娅的身体也出现了不适，很可能在这时候，她的肺结核已经出现了先兆。陀思妥耶夫斯基租下了一间带家具的四居室房子。假如不是在婚礼前收到了库马宁从莫斯科汇来的六百卢布，他绝对没有钱享受这份奢侈。到3月初，在还清所有欠款后，"柜子里只剩下二百五十卢布"。如果仅凭他那少得可怜的薪水，他就只能住在卫生条件恶劣的兵营里，吃着粗陋的饭菜，过着单身汉的日子。可他偏偏结了婚。对他来说，没有发表作品的权利几乎就等于没有收入。更何况，陀思妥耶夫斯基从来就不是一个会精打细算过日子的人。妹妹和姨父汇给他的钱再加上共八百卢布的两笔借款，总共是一千六百卢布，他在短短两个月里就花得一文不剩。大部分钱都被用于婚礼，而且在他看来，这场婚礼办得十分简朴。他对米哈伊尔说，他没想到办婚礼得花这么多钱，可是"要想节省确实是做不到"（1857年3月9日）。

最后一句话明确地反映了陀思妥耶夫斯基对待金钱的态度。在花钱问题上，他从来都不是量入为出，而是相反。他必须要有一定的收入来维持自己的消费水准，这其中包括宴请宾客，去餐馆吃饭，旅行，出入文化场所，购买衣服以及烟酒茶等嗜好品，还有送礼的开销等。这些支出的数额与其收入多少无关。如果手上钱不够，就去找人借。整个40年代，陀思妥耶夫斯基的日子都是这样过的。一直到他第二次结婚，在花钱问题上，他的态度也几乎没有改变。从社会历史学的角度看，这种行为做派其实是贵族习气的一种遗存。在1861年农奴制改革前，正如屠格涅夫在小说《父与子》中描写的那样，在俄国贵族阶层，对待金钱过于计较、按照成本收益比去规划生活中的开支，是有损尊严的行为。一个人的社会形象高低，"不是根据他的挣钱能力，而是根据他的花钱能力来衡量的"。[34]

艰难的回归

陀思妥耶夫斯基从苦役生活中获得的经验之一是：人是一种可以适应一切的生物。[35]这其中也包括对借债生活的适应，正如巴尔扎克所说，债权人阶层都是由借债人养活的。[36]但是，尽管陀思妥耶夫斯基几乎一直在靠借债过日子，而且在俄语中，"罪"（wina）与"债"（dolgi）这两个词的词形，并不像在德语中那样接近（罪：Schuld；债：Schulden），然而对陀思妥耶夫斯基而言，长期负债也总是让他感到良心不安。[37]他在1857年给妹妹瓦尔瓦拉的信中写道："我最渴望的事，莫过于靠自己的手来挣饭吃。只有那样，我才能算得上是个人。"（1857年3月15日）而对他来说，挣钱的手段唯有写作。

在恢复贵族身份后，1857年4月，陀思妥耶夫斯基终于获得了发表作品的权利，并以此取得了重要的阶段性胜利。很长时间以来，他一直在酝酿一部作品。他打算延续果戈理未完成的史诗型巨作《死魂灵》的传统，写一部关于俄国外省生活的长篇讽刺小说。自获释以来，他虽然有了时间，可却没有写作的心情。他的整个脑子都被美丽的玛丽娅·伊萨耶娃占据了。这大概是他的初恋，也正是因为如此，他才会陷得那样深，爱得那样如痴如癫。他在说起自己害上相思病时，坦白地承认："我没有办法写作。眼下我所处的状态是一种幸福，一种我渴望已久的幸福。如今，它填满了我的整个身心，让我快乐满足，却又无心工作。"（1856年1月18日）

但是没过多久，日子又恢复了常态。没有固定收入，还要养活一个三口之家（加上继子帕沙），陀思妥耶夫斯基的经济负担越来越重。另外，妻子的执拗脾气也渐渐暴露了出来。陀思妥耶夫斯基被逼无奈，只好再次向米哈伊尔求助。可他不知道的是，米哈伊尔的生意也出了问题。他的烟草加工厂因为还不清巨额债务，正面临着破产的危险。因为无法向弟弟伸出援手，米哈伊尔介绍他认识了财大气粗的年轻公爵格里戈利·库舍廖夫－别兹博罗德科（Grigorij Kuscheljow-Besborodko），后者正在计划出版一本自己的杂志，名叫《俄国言论》（*Das russische Wort*）。陀思妥耶夫斯基向库舍廖夫提出，给杂志创作一篇小说（约八十页），并要求对方预付每印张一百卢布的稿酬。

对出版毫无经验的库舍廖夫按照约定汇来了五百卢布，虽然这时候陀思妥耶夫斯基连一个字还没有写。于是，米哈伊尔成了陀思妥耶夫斯基在圣彼得堡的文学经纪人，在莫斯科扮演同样角色的是他的故交阿列克谢·普列谢耶夫。1858年1月，普列谢耶夫介绍陀思妥耶夫斯基认识了保守派双月刊《俄国导报》（*Der Russische Bote*）的出版人米哈伊尔·卡特科夫（Michail Katkow）。陀思妥耶夫斯基答应给杂志写一篇十四印张至十五印张的小说（约二百五十页），第一部分"保证"于秋天之前完成。他在信末附言中写道，由于经济窘迫，他不得不提出一个"特别的要求"：请对方预付五百卢布。在提出这一请求的同时，他还故作清高地强调说，自己一向认为"为金钱而工作"与"为艺术而工作"是一对不可调和的矛盾。只有最后一句他才说出了心里话："为了钱去工作，大概就是我的命。"（1858年1月11日）

卡特科夫犹豫了一番后同意了陀思妥耶夫斯基的建议，于1858年4月给他汇去了五百卢布，同时还告诉他，慢慢写，不用心急。于是，就在1858年初，陀思妥耶夫斯基一下子拿到了两部作品的预付稿酬，可这时候，他对接下来的创作还只有一些大致的构想。比如说，作品的调子是幽默风格，故事情节是发生在外省。答应给库舍廖夫《俄国言论》的稿件，他准备从一部计划中的长篇小说中截取一个相对独立的章节，改写成一个短篇，名为《舅舅的梦》（*Onkelchens*

Traum），预计于当年秋天完成；至于卡特科夫的《俄国导报》，他打算写一部三卷本的长篇小说，名为《斯捷潘奇科沃村》（*Das Dorf Stepantschikowo*），并借机将酝酿已久的关于俄国外省的长篇讽刺小说计划兑现。关于苦役营经历的作品，虽说他早在"脑子里"打好了草稿，但暂时还无法落笔，因为他目前的身份仍然是受警察监控的"政治犯"。

《舅舅的梦》进展十分艰难。陀思妥耶夫斯基的健康仍未恢复，癫痫病的发作频率几乎达到了每周一次。另外让他烦恼的，还有米哈伊尔所说的"婚姻生活的蝇头小利"。玛丽娅是个受情绪支配的人，动不动就会发火。眼下的生活和她期待的天差地别：她没能像想象中那样，挽着名作家的手臂，光彩照人地出入于圣彼得堡上流社会，而是蜗居在吉尔吉斯大草原边上的一个荒芜小镇，身边是三十八岁的多病的丈夫，他的文学成就已枯萎多时。自从两人结婚后，他还没能靠自己的笔挣来一个戈比，而只能依靠借债和他人的施舍过日子。

另外，陀思妥耶夫斯基也算不上是一个好丈夫。他对服兵役的单调生活已彻底厌倦，"一潭死水般的外省生活"（1858年12月13日）更是让人"无聊至死"（1858年12月12日）。在过去一年半的流放生活中，他经常会陷入抑郁的状态，而频频发作的癫痫病更令这种状况雪上加霜。他给阿斯特拉罕的妻姐瓦尔瓦拉·康斯坦特写信说，他"有一种预感"，觉得自己不久就会死去。他在这个世界上已经历了应该经历的一切，没有什么"值得追求的"了。在如今这样的条件下，人怎么能够写作？他讨厌西伯利亚，讨厌还没有写完的小说，就连写作本身也令他厌恶，特别是"穷作家这种讨厌的职业"（1858年12月13日）。

1857年12月，兵团军医给陀思妥耶夫斯基写下了书面诊断书，证明他作为癫痫病患者不适合在部队服役。以这份诊断书为凭据，在得到西西伯利亚总督冯·哈斯福德将军的同意后，陀思妥耶夫斯基于

1858年3月正式向沙皇提交请呈,"因服役期间健康恶化",请求准许从部队退役。一个月后,退役申请获得了第三局的批准。但是,直到一个月后,战争部才通知冯·哈斯福德将军,正式批准陀思妥耶夫斯基退役并返回欧俄的申请,并提拔其为中尉,但是有一个条件:返回后不得居住在莫斯科和圣彼得堡两地。于是,陀思妥耶夫斯基只好提出申请,将莫斯科西北部小城特维尔(Twer)作为居住地。

1858年12月底,比约定交稿期限迟了三个月,库舍廖夫-别兹博罗德科拿到了陀思妥耶夫斯基的小说《舅舅的梦》手稿,准备刊登在1859年3月份的杂志上。这部作品是陀思妥耶夫斯基所有作品中最富喜剧色彩但艺术性最薄弱的一部。和其他"西伯利亚小说"一样,它们是作家毕生作品中最容易被读者遗忘的一部分。这部中篇小说的情节设计更适合于喜剧,而非小说的形式。故事中的主要人物是小城一位有钱的富婆,名叫玛丽娅·亚历山德罗夫娜·莫斯卡廖娃。她一心想给女儿济娜找个门当户对的"金龟婿"。这时,城里正巧来了一位腰缠万贯的公爵,只是年老体衰,每天都要精心打扮一番(假发、假胡子、涂脂抹粉)才能出门。于是,这具"上了发条的尸体"便落入了玛丽娅·亚历山德罗夫娜设计的陷阱,迷上了济娜并向其求婚。可是,母亲的算计却受到了两方面的阻挠:济娜偷偷爱上了一位穷困潦倒、身患肺结核的教师,另外,一位名叫巴维尔·莫兹格利亚科夫的年轻人也悄悄盯上了济娜。为了打败自己的情敌,莫兹格利亚科夫告诉糊涂昏聩的公爵"舅舅",他向济娜求婚的事不过是他做的一个梦。这时候,公爵对济娜的爱欲也已经降了温,于是便取消了与济娜结婚的打算。自以为一只脚已经踏入圣彼得堡上流社会的玛丽娅·亚历山德罗夫娜感觉自己丢尽了脸面,不过莫兹格利亚科夫的诡计也落了空。老公爵因情绪激动而猝死,丢下一具"断了发条的尸体"给富婆处理。在小说结尾,陀思妥耶夫斯基戏仿普希金《叶甫盖尼·奥涅金》最后一卷中的著名场景,让我们在圣彼得堡的一场盛大舞会上又见到了美丽风骚的济娜，陪在她身边的是她的丈夫，一位高官。

陀思妥耶夫斯基在这部作品中让读者看到，他不是一个只会描写阴暗、病态和悲剧性事物的作家，而是如陀氏研究专家埃克哈德·亨沙伊德（Eckhard Henscheid）所言，他同时也是一位擅长幽默、讽刺和滑稽作品的大师。[38] 小说中的"舅舅"、老公爵的形象正如E.T.A. 霍夫曼和果戈理笔下的木偶式人物一样荒诞不经。那个假仁假义、满脑子诡计的富婆玛丽娅·亚历山德罗夫娜，与克莱斯特《破瓮计》中贪婪好色的乡村法官亚当简直如出一辙。与陀思妥耶夫斯基以往的作品相比，他在写作手法上的一个新尝试是在叙述中加入了戏剧的成分。这其中包括大量的对话、即兴喜剧或杂耍剧中的许多幽默元素，以及对个别戏剧性高潮的重点描写等。

但是在《舅舅的梦》中，两种不同甚至矛盾的笔调相互穿插，以致破坏了整个作品的完整性。围绕济娜及其病情危重的情人而展开的伤感爱情故事，与喜剧或喜剧小说的规律是背道而驰的。在这里，陀思妥耶夫斯基又一次没能抵挡住感伤主义风格的诱惑："她纤长柔密的睫毛上，挂着几颗泪珠，在阳光中不停地闪烁"；"这个可怜人用骨瘦如柴的手，指了指轮廓模糊、结了冰的窗户，然后拉过济娜的手，贴住自己的眼睛，凄声抽泣起来"；"当最后一缕阳光为小屋中这扇小小的结了冰的窗户蒙上一层金色时，这个苦人儿的灵魂从失去生机的躯壳中渐渐抽离，随着那束光消逝而去"。[39] 这样的句子更像是对感伤主义小说的拙劣模仿，对 19 世纪中叶的读者来说显得有些过时。但这样的写法显然是作者刻意而为，其针对的是那些认为文学应当唤起人类的崇高感情、对泪腺产生按摩作用的一类读者。

1859 年 3 月，《舅舅的梦》在《俄国言论》杂志上正式发表。陀思妥耶夫斯基在交稿之后，便开始着手写作于 1857 年便已动笔、之后被一再搁置的长篇小说《斯捷潘奇科沃村》，并于 1859 年 6 月完成了初稿。陀思妥耶夫斯基对这部新作品寄予了厚望，尽管他自己也感觉整体篇幅过长，但他又一次认定这是他迄今为止最好的作品，它将"巩固我在文学界的地位"（1859年5月9日）。初稿的长度是十五印张，远远超出了计划。按照每印张一百卢布的约定，扣除预付款后，卡特科夫还欠他一千卢布。虽然陀思妥耶夫斯基仅向卡特科夫索要两百卢布，以便为返回欧俄的旅行做准备，但后者最初却未予回应。直到8月底，卡特科夫才告诉米哈伊尔，他拒绝出版这部新作品。

在此期间，普列谢耶夫与尼古拉·涅克拉索夫取得了联系，对他与陀思妥耶夫斯基之前的龃龉明确表示遗憾，并提出邀请后者与《现代人》杂志一起合作。作为一名精明的商人，涅克拉索夫知道，一位作家在经历十年西伯利亚流放生活后，其市场价值必将大大提升。然而在读过《斯捷潘奇科沃村》手稿后，他也和卡特科夫一样备感失望。"陀思妥耶夫斯基完蛋了！"他做出判断，"作为一名作家，他已江郎才尽。"[40]但是因为已经事先答应了陀思妥耶夫斯基，所以他同意接受这部小说，但给出的条件却极其苛刻。涅克拉索夫最早答应的价格是每印张一百二十卢布，[41]可现在他却为整部作品出价一千卢布，相当于每印张六七十卢布。一千卢布确实可以帮助陀思妥耶夫斯基摆脱眼前的财务窘境，但他为此付出的象征性代价却是高昂的。接受涅克拉索夫的报价对他来说，既是一种"道德上的污辱"，同时还会让他"在文学界的地位因此受到削弱"（1859年10月9日）。

陀思妥耶夫斯基早就清楚，稿酬的象征性意义远远高于它的实际货币价值。因此，当他听说卡特科夫付给屠格涅夫的小说《绅士之巢》（*Das Adelsnest*，1859年）的稿酬是每印张四百卢布，也就是付给他的四倍时，他更感觉自己受到了莫大的屈辱。"我知道我写得不如屠格涅夫，可没差那么多。"（1859年5月9日）屠格涅夫的小说以篇幅紧凑、结构合理、重点人物突出、全知视角以及大篇幅的丰富细腻的空间和景物描写，为19世纪中叶的小说树立了样板。而就写作方面而言，无论是天赋还是气质，陀思妥耶夫斯基都与其大相径庭。陀思妥耶夫斯基当时还不可能想到，迟早有一天，他将另立门户，形成一套全新的唯其独有的小说技法。因此，在很长时间里，他都对自己的作品很不满意，认为时间压力太大，导致其无法创作出完美的作品。

与卡特科夫和涅克拉索夫谈判破裂后，《斯捷潘奇科沃村》最终于1859年冬发表在《祖国纪事》上，每印张的稿酬为一百二十卢布。负责这本杂志的，正是陀思妥耶夫斯基曾经恨之入骨、发誓再不受其摆布的亚历山大·克拉耶夫斯基。无论从题材还是结构来看，《斯捷潘奇科沃村》与《舅舅的梦》之间的相似性都一目了然。这次，故事依然还是发生在俄国外省，作品中仍然充斥着大量对话和场景描写，核心人物仍然是一位举止滑稽的负面人物，一位名叫福马·福米奇·奥皮斯金的伪君子。在道德上与其形成鲜明对照的是天真羞涩、善良高贵的地主叶戈尔·罗斯塔涅夫上校。福马是个有着文学野心的乡下文人，罗斯塔涅夫的将军父亲在世时，一直把他看作寄生虫，并对其百般羞辱。可是后来，罗斯塔涅夫的遗孀"将军夫人"却把福马视为天才，事事都向他请教，并奉之为上宾。于是，福马便从一位寄人篱下的仆役摇身一变，成了颐指气使的一家之长。家中大事小事都要经他同意，他的每一句话都是金口玉言，不容任何质疑。

福马的梦想是去俄国实行文明化改造。所有原始自然的东西、所有农夫和农事，都被其视为低贱之物，予以鄙视。令他反感的不仅是老百姓喜欢的"原始民歌和舞蹈"，甚至还有"粗俗"的俄罗斯语言，因此，需要"借助法语"来加以美化。但与此同时，他对基督教崇尚的价值——邻人之爱、慈悲和无私——也大加推崇，只不过这些品质只有在他的对手——高贵的罗斯塔涅夫上校身上才能见到。罗斯塔涅夫上校深深地爱上了美丽的家庭教师娜斯佳，虽然后者对他的爱慕有所回应，但他出于羞涩，迟迟不敢向对方公开表白。因为比娜斯佳年龄大出几乎一倍，罗斯塔涅夫对这份爱情总是感觉自惭形秽。福马和将军夫人更是趁势添油加醋，想尽办法阻止罗斯塔涅夫和娜斯佳两人走到一起，并由此引发了一场激烈的争吵。当福马公然指责说是上校勾引了这位年轻女子时，罗斯塔涅夫怒不可遏，平生第一次雷霆大发，一把抓住福马，将他扔到屋外。紧接着，他当众跪下向娜斯佳求婚。福马感觉受了奇耻大辱，声称要做一名修士，在传经布道中了其余生。富有戏剧性的是，他出门以后并没走出多远，罗斯塔涅夫很快便平息了怒火，出于同情把福马请回了家。和所有喜剧一样，故事最后以大团圆结束。福马为一对恋人献上祝福，正如叙述者以调侃的口吻所说，从此变成了"人间幸福的创造者"。

和略显突兀的结尾相比，整部小说的情节发展过于拖沓，叙述冗长。在主线索之外，穿插着各种次要人物和烦琐的细枝末节。这部被陀思妥耶夫斯基寄予厚望的作品发表后，整个批评界如一池静水，没有掀起一丝波澜。对作家来说，这还不如一通狠批猛揍来得痛快。就连最早把陀思妥耶夫斯基介绍给卡特科夫的阿列克谢·普列谢耶夫也备感失望，"M.M［米哈伊尔·米哈伊洛维奇］跟我说的那些果戈理式人物在哪儿呢？"他在给亚历山大·米柳科夫的信中写道，"除了罗斯塔涅夫之外，哪还有一个活人？一切都是生硬的、虚假的、做作的。不过请你不要把我的话告诉他［陀思妥耶夫斯基］。"[42]

当时，人们对这部作品的谨慎态度是情有可原的。因为只有在后来，当我们从陀思妥耶夫斯基全部作品的角度来观察，才能够发现小说中两位主角的潜在文学价值。罗斯塔涅夫是陀思妥耶夫斯基笔下温柔、平和、纯洁的人物类型的早期实验品，这类人物后来被陀思妥耶夫斯基视为斯拉夫人的理想化身，与生性好斗的西方人形成反照。《白痴》中的梅诗金公爵、《卡拉马佐夫兄弟》中的佐西马长老，都是这类人物的代表。小说《斯捷潘奇科沃村》中福马·福米奇的人物设计则较为复杂，他曾长期遭受罗斯塔涅夫的将军父亲的凌辱，在他热衷的文学事业上一无所成——他的姓氏"奥皮斯金"（Opiskin）在俄语中的发音与"笔误"（opiska）相似——最后又被罗斯塔涅夫赶出了其伊甸园式的世界，因此，他所属于的人物类型是"被侮辱与被损害的人"，这样的人物在陀思妥耶夫斯基作品中比比皆是。

福马·福米奇的例子同时还让我们看到，一个被侮辱被损害的角色一旦得势，会出现怎样的情况。福马身上具有典型的专制者特征，他在自虐自贱的同时，还有着凌驾于他人之上、对他人施虐的强烈欲望。掌握权势后的福马所代表的是一个典型的篡位者形象，这类人物在俄国历史上层出不穷，陀思妥耶夫斯基在后来的作品《群魔》中对这类人做出了尤其生动的刻画。[43]福马对法国的崇拜是对彼得大帝改革计划的影射，这项计划在斯拉夫主义者与亲西方派的争论中占据着重要的地位。就像彼得沙皇禁止男人留络腮胡，并斥之为"野蛮"的标志一样，福马也强迫上校刮掉两颊的胡须，因为留胡子会显得"不够爱国"。对同时代的读者来说，这些描写显得十分荒诞，因为他们眼中的统治者——无论尼古拉一世还是其子亚历山大二世——都是一副美髯公形象。荒诞程度不亚于此的还有福马对民歌和民间舞蹈的反感，而搜集和发扬民间歌舞文化正是斯拉夫主义者的核心文化诉求之一。

1859年6月30日，陀思妥耶夫斯基从军团参谋部拿到了前往特维尔的通行证。夫妻俩已经收拾好行李，连马车都已租好，随时准备出发上路。每样准备工作都需要花钱，为此陀思妥耶夫斯基不得不当掉了一些衣服。这时候夫妻俩已经知道，他们手头的路费撑不到特维尔，最多只够到喀山。于是，陀思妥耶夫斯基只好写信给米哈伊尔，请他向喀山驿站预汇两百卢布，当然只是作为借款，因为他相信，只要到了喀山，他就能从卡特科夫那里得到至少八百卢布。那时候他还不知道，卡特科夫对发表《斯捷潘奇科沃村》已经失去了兴趣。

7月2日，陀思妥耶夫斯基夫妇从塞米巴拉金斯克出发，前往第一站鄂木斯克，到当地士官学校去接玛丽娅的儿子帕沙。之后，他们经过秋明、叶卡捷琳堡和喀山，前往俄国中部，并于8月18日抵达了本次旅程的终点：位于伏尔加河上游、莫斯科西北部一百五十公里之外的城市特维尔。1851年开通的尼古拉耶夫斯克铁路将这里与圣彼得堡和莫斯科相连接，此后，特维尔的经济呈现一派繁荣势头。自世纪之交起，城市人口翻了一番，在陀思妥耶夫斯基一家抵达时，城里居民大约有三万人。特维尔位于俄国腹地，在中世纪时，这里是俄罗斯最强大的公国之一，在对俄国统治权的漫长争夺战中，曾是莫斯科公国的主要对手。1763年的一场大火将整个特维尔变成了灰烬，在城市重建的过程中，人们将木制房屋改建为坚固的石头建筑，将狭窄的小巷拓宽为笔直的大道，将杂乱交错的巷陌改建成有规划的对称式公路网，另外还修建了美丽的花园和广场，以及一条宽阔的滨江林荫大道。

陀思妥耶夫斯基用每月十一卢布的租金，租下了一套带家具的三居室公寓，据传说，普希金也曾在同一栋楼里下榻。对一个三口之家来说，这套公寓多少有些局促，在这里招待客人是无法想象的。陀思妥耶夫斯基在几周后写给弗兰格尔的信中抱怨道："这里比塞米巴拉金斯克还要糟一千倍！阴郁，寒冷，石头房子，没有车来车往，没有一个有意思的去处，——甚至连一家体面的图书馆都没有。简直是名副其实的监狱！"（1859年9月22日）一路辛苦跋涉让陀思妥耶夫斯基的健康严重受损，癫痫病的发作变得越来越频繁。而且，夫妻二人的关系也变得不像最初那样和睦，两人总是为各种各样的琐事争吵。每一次，玛丽娅都会向十二岁的儿子帕沙寻求支持。这种不对等的地位关系既伤害了陀思妥耶夫斯基与玛丽娅之间的感情，也让他与继子帕沙的关系受到了影响。陀思妥耶夫斯基在给弗兰格尔的信中直率地说："是我给自己背上了家庭这个包袱，只能自作自受。"在给米哈伊尔的信中，只有在需要钱给玛丽娅添置"在特维尔这个破地方买不到的"衣物时，他才会提到她：

另外，我还有一个请求：我太太没有帽子戴（我们动身前把她原来的帽子卖掉了，因为带着它们走四千俄里路实在太不划算！）……这边的商店里只有夏天的帽子，而且都难看得很。我太太想要的是一顶外出时戴的秋季帽子，而且要尽可能物美价廉。所以我急迫地请求你：找人或亲自去一趟维希曼太太店里（圣彼得堡著名帽子加工商，作者注），买一顶这样的帽子，如果没有，就订制一顶。帽子的颜色要灰色或藕荷色，不要任何花边和装饰，也不要有图案，用一句话讲，就是一顶朴素、优雅、物美价廉的帽子（绝对不要白色！），一顶真正意义上的外出时戴的帽子……拜托千万不要说不！我们会卖掉马车，然后马上把钱还给你。维希曼家还有一种灰白条纹的窄帽带，配这顶帽子正合适。可惜我没有样子能寄给你。等你来的时候，把帽子一起带过来。如果不行的话，就订一顶，等做好后通过铁路邮寄过来。（1859年8月24日）

米哈伊尔原本就对这个弟妹没有多少好感，收到类似这样的委托，他的心情可想而知。1859年8月，陀思妥耶夫斯基给米哈伊尔写这封信时，正是他经济上最困难的时候。他在塞米巴拉金斯克花高价买来的马车一直没有脱手。在铁路时代，马车的行情迅速走低。卡特科夫那边也一直没有传来任何好消息，更让人头疼的是，也没有钱汇来。8月23日，米哈伊尔得到通知，《俄国导报》编辑部拒绝在杂志上发表《斯捷潘奇科沃村》。他可以在退回五百卢布预付款的前提下，到圣彼得堡杂志社财务部取回手稿。

与涅克拉索夫谈判失败后，米哈伊尔费尽周折，终于说服亚历山大·克拉耶夫斯基，自1859年11月起，将这部小说以连载形式发表在其负责的杂志《祖国纪事》上。每次刊登的篇幅以及章节顺序也交由米哈伊尔去规划，由他在圣彼得堡直接和克拉耶夫斯基商洽，再写信到特维尔征求陀思妥耶夫斯基本人的同意。"你在信里说要对第一章做些删减，"米哈伊尔在1859年11月1日的信中写道，"这不可能！稿子已经印了，我之前亲自去过印刷厂。"[44]

陀思妥耶夫斯基认定，不能再这样继续下去了。他必须搬回首都，亲自处理自己的事情。为此，他给三年前帮过自己忙的托特列边将军写了一封长信。他在信中写道，他本以为只要在特维尔逗留几天，便可以搬回圣彼得堡。可现在，他已经在特维尔滞留了一个半月，事情仍然还没有结果。除了因身患痼疾，需要找首都的专家诊治，作为一名需要养家糊口的作家，他不可能仅仅通过信件或由第三者代劳与出版商和编辑联系商谈。

我是个靠劳作维生的人，这项劳作很辛苦，它就是文学。如今，我都是隔着遥远的距离与文学出版商们磋商谈判，这对我来说非常不利。仅仅因为这个，我便损失了不少钱。另外，我眼下有一项计划，就是出版一部我的作品集。但是，这一切在我本人不在场的情况下是无法进行的。如果计划成功，我可以靠这笔收入维持两年的生计，如果顺利的话，甚至还有可能更久。这样一来，我就可以有生以来第一次过上有保障的生活，可以不再为了稿约写作，不再为了钱写作，不再受交稿期限的压迫，而是认认真真、踏踏实实、有计划地去写作，不用再为了每日的面包出卖文字。（1859年10月4日）

在陀思妥耶夫斯基的这封信里，有许多浮夸的客套话，但这段话不是。它是陀思妥耶夫斯基发自内心向托特列边将军吐露的心声。他想重新回到俄罗斯文坛，在时代变迁的环境下东山再起。他需要更多的时间和闲暇，去创作一部真正让自己满意的作品，而不必受交稿期限所迫做出种种妥协。陀思妥耶夫斯基不知道的是，他的这种愿望是一种纯乌托邦式的幻想。不受时间限制地去创作一部真正完美的作品，是旧式贵族文学的一种特权。自1840年代以来，越来越多出身中下层的作家开始投身文学创作，无论其身份是教师、记者还是职业作家，他们都需要用自己的精神资本去兑换物质上的收入。文学市场与其他任何市场和任何职业一样，遵循的都是同一条规律，即本雅明·富兰克林所言："时间就是金钱。"文学作为一项工作已经被迫变成了压力下的写作。陀思妥耶夫斯基需要很长时间才能认识到这一点，而他接受这一现实，则要花费更久的时间。

几天后，在特维尔总督的建议下，陀思妥耶夫斯基决定直接向沙皇求情。在这封公文式的求情信中，为了博得同情，他采用了自己最擅长的煽情手段：把自己和家庭变成感伤主义传统叙事的主角。

> 我的病情正在日益加重。每一次癫痫发作都会损害我的记忆力和想象力，让我心力交瘁。我的病再发展下去，最后的结果将是肌无力、死亡或者疯癫。我有一位太太和一个继子需要养活。如今，我家徒四壁，唯一能够挣钱养家的手段便是写作，对我这样一个病人来说，这项工作无比艰辛……尊敬的沙皇陛下，我的命运、我的健康、我的生命都掌握在您的手中！……陛下，您就像太阳一般，照亮人世间所有的正义与不公，为亿万臣民赐福。在此我恳请您，再为一位孤儿、一位母亲和一位病人赐福吧！这位病人迄今仍然是个被驱逐的人，可他愿意为**沙皇献身**，您的功绩天地可鉴！（1859年10月10日，粗体由本书作者所加）

"为沙皇献身"，这已经不再是感伤式叙事，而是赤裸裸的作秀。米哈伊尔·格林卡（Michail Glinka）创作过一部同名歌剧，它是俄国第一部民族歌剧，原名为《伊凡·苏萨宁》(*Iwan Sussanin*)。

1836 年首演时，尼古拉一世亲自将其更名为《为沙皇献身》。这次，陀思妥耶夫斯基在信中特意引用了这个剧名，既表示了他对权力的服从，同时也明确了对已经去世的尼古拉一世这位"绞刑架沙皇"[45]的专制理念的肯定。在发出给沙皇的求情信之后，他又给第三局现任局长弗拉基米尔·多尔戈卢科夫（Wladimir Dolgorukov）亲王寄去了一封信，并附上了特维尔总督的推荐函，恳求其为自己颁发在圣彼得堡定居的许可。三周后，陀思妥耶夫斯基从多尔戈卢科夫亲王处得到通知，沙皇陛下对费奥多尔·米哈伊洛维奇·陀思妥耶夫斯基的申请予以恩准，但申请人必须继续接受警方监视。

在此期间，米哈伊尔在圣彼得堡给弟弟一家人租下了一套带家具的公寓，备下了取暖用的柴火，另外还替他们雇了一位女管家。搬迁的日子定在了 12 月 15 日。可就在动身前一天，陀思妥耶夫斯基又一次癫痫病严重发作，于是，出发日期只得延后。12 月 19 日，陀思妥耶夫斯基夫妇携继子帕沙·伊萨耶夫从特维尔乘夜车出发，并于次日清晨抵达圣彼得堡。这套月租三十卢布的新公寓位于商人帕里宾（Palibin）投资修建的大楼里，地处丰坦卡河与护城河之间，距离市中心稍远。和陀思妥耶夫斯基原来在圣彼得堡租住的公寓以及后来的大部分住处一样，这套公寓也是在一栋拐角楼房里。这种明显的偏爱究竟是出于什么考虑，我们不得而知。是出于狐狸般的谨慎，为了给自己多留几条逃生通道？还是出于虚荣，想让自己始终处于编队的最"尖端"位置，就像拐角楼房被人们赋予的寓意那样？[46] 或者是作家想让教堂永远都处在自己的视野之中？[47] 还是说，这是幽闭恐惧症的某种特殊表现？它就像一根红线一样贯穿于陀思妥耶夫斯基的全部作品，从《穷人》里的杰武什金一直到霍尔拜因的《墓中基督》。

圣诞节临近了。就在整整十年前，陀思妥耶夫斯基戴着镣铐、坐在敞篷雪橇里离开了这座城市。当时的涅瓦大街和现在一样，也是一片灯火通明，隔着窗户可以望见装点着美丽彩饰的圣诞树。当年，他只有二十八岁。而如今，就在两个月前，他已经年满三十八岁。在19世纪，人到了这个年龄就要进入老年了。可陀思妥耶夫斯基突然感觉自己并不老。圣彼得堡那熟悉的喧闹、繁华和帝国气派，还有那些熟悉的地点和回忆，为他的身体注入了满满的活力。天气虽然寒冷，但这里有俄罗斯文化圈的沸腾生活，在外省经历了十年磨难后，陀思妥耶夫斯基终于又可以参与那些"真正能够称之为生活的事情"了（1861年8月16日）。

12月28日，陀思妥耶夫斯基按照俄国习俗，举行了搬家庆祝活动。除了米哈伊尔一家，应邀而来的还有老朋友亚历山大·米柳科夫、斯捷潘·亚诺夫斯基和阿波隆·迈科夫。几天前，米柳科夫曾和米哈伊尔一起，去火车站迎接陀思妥耶夫斯基。十年前，也是他与米哈伊尔一道在彼得保罗要塞为陀思妥耶夫斯基送行。一群好友终于又见面了。米柳科夫觉得陀思妥耶夫斯基一点儿都没有变老，相反，他比流放西伯利亚之前显得更年轻，更有活力。[48]陀思妥耶夫斯基享受着与老友重聚的幸福，大家在一起谈天说地，有聊不完的话题。他们讨论亚历山大二世的改革计划，讨论西欧的政治局势、俄罗斯文学的新动向，当然还有陀思妥耶夫斯基个人的下一步打算。

人们后来发现了一张纸条，上面记录着他为1860年所做的几项规划："一，迷娘；二，春天的爱情；三，双重人格（修订）；四，一个囚犯的手记；五，冷漠与印象。"《迷娘》（*Mignon*）是《被侮辱与被损害的人》的原定题目，《一个囚犯的手记》即后来的《死屋手记》。凭借这两部作品，陀思妥耶夫斯基实现了自己在文学上的重生。

第三章　文学上的新生（1860~1867）

新的起点

亚历山大·米柳科夫在回忆录中写道：

> 我们在小范围朋友圈子里的谈话，在很多方面都与［当年］在杜罗夫小组时聊的话题大不相同。这毫不奇怪！在过去十年里，西欧和俄国的角色发生了对调：在那边，以前吸引我们的人道主义乌托邦已经全部化为乌有，反动势力处处取得胜利；在这边，许多我们曾经梦想的事物，正在一步步变成现实。[1]

米柳科夫在这里指的是由沙皇亚历山大二世推动的改革进程，其核心是1861年2月19日的《废除农奴制宣言》。这是一项具有历史性意义的措施，亚历山大二世也因此被誉为"解放者"。尽管二千三百万名被解放的农奴所得到的自由无论在经济还是法律上都是有限的，然而对俄国未来的发展而言，农奴制的废除仍然意义非凡。就连对沙皇专制一向持批判态度的俄国知识分子，也对沙皇的改革措施予以肯定，这在尼古拉一世时代是完全不可想象的。除了左派《现代人》杂志，全国所有报刊都刊登了《宣言》全文，并对"解放者沙皇"大加歌颂。按照计划，废除农奴制从一开始便是为推进下一步改革而实行的预备措施之一，其目标是"像打开水闸一样，给经济带来巨大的动力，推动俄国走出停滞状态，成为面貌一新、在外交方面也具有重要分量的强国"。[2]

在俄国的历史记忆中，19世纪"60年代"就像德国的"黄金1920年代"和"1968年"一样，已经变成了一段神话。经历了数十年落后和停滞之后，俄国社会各领域都展现出一派新气象：从城市到农村，从贵族到农民，从政治到军队，从司法到行政，从家庭到劳动，从教育到培训，从科学到文化。陀思妥耶夫斯基既是这场变革的见证人和评论者，也是其先驱和受益者。在俄国从经济落后、固守传统的农业国向现代工业化国家过渡的过程中，他个人的命运也将和这个国家未来的道路一样曲折坎坷。

对陀思妥耶夫斯基兄弟俩来说，亚历山大二世时期俄国政治变革的最直接影响体现在报刊出版业的改革上。1856年，臭名昭著的"布图尔林书报检查特别委员会"被解散。1862年，沙皇下令撤除中央检查机构，并将其职能转交给国民教育部。根据1865年新实行的《新闻法》，对报纸、杂志以及超过十印张的出版物，以事后审查制度代替了原来的事前审查制度，政府机关可据此查禁已印刷发行的有问题的出版物。

书报检查制度虽未彻底废除，但比以往明显放宽，并给图书和报刊市场带来了切实可见的影响。在尼古拉一世统治末期，拥有六千万人口的俄国总共只有三十种报纸和杂志。而在1860年，当陀思妥耶夫斯基从西伯利亚返回圣彼得堡时，俄国报刊种类比过去增加了五倍。原来靠烟草加工只能略有盈余的米哈伊尔如今看到了机会，也跃跃欲试地想创办一家新"企业"，让以写作为职业的弟弟也能从中得到好处。早在1858年6月，他便向圣彼得堡书报检查委员会提交了创办《时代》(*Die Zeit*)杂志的申请，并于同年11月获得正式许可。

当时，身处塞米巴拉金斯克的陀思妥耶夫斯基就在兴致勃勃地关注着米哈伊尔的这项计划："你在信中提到的杂志是件很棒的事，其实我早就有这样的念头，虽然我只是纯粹从文学角度去考虑。"[3]另外他还提到，除了亲自撰稿，他还可以对文学副刊以及与俄国当代文学相关的文学批评和随笔等栏目进行统筹。自从获得圣彼得堡居住许可后，他又有了许多新的机会。他自信地对哥哥说，他相信两人在办杂志方面会比克拉耶夫斯基和涅克拉索夫之流"更有能力、才干和知识"，这些人都是些"文学上的乡巴佬"，可他们赚了大钱，而我们却"两手空空"（1859年11月12日）。

/ 第三章 文学上的新生（1860-1867） / 155

在接下来的几周甚至几个月时间里，兄弟俩几乎整天碰面，围绕办杂志的事进行商议。陀思妥耶夫斯基对这一项目投入了巨大的热情，就像对所有新事物的热情一样。两人经过对客观形势的理性分析得出结论，他们目前手头的资金不够办周刊。于是兄弟俩决定，办一份月刊，并将杂志的首发时间推迟到次年。鉴于陀思妥耶夫斯基前政治犯的特殊身份，他的名字将不在编辑部名单中出现。因此，两人决定由米哈伊尔担任出版人，并负责处理"日常杂事以及印刷、纸张和发行"[4]等事宜，而费奥多尔除了亲自为杂志撰写文学和时评类稿件，还将稿件的大部分编辑工作揽到了自己头上。

1860年秋，陀思妥耶夫斯基为新刊撰写了一篇发刊词，并以米哈伊尔的名义刊登在俄国各大报刊上。这篇《关于1861年〈时代〉杂志的征订启事》公开了出版者的意识形态主张，这一理念以"根基主义"之名被写入了俄国思想史。笼统地讲，出版者的理念是在斯拉夫派与西方派之间寻求妥协。在俄国知识分子当中，这两派阵营二十多年以来一直就下述问题争执不休：俄国的出路究竟是向西方的文化和文明靠拢，还是应当坚守俄罗斯或曰斯拉夫民族的传统特性。这场讨论的核心焦点是如何评价彼得大帝的历史地位问题。在西方派眼里，彼得大帝是一位光辉人物，是他把俄国从中世纪带入了现代社会并与欧洲接轨；相反，在斯拉夫派看来，彼得大帝是俄国所有社会问题的源头，因为他对俄罗斯民族特性的核心要素——例如东正教、强调集体利益重于个人利益，以及斯拉夫人与世无争的性格等——一律予以鄙视，并对其实行压制。

陀思妥耶夫斯基对彼得大帝的功绩原则上并无质疑。他认为，彼得沙皇打开了俄国人的视野，并让他们认识到，自己也是伟大民族中的一员。但是，由彼得大帝开启并一直延续至今的改革进程如今已经走到了极限。这些改革将俄罗斯民族分裂成两个阵营：一边是受西方教育、精通法文或德文而对俄语一知半解的少数派贵族和知识界精英；另一边是广大的俄国普通民众。这两个人数和力量相差悬殊的阵营各据一方，在两个彼此隔绝的世界里过着各自的生活。它们之间的隔膜之深，使得普通百姓将上层社会的文化当成"德国"文化，把彼得沙皇的继任者看作"外国人"。

综合上述所有理由，陀思妥耶夫斯基得出了"俄罗斯理念"的说法。更确切地讲，这种理念也可以被称作"俄罗斯使命"。恰恰是因为彼得一世沙皇将西欧文化中那些与俄罗斯文化差异最大的因素引入了俄国，使其距离"本土性"越来越远，因此俄国才有责任肩负起调和东西欧文化这一使命。换言之，只有俄国才有能力消除这两大文化阵营内部以及彼此之间的矛盾。"俄罗斯理念"就像一根红线，贯穿了陀思妥耶夫斯基政治观点的变化过程，一直到1880年的著名普希金演说。但是在这一过程中，这种理念也表现出越来越浓厚的民族主义甚至是沙文主义色彩。

《时代》杂志的纲领明显是受到斯拉夫主义理论家，尤其是伊万·基列耶夫斯基（Ivan Kireyevsky）以完整的民族共同体为核心的历史哲学观的影响。但是，陀思妥耶夫斯基有意识地与斯拉夫派保持着距离，他既排斥对前彼得大帝时代旧俄国的理想化，也反对斯拉夫派对西方文化的根本性批判，而是主张知识界精英与大众联合起来，实现斯拉夫世界与西欧的和解。

相对于斯拉夫主义体系，对陀思妥耶夫斯基影响更大的是文学批评家阿波隆·格里戈利耶夫的历史观。作为一名骨子里的浪漫主义者和谢林的门徒，格里戈利耶夫根据其"有机批评"原则提出了一套独有的历史观，认为俄国历史的每一个阶段都有其发展的合理性。按照赫尔德的观点，这种合理性与平等性对欧洲各个民族都一样适用，这些民族之间的共性是"人类灵魂不可改变的真相"。[5]彼得大帝的改革让世人见识到俄国对其他文化的强大吸纳能力，因此，唯有俄罗斯民族才有责任和能力化解东西方之间的矛盾和对立。普希金这位全才便以行动为此提供了证明,他轻而易举地将典型的俄罗斯"民族性"与欧洲启蒙运动和浪漫派思想融合在了一起。

但是,陀思妥耶夫斯基的"根基主义"同样也是植根于其个体的边缘经验。这些经验当中首推1849年12月22日经历的事件,以及对理智("头脑")与人体其他部分("心脏""躯体""血液")相脱离的想象。"说真的,我感觉脑袋……已经离开了肩膀",他曾在给米哈伊尔的信中这样写道(1849年12月22日)。这种被砍头的幻象是当天早晨的假处决经历带来的结果。不过,头脑与身体的分离同时也表达了对俄国知识分子与大众之间的隔膜以及对回归"乡土"之必要性的认识,这一点正是"根基主义"的核心理论或曰其描绘的神话。西伯利亚苦役营的经验更进一步加深了陀思妥耶夫斯基对这种分离感的意识。作为曾经的囚犯,他与普通民众之间的接触已经变成了一场记忆中的噩梦:"一百五十个仇敌不知疲倦地虐待我们,这是他们的爱好,他们的娱乐,他们的消遣。如果说有什么能够保护我们的话,这便是我们淡然处之的态度,以及道德上的优越感。这些人对此虽不能理解,却能够有所感觉。另外还有一点,就是我们不肯屈服于他人意志的顽强毅力。"陀思妥耶夫斯基在被释放后不久给米哈伊尔的信中这样写道(1854年1月30日)。在这里,知识分子与大众在社会文化方面的对立暴露无遗。但是作为《死屋手记》的作者,其笔下的苦役营则被描绘成一座炼狱,知识分子只有迈过它,才能获得"新生",并与大众达成和解。在陀思妥耶夫斯基眼中,这是其个人经历与国家命运的连接点。"但是现如今,"他在1861年《时代》杂志《征订启事》中写道,"我们已经迈入了新的生活。"[6]这里的"我们"指的是所有俄国人。

重返文坛:《被侮辱与被损害的人》

兄弟俩在创办这份杂志之初,就是想把它打造成陀思妥耶夫斯基的个人文学论坛。但是他们清楚地知道，一份四五百页厚的杂志——按照俄国人的说法，一本"厚重的杂志"——必须有一群固定员工，还要有人数更多的固定撰稿人和文学新人。招募员工和征集稿件成为 1860 年头几个月的主要工作。好友亚历山大·米柳科夫在这方面给两兄弟帮了很大的忙。米柳科夫不久前刚刚创办了《火炬》（*Die Fackel*）杂志，每周二晚上都会约上一群作家和学者到他的住处聚会。这些人当中有陀思妥耶夫斯基的老友阿波隆·迈科夫、斯特凡·亚诺夫斯基等，也有诗人弗谢沃洛德·克列斯托夫斯基（Wsjewolod Krestowskij）、雅科夫·鲍伦斯基（Yakov Polonsky）、德米特里·米纳耶夫（Dmitrij Minajev）以及评论家阿波隆·格里戈利耶夫和尼古拉·斯特拉霍夫（Nikolay Strakhov）等新面孔。

在抵达圣彼得堡后不久，陀思妥耶夫斯基便成为"援助贫困作家学者协会"的成员。该组织是 1858 年 11 月仿效英国"皇家文学基金会"（Royal Literary Fund）形式成立的，其活动经费主要来自会费、捐款和组织慈善活动的收入，通常被简称为"文学基金会"。"文学基金会"的成立是俄国文学史上的一个重要转折点。作家们第一次以跨团体、跨派别的同业公会形式登上了历史舞台，文学由此成为一门特殊的行业，它为克里米亚战争后飞速发展的市场制造"产品"，并成为整个产业当中最具创造力的核心。在其他思想和艺术领域，例如医疗、法律、艺术和音乐领域，医生、律师、艺术家和音乐家在亚历山大二世时代也纷纷成立了自己的同业组织。

这些同业公会的活动往往并不局限于维护本行业的利益，而更多是呼吁所有社会行动者[7]积极发挥对国家事务的参与权。例如，圣彼得堡的作家们曾以"作家行业"集体声明的形式，为一位政治迫害的受害者向当局发出了一封请愿书。1861 年出任国民教育大臣的普提雅廷上将（Jevfimij Putjatin）为此恼羞成怒："俄国根本不存在作家这个行业！"为了表达自己的强硬态度，他下令将递交请愿书的人抓进圣彼得堡警察总局，关押十天。[8]

与新成立的农村自治机构"地方自治局"（Semstwo）以及1864年设立的陪审团制度不同的是，各行业公会并不需要推出某个代表为自身的政治参与权代言，因为这项责任理所当然是由新闻报刊业和文学界来承担。早在1847年，陀思妥耶夫斯基便通过为《圣彼得堡新闻》副刊撰写的一系列小品文展现出自己在新闻方面的才华。在彼得拉舍夫斯基小组案件审理过程中，他也为公共理性的正当性做出了辩护。如今，身为杂志的合作出版人以及广义上针对国民教育的"根基主义"纲领的拟订者，陀思妥耶夫斯基将以往作为报刊热心读者对新闻的兴趣，转化为公民的责任感或曰使命感。在其晚年创作的《作家日记》中，他对这项使命仍然坚守不渝。

文学基金会由一个十二人组成的执行委员会负责管理，陀思妥耶夫斯基被推选为执委会委员，并于1863年出任基金会秘书。他所负责的事项是其以往鄙视的所谓"德式"事务，例如撰写会议纪要和年度报告，签署各种汇款单等。那些年留下来的笔记本就像会计的账本一样，记录着细到每一个戈比的各类进项和支出。[9]

杂志出版人和文学管理者的双重身份使得陀思妥耶夫斯基对经济特别是金钱的态度发生了改变。文学基金会的主要收入来源是举办各种文学和音乐类慈善活动。1860年4月14日，基金会组织上演了一场戏剧朗诵会，剧目是果戈理的喜剧《钦差大臣》，演出地点是布尔沙亚·莫尔斯卡亚大街上的皇家宫殿，文学基金会的大部分活动都是在这里举办的。一年后，在同一栋大楼里成立了一家新的同业组织——俄国商人公会。此后，大楼里的演出大厅和报告厅成为两家机构的共用活动地点。虽然这只是巧合，但是文学与商业机构的睦邻关系同时也象征着这两个领域的和平共处，就在不久前，它们之间的关系在人们眼中还是水火不容的。

在4月14日的朗诵会上，俄国当代文学界精英会聚一堂。这些人当中有阿列克谢·皮谢姆斯基（Alexej Pissemskij）、伊万·屠格涅夫、尼古拉·涅克拉索夫、伊万·冈察洛夫、德米特里·格里戈利耶夫、彼得·魏因贝格（Pjotr Weinberg）、亚历山大·德鲁日宁（Alexander Druzhinin），以及文学基金会创始人之一、当晚出演邮政局长什佩金的陀思妥耶夫斯基。关于陀思妥耶夫斯基的表演天赋，各方说法不一。魏因贝格对陀思妥耶夫斯基幽默精彩的表演赞不绝口，可好友弗兰格尔却认为，陀思妥耶夫斯基当晚明显不在状态，他念台词的声音太小，几乎听不清。不过，观众的反应却很热烈，并对陀思妥耶夫斯基的朗诵报以"雷鸣般的掌声"。[10] 不论陀思妥耶夫斯基在活动上的表现究竟如何，作为刚从西伯利亚流放归来的政治殉道者，当晚他是光彩照人的明星。会场上挤得满满当当的观众，大都是因他而来。四天后，当陀思妥耶夫斯基出演果戈理的《婚事》(*Heirat*) 和屠格涅夫的《外省女人》(*Provinzlerin*) 时，演出大厅再次爆棚。

在文学基金会活动上的合作，使得陀思妥耶夫斯基与那些为《现代人》杂志撰稿的作者之间的矛盾渐渐被淡忘。在这些作家之间，甚至萌生出一种类似同志式的感情。[11] 陀思妥耶夫斯基兄弟利用这难得的机会，努力劝说屠格涅夫、冈察洛夫、涅克拉索夫等知名作家为自己的杂志撰稿。俄国文学界这种前所未有的和睦现象还有另一个原因：无论是陀思妥耶夫斯基代表的"根基派"，还是《现代人》麾下的左派阵营，都对拉近与大众之间的关系有着一致的认知。

陀思妥耶夫斯基兄弟成功利用机会将大批俄国文学精英变成《时代》杂志的撰稿人，这无疑是这本杂志迅速在市场上走红的重要原因。1861年，杂志上市后的第一个年头，《时代》便有了一千六百名订阅用户，赢利六千卢布。1862年，订阅数量超过四千，比头一年翻了一番。[12] 因为杂志运转良好，米哈伊尔决定关闭自己的烟厂，科学栏目主编尼古拉·斯特拉霍夫（Nikolaj Strachow）辞去了原来的

/ 第三章 文学上的新生（1860-1867） / *161*

中学教师职务。应邀出任文学批评专栏负责人的阿波隆·格里戈利耶夫认为，这些成绩主要归功于陀思妥耶夫斯基的天赋，还有其身为政治殉道者所拥有的光环。[13] 就连像社会主义者尼古拉·乌丁（Nikolaj Utin）这样的左翼知识分子，虽然对陀思妥耶夫斯基"故弄玄虚和道德说教"十分反感，却也不得不对他"为其信仰所承受的苦难"表示尊敬。[14]

陀思妥耶夫斯基在塞米巴拉金斯克时创作并寄予厚望的两部小说——《舅舅的梦》和《斯捷潘奇科沃村》，就像沉入水底的石头，没有在文学批评界激起一丝波澜。或许正因为如此，他最新创作并于1861年1月至7月在《时代》杂志上连载的长篇小说《被侮辱与被损害的人》所引起的反响才显得格外强烈。可以说，正是这部作品为兄弟俩在出版业的成功奠定了牢固的基础。这部小说之所以能够引起如此大的反响，主要是因为陀思妥耶夫斯基与他敬佩的法国作家欧仁·苏和雨果在创作《巴黎的秘密》（1842/1843年）和《悲惨世界》（1862年）时一样，采用了贴近大众的副刊连载小说的技巧和形式。

《被侮辱与被损害的人》的故事情节是围绕三组人物展开的：首先是老实本分的管家尼古拉·伊赫缅涅夫一家，故事的讲述者在幼年失怙后曾被这家人收留，和伊赫缅涅夫的女儿娜塔莎一同在田园般的环境下长大（"哦，那美好的金色年华！"）；然后是伊赫缅涅夫担任管家的田庄主人、鲜廉寡耻的瓦尔科夫斯基公爵，以及公爵的儿子阿廖沙，一位好心肠但缺少主见的年轻人；最后是神秘早熟、类似歌德笔下人物迷娘的少女涅莉。

瓦尔科夫斯基公爵早年诱拐了涅莉的母亲，一位富有工厂主的女儿，并与其正式订婚。在以欺骗手段侵吞了未婚妻的家产之后，瓦尔科夫斯基公爵以未婚妻出轨为由撤回了婚约，将已经怀孕的准新娘赶出了家门。后来，这个被抛弃的女人带着幼小的涅莉，跟着一个游手好闲的诗人一起在欧洲各地流浪，过着居无定所的贫困生活。在母亲患病去世后，小涅莉被丢给了外祖父收养。虽然惨遭抛弃，而未婚夫也已准备另娶他人，可涅莉的母亲到死都不肯将书面婚约退还给对方。伊赫缅涅夫同样也是公爵策划的一场阴谋的受害者。瓦尔科夫斯基公爵诬告对方贪污自己的钱财，并在诉讼中获胜，导致伊赫缅涅夫一家陷入了一贫如洗的境地。故事中几乎所有人物都以这样的方式，变成了受公爵陷害的"被侮辱与被损害的人"。

除了瓦尔科夫斯基的阴谋，构成故事情节的另一条主线是几位年轻主人公幻灭的爱情。在小说结尾，所有人都聚拢在奄奄一息的涅莉的床前。这时候，陀思妥耶夫斯基原本可以按照其以往惯用的感伤主义手法，将这一场景处理成一幅充满伤感色彩和神圣气息的画面。但是，这种宁静却被涅莉对父亲的诅咒打破。而瓦尔科夫斯基公爵的一举一动则与神圣气氛更加不和谐。作为反面人物，瓦尔科夫斯基身上虽不乏低俗小说中坏人的套路化痕迹，然而就像乔治·桑、巴尔扎克、欧仁·苏和狄更斯等人笔下的那些恶棍一样，他的狡诈也常常让他散发出一种恶魔式的"光芒"。瓦尔科夫斯基对"圣洁的伊甸园和羔羊的游戏"充满鄙视，他仇恨一切理想主义事物，并嘲讽地称之为"席勒的玩意儿"。他的所作所为都是为了满足自我这唯一目的。"万物皆因我存在，整个世界都是为我而创造"，这便是瓦尔科夫斯基玩世不恭的座右铭。在他看来，人活着的唯一意义就是攫取更多的快乐和权力。在陀思妥耶夫斯基作品中第一次出现了萨德侯爵这个名字，用来指代快乐最大化这种狭隘的启蒙思想。瓦尔科夫斯基的哲学被概括成一句话："人生是一笔交易；不要做冤大头，不要虚掷金钱，但是，当有人为您做了什么事，倒也不妨略予酬劳，这样做，您也就为他人尽了自己的全部责任。"

瓦尔科夫斯基的对手是第一人称叙述者、事业平平的小说家伊万·彼得罗维奇。这部小说原来的副标题是"一位失败作家的手记"，并因此被赋予了某种自传的色彩。伊万·彼得罗维奇的命运暗示了陀思妥耶夫斯基个人在 40 年代的失败经历。在小说中，伊万·彼得罗维奇在文学事业上终将一无所成，他也将像涅莉和她的母亲一样，年纪轻轻便在穷困潦倒中孤独地死去，整个故事也将以此画上句号。这些"被侮辱与被损害的人"（老管家伊赫缅涅夫的说法）终究没有机会逃脱自己的出身和命运。

按照朱利叶斯·迈耶 – 格雷夫（Julius Meier-Graefe）的说法，这部作品"是一部真正意义的情色小说，其赤裸裸的挑逗令人惊愕不已……[低俗小说]的过时套路被当成宝贝，拿来炫耀"。[15] 这句评语或多或少代表了 20 世纪评论家们对陀思妥耶夫斯基这部小说的评价，[16] 但同时代的读者对它的反应却截然不同。这部小说的题目便让人联想到作者的处女作《穷人》，故事中的人物也同样出身于圣彼得堡底层社会——繁华的涅瓦大街和华丽的宫殿背后不为人知的一面，另外，再加上书中失意小说家与陀思妥耶夫斯基凄惨命运之间的"折射效应"，[17] 这些都让《被侮辱与被损害的人》在读者——而非评论家——当中广受好评。对陀思妥耶夫斯基一向没有好感、为左派杂志《现代人》撰稿的评论家尼古拉·杜勃罗留波夫（Nikolaj Dobroljubow）虽然对这部陀氏新作有一肚子看法，却也不得不承认，它确实很讨读者喜欢。

1860 年，陀思妥耶夫斯基在创作《被侮辱与被损害的人》的同时，开始为出版商尼古拉·奥斯诺夫斯基（Nikolaj Osnowskij）筹备自己的两卷本作品集。除了 40 年代创作的《穷人》《双重人格》《白夜》等小说，作品集还收录了 1849 年出版的未完成长篇《涅托奇卡·涅兹万诺娃》。这篇小说最初是按照成长小说构思的，后来因为陀思妥耶夫斯基被捕而未能完成，之后经过改写，以短篇小说的形式发表。小说的一个重要主题是艺术与天赋的问题。陀思妥耶夫斯基在作品中刻画了一位自命不凡的小提琴家。这位名叫叶菲莫夫的小提琴家在音乐上有着极高的天赋，然而在他的身上，比天赋更胜一筹的是其强烈的成名欲。叶菲莫夫对自我的认知,和真实的自我以及别人眼中的他有着天壤之别。"不为恺撒,宁为虚无"是其信奉的格言。叶菲莫夫是个天性散漫、缺乏自律的人。因为自恃天才,所以他向来不肯下功夫,通过训练把天赋变成真正的才能。他整日沉迷于酒色,对那些他眼中没有才华的艺术家大加嘲讽,并因此把自己变成了音乐界令人嫌弃的忒耳西忒斯。直到有一天,当他听到一位技法超群的欧洲小提琴名家的演奏之后,他才不得不承认,和真正的大师相比,自己是多么一钱不值,并因此失去理智,陷入了癫狂。

这故事听起来很像是浪漫主义作家笔下的题材,正如在俄国读者中备受欢迎的 E. T. A. 霍夫曼那样,但它并不是。因为在小说中,作者还刻画了一个与叶菲莫夫形成反照的正面人物,他是叶菲莫夫的同行和好友、德裔小提琴家 B。后者虽然天赋不及对方,但无论是艺术上还是职业上,他的成就都远在前者之上。B 总是督促好友要多学多练,努力提高自己的水平,因为在他看来,"不知疲倦、永不停歇地工作"才是唯一正路。音乐家 B 是陀思妥耶夫斯基作品中为数寥寥的正面德国人形象之一。陀思妥耶夫斯基一向反感的德国人气质,在这篇作品中变成了令人敬佩的品德。正如书中所写,"B 是典型的德意志人,为了实现自己的目标,他有计划、有意识地付出努力,绝不投机取巧。对自己未来会成为什么样的人,他早就了然于胸"。

这种理性和谋略对早年的陀思妥耶夫斯基来说是陌生的。但是现如今,反对天才崇拜,对技术训练特别是对勤奋的尊重,不仅与欧洲现实主义精神相吻合,而且也已成为陀思妥耶夫斯基对作家这一职业的自我认知。1858 年夏,他和米哈伊尔就这一话题发生了激烈的争执。米哈伊尔一直期待着费奥多尔在恢复自由身后能够尽早实现财务独立,给杂志源源不断地提供稿件。为此他特别强调天赋的重要性,认为有才华的人"转瞬之间"便可以创作出真正的艺术作品,而无须为一部作品旷日持久地思考和酝酿(1858 年 5 月 31 日)。

陀思妥耶夫斯基却认为，对所有时代的所有文学家而言，在文学上的"耕耘"都是不可或缺的。即使是普希金笔下那些看似随意即兴的诗句也不例外。这些诗句的"随性"实际是"繁重劳作"的结果。这种劳作是一个漫长而辛苦的删改和"拼接"过程，当创作完成之后，这一过程也随之被忽略。陀思妥耶夫斯基还用帕维尔·安年科夫（Pavel Annenkov）为自己作证。后者1855年首次将普希金手稿公之于世，手稿上的大量涂改痕迹给人们留下了深刻的印象。陀思妥耶夫斯基指责米哈伊尔搞错了"灵感"与"劳作"之间的关系，"灵感是一幅画或一个动作在作者（不停运转的）大脑里最初的一闪念"。灵感与劳作并不矛盾，而更多是一种互为因果的关系，两者缺一不可。后来，陀思妥耶夫斯基的认识更进了一步，他认为灵感本身即是文学劳动的一部分，也因此才能带来具有金钱价值的产品。他在1870年2月28日从德累斯顿写给斯特拉霍夫的信中写道，他经常是在"诗意的想法"酝酿成熟之后，才向出版商"出售"自己的文学计划。[18]这些"想法"或者说构思在变成文字之前，必须要经历无数遍揣摩和推敲，也就是陀思妥耶夫斯基所谓"繁重劳作"的主要内容。[19]

东山再起：《死屋手记》

如果说《被侮辱与被损害的人》至少在读者当中赢得了认可，那么《死屋手记》——一本关于作者在西伯利亚苦役营经历的文学记录——则轰动了整个文坛，这份成就是陀思妥耶夫斯基自处女作《穷人》发表以来不曾有过的。这本书的前四章于1860/1861年首次刊登在《俄罗斯世界》（*Die russische Welt*）杂志上。当兄弟俩合办的杂志顺利问世后，陀思妥耶夫斯基决定亲自操办这部新作品的出版事宜。首先，1861年4月出版的一期《时代》杂志发表了《死屋手记》的引言和前四章。随后，编辑部刊登启事，宣布将在《被侮辱与被损害的人》连载结束后再陆续推出《死屋手记》的后续篇章。此后，这

P. 波莱尔拍摄的陀思妥耶夫斯基肖像,1862 年

类启事经常出现在杂志上,编辑部偶尔还会以简短声明的形式告知读者,因作者身体有恙,连载将暂停一期。出版人利用这些手段,调足了读者的胃口。读者们渐渐接受了这样的现实:一部文学作品的诞生也是一份工作,它和其他工作一样,在一定程度上取决于从业者的身体状况。从1861年9月到1862年12月,《死屋手记》的其余章节陆续发表。就在1862年年内,亚历山大·巴索诺夫出版社便推出了《死屋手记》的单行本。在《被侮辱与被损害的人》首次出版时,陀思妥耶夫斯基得到的稿酬还只有一千卢布,而这次巴索诺夫出版社为《死屋手记》支付的稿酬则是上次的三倍。

《死屋手记》的成功是由多方面原因决定的。其中一个原因是,"手记"这种纪实形式与后浪漫主义时代作家以文学形式反映俄国社会道德现状的潮流一脉相承;另外,这部作品的成功与1860年代初的俄国政治氛围有着密切关系:当时,俄国各界正在就司法特别是刑罚制度的改革展开一场热烈的大讨论。鞭刑、笞刑、烙刑等酷刑成为众矢之的。陀思妥耶夫斯基在《死屋手记》中对这类体罚手段毫不留情的揭露，为亚历山大一世的司法改革做了重要铺垫。

但是，《死屋手记》之所以能够在文坛获得巨大成功，更重要的原因是，陀思妥耶夫斯基在作品中首次尝试将犯罪作为主题，并在后来成为这类题材的专家。对陀思妥耶夫斯基来说，开始犯罪题材的写作，就像发现了一眼取之不竭的创作源泉。他透过对犯罪心理和各种暴行的细致入微的描写，让读者在阅读时既感到毛骨悚然又欲罢不能，就像他在《死屋手记》中讲述的杀妻〔《阿库莉卡的丈夫》(*Akulkas Mann*)〕与弑父的故事一样：那个杀死自己亲生父亲的凶手甚至一脸嘲讽地说，受害者"到死都没有抱怨过有什么痛苦"。犯罪题材的创作同时还给陀思妥耶夫斯基提供了一个展示自身天赋的机会，这位"心理大师"又一次向世人证明，他在探索和分析人类心理方面具有非凡的洞察力。在描绘罪犯心理的背后，是对犯罪的形而上思考，以及关于自由意志问题的探讨，而后者也将成为作者未来作品的核心主题之一。

《死屋手记》堪称一部人类学经验报告，[20]作者在书中彻底摒弃了惊悚小说或"侠盗"作品在描绘恶魔般人物时的浪漫主义老套手法，就像人们在安·拉德克利夫(Ann Radcliffe)、沃尔特·司各特和拜伦作品中经常见到的那样。经由叙事者转述的大量犯罪经历带给读者一种犯罪日常化的印象。而对等级机制、象征性秩序以及罪犯日常生活和用语的细致呈现，也造成了同样的效果。这些文字的产生还要归功于陀思妥耶夫斯基在鄂木斯克苦役营中所做的《西伯利亚笔记》，那里面记录了将近五百条俄国监狱常用俚语，其中大部分都被用到了《死屋手记》当中。这样一来，对犯罪行为的描写不再有惯常的浪漫主义魔幻色彩，而代之以强烈的社会感染力。给读者印象最深的是经常出现在朗读会上的第九章中关于澡堂的一个段落：

当我们打开澡堂的门的时候，我以为我们进了地狱。请想象一下,一个十二步见方的房间,一下子挤进去的也许有一百人,少说想必也有八十人……眼前是雾蒙蒙的蒸汽、烟子、垃圾,拥挤得无法插足。……蒸浴床上约有五十把浴帚同时举起又落下;人人都在如醉如痴地抽打着自己。蒸汽时时刻刻都在加热。这已不是热气,这是地狱之火。这一切在发出刺耳、嘈杂的声音,混合着在地板上拖动的一百条铁链的响声……有些人想走过去,却绊在别人的铁链上,而自己又撞在坐着的人的脑袋上,于是跌倒、谩骂,还把别人拖带得歪歪倒倒的。污水横流。大家都处于一种心醉神迷、极度亢奋的状态;处处响起尖叫声和吵闹声。在脱衣间供水的小窗口旁,人们在叫骂、拥挤、群殴。领到的热水在端到地方前,一路上泼溅在坐在地板上的人的头上。……囚犯们剃了半边的脑袋和被蒸汽蒸得通红的身躯显得更加畸形了。在蒸得通红的背上,曾经受过鞭刑和棒刑的伤疤自然会鲜明地显露出来,以致现在看来,他们的脊背仿佛又被打得鲜血淋漓。可怕的伤疤啊!我望着它们不寒而栗。[①]

从地狱的比喻我们可以看出,上述场景并非现实的呈现,而是作者受但丁《神曲·地狱篇》启发、用略显夸张的象征性手法对狱中景象的描绘。正如亚历山大·赫尔岑所说,《死屋手记》是"一首恐怖之曲(carmen horrendum),它就像但丁镌刻在地狱入口处的题词一样,将永远高悬于尼古拉黑暗帝国的出口处……"[21]

书中讲述的一个个人物故事汇集在一起,构成了一幅囚犯群像图。他们当中"确实有些人,就像猛虎一样贪恋着血腥味"。但真正让人不寒而栗的却只有少数,例如虐杀儿童的凶犯卡津,他总是先把受害者折磨够了,再"平静、缓慢、自得其乐地切割他";还有一个

[①] 《死屋手记》,娄自良译,上海译文出版社,2015。下同。

名叫"A"的囚犯,"就是有牙、有胃的行尸走肉,有一种不可抑制的欲望,想得到最粗鄙、最兽性的肉体享受"。然而在大部分囚犯身上,人们都能够找到人性的痕迹,叙述者对他们的经历和个性了解得越多,这些痕迹便越明显。在这里,作者对人性的理解如圣徒保罗所言,只有当"精神战胜肉体"时,人才能够称为"人"。

故事的第一人称叙述者亚历山大·彼得罗维奇·戈梁奇科夫是苦役营这座地狱中"灵魂法则"的践行者。他让囚犯身上因为犯罪而被掩盖但无法摧毁的具有上帝形象的一面又显露了出来,因为他懂得,"人道的态度能够使一个人恢复人的本性,即使上帝的形象在他身上早已黯然失色"。戈梁奇科夫以其谦逊、善良、乐于助人的品格感染着其他囚犯。他教一位鞑靼青年读书写字,用这种方式为对方的成长提供现实和道德上的指导。"你把我又变成了人,"年轻人在获释前对他表示谢意,"上帝一定会报答你。"这位鞑靼青年借助一本俄文版《圣经新约》学会了识字,成为双重意义上的受教化者。

这本书的一个重要寓意是:"囚犯也是人,是你的兄弟。"在这方面,它与《穷人》传递的信息如出一辙。这两部作品都在努力阐明,即使是那些地位卑微、被命运压垮甚至误入歧途的人,也一样拥有人的尊严。把"罪犯"视同"人",与作者潜意识里试图美化苦役营恐怖经历的愿望是相辅相成的。按照列夫·舍斯托夫的解释,这两方面的美化都是心理抗拒的一种表现。从这一角度看,陀思妥耶夫斯基对他在苦役营经历的苦难从内心里是不愿接受的。他想要"对残暴有所克制",[22] 让读者相信俄国人民在道德方面的美好品质,这些品质是他在苦役营那些囚犯身上发现的。舍斯托夫认为,这种视错觉是这位天生怀疑论者的本性所致。但是实际上,陀思妥耶夫斯基对待残暴行为的克制态度,是他在意识形态上从一位革命者转变为一位忠诚于沙皇的爱国者之后发生的。无论人们从政治立场出发对这种转变或曰蜕变接受或不接受,它都是作者全新自我意识的一部分。

在陀思妥耶夫斯基笔下，这些身为"人间兄弟"的"死屋"居民，变成了一部宗教和民族史诗的出演者。苦役营成为这位性格高傲的贵族文人与俄国民众第一次接触的地方，而后者对他的态度最初是不信任，并拒绝承认他是自己的"伙伴"：

> 最难的事莫过于博得人们（尤其是这样的一些人）的信任和友爱。……我在牢房里度过将近两年之久，才赢得了某些苦役犯的好感。不过其中很大一部分人后来都喜欢我了，承认我是一个"好人"。

尽管小说是以叙述者的获释作为结尾，然而整个叙事的主线却并非在"监禁"与"自由"，而是在"受民众排斥"和"与民众融为一体"的两极之间连接起来的："这是我第一次和民众朝夕相处的一段日子。我把自己变成了普通民众的一员，和其他人一样平常的犯人。"[23] 为了成为民众的一员，这位文化人像基督一样，"取了奴仆的形象"（《腓立比书》2:7）。他必须像陀思妥耶夫斯基作品中许多正面主人公那样，"放弃神性"，即所谓"虚己"（kénosis）。

书中的故事虽然和陀思妥耶夫斯基本人流放西伯利亚的经历有着许多联系，但是《死屋手记》讲述的是一个俄国贵族如何成为"民众一员"的故事，它并不是一篇记录个人真实经验的报告、一本私人回忆录，就像欧仁－梅尔基奥尔·德·沃居埃（Eugène-Melchior de Vogüé）的法文译本书名《对死屋的回忆》令人产生的联想那样。[24] 但是在同时代人眼里，这本书的确被看作一部自传体作品。人们将书中的故事当成了一部陀思妥耶夫斯基的个人受难史，是作者将赫尔岑的口号——"走向民间"（1861 年）——付诸实践的经验记录。斯拉夫派评论家阿波隆·格里戈利耶夫将陀思妥耶夫斯基与亚历山大·奥斯特洛夫斯基（Alexander Ostrowskij）相提并论，称其为当代俄国最重要的作家，并且声称,作者经过在"死屋"中的"心理磨难过程,最终与民众彻底融为了一体"。[25]

1862年8月,画家康斯坦丁·波梅兰采夫(Konstantin Pomerzanzew)在俄罗斯艺术学院年度展览上展出了一幅自己的油画作品,并以《死屋手记》中一个章节的题目为之冠名为《死屋中的圣诞节》。在装着铁窗的昏暗牢房里,几个犯人扭打成一团,陀思妥耶夫斯基坐在正中的位置,冷眼观察着眼前的场景。画布上的作家形象,是画家以1862年拍摄的一幅肖像照为蓝本绘制的。[26]波梅兰采夫的作品为陀思妥耶夫斯基贴上了新的标签:这位"《死屋手记》的作者"(自小说发表后,这几乎已成为陀思妥耶夫斯基的代号),被描绘为"新的但丁",他亲自"走下地狱,地狱里的景象因为是真实存在而非诗人的想象,所以显得更加阴森恐怖"。[27]

1862年,彼得·波莱尔(Pjotr Borel)以波梅兰采夫参照的同一幅肖像照为基础,制作了一幅石版画,并被收入当年热销的《俄国文学家、记者、艺术家及其他名人肖像集》。自世纪之交以来,随着达盖尔银版摄影术、照片复制技术的普及,读者对认识创作者形象的欲望越来越强烈。这本肖像集正是在这场潮流中应运而生。1863年,《图画》(Die Illustration)周刊刊登了一幅根据波莱尔的石版肖像创作的木刻作品,并在配文中将陀思妥耶夫斯基称为《死屋手记》这部伟大作品的作者。[28]

随着《死屋手记》的出版,陀思妥耶夫斯基在时隔十七年之后,再次成为文学界炙手可热的名人。他被邀请出席各种晚宴和沙龙活动,来自各地的读者来信铺天盖地("那场面真是太惊人了,我都感动得哭了……"[29])。有的读者向他索要照片;有的人邀请他为杂志撰稿,或为他出版作品集。人们恳求他在各种慈善活动上露面,特别是希望他能在现场朗读《死屋手记》中的片段。[30]作家彼得·鲍伯里金(Pyotr Boborykin)亲身经历了一场在皇家宫殿举办的朗读会,并回忆道:

当时的读者，特别是年轻人，都把他单纯地看作曾经的政治犯和苦役营囚徒。在其小说《被侮辱与被损害的人》中，所有人看到的只是一位为社会正义而奋争的先驱，一位以俄国一切扼杀自由和启蒙的体制为对象的控诉者。在人们眼中，《死屋手记》是关于俄国苦役营的一份前所未有的文字记录。大家对书中那些充满宗教意味、忠实于政权的思想还没有充分的认识，甚至仍然将陀思妥耶夫斯基看作一位革命者。随着杂志（指《时代》，作者注）的出版，呼吁"植根本土"的新斯拉夫主义者开始登台亮相。此后，人们看待《死屋手记》作者所提倡理念的眼光虽然发生了变化，但是对作者本人的看法却依然如故。[31]

动荡的年代

1862年3月2日在皇家宫殿举行的慈善义演，成为圣彼得堡社会生活中的一个大事件。当晚出席活动的嘉宾除了陀思妥耶夫斯基，还有为左派杂志《现代人》撰稿的文学批评家尼古拉·车尔尼雪夫斯基，以及青年历史学家普拉东·帕夫洛夫（Platon Pawlow）。在幕间休息时，由音乐家亨里克·维尼亚夫斯基（Henryk Wieniawski）和安东·鲁宾斯坦为观众演奏。在这天晚上的活动中，陀思妥耶夫斯基为大家朗诵了当时还未发表的《死屋手记》中《军医院》一章的片段。在这段专门为这场活动挑选的章节中，给人印象最深、最富感染力的是因痨病去世的囚犯米哈伊洛夫临终前的一个场景：

> 他死于午后3点左右，那是寒冷而晴朗的一天。……他掀掉被单和所有的衣服，最后开始撕扯身上的衬衣；他那长长的身躯、瘦得皮包骨的手臂和腿、瘪进去的肚子、鼓起的胸脯、清晰地显现出来的肋骨像骷髅一样，令人望而生畏。……在他死前半小时，我

们所有的人仿佛都安静了下来,几乎是耳语般地小声谈话。……最后,他用虚弱游移的手摸索胸前的十字架,用力拉扯它,似乎十字架也很沉重,使他感到焦躁,受到压抑。有人替他摘下了十字架。十分钟后他死了。……有一名囚犯……默默地走过去把死者的眼睛合上了。他看到就在枕头上放着一个十字架,拿起来看了看,又默默地把它挂在米哈伊洛夫的脖子上;挂好后在自己身上画了十字。这时死者的脸已经僵化;阳光在他的脸上闪烁;嘴半张着,两排洁白的牙齿在紧贴牙龈的双唇间闪着亮光。最后,一名身佩短剑、头戴钢盔的警卫队士官进来,后面跟着两名看守。……他向死者走近一步,便一动不动地停了下来,似乎胆怯了。只有一副镣铐的赤裸的、枯瘦的尸体,使他大为震惊,于是他突然解开鱼鳞铠甲,摘下钢盔,这动作是完全不必要的,随即画了大大的十字。这是一位神情严肃、头发斑白的军人。

如果把上述文字与《被侮辱与被损害的人》中描绘的临终场面做一番对比,我们就会清楚地发现,陀思妥耶夫斯基在不到一年时间里的跃进式变化。对米哈伊洛夫垂死场面既简洁又细致的呈现,对死者瘦弱干枯躯体的自然主义风格描绘,以及竭力排除叙述者个人感情色彩,透过囚犯和看守们冷静却充满同情的视角对整个事件的叙述,所有这一切都与作者在上一部作品中所采用的凄婉哀怨的感伤派老套手法截然不同。

尽管陀思妥耶夫斯基朗诵时的声音细弱而沙哑,让坐在后排的人几乎听不清内容,但是他的朗读依然博得了满堂彩。全场听众都站起身来,为他鼓掌。听众们的掌声与其说是为了陀思妥耶夫斯基的出色表现,不如说是出于对沙皇统治受害者的同情,因为在他们看来,黑暗专制才是米哈伊洛夫之死的真正原因。陀思妥耶夫斯基的朗诵结束后,历史学家普拉东·帕夫洛夫登台做了一场题为《俄国千年史》(*Das Millenium*

Russlands）的演讲。在演讲中，他表达了对"根基主义"观点的赞同，认为俄国的最大问题在于社会精英与普通民众之间的严重隔阂。俄国历史上不合理的法律制度使得这两个不平等阶层之间的鸿沟不断加深。"俄国正处在悬崖边上，"他在演讲结尾说道，"如果我们不抓住'走向民众'这根最后的稻草，我们便会掉下悬崖，摔得粉身碎骨。"[32]

帕夫洛夫的观点并非其独创，也没有太大的挑衅性，因为他讲的这些都是那个时代意识形态的主流观点。帕夫洛夫的演讲在现场引起的轰动主要不是因为内容，而是其他。他用充满神经质的声音和抑扬顿挫的语调，把这篇事先经过检查机关批准的演讲稿变成了一篇激情洋溢的戏剧性独白，激起了全场观众强烈的反响。1861年起草过一份题为《致青年一代》革命传单的尼古拉·谢尔古诺夫（Nikolai Shelgunov）当晚也在现场，据他回忆：

> 整个大厅里喊声震天，晃动椅子腿的声音和用鞋跟敲踏地面的声音响成一片。我坐在后台，身边坐着接下来准备上台的涅克拉索夫。这时候，彼得洛维奇·科瓦列夫斯基（Petrowitsch Kowalweskij，文学基金会主席，作者注）冲过来对我们说："赶紧把他拉回来，拉回来！这样下去，他明天就会被送去西伯利亚！"可是，要把帕夫洛夫弄下台，是根本办不到的事。他的声音越来越激昂，然后在观众震耳欲聋的喧闹声中结束演讲，走下了舞台。[33]

帕夫洛夫演讲的结尾是引自圣经的一句话："有耳可听的，就应当听！"（《路加福音》8:8）只可惜聆听演讲的一些耳朵，并不是帕夫洛夫教授愿意见到的。这些人是秘密警察。两天后，帕夫洛夫因从事反政府活动的罪名被逮捕，他的学术生涯就此终结。

圣彼得堡的大学生们以抗议示威作为对当局逮捕帕夫洛夫的回应。自1861年初起，以大学生为主的"青年一代"便开始通过各种抗议活动响应谢尔古诺夫的革命号召。警察与示威学生之间的冲突日趋激烈。早在 1861 年 9 月,就有九百多名圣彼得堡大学的学生——占注册学生总数近四分之三——走上街头,呼吁取消教会和政府对大学的管控,让大学成为新型的独立学府。很快,便有越来越多的圣彼得堡市民加入了示威的行列。当天夜里,当局下令拘捕了二十六名大学生,将他们关押在彼得保罗要塞,[34] 并由此引发了更大规模的新一轮抗议。对政府来说,局势渐渐陷入失控状态。

为彻底镇压革命浪潮,沙皇政府采取最后的手段,关闭了圣彼得堡大学。然而这一措施依然没能收到预期的效果。1862 年 5 月,一份以《青年俄罗斯》为内容的传单大量出现在街头。这份传单无论是形式还是内容,都比以往任何一篇宣传性文字更激进,更有煽动性。文章公开呼吁采取暴力手段,与政府和有钱阶层展开斗争。宣言称,改变目前局势的唯一出路是发动一场"无情的流血革命,这场革命必须以激进和彻底的方式摧毁当前社会的一切基础,消灭所有现行秩序的捍卫者"。这些制度基础不仅涉及经济和法律,同时也包括婚姻和家庭,特别是教会和宗教,因为它们逼迫民众相信上帝,"一个不存在的物体……一个用狂热幻想编造出来的梦幻图像"。[35]

1862 年 5 月 15/16 日深夜,圣彼得堡多个地方发生了火灾。大火持续了整整两周,将许多街道两旁的建筑物化为灰烬。陀思妥耶夫斯基对此大为震惊。斯特拉霍夫后来回忆好友当时的反应时说:

> 我记得有一天,我和费奥多尔·米哈伊洛维奇想去郊外小岛上散散心。我们从汽船上看到,远处一股股浓烟在三四个地方升起,飘在城市上空。……几乎没有人会怀疑,这场火灾是人为纵火的结果,但是,像那个时代许多可悲的事件一样,这场火灾也出于某些原因而没能得到澄清。[36]

尽管这起火灾的原因的确没有查清，但是由于火灾的发生与《青年俄罗斯》传单的流行在时间上重叠，因此坊间散布着一种谣言，称这场火灾系革命学生所为。右翼报刊把这种谣言变成了官方说法。相反，左翼人士则认为，这场大火是当局的把戏，目的是为对政治敌对阵营采取更严厉镇压手段制造借口。

陀思妥耶夫斯基通过多次在公众面前露面的经历体会到，对自己的作品抱有强烈好感的很多人便属于那些关心政治的年轻学生当中的一员。当局针对学生采取的严厉措施，就像大火一样令他心急如焚。于是，他拿起笔，为《时代》杂志先后撰写了两篇文章，对把纵火罪名栽赃给学生的行为予以坚决驳斥。[37] 陀思妥耶夫斯基在文中称，那些传单文章的措辞和文采之浅薄，简直令人耻笑，它们绝不可能是出自有学问的人之手。把这项罪名推给这些身为国家未来希望的学生，

圣彼得堡大火，法国《画报》杂志上的插图，1862年7月5日

只会进一步加深民众与知识分子之间的鸿沟。人们不应该相信这些谣言，司法机关应当对案件进行调查，找出纵火案背后的真正元凶。这两篇文章都遭到了审查部门的查禁。在呈送沙皇的文章校样上，人们可以看到亚历山大二世的亲笔批注："此乃何人所书？"[38] 对陀氏兄弟合办的杂志来说，这可不是什么好兆头。

陀思妥耶夫斯基在1871/1872年创作的《群魔》以及1873年的《作家日记》中，都提到了圣彼得堡的这场大火。在《作家日记》中，作家特别提到了1862年传单满天飞的那些日子：

> 一天早上，我在屋外的门把手上发现了一张传单，就是当时很流行的那种奇怪东西。……题目叫《致青年一代》。真是想不出还有什么能比这个更无聊、更浅薄了。文章内容写得慷慨激昂，可形式却很滑稽，除非是哪个对手想让这些人出丑，才会发明这样的玩意儿。[39]

陀思妥耶夫斯基接着回忆说，就在当天，他决定去尼古拉·车尔尼雪夫斯基家登门造访。车尔尼雪夫斯基是为《现代人》杂志撰稿的批评家，当年在年轻人中间颇有影响力。陀思妥耶夫斯基称，自己当时并不认为车尔尼雪夫斯基和这份传单的作者以及纵火犯们有直接瓜葛，而只是想请求对方利用其在愤青们当中的知名度，对这些年轻人加以规劝。可是据车尔尼雪夫斯基回忆，事情并非如此。他在回忆录中写道，陀思妥耶夫斯基当时认定他和纵火犯有直接关系，所以请求他去劝说那些人改邪归正，迷途知返。[40]

就在这次会面几周过后，审查机关责令《现代人》杂志停刊。1862年7月7日，车尔尼雪夫斯基被逮捕，在彼得保罗要塞的监狱里关押两年后，被判处七年苦役，终生流放西伯利亚。就在6月10日，圣彼得堡审查委员会提出建议，对刊登有关包庇纵火犯禁文的

《时代》杂志做出停刊八个月的处理，但负责审查事务的内务大臣彼得·瓦列夫（Pjotr Walujew）拒绝了这一建议。[41]陀思妥耶夫斯基对悬在自己头顶的这柄达摩克利斯之剑毫无意识。就在三天前，1862年6月7日，他刚刚登上了从圣彼得堡驶往柏林的列车，开启了自己的首次欧洲之旅。

欧洲：进步的象征

对陀思妥耶夫斯基来说，这个假期是他应得的。在过去两年里，他完成了超过一百印张的文稿，修订了自己的早期作品并重新付梓。作为《时代》杂志编辑，他阅读和编校了无数陌生作者的稿件。另外，他还出席了大大小小数十场面对公众的活动，并尽职尽责地履行着自己身为文学基金会秘书的工作，更不用说那些因声名所累而不得不面对的各种应酬。这些负担和压力在他的身上留下了深刻的痕迹。癫痫病发作得越来越频繁，自从回到圣彼得堡后，就像对每一笔收入和支出一样，他将每次发病的经过也都一五一十地记录在本子上。另外，慢性支气管炎和痔疮也为他增添了新的烦恼。

在这样的情形下，医生只能为他开出强迫休假的医嘱，建议他到"巴德加施泰因的温泉或比亚里茨的海水浴场"去做水疗。[42]拿着这份医嘱，他很快便得到了当局批准，同意他去国外做较长时间的旅行。陀思妥耶夫斯基相信，即使自己几个月不在，杂志也能维持正常运转。米哈伊尔对弟弟的出国旅行计划虽然感到不悦，但是他心里却也另有所图，他希望费奥多尔的欧洲之行能够在文学上或多或少为杂志带来一些回报。尽管和审查机关的麻烦仍然未能解决，但这一年杂志的绩效颇为可观。1862年，订户数量超过了四千，在竞争激烈的市场上稳居前茅。陀思妥耶夫斯基在启程前已经为妻儿做好了安排，他把《死屋手记》未结清的稿酬都留给了他们作为生活费。

在出发前一天晚上，陀思妥耶夫斯基写信告诉弟弟安德烈，他将独自一人出行，而把玛丽娅留在圣彼得堡，因为他手头的积蓄不够支付两人旅行的费用。再说，玛丽娅还要照顾儿子帕沙，后者正在准备文理中学的入学考试。但这些只有一半是实话，因为据陀思妥耶夫斯基本人所言（1868年12月11日和23日），身为《时代》杂志主编，他一年赚到的钱有七八千卢布，这笔数额相当于政府高级枢密顾问年俸的四倍。陀思妥耶夫斯基选择独自出行是另有原因的。早在搬回圣彼得堡之前，他与玛丽娅的婚姻已经出现了裂痕。社会地位和物质条件的改善，也没能让两人的感情得到挽救，夫妻两人之间早已貌合神离。

  1862年6月7日，陀思妥耶夫斯基登上了驶往柏林的列车，并于6月9日（21日）抵达。[43] 他的旅行计划按照现代说法可以算作"城市观光游"：6月22日，德累斯顿；23日，法兰克福和威斯巴登；24日，海德堡；25日，美因茨；26日，科隆。到了法兰克福后，他特意花了半天时间，去了邻近城市威斯巴登。在那里，他平生第一次进了赌场。对陀思妥耶夫斯基来说，赌场是个神奇的地方，后来他常年沉溺其中，不能自拔。吸引他做出这一安排的，大概是他带在身边的一本旅行手册：《莱夏德德瑞两国游指南》。书中介绍说，在"威斯巴登这个花花世界"，各种赌博项目"一应俱全"。[44] 米哈伊尔在信中苦口婆心地劝说弟弟："看在上帝的份上，不要再赌钱了！用这种方式来挑战命运，究竟是为了什么？我们凭理智无法做到的事，靠运气也一样做不到。"[45]

  不过在当时，这些担心并没有足够的说服力。费奥多尔已经离开了威斯巴登，正在前往巴黎的途中。在6月28日凌晨抵达后，他将在这里逗留一段时间。这是陀思妥耶夫斯基在整个旅程中第一次在一个地方逗留的时间超过二十四小时。与土里土气的柏林给陀思妥耶夫斯基留下的"酸涩或至少是甜中带酸的印象"相比，巴黎这座法国大都市对他这样的"平常游客"来说，可谓应有尽有。不过，他在描述这个城市时，仍然觉得它"难以想象的无聊"。其原因肯定不在巴黎本身，而是如斯特拉霍夫所言，是陀思妥耶夫斯基"完全不懂得旅行的乐趣，他既不爱欣赏自然风光，对历史遗迹和艺术品也鲜有兴趣，或许只有那些伟大非凡的艺术品除外"。[46]

7月12日，陀思妥耶夫斯基从巴黎出发前往伦敦，开始其为期一周的旅行。在伦敦，他将参观著名的水晶宫，还将多次到亚历山大·赫尔岑位于帕丁顿车站附近的别墅造访。十年来，赫尔岑在这里陆续接待了屠格涅夫、车尔尼雪夫斯基和托尔斯泰等俄国作家，还有狄更斯、特洛勒普（Trollope）、卡莱尔（Carlyle）等英国本土名人。"昨天陀思妥耶夫斯基来我这儿，"赫尔岑在陀思妥耶夫斯基第一次来访后写道，"他是个幼稚、头脑有些混乱但很和蔼的人，对俄国民众抱有狂热的信心。"[47]

返回巴黎后，陀思妥耶夫斯基于7月底经科隆和莱茵河谷前往瑞

威斯巴登温泉赌场，1870年前后

士。8月初,他在日内瓦见到了斯特拉霍夫。两人早在巴黎便已约好在瑞士会面。陀思妥耶夫斯基出于谨慎,详细向好友描述了自己将会在哪里留下哪些信息,以免与朋友错过。但实际上,这些担心实在是多虑。斯特拉霍夫不费吹灰之力便找到了对方:他一到日内瓦便直奔勃朗峰码头附近的咖啡馆,并在第一家找到了好友。后来,咖啡馆成为"台奥多尔·陀思妥耶夫斯基先生"(作家在欧洲旅行时的自称)最常光顾的地点,特别是在日内瓦这种能够买到俄文报纸的城市。

　　7月底,两位好友携手出游佛罗伦萨。在为期十天的旅行中,两人下榻在古城中心托纳波尼路上的"瑞士旅馆"。斯特拉霍夫整天忙着参观乌菲兹美术馆、大教堂、佣兵凉廊、波波里花园等名胜古迹,而陀思妥耶夫斯基大部分时间都泡在天主圣三广场附近的维约瑟索斯图书馆,那里有大量外文报刊可供阅读,其中也包括俄文报纸。每天图书馆关门之后,陀思妥耶夫斯基便会回到旅馆继续自己的阅读,当时他手头读的书是不久前出版的热门小说——维克多·雨果的新作《悲惨世界》。看完后,他还要把这些书还给它的主人斯特拉霍夫。雨果的这部小说,重新唤醒了陀思妥耶夫斯基对那些"被侮辱与被损害的人"的命运的关注。雨果凭借这部作品成为19世纪世界文坛巨匠,其重要原因便在于他将"为失败的小人物树碑立传"作为创作的核心。[48]

　　斯特拉霍夫也很喜欢雨果的这部小说,可是在他看来,既然到佛罗伦萨旅游观光,就应当做些比阅读俄文报纸和法国小说更有意义的事。只有一次,他成功说服好友与自己一起去参观乌菲兹美术馆,可陀思妥耶夫斯在里面待了没一会儿,便急不可耐地催促朋友离开。于是,两人一同走出了美术馆,"我想,我们连美第奇的维纳斯都还没有看到"。[49]在柏林与热那亚时,那里的街道总会让陀思妥耶夫斯基联想到俄国首都的大街,佛罗伦萨的阿诺河又让他想起了圣彼得堡的丰坦卡河。陀思妥耶夫斯基在陌生城市里遇到的一草一木,要么是唤起他对熟悉事物的记忆，要么是被他视作粗俗或怪异而受到嫌弃。

8月中旬，两人分手道别。斯特拉霍夫将继续前往巴黎，而陀思妥耶夫斯基则踏上了返回圣彼得堡的旅途。9月5日，他刚刚回到家，便立刻投身创作，把一路上的见闻变成文字。这些落在纸上的文字以《冬天里的夏日印象》（*Winternotizen über Sommereindrücke*）为题，发表在《时代》杂志2月和3月刊上。陀思妥耶夫斯基以这一系列文章开创了一种介于游记与随笔之间的全新文体，从此之后，这种风格变成了陀氏新闻写作的标志性特征。

这部作品的标题与莎士比亚剧作《理查三世》的开篇似有某种联系。莎士比亚是将"严冬般的宿怨"变成"融融的夏景"，而陀思妥耶夫斯基则是通过第一人称叙述，把夏日里的印象变成了"严冬般的宿怨"。这股怨气并不是针对欧洲本身，而是针对俄国人对欧洲的崇拜传统。这项传统是由彼得大帝一手开创的。身为"沙皇与木匠"，彼得大帝曾亲自率众赴欧洲考察旅行，向荷兰人学习造船技术。其后继者叶卡捷琳娜大帝从家道中落的狄德罗手中买下了他的全部藏书，建立了图书馆，并以法国启蒙主义书籍的第一位俄国读者自居。后来成为亚历山大一世御用史官的尼古拉·卡拉姆津，曾于1791~1792年踏着他所崇拜的伟人足迹在西欧各地游历。他在柯尼斯堡拜会了康德，在魏玛见到了维兰德与赫尔德，在苏黎世与拉瓦特（Lavater）会面，在日内瓦湖畔与卢梭神交（"今日清晨五时，我手里拿着一本卢梭的《新爱洛伊斯》，心情愉悦地离开了洛桑。"[50]）。在数十年的时间里，卡拉姆津在他的旅行札记《一个俄国旅行者的书简》（1791/1792年）中记录下的德国、瑞士、法国和英国之行，成为欧洲游的标准路线图。前往欧洲旅行的俄国游客们怀揣着卡拉姆津的《书简》，拿自己一路上的感受与作者在书中描述的印象进行比对。[51] 只有了解这一背景，我们才能清楚地体会到陀思妥耶夫斯基《冬天里的夏日印象》对卡拉姆津"欧化俄国人"立场的反叛。[52] 在陀思妥耶夫斯基看来，这种立场是在文化上对欧洲的卑躬屈膝，是早已过时的一种陋习。另外还有一种俄国旅行者的行为既典型又很丢人：这些人刚刚走出俄国边境，进入东普鲁士的地盘，"便像找不到主人的小狗一样慌了神，心急火燎地窜来窜去"。从这一比喻可以看出，陀思妥耶夫斯基真正关注的并非民众的无知和蒙昧，而是俄国人的自信心问题，其目标是帮助俄国摆脱一个多世纪以来在欧洲面前的自卑情结，树立对本民族文化价值的意识。

正是出于上述考虑，陀思妥耶夫斯基对欧洲的描写更多是出自"严冬般的宿怨"的视角，它与俄国长期以来对西欧文化优越性的膜拜形成了强烈对比。所有与德国文化相关的一切都遭到排斥，特别是尼古拉一世统治时只因"德国造"而被奉为榜样的种种事物。科隆大教堂便是这些德国"榜样"中的一个。当年在圣彼得堡军事工程学校读书时，陀思妥耶夫斯基便曾按照课堂要求，花费大量精力钻研它的建筑结构。后来他的手稿四周经常绘有各种哥特式尖塔、枝形花纹和穹形图案，便是出于这一缘故。在《冬天里的夏日印象》中，陀思妥耶夫斯基对这座在德国天主教中占据重要地位的大教堂毫不留情地大加嘲讽："在我眼里，它就像是精心编织的蕾丝，除了蕾丝还是蕾丝，就像是从女性服饰店买来的物件，形状类似于一个一百五十米高的镇纸。"这座德国人引以为傲的19世纪建筑杰作，在陀思妥耶夫斯基笔下以这样的方式被矮化，与海涅在《德国，一个冬天的童话》（1844年）中将科隆教堂喻为一座巨大的"理性监牢"的意象迥然相异："它是精神的巴士底狱 / 狡狯的罗马信徒曾设想 / 德国人的理性将要 / 在这大监牢里凋丧！"

在这次旅行中，陀思妥耶夫斯基在瑞士逗留了一个半星期。可是，他对俄国人赞美有加的瑞士山水几乎视若无睹。意大利也是一样。这并不是陀思妥耶夫斯基对山川美景的麻木造成的，而是因为，无论德国、瑞士还是他曾热烈向往的意大利，都不是他这次旅行的真正目的地。他的目标只有一个，就是法国。这一方面是因为他的法语水平远远超过德语和意大利语，另一方面是因为，通过维克多·雨果、欧仁·苏、弗雷德里克·苏利耶（Frédéric Souliés）和巴尔扎克的作品，他对法国特别是巴黎几乎像圣彼得堡一样熟悉。

但是，1862年的巴黎在陀思妥耶夫斯基眼中已不再是一个充满魅力的地方。这不仅仅是因为巴黎是社会主义思想的摇篮，而此时的陀思妥耶夫斯基早已脱离了这种信仰，而且是因为作为现代资本主义大都市，巴黎所崇尚的社会模式和社会主义一样，都让他从内心里反感。法兰西第二帝国时期的巴黎是"如今统治世界的资本主义秩序的源头和萌芽"，陀思妥耶夫斯基对这一点的体会远比在巴尔扎克小说中读到的更加真实。"金钱是人类的最高道德与义务"，这是夺取胜利后的资产阶级崇尚的至尊信条。陀思妥耶夫斯基看到的巴黎，是乔治-欧仁·奥斯曼男爵（Baron Georges-Eugène Haussmann）经过十年改造、将法国首都变成工业化和资本主义时代舞台的巴黎，是拱廊街、林荫道、巨型火车站、世博会和奥芬巴赫轻歌剧里的巴黎，是"资本持久统治的反讽乌托邦"。[53] 人为制造的繁荣、完美的公共空间设计、将舒适视为最高生活准则——至少是对"那些有权享受舒适的人而言"——的风气，这一切促使陀思妥耶夫斯基做出了如下讽刺性总结：

> 如此这般的秩序！如此这般的理性！如此精心设计且恒久不变的环境！每一样事物都那么稳妥和精致，每个人都那么志满意足；大家都在努力相信，他们活得无比满足和幸福……然后，然后就没有了。再往前进一步，都是非分之想。

在陀思妥耶夫斯基的作品中，第一次出现了有关历史终结的画面。它在陀氏关于东西文化的二分式思维模式里占据着核心的位置。

它并不是从黑格尔到弗朗西斯·福山的思想传统中那种积极意义上的历史终结观，而是抛弃了基督教救世论、以追求利益和享乐最大化作为唯一目标的世界图景。陀思妥耶夫斯基称之为"人间天堂"、"蚁群"或"巴比伦塔"。在这样的世界里，所有的矛盾似乎都能得到化解，转化为"秩序下的一派祥和"。世界进步的唯一可能性，就是有朝一日变成纯粹的田园："真的，只需稍待时日，拥有一百五十万人口的巴黎就会变成一个静谧安宁的小小的德国大学城，比如说，就像海德堡那样。"

在陀思妥耶夫斯基看来，对一个社会而言，海德堡这个被 19 世纪旅欧者极尽溢美之词赞颂的城市，[54] 就像是上帝的终极惩罚。与卢梭的信徒托尔斯泰不同，陀思妥耶夫斯基对田园情调嗤之以鼻，认为这是一种索然寡味、缺乏生机、不适宜人类生存的社会模式。在他看来，田园生活是为了满足资产阶级从城市归隐乡野的需求而诞生的，它体现了资产阶级的一种特殊的占有欲，用埃里希·弗洛姆（Erich Fromm）的话讲，这种占有欲让人只能享受"我有某物"，而不能享受"我之为我"。[55]

> 所以，有产者在退出生意场后，总喜欢给自己买一块地，盖一间屋，开一片菜园，在四周围上篱笆，再养几只鸡和一头牛。虽然这一切都渺小得微不足道，但有产者却总是满心愉悦地陶醉于其中。"我的树我的墙"（Mon arbre, mon mur），他乐此不疲地告诉自己和应邀来访的客人们，然后说了一遍又一遍，直到撒手人寰。因为在他眼里，能在自己的草地上打滚，实乃世间最甜蜜之事。

在 18 世纪俄国文学的仇法传统中，巴黎通常被描述为罪孽之地。一些俄国人像小猪崽一样抱着增长见识的目的到那里求学，然后变成一头训练有素的肥猪回到俄国。[56]陀思妥耶夫斯基将这种说法换了种腔调，将巴黎变成了秩序、规矩以及四处张扬的伪善道德的代名词。

不久后，当陀思妥耶夫斯基离开法国来到伦敦后，这座充满了巨大矛盾的大都市让资本主义制度的黑暗面在他面前暴露无遗：一边是光彩华丽的繁华城市，高耸的金融大厦和交易所；另一边是白教堂区和干草市场的贫民窟，衣衫褴褛的穷人，谋杀、暴力、酗酒、卖淫和乞讨随处可见。陀思妥耶夫斯基用寥寥几笔将这座英国都城的景象生动地展现在读者面前，其震撼人心的程度与恩格斯和狄更斯笔下的伦敦相比毫不逊色，并被称为"19世纪最强有力、具有文明批判精神的描写"：[57]

> 仅从表面看，它便与巴黎迥然不同！在这里，从早到晚都是乱腾腾的，城市如海洋般一眼望不到边际；机器在轰鸣和呼号，火车在屋檐上飞驰（不久还会钻入地下）；这大胆无畏的创业精神，这表面混乱但实际高度有序的资本主义制度；这污秽不堪的泰晤士河，还有被煤烟污染的空气；在景色壮观的街心花园和公园里，以及白教堂区那样肮脏的城市角落里，充斥着半裸的、粗野的、忍饥挨饿的城市居民；标志着亿万财富和全球贸易的伦敦金融中心、水晶宫和世界博览会……不错，世博会的确令人震撼。在这里，你会感受到一种强大的力量，这种力量是全世界各地人们联合起来，变成"一个群体"的力量。你会发现，这背后蕴藏着一种巨神式的思想；你会感觉到，人们在这里似已达成了目标，获得了胜利，凯歌高奏。……"这真的就是所要实现的理想吗？"你禁不住这样想，"这难道不是毁灭？这真的不是'一个兽群'？"……它让人联想起《圣经》上的画面，关于巴比伦的传说，被实现的世界末日预言。你会意识到，必须具备强烈的反抗精神和否定能力，才能不屈服，不被表面现象迷惑，才能不

对现实盲目崇拜，不把巴力奉若神明，也就是说，不把现实当作理想……

陀思妥耶夫斯基用敏锐的眼光发现，风靡19世纪的世界博览会是一个新时代的标志，它是工业化时代的一场自我狂欢。在这里，"执着的进步观，创世纪式的宏大气魄，对自由经济秩序——自由贸易和不受约束的竞争——必将为人类造福的期盼，对技术和工业之潜力的无限信任"汇聚在一起。[58]

维多利亚女王的丈夫阿尔伯特亲王作为1851年世博会的皇家委员会主席，在开幕式上满怀信心地表示，"一个富有历史性意义的宏伟目标"已近在眼前，这便是"全人类的联合"。[59]阿尔伯特亲王所理解的历史终极目标，在陀思妥耶夫斯基眼中却是一个由没有面孔的"普世人"构成的恐怖幻影。透过世博会折射到历史视野中的大同世界，"没有土地，也没有人民；民族不过是一个固定的税收系统，灵魂是一块'白板'（Tabula rasa），一团蜡，可以拿它随手捏出一个真人，一个'普世人'，一个侏儒；为此，人们只需将欧洲文明的硕果当作手段，另外再读上两三本书"。

陀思妥耶夫斯基描绘的巴黎和伦敦景象既充满了讽刺，又透着浓浓的世界末日气息，其用意是在1860年代初俄国正处于历史关头时，向自己的同胞发出警示，警告他们不要像资产阶级和资本统治下的西欧那样，执迷不悟地步入歧途。在陀思妥耶夫斯基看来，这条歧途最可怕的结果便是"我死后，哪怕洪水滔天"成为人人信奉的原则。它是对法国大革命所倡导的博爱精神的莫大讽刺，正如马克思不久后所言："这就是每个资本家和每个资本家国家的口号。"[60]陀思妥耶夫斯基因循斯拉夫派的思想传统，将俄国人"天性"中对社团、和谐与博爱的自然追求作为西方个人主义的反照。在《冬天里的夏日印象》中，陀思妥耶夫斯基用白描手法对资本主义和市民社会、进步观与现代消费社会提出了批判，在后来的作品中，他将对这一主题加以扩展，进行更深层的探讨，并对部分观点做出修正。在以《死屋手记》为句点的"西伯利亚时期"过后，这部在陀氏研究者当中经常被低估的《冬天里的夏日印象》，标志着陀思妥耶夫斯基的创作进入了一个全新的阶段。

新一轮危机

1863年1月，在被俄国吞并的波兰领土上爆发了一场大规模起义，俄国军队耗费了数月时间才终于控制住局势。俄国报刊对这次事件反应不一。赫尔岑主办的《钟声》(*Die Glocke*)杂志如人们期待的一样，站在了波兰一边；而米哈伊尔·卡特科夫领导的保守刊物《俄罗斯导报》(*Russischer Bote*)则呼吁对暴乱者采取严厉手段，进行镇压。卡特科夫将这起事件称为"关乎命运之大事"。不是俄国，便是波兰！由于两个国家在文化上存在本质性差异，因此和平共处是不可能实现的。[61]

4月，尼古拉·斯特拉霍夫在《时代》杂志上以《命运之问》(*Eine Schicksalsfrage*)为题，表达了对波兰危机的立场。他提出，俄国不应当单纯依靠军事来面对波兰这个文化上属于西欧并以自身文明成就为荣的国家，俄国应当在这场冲突中更多利用自己在思想和价值观方面的优势；比武器力量更强大的，是克服顽固僵化的民族观念，将符合全人类利益的普世原则作为理想，而这一点正是"根基主义"以及作为其核心的"俄罗斯理念"的基础。

在数周以来意识形态之争日趋白热化的形势下，斯特拉霍夫在文章中表达的观点显然高估了右派阵营和审查机关的甄别能力。5月24日，内务部下令对《时代》杂志实行立即且无限期停刊的处罚，理由是"（斯特拉霍夫的文章）针对波兰事件所发表的极度有伤风化、充满诽谤性的内容，与政府所有行动以及所有爱国主义情怀和观点背道而驰"。[62]这项处罚之严厉其实颇为荒唐，它仅仅因为一篇容易被误读的文章而对一份绝对忠实于政府的杂志下达了永久性禁令，而在一年前，涅克拉索夫主编的更具批评性的《现代人》杂志，也不过才受到了停刊八个月的处罚。或许《时代》杂志停刊的真正原因并不是斯特拉霍夫的言论，而是陀思妥耶夫斯基当时就圣彼得堡大火所发表的抨击俄国教育制度的文章。因为引人注意的是，内务部下达出版禁令的另一条理由是"杂志的有害倾向"。

《时代》杂志的停刊，使得陀氏兄弟俩赖以维生的基础被剥夺。不过，陀思妥耶夫斯基对此的反应却比想象的冷静得多。他仍然相信，这项处罚措施不过是暂时的。而且，这时候他已开始筹备再次出国旅行。早在1863年4月，他便向内务部递交了家庭医生的建议，上面写着"前少尉军官费奥多尔·米哈伊洛维奇·陀思妥耶夫斯基罹患癫痫症……建议夫海边接受海水浴疗法，以达到治愈疾患之目的"。[63]陀思妥耶夫斯基写信给住在巴登-巴登的屠格涅夫，告知对方《时代》杂志停刊一事，同时还写道："原本我只打算去柏林和巴黎两地，去找癫痫症专科医生咨询（巴黎的特鲁索，柏林的拉姆贝格）。"（1863年6月17日）但实际上，这次旅行的"真实"动机却是另一个：在巴黎有一位女士，两人数月以来一直保持着暧昧关系。陀思妥耶夫斯基和玛丽娅·德米特里耶芙娜的婚姻早已深陷危机，这在亲友们当中是一个公开的秘密。

这位于1863年夏在巴黎迎候的女士名叫阿波利纳里娅·苏斯洛娃（Apollinaria Suslowa），比陀思妥耶夫斯基年轻18岁。两人最初是何时在什么样的情况下相识的，没有人能说清楚。在1861年5月号的《时代》杂志上，刊登了一篇陌生作者的小说，作者的名字是缩写的"A. S."。这篇题为《眼下》（*Inzwischen*）的短篇作品在文学上实在乏善可陈，以至于读者不禁纳闷，这样的作品如何能够堂而皇之地登上杂志，和亚历山大·奥斯特洛夫斯基、阿波隆·迈科夫、尼古拉·涅克拉索夫、德米特里·格里戈罗维奇、费奥多尔·陀思妥耶夫斯基等名家的作品列在一起。

有些人猜测，阿波利纳里娅是在1860年底的某次文学沙龙活动后找到了陀思妥耶夫斯基，向对方表达了自己的崇敬之情以及对文学的热爱。之后，作家把女粉丝请到了杂志编辑部。两人后来又在多个地点私会。阿波利纳里娅对这位鼎鼎大名的作家的崇拜，以及作家对一位热爱文学的年轻女读者的好感，促使两人相互渐渐产生了情愫，即阿波利纳里娅后来以轻描淡写的口吻所说的"关系"。

阿波利纳里娅·普罗科菲耶夫娜·苏斯洛娃是富有传奇色彩的俄国"60一代"的典型代表。这批人自尼古拉一世时代结束后，受新的生活理念和乌托邦思想的影响，强烈呼吁政府实行社会改革——不是未来某一天，而是现在、马上、立刻。解放农奴后，妇女问题成为"60一代"关注的首要问题，他们将这一点视为衡量亚历山大二世统治下的俄国政府是否有志于推进社会自由的试金石。1860年代，在女性读者格外青睐——陀思妥耶夫斯基在40年代时也一度迷恋——的乔治·桑小说的影响下，婚姻和家庭这些仍然被东正教视作人类群体生活基础的神圣制度，成为年青一代批判的靶子。他们质问，如果婚姻不是建立在两情相悦的基础上，而是基于物质上的算计或世俗习惯，那么这样的婚姻究竟意义何在？在"恐怖伊凡"时代的谚语"母鸡非鸟，女人非人"仍然流行的社会里，哪里会有人道可言？在亚历山大二世的推动下，俄国创立了女子中学，并允许女性以旁听生而非正式注册生的身份去大学旁听。在那些渴望接受教育而纷纷涌入课堂的年轻女性当中，便有阿波利纳里娅·苏斯洛娃及其妹妹、后来作为俄国第一位女性医生载入科学史的娜杰日达。

苏斯洛娃姐妹的父亲曾是一个农奴，后来通过个人奋斗成为一家纺织厂的老板。姐妹俩接受了通常只有贵族子弟才能获得的正规教育，此外，她们还有足够的经济能力，能够在圣彼得堡和欧洲过上独立的生活。娜杰日达为了实现成为职业医生的理想而投身著名生理学家伊万·谢切诺夫（Ivan Sechenov）门下，并于1867年在苏黎世获得了医学博士学位。姐姐"波利娜"则一心梦想着能够在文学界闯出一片天地，而陀思妥耶夫斯基显然是想在这方面助其一臂之力。1863年，阿波利纳里娅又在《时代》杂志上发表了一篇题为《婚礼之前》（Vor der Hochzeit）的短篇小说，这篇小说的文学水准和她的处女作《眼下》几乎一样平庸。正是因为这两篇作品的写作技巧笨拙而幼稚，其女性主人公的价值观和作者自身的价值观明显相吻合，因此我们可以通过这些作品对苏斯洛娃的思想和情感世界获得一定的了解。

这两部小说的女主人公都与她们所处时代对女性角色的认识陷入了冲突，她们都追求独立和自我实现，反对把女人当成"或多或少有钱可赚的生意"的婚姻观。两人都把自己视作"拥有健康思维和现代观念"[64]的新一代女性代表，反对有钱人家对女孩的循规蹈矩式教育，希望打破传统女性观念，在社会上为自己谋得一席之地。最终，她们都成为社会现实的牺牲品。

从保存下来的唯一一张60年代初拍摄的阿波利纳里娅肖像照可以看出，这是一位面容仍显稚嫩的年轻女性，她的脸颊略宽，眉毛粗黑浓重，梳着一头60年代追求独立的女性所偏爱的短发。她的目光盯着镜头右侧的某一个位置，胳膊和手的姿势略显僵硬，似乎对摆拍有些不情愿。这和玛丽娅·伊萨耶娃当年照片上嘴唇微翘、目光自信地直视镜头的模样有着明显的不同。但是，阿波利纳里娅那充满活力的双唇和左手攥拳、略显男性化的姿势，暴露了其内心的坚定和顽强的意志力。这一点与阿波利纳里娅发表的第三部带有明显自传色彩的小说《陌生女人和她的丈夫》（Die Fremde und ihr Mann）中忍辱负重的女主人公形象并不相符。小说中是这样描写的："她的脸上流露出一种对顺天由命的虔信神情，就像人们在圣母和基督教女殉道者脸上经常见到的那样，虽然这种神情并非每个人都能察觉。"[65]

尽管阿波利纳里娅的容貌并不像玛丽娅·伊萨耶娃那样出众，但是她不仅深深吸引了陀思妥耶夫斯基，还让其他许多男人为她倾倒。这些人当中包括陀氏的学生、比他小十六岁的诗人哲学家瓦西里·罗扎诺夫（Wassiliij Rosanow）。1880年，阿波利纳里娅嫁给了罗扎诺夫。后来，两人之间爆发了一场严重的婚姻危机，让阿波利纳里娅几乎陷入了崩溃的边缘。陀思妥耶夫斯基的女儿柳波芙对父亲的出轨极为不满，据她后来的描述，阿波利纳里娅是个生性风流的交际花："当时自由恋爱正在流行，年轻漂亮的波利娜一门心思追逐时尚，把自己扮成维纳斯的模样，向大学生们投怀送抱，并自以为这种做法是在宣扬西方文明。"[66]

这番描述是那个时代的人们对独立女性的偏见和丑化，并不符合事实。阿波利纳里娅并不是个水性杨花的女人。她之所以能够吸引陀思妥耶夫斯基，除了年轻美貌，还因为在她身上"天真与理性"兼具，[67]理想主义和行动主义并存。而这一点正是"60一代"的特征，它与浪漫派笔下那些优柔寡断、多愁善感的人物形象有着天壤之别，这类人物的代表有普希金笔下的欧根·奥涅金、莱蒙托夫的"当代英雄"毕巧林，以及屠格涅夫的罗亭。

烦恼的婚外情

从1863年春天起，"波利娅"（陀思妥耶夫斯基在信中对她的昵称）便已在巴黎迎候，而因《时代》杂志5月遭遇风波，计划的行程不得不推后。直到7月，陀思妥耶夫斯基才凑足了旅行所需要的费用。因为出版禁令的发布，《时代》杂志无法再获得贷款，于是他向文学基金会筹借了一千五百卢布，并答应在1864年2月前还清。陀思妥耶夫斯基把数月以来肺病日渐加重的妻子送到了天气较为干燥的

阿波利纳里娅·P. 苏斯洛娃，摄于1870年代

俄国中部城市弗拉基米尔，然后于8月中旬开始了第二次欧洲之旅。

陀思妥耶夫斯基并没有径直奔向法国首都与情人会面，而是先在威斯巴登停留了四天。一年前，他在这里的赌场赌过手气，并空手而归。这次，他一口气便赢了1.04万法郎。他揣上钱回到旅馆房间，准备第二天继续上路。可最终还是没能禁住诱惑，又返回赌场，把赚的钱又输掉了一半。他从赢的钱里拿出300法郎，寄给了圣彼得堡的嫂子瓦尔瓦拉，让她替玛丽娅和继子保管这笔钱，并表示，玛丽娅的健康状况令他"十分忧心"（1863年8月27日）。

当他离开威斯巴登，踏上前往巴黎的行程时，他没有想到，这位等待与他私会的情人内心正百般纠结，其程度不亚于他自己。自从独立来到巴黎生活后，阿波利纳里娅对与陀思妥耶夫斯基的这份私情渐渐产生了疑虑。在离开俄国前的几个月里，她感觉陀思妥耶夫斯基对待自己的态度并不像是情人，而更像是小妾。作为崇尚独立的"60一代"，令她困扰的并不是与一位有妇之夫的不伦之恋，而是随着时间，两人的关系似乎变得天经地义，而这一点无论是对她作为女性的自尊心还是对爱情的认识而言，都是不能接受的。

在一封没有寄出的长信中，她谴责自己情人的做派就像"一个严肃敬业的男人，他懂得自己应尽的义务，但同时又不忘给自己找乐子，而且还把享乐当成一件紧要事，因为有一位伟大的医生或哲学家讲过，人应当每个月都大醉一场"。[68] 而她更期待的是人与人之间的交流，因为对方在她眼里是一个高贵的人，就像其作品中的那些主人公一样。在阿波利纳里娅看来，假如缺少了心灵和道德上的附加值，爱情便会沦为康德所说的脆弱的"性结合"，也就是"个体的人彼此利用性的器官和能力"。[69] 一旦与陀思妥耶夫斯基的关系变成这样一种"性交易"式的关系，那么这与"60一代"主张打破的传统性别和婚姻观念便不再有区别。

陀思妥耶夫斯基劝慰阿波利纳里娅，不要对自己的爱欲感到羞耻。他在这里显然指的是两人的肉体关系。[70] 年已四旬的陀思妥耶夫斯基在性爱方面有着丰富的经验，换言之，在这方面，他比年轻的情人老道得多。另外，他对肉体的强烈欲望，也让不谙世事的阿波利纳里娅既迷恋又惶恐。对于生活在19世纪的阿波利纳里娅来说，这不仅仅是她个人需要面对的问题。对此，尼采在《瞧！这个人》(*Ecce Homo*)中《论女人的贞洁》(*Von der weiblichen Keuschheit*)一篇中已经做过解释：女人在第一次步入婚姻后，会突然在男人身上感到"上帝和野兽比邻而居"的恐惧，于是，她们不得不强迫自己，将以往教育中所理解的"恶"看作一件正常的事情。[71] 在阿波利纳里娅眼里，陀思妥耶夫斯基的形象也同样具有不可调和的两面性。作为作家，他在自己的作品中将道德摆在至高无上的地位，对卖淫、贪恋酒色和把婚姻作为交易等丑恶现象加以痛贬，因此在爱人眼里，他是"完美理想"的化身；然而作为情人，他却表现出爱神厄洛斯"阴郁、沉重和淫荡"的一面，从这一意义上讲，便是尼采所说的"野兽"。[72]

1863年夏，阿波利纳里娅对陀思妥耶夫斯基的到来之所以抱着复杂的心情，还有另外一个原因。在巴黎，她狂热地爱上了一位在索邦大学攻读医学专业的英俊的西班牙男人。这个小伙子名叫萨尔瓦多，是俄罗斯女性梦寐以求的拉丁情人代表。[73]但是，没过多久，两人的感情便遭遇了挫折。当这位情场高手意识到，阿波利纳里娅对这段感情是认真的之后，便开始冷淡对方。他不按时赴约，让别人替自己圆谎，对她的来信也不理不睬。阿波利纳里娅被爱情和受损的自尊心撕扯着。就在两人的危机正陷入白热化时，陀思妥耶夫斯基报告自己即将抵达。阿波利纳里娅给他预订的旅馆寄去了一封信，信中写道：

> 你来得太迟了……直到不久前我还梦想着与你一起去意大利旅行，甚至为此开始学习意大利语。可就在短短几天之内，一切都发生了变化。有一次你曾对我说，我不会轻易交出我的心。可我刚刚听到第一声召唤便投了降，不到一周便交出了它，没有挣扎，没有确信，甚至没指望能得到爱情。……再见了，亲爱的！[74]

陀思妥耶夫斯基一到巴黎，便径直奔向情人的寓所。阿波利纳里娅在日记里详细记录了这次会面的情景。

> "你好"，我用颤抖地声音说。他问我过得怎么样，听他一问，我的心情更加紧张不安，这让他也变得焦虑了起来。"我以为你不会来了，"我说，"因为我给你写了信。""什么信？""告诉你不要来。""为什么？""因为你来得太晚了。"他低下头。

"我必须知道一切,让我们找个地方,把一切都告诉我,否则我会去死。"我建议到他住的地方去。一路上,我们两人都沉默着。我不敢看他。他朝着忍不住扭头用疑惑眼神看他的马车夫,绝望而焦急地大喊:"快点,快点!"我使劲忍着不去看他。他也不看我,而是一路上抓着我的手,一次又一次用力握紧它,并且不时地抽搐。"别紧张,"我说,"我在你身边呢。"一进他的房间,他便跪倒在我的脚边,搂住我的双膝抽泣着,呜咽着:"我失去了你,我知道!"[75]

在阿波利纳里娅的自传体小说《陌生女人和她的丈夫》中,作者描述过类似的情节。在小说中,男主角在听情人讲完这番话后,疯狂地大笑,"直到抽搐,身体因为痛苦而缩成一团"。[76]

听完阿波利纳里娅讲述的她与萨尔瓦多的情感纠葛,陀思妥耶夫斯基的情绪渐渐平静了下来。看来他的情敌并没把这段感情当真,这让他感到很宽心。他向阿波利纳里娅建议,两人一起去意大利旅行,他会像朋友或兄长一样陪伴她。三天之后,阿波利纳里娅得到消息,萨尔瓦多得了斑疹伤寒,她急得慌了神,千方百计想了解情人的病况到底如何。但是她寄去的信和以往一样,如石沉大海。不久后的一天,她在索邦路上偶然遇见了萨尔瓦多,对方看上去脸色红润,完全不像个伤寒病人。面对阿波利纳里娅关切的询问,他支支吾吾,找出各种理由搪塞。这时,阿波利纳里娅终于明白,自己是被英俊的萨尔瓦多给耍了。于是她决定,同意陀思妥耶夫斯基的建议,和他结伴出游。

1863年9月3日,这对情人抵达屠格涅夫生活的城市巴登-巴登。早在从圣彼得堡出发前,他便去信告知了对方自己要来拜会的消息。自果戈理去世后,屠格涅夫成为俄国文学界的领军人物,与他保持密切联系对陀氏兄弟来说有着重要的意义。如果杂志能如愿复刊,他

/ 第三章 文学上的新生(1860-1867) / 197

们必须要依靠像屠格涅夫这样受读者欢迎的作家。后者新近出版的作品《父与子》刚刚又一次在文坛引起了轰动。不过，陀思妥耶夫斯基在巴登－巴登还有自己的其他打算。他更感兴趣的还不是屠格涅夫，而是这里闻名世界的赌场。在很短时间内，他便输掉了三千法郎，把不久前在巴特洪堡赌场赢的钱几乎都输了个干净。这时他兜里只剩下二百五十法郎，这点钱甚至都不够他和阿波利纳里娅去意大利的旅费。作为赌徒，陀思妥耶夫斯基和同样喜欢赌博的托尔斯泰属于两种类型。托尔斯泰在输掉一大笔钱后，会找个哥萨克村子住下来，然后省吃俭用，每月只靠五个卢布维持生计，直到攒够钱还清债务。

　　陀思妥耶夫斯基到屠格涅夫在巴登－巴登的别墅拜访时，后者把尚未完成的短篇小说手稿《幻影》(*Gespenster*) 交给了他，让他先睹为快。这是他很久以前便答应陀氏兄弟，准备发表在《时代》杂志上的作品。可一心惦记着赌博的陀思妥耶夫斯基却把手稿丢在了旅馆，到临行前又原封不动地还给了屠格涅夫。在给米哈伊尔的信中，他坦白承认了这一点。这时，米哈伊尔正在圣彼得堡为杂志复刊的事四处奔波，为资金困难而急得焦头烂额。听到弟弟的消息后，他怒不可遏（"我简直没法说，你这是犯了多么愚蠢的一个错误！"）。而且他无论如何都无法理解，"一个人怎么可能在和自己心爱的女人同行时，竟会跑去赌钱"。[77]

　　和屠格涅夫会面的三天后，两人登上了前往都灵的列车。对陀思妥耶夫斯基来说，这次为期两周的意大利之行是一场对性欲的磨难。在头几个星期里，陀思妥耶夫斯基多次违背自己最初"兄妹行"的承诺，试图恢复两人在肉体上的亲密关系。阿波利纳里娅清楚地知道，只要自己动动小手指，就能让对方燃起欲火。但她显然很享受用这种方式不断地折磨对方，这种折磨不乏性虐的色彩。在陀思妥耶夫斯基后来的作品中，经常会见到有类似行为的女性，如《白痴》中的娜斯塔霞·菲利波夫娜，还有《卡拉马佐夫兄弟》中的格鲁申卡。

在罗马的一天夜里,出现了令人不快的一幕。当陀思妥耶夫斯基向阿波利纳里娅道晚安时,后者出于感动和谢意拥抱了他。陀思妥耶夫斯基强忍着欲火离开了对方的房间,"这样离开让他觉得很丢脸(当时是夜里1点,我脱了衣服躺在床上)"。陀思妥耶夫斯基对自己的退缩格外感到羞辱,因为正如他本人所言,"俄国人是永不服输的"。[78] 这种赌徒式的大男子主义姿态正是"60一代"女性最仇恨的对象。阿波利纳里娅在她的小说《陌生女人和她的丈夫》中,几乎不加掩饰地复述了这次意大利之行的经历。在小说中,两人之间最激烈的一场冲突是这样爆发的:男主人公洛斯尼茨基(意指陀思妥耶夫斯基)洋洋得意地吹嘘着自己以往的种种艳遇,女主人公安娜·帕夫洛芙娜(意指阿波利纳里娅)对此惊愕不已("这种很多男人身上常见的自恋狂行为令她大感意外,她从没有想到他会是这种人")。随着男主人公性自负一面的暴露,他在情人眼中的光环也渐渐褪去。安娜·帕夫洛芙娜在对方身上发现了越来越多以往被她忽视的令人讨厌的缺点,这些"在亲密关系中举足轻重的日常做派原本是那么重要"。正因为"这个人过去在她眼中几乎是完美的化身",所以"他性格中的浅薄一面"才令她备感失望。[79]

在阿波利纳里娅的小说中,女主人公在冲突达到顶点后选择了投河自尽。而阿波利纳里娅却表面若无其事地继续着与陀思妥耶夫斯基的旅行。两人在都灵待了整整一周。一天在餐馆共进午餐时,陀思妥耶夫斯基突然冒出个想法,要把恺撒主义作为小说《罪与罚》的另一个主题:"就在我们吃饭时,他看着一个正在上补习课的小姑娘说:'喂,你想象一下,有这样一个小女孩和一个耄耋老人在一起,然后有一个拿破仑式的人物突然发话:我想毁掉这座城市!在这个世界上事情往往是这样。'"[80]

在都灵之后,两人又去了热那亚、罗马、那不勒斯和里窝那。之后他们又重新回到了都灵,阿波利纳里娅从这里出发返回了巴黎。在这次旅行过程中,两人的感情危机因为经济拮据而更加雪上加霜。两人经常不得不把一些值钱的东西拿去当掉,或向沿途遇上的同胞借钱,实在走投无路时,只能向老实忠厚的米哈伊尔求助。米哈伊尔自己虽然也债务缠身,但他总能找到办法,凑齐一笔数额不小的款项给弟弟汇去。他督促弟弟赶紧着手新的创作,该计划因为后者一路上心情不佳而未能提上日程。"我把在都灵写的东西都撕了。按照要求去写作,实在是令人厌恶。"(1863年9月8日)陀思妥耶夫斯基从罗马给好友斯特拉霍夫写了一封信,请他帮忙联系《阅读文库》(*Lesebibliothek*)杂志的出版人彼得·鲍伯里金,向后者推荐自己正在酝酿的新作品《赌徒》(*Der Spieler*),并请求为此预付三百卢布稿酬。作为解释,他在信中写下了经常被引用的一段话:

> 我是一名文学无产者,谁想要我的作品,就得事先向我付钱。我本人也仇恨这种体制。但世道如此,而且似乎将来也不会改变。(1863年9月18日)

因为没钱支付旅馆的账单,他只好再次写信到巴黎求助。阿波利纳里娅本人虽然也手头拮据,但还是给他寄去了三百法郎,好让他能继续接下来的行程。不过,刚到威斯巴登不久,他又把这些钱输得一干二净,而不得不向路遇的同胞借钱救急。10月21日,陀思妥耶夫斯基拖着疲惫不堪的身体、满怀内疚地回到圣彼得堡。就在这时,他得到莫斯科民事法庭的通知,不久前去世的姨父亚历山大·库马宁在遗嘱中给他留下了三千卢布遗产。这笔钱虽然比陀思妥耶夫斯基期待的数额要少,却足以帮他缓解眼下的财务困境。

1864——灾难之年

回到家后,他发现,还有更糟糕的事情在等着他。妻子玛丽娅已经病入膏肓。1863 年 11 月，陀思妥耶夫斯基带着妻子把家搬到了莫斯科，这里的医疗条件要比偏僻的弗拉基米尔好得多，而圣彼得堡的潮湿天气对妻子的康复不利。在圣彼得堡，米哈伊尔还在为恢复杂志出版权四处奔波，虽然迄今仍然一无所获，但从高层部门传来的消息却让人重新燃起了希望。1864 年 1 月 27 日，好消息终于来了。内务部通知米哈伊尔，当局批准他出版一本新的杂志，杂志定名为《时世》(*Epoche*)。接下来，米哈伊尔面临的是杂志编辑和管理的一大摊事，而弟弟因为要留在莫斯科照顾妻子，一时不能指望。

另外，新杂志的未来命运也令人担忧。杂志第一期的现有稿件里，能够吸引读者的只有屠格涅夫的作品《幻影》。要想在出版业重整旗鼓，这是远远不够的。令米哈伊尔尤其失望的是，陀思妥耶夫斯基在整个欧洲之行中没有写下一个字。事先计划的能够唤起读者对

作家兄长米哈伊尔·M.陀思妥耶夫斯基素描像，K.特鲁托夫斯基绘

米哈伊尔·M. 陀思妥耶夫斯基

新杂志兴趣的作品，眼下还没有一点眉目。直到陀思妥耶夫斯基于1864年1月从弗拉基米尔搬到莫斯科后，才开始着手创作这部名为《地下室手记》的新作，而且因为要同时照顾病重的妻子，写作的进展十分缓慢。同样进展缓慢的还有杂志的营销，订阅的人数——同时也意味着资金的注入——远远低于预期。米哈伊尔虽然卖掉了自己的烟厂，可除此之外却没有任何资金储备，因此他只能依靠贷款来维持杂志运营，这其中包括支付广告费、员工工资、给作者的稿酬以及印刷费用等。

直到1864年4月，《时世》杂志第一期才以1月、2月合刊的形式投入市场。这时候，医生已经放弃继续治疗垂危的玛丽娅。3月底，陀思妥耶夫斯基告诉哥哥，据医生讲，玛丽娅已经撑不到复活节了，并请哥哥转告住在米哈伊尔家的继子帕沙马上赶往莫斯科。1864年4月14日深夜，玛丽娅咯血不止。在神父的临终祷告声中，她和家人一一吻别。在挣扎了一天一夜后，4月15日傍晚，在距离复活节还有三天时，玛丽娅离开了人世。按照俄罗斯习俗，玛丽娅的遗体在下葬前被摆放在一张灵桌上。陀思妥耶夫斯基为她守灵，并写下了当时的所思所想：

> 4月16日。玛莎躺在桌子上。我还能再见到玛莎吗？——人不可能像基督训诫的那样爱人类如爱自己。尘世间的个性法则约束着人，自我妨碍他这样做。唯有基督能够爱人类如爱自己，然而基督是人类努力追求的一个永恒的理想。按照自然法则，人类也必须努力追求它。[81]

陀思妥耶夫斯基还经过更深入的思考做出判断：假如人类毕生都在为追求理想而努力，但生命却最终将随着死亡而化为乌有，那么无论人类的历史还是个体的历史，都将是无意义的。人类的存在只有在一种前提下才有意义，这个前提便是，在生命完结后还存在另一个生命，一个"未来的、如天堂一般"的永恒不灭的生命。而世界以及人类苦难的道德合理性也必须具备一个前提：人能够确信，他可以通过爱的牺牲以及将自我与全人类融为一体来克服本能（"个性法则"）的惰性，哪怕只是在乌托邦的意义上。假如做不到这一点，人便会不断地受苦，并将这种苦难视为罪孽。但是，无论是自我矛盾带来的永无休止的苦难，还是"遵循（基督教）法则，通过牺牲而获得的天堂般喜乐"，都属于"人类境况"（conditio humana）的一部分。

关于自我牺牲理念在基督教世界观中的核心意义，在陀思妥耶夫斯基的《冬天里的夏日印象》中便是一个重要的主题。在这部作品中，他将法国大革命提出的博爱精神斥为抽象的乌托邦，它与西欧崇尚的"个性原则"是一对不可调和的矛盾。真正的博爱精神在西欧人的"天性"中并不存在。到1870年代后，陀思妥耶夫斯基将会更进一步，把出于仁爱而做出自我牺牲的人格——这正符合了《新约》中

"彼此相爱"的训诫(《约翰福音》13，34)——称作俄国人所独有的民族特性。

尽管在为玛丽娅守灵时，陀思妥耶夫斯基头脑中开始萌生了这些极具个人色彩、尚不确定、仍在试探和摸索中的思考，但此时的他，仍然是读者们熟悉的那个思想家。他的思想总是针对某一派别并将其作为批判对象，这些人有时是"理论家和虚无主义者"，有时是"反基督教者"或"无神论者"，有时是"唯物主义者"或"革命党人"。[82]

> 唯物主义者的教义是普遍的惯性和物质的机械化，它意味着死亡。真正哲学的教义（即基督教教义，作者注）是根除惯性，它就是思想，它就是宇宙的核心，它就是宇宙与其外部形式、质料的综合，它就是上帝，它就是永生。

这段话虽只有寥寥几句，却涵盖了陀思妥耶夫斯基未来作品的思想纲要。从《罪与罚》到《卡拉马佐夫兄弟》，这些作品都"将基督教法则与个性法则之间的命运冲突加以戏剧化处理"，[83]并将"伪哲学家"的世界观作为靶子，围绕下述主题展开叙述：上帝与永生，精神与物质，自由与慈悲，信仰与知识，神人与人神，社会主义与基督教教义，俄国与欧洲。

玛丽娅于4月17日下葬。十天后，陀思妥耶夫斯基退掉了莫斯科的公寓，搬回了圣彼得堡，帮助哥哥米哈伊尔打理《时世》杂志编辑部的事务，同时以秘书身份定期出席文学基金会的会议。6月1日，他以出国治疗为由，向执委会提出了一千五百卢布的借款申请。因为他用从姨父库马宁那里得到的遗产及时还清了从文学基金会得到的上一笔借款，因此，他的此次申请以微弱多数获得了批准。但是作为执委会成员，在相隔很短的时间内连续两次向基金会申请补助，也让执委会一些成员感到不满，并在不久后受到审计委员会的质疑。[84]实际上，陀思妥耶夫斯基的这次出国旅行计划和上次一样，并不是为了找西欧癫痫病专家为自己治疗，而是想尽快与阿波利纳里娅再次见面。因为后者不久前告诉他，自己将于6月初去比利时疗养，并邀请陀思妥耶夫斯基前去与她相会。

6月16日，陀思妥耶夫斯基拿到了护照。但是，旅行计划却被迫延迟，因为前一段时间患上肝病的米哈伊尔突然病情加重，已经没有能力打理编辑部的事务。7月初，米哈伊尔·陀思妥耶夫斯基陷入了昏迷，之后再没醒来，直到7月10日凌晨因胆囊大出血去世。玛丽娅的离世在陀思妥耶夫斯基心里留下了长长的阴影，而哥哥米哈伊尔的去世对他来说则如晴天霹雳。米哈伊尔从一开始便对弟弟的文学才华深信不疑，并在精神和物质上始终给予他鼎力支持。他创办刊物的主要目的就是给弟弟提供一个施展才华的舞台，并且一手包揽了编辑部的所有日常杂务，好让弟弟能够专心进行文学创作。每当费奥多尔在钱的问题上遇到麻烦，他都会无条件地伸出援手。更重要的是，从莫斯科的童年时代开始，他便是弟弟最亲密的伙伴和知音。费奥多尔可以随时向他敞开胸怀，把他当作最坚实的依靠。

米哈伊尔留下了三百卢布现金，正好可以用来支付葬礼的开支。由于当年与彼得拉舍夫斯基小组之间的瓜葛，米哈伊尔一直处于秘密警察的监视之下。7月13日，米哈伊尔·陀思妥耶夫斯基的葬礼在圣彼得堡郊外巴甫洛夫斯克的一处墓地举行，除了亲友和一些文学界人士，第三局还派一位密探出席了葬礼。回去后，他向上级报告说，"未发现异常情况"。陀思妥耶夫斯基特别交代继子帕沙，不要对外透露米哈伊尔去世的消息，他担心债主得知后会一窝蜂地冲上门来要账。这并非多虑，因为米哈伊尔留下了高达两万五千卢布的巨额债务，其中一万五千卢布是马上就要到期的期票。

在这种情形下，陀思妥耶夫斯基面临着两种选择：一是放弃这份负债累累的刊物，宣布破产，并劝说米哈伊尔的遗孀艾米莉娅·费奥多罗夫娜放弃全部遗产，让债权人空手而归，如果情况好的话，或许能够拿回20%的投资；二是亲自接手《时世》，把杂志继续办下去，这样的话，他必须再去贷款，数额预计至少要一万八千卢布（1865年3月31日）。在为自己操劳一生的兄长去世后，照料他的家人是陀思妥耶夫斯基不容置疑的义务和责任。陀思妥耶夫斯基后来回忆说，在当时，即使停办杂志，他的经济能力也能让他担起这份责任，因为过去十年他依靠文学创作每年平均可以得到八千卢布到一万卢布的收入。

但是无论如何，停办杂志对陀思妥耶夫斯基来说其实是一个更为理性的选择。1863年，《时代》杂志还获得了五万卢布的赢利，[85] 可是到1864年时，《时世》杂志却亏损将近一万七千卢布。而且1865年的订阅数量也少得可怜。1864年秋，杂志首席评论家阿波隆·格里戈利耶夫在还清债务短短几周后，因酗酒导致的中风去世。越来越多的知名作家退出了杂志。在《时世》新招募的作家当中，唯一有名望的是受左翼人士推崇的尼古拉·列斯科夫（Nikolaj Leskow），其创作的小说、被肖斯塔科维奇改编成歌剧的《姆岑斯克的麦克白夫人》（Lady Macbeth aus Mzensk）刊登在1865年1月号《时世》杂志上。

为了解决杂志面临的财务困境，陀思妥耶夫斯基于1864年8月从富有的姨妈亚历山德拉·库马宁那里弄到了一万卢布，这笔钱是姨妈在遗嘱中留给他的。但是，这些钱大部分都被拿去还债，而要维持杂志运营，却是远远不够的。1865年初，杂志订阅量已不足两千，不断积累的赤字迫使陀思妥耶夫斯基不得不于2月做出停刊的决定。

哈姆雷特，一只受辱的老鼠：《地下室手记》

这是陀思妥耶夫斯基自1849年遭遇生死磨难之后所经历的第二次重大危机。正是在这段日子里，他倾尽仅存的全部精力，经过几次停顿，终于完成了毕生最重要的作品之一——《地下室手记》。从某种意义上讲，这部小说称得上是他为 1860/1870 年代几部鸿篇巨制所做的一次预备。这篇原名为《忏悔书》（*Eine Beichte*）的小说一开篇便以忏悔的口吻写道："我是一个有病的人……我是一个心肠歹毒的人。我是一个其貌不扬的人。"这位叙述者的疾病在于过度敏感的意识，以及不断自我反省的冲动，后者是"我们不幸的 19 世纪的思想发达的人"的常见特征。地下人的身上延续了愤世嫉俗的"世纪儿"传统，这类形象最早见诸欧洲浪漫派笔端，例如邦雅曼·贡斯当（Benjamin Constant）的《阿道夫》（*Adolphe*，1816 年），阿尔弗雷德·德·缪塞（Alfred de Musset）的《一个世纪儿的忏悔》（*Confession d'un enfant du siècle*，1836 年），以及米哈伊尔·莱蒙托夫的《当代英雄》（*Ein Held unserer Zeit*，1840 年）。

陀思妥耶夫斯基笔下的无名主人公并不是一个受"世纪病"困扰的贵族青年，而是一名在机关供职二十余年后退休的圣彼得堡小职员，蛰居在一个公寓楼简陋破败的地下室里。与陀思妥耶夫斯基早期作品中的主人公一样，地下人的性格里也包含着强烈的自我夸大的膨胀欲。作为一个地位卑微的个体，一个社会上的最低等生物，他的身上却蕴藏着巨大的能量，不肯被渺小的外壳束缚。在《穷人》中，这股能量是强烈而炽热的爱欲，可主人公却因不善言辞而找不到恰当的语言来表达；而《地下室手记》中的主人公是一个受过良好教育的八品文官，他有着敏锐的头脑和雄辩的口才，却苦于没有志趣相投的谈话伙伴，以及一群能够与之交流的听众。

本书的英文译本被冠名为《鼠洞里的回忆》（*Memories from a Mousehole*），这个从书的内容引申出的比喻，把地下人变成了一只"拥有敏锐意识的老鼠"。[86]这只"老鼠"在开始对自己的人生发表忏悔之前，先为自己设定了一群对手，并对他们发表了一番慷慨陈词，这些人便是那些受欧洲教育、信奉启蒙理念的俄国人，也就是陀思妥耶夫斯基在《冬天里的夏日印象》中的批判对象。读者在阅读时，必须努力去聆听这群虚拟听众在叙述者的演说过程中所发出的不满和嘘声，只有这样，才能让自己真正沉浸到主人公所处的微妙境地之中。地下人在演说过程中，不时用或焦虑，或嘲讽，或愤怒的眼神偷窥着听众，这使得他的演说产生了某种双向性。他所讲的每一句话都是将某个虚拟对手的批评性反驳作为预设，并因此产生分裂，变成了一种自问自答式的"对话"。[87]

　　《地下室手记》的写作创意与陀思妥耶夫斯基1863年的另一项计划在时间上相重叠，这项计划就是在兄弟俩主办的杂志上针对尼古拉·车尔尼雪夫斯基日前发表的一篇引发巨大轰动的小说《怎么办？》（*Was tun?*）撰写一篇评论。和陀思妥耶夫斯基的许多构想一样，这项计划同样也没能实现。但是，与车尔尼雪夫斯基在意识形态上——特别是针对这篇在彼得保罗要塞的牢房中完成的社会乌托邦式小说——展开论战，却成为陀思妥耶夫斯基这部新作品的核心主题。车尔尼雪夫斯基《怎么办？》一书的副标题是《新人的故事》，书中讲述了两位年轻的圣彼得堡医学院学生和他们所爱的女性，为追求空想社会主义所倡导的新生活而奋斗的故事。作品的一个核心思想是由杰里米·边沁（Jeremy Bentham）和约翰·斯图尔特·穆勒（John Stuart Mill）提出的"理性利己主义"伦理学说。早在《哲学中的人本主义原理》（*Das anthropologische Prinzip in der Philosophie*，1860年）一文中，车尔尼雪夫斯基便曾提出这样的观点：人要成为善良的人，就必须让自己的所作所为给自身带来合理的利益，并通过"利益的最大化"来达到善的目标。[88]因此，在他的小说《怎么办？》中，主人公洛普霍夫推崇的信条是："我爱自己胜过任何人。"正如穆勒在1861年出版的代表作《功利主义》一书一样，车尔尼雪夫斯基书中的这句话也并不是为狭隘自私的利己主义摇旗呐喊。无论是穆勒还是他的这位俄国信徒，都认为善的最高目标是让人类获得普遍的幸福。车尔尼雪夫斯基书中的女主角薇拉·巴甫洛芙娜曾在梦里望见一座宫殿，外观与"塞登哈姆山上的那座"一模一样。这里显然是指帕克斯顿设计的水晶宫，车尔尼雪夫斯基在1859年去伦敦旅行时，曾对它留下了深刻的印象——不过，与陀思妥耶夫斯基的印象有着截然相反的含义。薇拉·巴甫洛芙娜梦中的水晶宫是一座按照傅立叶理念而构建的大型公社，所有成员都住在一起，彼此和谐相处，并按照理性以及让最多人获得最大幸福的原则安排着自己的生活。

这种普遍幸福论恰恰是地下人深表质疑的。他通过自身对世界史的审慎观察做出判断，人类绝不可能如理想主义和唯物主义哲学所设想的那样，将不断向更高的理性迈进，并最终"达到精神与现实的统一"。[89]地下人向同时代迷信进步的乐观主义者发出质问："再请诸位环顾一下四周：血流成河，而且大家还十分开心，倒像这是香槟酒似的。我们整个19世纪皆是如此！……说白了，关于世界历史，人们尽可以说三道四……唯有一样不行，这就是：认为历史是理性的。"地下人谴责普遍幸福理念的一个重要理由是，这种构想是建立在成本收益比的算计之上，而剥夺了个体的自主决定权，这意味着剥夺了一个人"最有利的利益"，即行使自由意志的权利。傅立叶的法伦斯泰尔构想把人变成了失去意志的工具，某种类似于钢琴上的琴键或管风琴中的琴栓的东西："一个人需要的仅仅是他独立的意愿，不管达到这独立需要付出多大代价，也不管这独立会把他带向何方。"

在地下人看来，水晶宫是为冷酷精致的理性统治而建造的。所有一切都被缩减为成本效益的计算和约束人的自然法则。现代文明将不再有生活，而是"死亡的开始"。"唉，诸位，如果一切都得照着乘法表和算数法则来运作，谈何自由意志？不论我愿不愿意，二二必须得四。这算哪门子自由意志？"[90]

一个人当然可以喜欢舒适和幸福。但是有时候他也会喜欢苦难，喜欢极了。而苦难就是怀疑，就是否定，就是反抗的自由和思考的意识。但这样的人是得不到水晶宫的居住权的，只有那些天真幼稚、只会为眼前利益进行理性算计的人，才能进入水晶宫。地下人将这些人称为"不动脑子的人"。这些"不动脑子的人"便是陀思妥耶夫斯基在《冬天里的夏日印象》中以鄙夷的口吻所说的"I'homme de la nature et de la vérité"：① 这类人虽有行动力，却简单盲目，他们只满足于用最简单的理由来解释世界，即所谓理性法则，简单得就像乘法公式"二二得四"。

地下人与"不动脑子的人"之间的关系始终充满纠葛。他一边对他们冷嘲热讽，一边嫉妒他们，因为其自身过多的意识和敏锐的洞察力最终也不过是一场空。他对世间种种复杂因果关联的探寻和求索，只能让人"陷入无休止的怨愤之中"，从而让一切有价值的东西贬值，让一切行为都变得没有意义。[91] "不动脑子的人"所展现出的是一种正常的自我意识，而地下人的表现一方面是虚荣和傲慢，另一方面是无法自拔的自卑情结。他甚至不愿看到自己在镜中的影像，因为他"怀疑自己长着一副混蛋的嘴脸"。与"不动脑子的人"所拥有的幼稚自信相比，地下人的自信是一种具有某种破坏性的、自我反省的意识，即黑格尔所说的"不快乐的、内在分裂的意识"。[92]

地下人的怀疑与自我怀疑，其神经质的焦虑与不满，把他变成了现代的哈姆雷特：智力超群，却困于思想而畏惧行动，就像莎士比亚笔下黯然失落的英雄一样。而"不动脑子的人"却恰恰相反，他们有着天真无邪的行动欲，正如作为哈姆雷特反照的另一个欧洲文学形象——堂·吉诃德。1860年1月，就在陀思妥耶夫斯基从西伯利亚流放地返回俄国短短几天之后，屠格涅夫在圣彼得堡文学基金会举办的一次活动上，以《哈姆雷特与堂·吉诃德》为题发表了一篇演说。当

---

① 法语，意为自然与真实的人，语出卢梭《忏悔录》。

年别林斯基也对哈姆雷特表示过不屑,因为这个人"只说不做"。[93]屠格涅夫对哈姆雷特的看法延续了这一传统。尽管他对这位丹麦王子不乏怜悯,然而他更欣赏的是堂·吉诃德这位悲壮豪迈的骑士,因为后者身上所体现出的天真的理想主义正是推动历史进步的原始动力。在屠格涅夫看来,傅立叶便是一位当代的堂·吉诃德。据说傅立叶很多年里每天中午12点都守在家里,准备迎候一位有钱的英国富翁,能够出资帮助他实现理想中的法伦斯泰尔计划,但这位恩主最终也没有出现。和堂·吉诃德一样,傅立叶也因此受到了同时代人的嘲笑。但是,"无论如何,没有这些可笑的堂·吉诃德们,没有这些古怪的发明者们,人类就不能前进——哈姆雷特们也就没有什么可思考的了"。[94]

由于早已放弃了对空想社会主义的推崇,因此,在对傅立叶的评价方面,陀思妥耶夫斯基的看法大概很难像屠格涅夫这样积极。但是,对于屠格涅夫关于哈姆雷特的负面评价,他却定会表示认同。因为正如屠格涅夫所言,哈姆雷特代表的是一种"向心的"、完全从自我出发去看待世界的"利己主义力量",而堂·吉诃德身上所体现的是一种"离心的""奉献和牺牲的原则"。[95]这一点同样也是《冬天里的夏日印象》得出的终极结论,即资产阶级的利己主义是基督教自我牺牲精神的对立面。《地下室手记》第二部分的叙事便是从这种对立展开的。这个题为《雨雪霏霏》的章节讲述了地下人在二十年前经历的一段插曲,按照小说中的时间推算,应当是在1848年。

早在年轻的时候,这位男主人公便是一个不爱交际、充满神经质的人。他与外界的关系仅限于每日在圣彼得堡政府机构里当差,以及阅读各种畅销文学,特别是赞扬"美与崇高"事物的一类作品。但是,他越是被这些作品中的主人公那些崇高的思想、感情和行为吸引,他内心的淫欲便越旺盛,忍不住要去寻花问柳,虽然"总是在夜里,偷偷地,又害怕,又觉得肮脏,又感到羞愧……即使在当时,我心里也已经有了一个地下室"。就像一种用崇高与卑劣调制出来的"辛辣的调味汁",带给人美妙的享受。

有一天在妓院里,他遇到了一位名叫丽莎的年轻妓女:"在我面前闪过一张娇嫩的、年轻的、稍微有点苍白的脸,长着两道黑黑的柳叶眉,带着一副严肃的、似乎略显惊讶的眼神。我立刻就喜欢上了这表情,如果她笑容可掬,我反而会讨厌她、恨她。"两人在床上翻云覆雨之后,地下人开始就卖淫的道德问题以及对健康的危害对丽莎进行说教,劝说她不要再做妓女,并向她描绘了有关"真正女性"和"幸福家庭生活"的各种理想画面。他用这番说教赢得了丽莎的信任,惹得她因为内疚而潸然泪下。地下人被自己这通话引来的后果惊呆了,于是扔下自己的名片,匆匆跑出了门。

几天后,丽莎到家里来找他,可她出现的时刻不巧,正好撞见地下人对不听话的仆人大发雷霆,情绪完全失控。这样尴尬的场面被丽莎遇见,让地下人觉得很没面子,于是想办法要报复她。他告诉丽莎,上次他做的一切不过是在她面前演戏,说的那些话也没有一句是出自真心。可是他一开口便停不下来,原本的假话到最后却变成了真正的忏悔。他向对方坦白了自己的各种缺点:懒惰,懦弱,迷恋权力,自卑再加上自私。为了解释自己是如何自私,他用俄国文人聊天时常说的一句话做比喻:"让全世界彻底完蛋呢,还是让我喝不上茶?我要说,宁可让全世界完蛋,但是必须让我永远能够喝上茶。"丽莎这时候终于明白,对方凶神恶煞的样子原来都是伪装,是一颗痛苦的心灵在绝望地寻找着爱。于是,她对此做出了反应:"她突然向我扑了过来,两只手搂住我的脖子,哭了起来。我也忍不住号啕大哭,我还从来没有这么哭过……"

接着,两个人又抱在了一起,彼此缠绵温存。然而在这之后,地下人内心突然萌生出一股羞愤交织的感情,压倒了丽莎对他表示出的同情。在他混乱无序的想象中,爱情只能是决斗或交易。他把一张五卢布票子塞到了丽莎手里，用这一举动把对方的身份重新变回了妓女，那个他曾试图用道德说教拯救的卖淫女。丽莎把钱扔到桌子上，愤愤地夺门而去。与莎士比亚的《哈姆雷特》不同的是，故事到这里并未结束。地下人又开始了他滔滔不绝的自白，到最后只能由那位虚拟的出版人出面，为整本书画上句号："这位奇谈怪论者的《手记》写到这里还没完。他忍不住继续秉笔直书。但我们倒觉得可以到此打住了。"

至少在西欧和美国，《地下室手记》是除《卡拉马佐夫兄弟》之外被讨论最多的陀氏作品。陀思妥耶夫斯基笔下的这位孤独怪癖的主人公，在一个被撕下魅力外衣的世界里，向理性专制和自然法则"必然性"[96]之暴力，向迷信进步的乐观主义，向按照成本收益比对世间万物进行计算的做法，公然发起反抗。如今，这部作品已然成为现代派的开山之作。从尼采、弗洛伊德、卡夫卡到加缪，从生存哲学到存在主义，都从中获得过灵感。陀思妥耶夫斯基笔下的主人公以控诉者的形象，表达了对资产阶级和资本主义秩序——其形态在19世纪变得越来越稳固——的不满与谴责。这种秩序有着冰冷和"钢铁般坚硬的外壳"（马克斯·韦伯语），而地下人拿来反抗它的是自由意志的理念，是自主、怀疑、抗议、自发行动和保持非理性的权利，哪怕要为此付出痛苦的代价。

《地下室手记》在20世纪所产生的巨大影响，主要归功于其主人公坚守自我、不肯屈服于世俗的叛逆精神。列夫·舍斯托夫是最早认识到这部作品价值的人当中的一个，并将其称作是陀思妥耶夫斯基文学生涯的转折点。他认为，在《死屋手记》中，作者的创作核心一是为了自我疗愈，二是为了把劳役营的苦难经历转化为知识分子对自身使命的意识，这便是贴近民众，与俄国最底层百姓结成同盟。在完成这项工作之后，陀思妥耶夫斯基终于可以与读者坦诚相见、畅所欲言了。这部新作是一个个体所发出的撕心裂肺的绝望呐喊，因为这个人

"突然意识到,他一辈子都在撒谎和自我伪装,因为他试图让自己和他人相信,其人生的最高目标便是为最低贱的人服务"。[97]

这种诠释很容易令人联想到尼采,对此,人们可以从两个方面提出质疑:一方面是作者与作品主人公之间的本体论差异;另一方面,地下人这一角色既是控诉者,也是被控诉的对象。其病态的过度意识,心理上的畸形,对权力的欲望,自私、孤僻和缺乏行动力——所有这些描写都是为了让同时代人看到欧洲文化模式对俄国产生的深刻影响。陀思妥耶夫斯基是想告诉人们,这些恶的原因在于西方现代社会的个人化,它要求每个人都能完成其作为个体没有能力完成的任务。

在一个没有上帝、没有正常的社群,也没有人人信奉的价值观的世界里,人就会失去道德上的辨别能力。于是,便出现了崇高情操与道德败坏并存的状况。当人们不再信仰上帝之后,在唯物主义的统治下,自然法则"不可撼动的必然性"[98]以及费尔巴哈和车尔尼雪夫斯基所宣扬的"人择原理"(anthropologisches Prinzip),便会取代上帝的角色。地下人以满腔愤怒对自然法则的力量所发出的控诉,说到底不过是为了表达其内心的无助。他知道,这些法则是他逃也逃不脱的。眼看着这个上帝缺失的世界萎缩得只剩下物质上的因果关联,而他对这一切却奈何不得,他便愈加怒火中烧。到最后,这种无助变成了一种扭曲的优越感,并且让他相信,这个世界的中心既不是上帝也不是自然法则,而是他自己:

顺带说一句:一个正派人最爱谈论什么呢?回答:谈论自己。

1864年3月,陀思妥耶夫斯基对审查机关针对《地下室手记》第一章原稿做出的删改抱怨不迭。"审查机关的这些猪啰们把我嘲讽一切,包括对上帝大不敬的段落都保留了下来,而把我由此得出的信仰基督之必然性的结论却删得一干二净。"（1864 年 3 月 26 日）陀思妥耶夫斯基在 1873 年的一份笔记中写道，地下人的最大不幸在于他没有能力改变自己，准确地讲是"把自己变好"。这种无能的根源是，他"摧毁了对普遍法则的信仰"，并且坚信，这世间"没有神圣之物"。[99]

这种虚无主义思想远远超出了屠格涅夫在《父与子》中所描绘的年青一代当中的虚无主义倾向。地下人将自己彻底置身于善恶之外。尼采虽然也选择了同样的立场，但他却相信自己可以成为拥有"自由灵魂"、意志坚定的新人。而陀思妥耶夫斯基笔下的地下人却始终停留于被动和无为。他的痛苦在于，他不相信能够给自己的人生找到新的方向。相反，他却自虐式地享受着这样的执念："没有出路，再也不可能变成另一个人。即便有足够的时间和信心去变成另一个人——我大概也不情愿做出这样的改变。"拒绝变成"另一个人"，意味着拒绝以任何形式超越本体。在陀思妥耶夫斯基看来，这是一种反信仰的行为。一个人的内心皈依不能通过教育或改造来实现，而更多是通过洗礼。当这恩赐降临某个人身上时，这个人的胸怀必须是敞开的。"人做不到的事情，上帝可以做到。不是通过改造，而是重生。因此信仰基督是必然的。"[100]

但是，这种"必然性"并没能让地下人噤声。怀疑的声音永远是伴随所有宗教信念的不和谐音。那些躲在地下作祟的鬼怪，实际上是陀思妥耶夫斯基的心魔，是出自其才华中所谓"野性"和"冷酷"的一面。[101] 它是一位基督徒作家发自内心的声音，他坦白承认，自己是"一个不信与怀疑之子"。这种怀疑渗透在《地下室手记》的字里行间，其程度之深远远超出了其他所有陀氏作品。对这一点，舍斯托夫的看法是正确的。但他由此引申出的所谓"绝望哲学"却是错误的。[102] 事实恰恰相反。虽然有些段落被审查人员删去，但作家关于信仰基督之必然性的表述是一目了然的。在倒数第二章，当地下人在丽莎的怀抱里抽泣着哭作一团时，作者明显是想把这一场景描绘成一场洗礼。他在这里所采取的戏剧性手法与《罪与罚》结尾时拉斯柯尔尼科夫的忏悔如出一辙。在这一刻，地下人原本可以接受这场洗礼，使自己的心灵得到净化。但他却没有这样做，而是回到了对不快乐意识的无休止倾诉。

冒险的计划

同时代人并没有意识到这部陀氏新作的精彩超凡。整个文学评论界对它几乎只字未提。阿波利纳里娅·苏斯洛娃读完这部"罪恶小说"的第一部分后，便明确表示不喜欢它。她尤其讨厌陀思妥耶夫斯基笔下主人公在讲话时那种"玩世不恭的腔调"。[103] 这一点代表了她整日混迹其中的文学圈的主流观点。很显然，和《双重人格》一样，《地下室手记》远远超越了同时代人的理解和接受能力。

当1865年2月这部小说最后一章发表时，陀思妥耶夫斯基对评论界的反馈根本无暇关注，因为当时有其他太多麻烦在等着他解决。自米哈伊尔去世后，这个债台高筑的杂志社的日常事务都要他亲自打理。每天都有一堆财务上的事情等着他处理：拖欠的稿酬，过期的借款，到期未付的期票，各种催款单，再加上读者因为迟迟收不到杂志而写来的抱怨信。在这些年留下的笔记中，陀思妥耶夫斯基详细记录了每一个需要处理的事项：欠谁多少钱，哪张期票在哪天到期，哪个债主不久有可能来找麻烦。他当时的财务状况多么困难，从一件事就可以看出：那些日子，他三天两头往当铺跑，去典当值钱的东西，比如银器、餐具、书籍、皮草和大衣等。6月5日，因为两张未付的期票，警察机关通知他，要没收他的全部家具。幸亏他第二天从文学基金会及时申请到了六百卢布借款，才算暂时渡过了难关。

1865年6月，《时世》杂志最终停刊。这个在过去四年里给陀思妥耶夫斯基带来不菲收入的财源，从此彻底枯竭。如今，他既没有财路,抽屉里也没有一份完成的手稿,剩下的出路只有一个,就是采取老办法,也是他最憎恨的一种形式:向出版商出卖作品,以获得预付稿酬。于是,陀思妥耶夫斯基又不得不开始四处求人。他为此去找了《圣彼得堡新闻》的瓦连京·克尔什(Walentin Korsch),《阅读文库》的彼得·鲍伯里金,还有《祖国纪事》的米哈伊尔·卡特科夫。每到一处,他看到的都是一张冷脸。卡特科夫还没有忘记,七年前,他曾为陀思妥耶夫斯基答应的作品《斯特潘奇科沃村》预付了五百卢布,可因为对稿件不满意,最后不得不把预付款收回。

陀思妥耶夫斯基最后找到了音乐出版商费奥多尔·斯捷洛夫斯基(Fjodor Stellowkij),后者不久前刚刚决定,准备推出一系列畅销文学作品。斯捷洛夫斯基提出条件,向陀思妥耶夫斯基支付三千卢布稿酬,买下一套三卷本陀氏作品全集的出版权;另外,对方还要为其创作一部不少于十二印张(约合两百页)的新长篇小说,交稿期限不得迟于1866年11月1日。否则,斯捷洛夫斯基将在未来九年内享有陀氏作品的独家版权,而且不用向对方支付一个戈比。在陀思妥耶夫斯基研究者当中,很多人都用传奇式手法,把斯特洛夫斯基描绘成一个恶毒的剥削者,[104]千方百计地从陀思妥耶夫斯基身上搜刮血汗。[105]但实际上,当陀思妥耶夫斯基1865年7月初签下这份合约时,他的处境并没有达到后人想象的任人宰割的程度。当初向文学基金会申请第一笔借款时,他便主动提出条件,如果不按时还款,将把所有作品的版权转送给基金会。就在1865年6月8日,他还试图说服出版商克拉耶夫斯基以三千卢布预付款,买下他的下一部作品《罪与罚》;一旦陀思妥耶夫斯基违约,对方将获得"本人所有作品的全部和永久性出版权"[106]以及出售与抵押权。

由此我们可以推测,陀思妥耶夫斯基并不是一份屈辱性合同的受害者,而是在双方拟定合同条件时便积极参与其中。后来,他在说起斯捷洛夫斯基时,以蔑视的口吻称之为"投机分子"(1866年6月

17日），可这话其实对他自己也一样适用，因为他的文学生涯从一开始便充满了投机和冒险的色彩。人们很难想象，他在签署这样一份合同时，对它的风险会毫无意识。实际上对陀思妥耶夫斯基来说，一直到70年代，冒险始终是刺激他进行文学创作的重要动力。冒险作为他与命运之间的一场赌博，令他沉迷其中，[107]而在赌场的冒险经历，更是让他对这种孤注一掷的行为渐渐习以为常。就在抱怨斯捷洛夫斯基这个"投机分子"的同一封信中，陀思妥耶夫斯基坦率地承认，在这样短的时间内完成两部长达三十印张的作品（《赌徒》和《罪与罚》，作者注），并没有让他感觉有丝毫不妥。如果换成屠格涅夫，单单是想到要以这样的方式工作，就会让他生不如死。可陀思妥耶夫斯基却对"这种怪异和超常的事情"乐此不疲，因为这让他确信自己"不是个贪图安逸的平庸之辈"（1866年6月17日）。

与斯捷洛夫斯基签完合同两周之后，陀思妥耶夫斯基开始了第三次欧洲之旅。这次，他的目的地是威斯巴登，就是他在两年前一夜赢了一万法郎的"宝地"。他从斯捷洛夫斯基那里得到的三千卢布大部分都被他拿去还债，这时他手里剩下的仅有两百卢布。[108]这点钱对一次为期三个月的国外旅行来说实在是不够宽裕。但是，陀思妥耶夫斯基的心思根本不在旅行，更不是为了看风景。吸引他的自然也不是威斯巴登这座小城，他只一心想拣最短的路程，赶紧冲到绿色的赌桌前，赚来在任何文学市场上都无法赚到的"快钱"。这次，他选择在"维多利亚"旅馆下榻，这里离赌场只有一步之遥。[109]除了对赌博的狂热，吸引他前往欧洲的还有另一个念想，这就是尽管一次次受到冷落和羞辱却让他始终热情不减的阿波利纳里娅·苏斯洛娃。她人现在瑞士，不过她告诉陀思妥耶夫斯基，她将在返回巴黎途中在威斯巴登短暂逗留。

威斯巴登带给陀思妥耶夫斯基的是一场惨败。在第一天，他便输掉了所有的旅费，连旅馆的住宿费都交不起。他不得不放弃晚餐，包括晚上照明用的蜡烛。因为他一向习惯于在夜里工作,这种惩罚带给他的折磨是双倍的。在这期间,他也曾一天赚到了一万二千卢布,可是这些钱很快便像最初的赌本一样,零零散散被输了个精光。陀思妥耶夫斯基只好向日内瓦的赫尔岑求助,可赫尔岑此时正在瑞士西部的阿尔卑斯山区徒步旅行,和外界失去了联络。于是,陀思妥耶夫斯基又联系住在巴登-巴登的屠格涅夫,问他能不能借给自己一百塔勒。屠格涅夫寄来了五十塔勒,对这位富豪作家的吝啬行为,陀思妥耶夫斯基一直耿耿于怀。因为陀思妥耶夫斯基很多年后才把这笔钱还给屠格涅夫,而后者已经忘记自己借给对方的是五十塔勒而不是一百塔勒,这件事给两人的关系又蒙上了一层阴影。

就在这时候,阿波利纳里娅到了威斯巴登。但是,因为实在无法忍受陀思妥耶夫斯基的疯狂赌瘾,还有不可理喻的坏脾气,她只待了几天便决定逃回巴黎。她把身上剩余的旅费几乎悉数留给了陀思妥耶夫斯基,以至于她在买车票时只能选择硬座车厢。后来,陀思妥耶夫斯基在给她的信中表达了自己的愧疚:"什么,你在科隆连三等车厢的票都快买不起了?假如真是这样,那你只能孤零零地一个人留在科隆,举目无亲。这实在太让人难过了……就算你还有钱能够继续旅程,也一定在路上饿得饥肠辘辘。想想这些,我便头疼欲裂,心乱如麻。"(1865年8月10日)可是,头疼并没有阻止他再次向阿波利纳里娅开口借一百五十盾,好拿它"和那群猪啰结清账目,换一家旅馆"。

这里的"猪啰"指的是旅馆人员,他们已不再允许陀思妥耶夫斯基在旅馆用餐,也拒绝给他清洗西服和皮靴,"因为在德国人眼里,没有比没钱还账更令人不齿的事了"。陀思妥耶夫斯基对德国人以及所有德国事物的反感,这下子又增添了新的理由。他想立刻离开这里,最好是能到巴黎去,哪怕再次受到阿波利纳里娅的冷落也无妨。可这时的他却身无分文。他写信向在俄国驻丹麦使馆工作的弗兰格尔男爵求助,请他借给自己一百塔勒。弗兰格尔过了些天才把钱寄来,可这笔钱很快又被输在了赌场上。陀思妥耶夫斯基预感到，他想一夜间发财的美梦至少这次是无法实现了。

陀思妥耶夫斯基最终在侨居威斯巴登的一位神父那里，借到了一笔款子，于9月底和旅馆结清了房费，踏上了返乡之路。受弗兰格尔邀请，他决定回程时绕道哥本哈根，去看望好友并稍事停留。当他最终乘坐客轮抵达俄国港口喀琅施塔得后，临下船时，他将一封写好的给弗兰格尔的信交给船员，请他们在次日返航时带到哥本哈根。在信中，他恳求男爵帮他垫付船费。弗兰格尔收到这封信想必不会开心，因为陀思妥耶夫斯基在哥本哈根的一周时间里，他不仅免费为他提供住宿，在好友登船时，因为考虑到秋季天寒，他还将自己的一件大衣和一条毛毯借给对方，并客气地叮嘱他用后寄还，因为哥本哈根眼看就要进入冬季，这两样都是他过冬的必需品。

1865年的最后几个月里，陀思妥耶夫斯基整天忙着四处写信借钱，去当铺典当物品，和要债的债主讨价还价。他把这些烦心事都放在白天处理，而把夜晚留给了文学创作。他计划写作并早就拿到预付稿酬的新小说，随着时间渐渐有了些眉目。这部作品原定名为《酒徒》(*Die Trinker*)，正式出版后的书名是《罪与罚》。

一个月前，威斯巴登教区主教伊万·亚尼谢夫（Iwan Janyschew）给他往圣彼得堡汇来了三百卢布。这些钱是《俄国导报》主编卡特科夫寄到威斯巴登的，因为他不知道陀思妥耶夫斯基早已离开那里，返回了家乡。陀思妥耶夫斯基拿到钱后格外兴奋，认为这是对方同意接受书稿的表示，于是怀着极大的热情投身于写作。但是，卡特科夫又拖了足足两个月，才最终决定在他的杂志上刊登这部作品。

这些日子里，陀思妥耶夫斯基整天被债主们围堵，有些人经过商量，同意将还款期再拖延一段时间；但也有的债主却追着不放，并威胁要把他送进"洞穴"，也就是专门关押欠债人的监狱。于是，陀思妥耶夫斯基开始考虑再重新创办一份杂志，以勉强维持生计，可他最终还是决定先把手头的小说写完。弗兰格尔看到他在信里发的牢骚，又一次建议他去政府机构谋个差事。但陀思妥耶夫斯基坚决不肯。他相信自己的市场价值不仅能保证他每天吃上面包，而且是"很大很甜的一份"（1866年2月18日）。

1866年1月，卡特科夫在读完陀氏新作的头几章之后意识到，他手头这本《罪与罚》必将是一部震撼文坛的巨作。直到这时他才告诉陀思妥耶夫斯基，他决定出版这部小说，并将从下一期开始在《俄国导报》上连载。对陀思妥耶夫斯基来说，这个消息仿佛是久旱逢甘霖。只要小说能在杂志上连载，他就可以从卡特科夫那里获得丰厚的预付稿酬，总额将达到五千卢布。假如没有债务，这些钱足以让陀思妥耶夫斯基过上衣食无忧的生活。但是，《罪与罚》杂志连载和第一版单行本给他带来的总共一万四千卢布的收入中，有一万两千卢布被他用来偿还借款以及哥哥米哈伊尔留下的巨额债务。[110]

1865/1866年冬，陀思妥耶夫斯基不仅没能放开手脚过日子，反而如其所言，活得像"一名隐士"，整天"数着手上的零钱过日子"（1866年5月9日）。自打1864年8月从莫斯科搬到圣彼得堡后，他便以二十五卢布的月租，在小麦向斯克街（"小市民街"）与斯托利亚尔内依胡同（"木匠胡同"）的交叉处租下了一套三居室公寓。从这两条街的街名就可以看出，住在这里的不是有钱人家，而是工人、工匠和小商贩。这里的环境与《罪与罚》中描写的那片混乱污浊的贫民聚居区十分相像，它位于圣彼得堡干草市场与叶卡捷琳娜运河（今名格里博耶多夫运河）——实为连接莫伊卡河与丰坦卡河的一条臭水沟——之间，狭窄的街巷如枝权般交错纵横，令人常常辨不清方向。后来，陀思妥耶夫斯基的遗孀安娜·格里戈利耶芙娜在回忆第一次去陀氏居住的十三号寓所拜访的情景时，这样写道：

> 那是一栋有许多狭小公寓的大房子，租客大都是商贩和手艺

人。费奥多尔·陀思妥耶夫斯基的工作室空间很大，临街有两扇窗户。这天阳光明媚，把屋里照得很亮堂；可其他时候，屋里则显得有些阴郁，昏暗而寂静。这种昏暗和寂静往往会带给人一种压抑感。[111]

安娜·格里戈利耶芙娜所感觉到的"阴郁"，对当时的陀思妥耶夫斯基来说却是一件求之不得的好事，因为他需要躲在暗处，全身心地投入写作。深夜和拂晓前的黑暗时分，才是他创作效率最高的时候。可即便这样，他也仍然总是担心，第二天一早又会有债主找上门来要账。这种总也甩不掉的忧虑损害了他的创造力，而眼下，旺盛的创造力是他最需要的东西，因为他必须给卡特科夫的杂志连载及时提供新章节，而且要在1866年年底前完成这部作品。

为了摆脱债主们的纠缠，安静地专心创作，他甚至考虑过去德累斯顿待上三个月。但他不得不放弃这个计划，因为卢布汇率大跌，国外旅行的费用是他根本无法负担的。由于他经常要去莫斯科找卡特科夫商量稿件的事，而且他相信在那边，债主们一时半会儿不会找上门，于是，1866年7月中旬，他在莫斯科彼得罗夫大剧院对面的杜索酒店包下了一个房间。这一年，俄国正在遭受一场漫长的旱灾，天气炎热，气温超过了三十度，燥热的季风吹得人心烦意乱。陀思妥耶夫斯基租下的准备当工作室的酒店房间，简直变成了烤炉，整个莫斯科变成了一块炙热的铁板，很多城里人纷纷跑到乡下去避暑。就在这时候，在莫斯科南郊的柳布利诺村，紧挨着妹妹薇拉·伊瓦诺娃（Wera Iwanowa）的夏季别墅，空下了一处民宅，如果短期租住的话，只收半价租金。

虽然陀思妥耶夫斯基并不像大部分俄国人那样，热心于夏日到乡下避暑，但这年夏天，他还是在"这个全世界最漂亮的地方，和最可爱的一群人"（1866年7月10日）度过了数月时光。薇拉共有十个子女，其中最大的一个是当年十九岁的索菲娅（索妮娅）。她是陀思妥耶夫斯基最疼爱的外甥女，也是后来《白痴》一书的题献对象。薇拉一家是个和睦的大家庭，经常有亲戚朋友到家里来做客。在这轻松愉快的气氛下，陀思妥耶夫斯基的写作就像长了翅膀，飞速向前推进。在他租下的民宅里，他在二层布置了一间宽敞的工作室兼卧室，可以在这里不受打扰地写作。和薇拉家相比，房子显得空荡荡的，因为按照传统，俄国的夏季别墅通常都不配家具，所以每年入夏时，人们总能在街上看到成串的马车拉着家具和家当，出城驶往郊区的方向。陀思妥耶夫斯基一改平日的习惯，每天一早便坐到书桌前，一刻不停地工作到下午3点，然后吃午餐。白天的其他时间他都是和伊瓦诺娃一家度过的。在这里，他不像在圣彼得堡时那样，整日过着清教徒式的单调生活。他和大家一起游戏，聊天，玩划船比赛，或去野外郊游。他时常说笑逗乐，像个淘气的调皮鬼，这点尤其招年轻人喜欢。这和他那衰老的样貌，还有作为《死屋手记》作者的名人光环，实在有些不搭。[112]

不过在这时候，另一部作品的交稿期限也渐渐迫近，这就是他答应斯捷洛夫斯基的十二印张篇幅的新小说。眼下，他还根本没有动笔。在柳布利诺村期间，他拟定了这部小说的大致提纲。早在三年前，他便在从罗马写给斯特拉霍夫的信中，提到过这部作品的构思：

> 故事主题是这样的：一位身在国外的俄国人。如您所知，这个夏天很多杂志都在谈论生活在国外的俄国人的问题……可关键问题是，他把自己的全部能量和精力、任性和愤懑，都交给了轮盘赌。他是个赌徒，却不是个平常的赌徒，正如普希金的"吝啬骑士"也不是一个纯粹的吝啬鬼一样。（1863年9月18日）

要说起形形色色的俄国人，没有谁比陀思妥耶夫斯基更接近赌徒一类；要论对题材的熟悉程度，也没有哪一个能超过赌博。而且，要想在余下的短短几周内把一部小说变成写在纸上的完整作品，他必须要对主人公的心理及其生活的环境拥有切身的体验。9月中旬，陀思妥耶夫斯基返回了圣彼得堡。当他把和斯捷洛夫斯基签订新小说合同、很快就得交稿的事告诉亚历山大·米柳科夫时，这位好友一听便着急起来了。米柳科夫给他出了个主意来应急：陀思妥耶夫斯基只是答应对方按期限交付一篇新小说，但并没有保证一定是一篇优秀的小说。所以，他可以找他，米柳科夫，然后再拉上两三个好友，按照约定的题材分头去写。每个人写上三四个印张，然后凑到一起，这样就可以保证在11月1日前按时交稿了。但陀思妥耶夫斯基拒绝了这个建议。眼下，他对正在写作的《罪与罚》寄予了满满的希望，他相信自己可以凭借这部作品攀上前所未有的文学巅峰。所以，他绝不能轻率地拿自己的名声去冒险。这时，米柳科夫又给他提了另一个建议："你可以找个速记员，你来口述，让他（她）把内容记下来。我觉得这样在一个月内完成是有可能的。"[113]陀思妥耶夫斯基还从没有口述过一部作品。在此之前，他一直习惯于独自完成写作的全部事项。但是这一次，他接受了米柳科夫的建议。

在西欧，速记已经流行了一个多世纪，然而在俄国，直到亚历山大二世统治期间，速记才开始得到普及。俄国第一次使用速记，是1860年圣彼得堡大学举办的米哈伊尔·波戈丁（Michail Pogodin）与尼古拉·科斯托马洛夫（Nikolaj Kostomarow）关于俄国历史起源的辩论会。从那以后，速记在俄国逐渐进入社会各个领域，除了司法和行政机构，也包括文学界。在圣彼得堡，速记行业的权威是编辑和翻译家帕维尔·奥利欣（Pawel Olchin）。他在德国纽伦堡学习了德国速记法，并以其两次再版的三卷本《俄语速记手册——根据加贝尔斯贝格速记体系编写》获得了俄国速记普及国家竞赛奖。

自1865年起，奥利欣开始在圣彼得堡第六男子中学夜校教授速记，上课的大部分是女生。奥利欣从米柳科夫一位同事那里听说了陀思妥耶夫斯基的情况，于是便找到自己的学生、当年二十岁的安娜·斯尼特金娜（Anna Snitkina），问她愿不愿意为作家费奥多尔·陀思妥耶夫斯基的一部七印张篇幅的作品担任速记，稿酬扣除佣金后为五十卢布。安娜不假思索便答应了下来，据她所说，《死屋手记》曾让她流了不少眼泪。[114] 如今，"想到我不仅能认识这位天才作家，而且还能为他的工作助一臂之力，这使我非常激动和欣喜。奥利欣递给我一张叠成四折的纸条，上面写着：'斯托利亚尔内依胡同，小麦向斯克街拐角处，十三号公寓，找陀思妥耶夫斯基'"。在安娜的想象中，《死屋手记》的作者应当是个高身量的魁梧男子，长着一张清瘦苍白而严厉的脸。可她实际看到的，却是"一个中等身材的男人，脸上毫无血色，略带病容，浅栗色甚至带点棕红色的头发上涂了许多发蜡，梳得很服帖，像是戴着假发"。[115]

10月3日，陀思妥耶夫斯基开始了口述的工作，通常是从中午12点到下午4点。他花了些时间，才渐渐适应了这种新的工作方式。在口授的时候，"陀思妥耶夫斯基快步在屋子里来回走，从门边向斜对面的火炉走去，到了火炉边，总是在上面敲两下。同时，他吸着纸烟，经常把未吸完的烟丢到放在写字台角上的烟灰缸里，然后又点上一支"。安娜回到家后，把速记的内容誊清，第二天交给陀思妥耶夫斯基修改，同时"开心地向他汇报新写的页数"。三周半之后，在10月29日这一天，书稿彻底完工了。1866年10月30日，是陀思妥耶夫斯基四十五岁生日。这天，安娜特意换了件紫色的裙子，陀思妥耶夫斯基觉得这裙子和她很相配，让她显得个子高了，身材也更苗条了。[116] 之后，陀思妥耶夫斯基开始对稿子做最后的修改。11月1日，陀思妥耶夫斯基拿着书稿，来到布尔沙亚·莫尔斯卡亚大街斯捷洛夫斯基的办公室，可这位出版商却不在。也许他是成心想让陀思妥耶夫斯基扑个空，这样他就可以在未来九年里无偿出版后者的作品了。陀思妥耶夫斯基听从一位法官好友的建议，把书稿交给了负责斯捷洛夫斯基所在住宅区的警局，并让对方出具了收条。这样一来，斯捷洛夫斯基就无法通过法律途径找他麻烦了。

鲁列滕堡的豪赌：《赌徒》

斯捷洛夫斯基拿到陀思妥耶夫斯基的手稿后很快便拿去付印，所以在1866年12月初，书便上了市。在这部小说中，故事发生的地点是一个名叫鲁列滕堡（Roulettenburg）[①]的小城，它是作者以德国西部的巴德洪堡、巴登－巴登和威斯巴登等以温泉和赌场闻名的城市为蓝本虚构出来的。正如陀斯妥耶夫斯基1863年在信中告诉斯特拉霍夫的那样，故事情节是围绕一位身在国外的俄国人阿列克谢·伊万诺维奇展开的。因为自认为"在俄国没有证明自身才华的机会"，阿列克谢来到德国后，把全部热忱都投入赌博中。他的身份是家庭教师，主人是一位年迈却依然精力充沛的将军。阿列克谢爱上了将军的继女波林娜，除了他，一位自称德·格里耶侯爵的法国人和英国阔佬阿斯特列依先生也在追求者之列。此外，围在将军身边的还有一位二十五岁的法国交际花布朗歇小姐，将军被她迷得神魂颠倒。就像在赌博和爱情的欲火之间摇摆的主人公阿列克谢一样，小说中的其他人物相互之间也都被爱情或金钱关系拴在了一起。假冒侯爵的法国人德·格里耶在听说波林娜从继父那里得不到分文遗产后，立刻对她失去了兴趣。而对英国人阿斯特列依早就没有了爱意的波林娜因为欠对方的钱，急不可耐地想通过赌博摆脱因债务受到的束缚。另一边，布朗歇小姐虽然从将军那里得到了许多昂贵的礼物，可当她听说对方已经破产，而他期待已久的从富有的伯母——耄耋之年的莫斯科地主安东尼达·瓦西里耶夫娜·塔拉谢维奇娃——那里继承大笔遗产的希望也已经落空后，便毫不犹豫地抛弃了他。

[①] 德文直译为"轮盘城堡"。

这位传说中已不在人世的富婆的突然到访，把故事情节推上了高潮。刚到鲁列滕堡，身子还没有落定，这位行事果断的老太婆便直接奔向了赌场。在轮盘赌桌边，因为她始终不顾劝阻，坚持要把赌注压在胜率最低的数字"零"上，所以在短短几天里，便输掉了数十万法郎。[117] 与她的运气相反，主人公阿列克谢·伊万诺维奇却在轮盘赌中一下子赚到了二十万法郎。他找到波林娜，拿了五万法郎给她，让她还清欠法国人德·格里耶的债务。然而出乎阿列克谢意料的是，波林娜在与他共度一夜良宵后，却在第二天清晨把钱摔在阿列克谢脸上，然后扬长而去，因为她不愿为了钱而出卖自己。于是，两人的缘分就此一刀两断。之后，阿列克谢作为布朗歇小姐的新情人，随着这位漂亮风骚的女子一同去了巴黎。在巴黎，阿列克谢靠着赌场上赢来的钱，过着花天酒地、醉生梦死的生活，没过多久便感觉一切都无聊透顶。在小说结尾，阿列克谢在外游荡了一年半之后，又回到了鲁列滕堡。对赌博的痴迷让他变得身心颓废，钱也赌得精光，变成了一个"名存实亡的死人"。但是，如同所有赌徒一样，阿列克谢仍然没有放弃梦想，仍然期待着能在轮盘赌桌上大赚一笔，以便"重新做人"，彻底戒掉赌瘾："明天，明天一切将会结束！"

作为一部在短短三周内仓促写就的作品，《赌徒》从文学水平上看算不上陀思妥耶夫斯基的顶尖之作。但是，正因为作者面对巨大的时间压力，不得不依赖于自己的即兴创作天赋，选择自己驾轻就熟的技巧和题材以及人物和情节设计，因此，对于陀思妥耶夫斯基的独特写作手法而言，这部篇幅较短的长篇小说仍然颇具代表性。这其中，小说的第一人称叙述形式便是一个例子。在这里，作者采用了日记式的"即时写作"（writing to the moment）："我刚刚听说……玛丽娅·弗里波夫娜今天已经去了卡尔斯巴德……这个消息意味着什么？"这样的写法可以将读者对事件发展的预知降到最低，同时让由此产生的意外效应达到最大程度。另外，小说中的大量对话以及始终将焦点放在"当下危机"[118]的扣人心弦的戏剧化描写,也都是作者最擅长的写作手法。正是这种戏剧化特点,使得这部小说屡屡被改编成剧本,搬上银幕和戏剧舞台。此外,同样具有典型陀氏风格的,还有对不同人物身上的国民性特征的描写:一边是典型的俄国人——热情豪放、把人生当作一场游戏的莫斯科富婆;另一边是以布朗歇小姐、德·格里耶为代表的狡诈阴险的法国佬,以沃尔默赫尔姆伯爵为代表的愚蠢德国人,以及将军这种被欧洲文化同化的俄国侨民。

小说的主人公和第一人称叙述者阿列克谢·伊万诺维奇作为一种人物类型,是19世纪俄国文学中由普希金开创的"多余人"形象的后继者。他和地下人一样,都拥有聪慧敏锐的头脑,却没有能力为自己的人生找到方向和意义,原因在于他失去了与俄国土地之间的联系。因此,他就像普希金笔下的奥涅金和莱蒙托夫《当代英雄》中的毕巧林一样,最终陷入了精神上的极度空虚。用叔本华的理论来解释,这样的结果是必然的。因为当一个人的生命意志缺失时,他便会"被狂热的刺激所吸引,例如赌博这种纯粹标志着堕落的恶习"。[119]

小说中所有人物的突出特征是他们与金钱和财产之间的关系。在这一主题层面上,《赌徒》堪称一份关于财产转移的现象学分析报告。从偷窃(在轮盘赌桌上偷拿别人赢的钱)、贪污(将军侵吞公款)、(为了贪财的)"庶民式"或(为了消遣的)"贵族式"赌博,到通过劳动获取正当收入(阿列克谢为将军家担任家庭老师),再到爱情交易(交际花布朗歇小姐)、豪爽的馈赠(阿列克谢送给波林娜五万法郎还债)以及遗产继承(富婆给波林娜的遗产),在这部小说中,所有物权转移形式几乎都被囊括其中。"我们要拿钱做什么?"阿列克谢问波林娜。"什么叫拿钱做什么?金钱便是一切!"波林娜如此答道。在鲁列滕堡,金钱的的确确便是一切,所有人和事都在围绕它运转。轮盘赌就像命运女神福尔图娜(Fortuna)手里的车轮一样,象征着金钱至上思想和现代世界的赌博式资本主义。在这个社会里,

"只要轮子一转动,一切都将发生改变"。

  但是在这部小说中,陀思妥耶夫斯基以"俄罗斯理念"为基础所提出的意识形态主张,主要并不是以批判资本主义为目的,而是为了通过各种人物在金钱问题上的态度,反映俄国与欧洲在文化上日益凸显的矛盾。如果说陀思妥耶夫斯基在《冬天里的夏日印象》中批判的对象是法国资产阶级的拜物主义思想,那么在《赌徒》中,他的讽刺对象则是德国人对待金钱的态度。按照主人公阿列克谢·伊万诺维奇的观点,在德国,人们活着是为了工作,工作是为了积蓄。为了掩盖这一真相,德国每家每户都有一位家长,像布道一样不停地向他的家人宣扬勤俭的美德,并且把这种以积累财富作为唯一意义的生活,描绘成一个充满诗情画意的乐园。

> 每个这样的家长都有自己的家,每逢晚上,他们都大声念教训人的书。小小的屋上,榆树、栗子树沙沙声不断,夕阳西落的晚霞,一只鹳鸟伫立在屋顶上,一切都是那么富有诗意,一切是那么动人……人人都像牛马一样干活,大家都像吝啬鬼一样积聚钱财。……这样,经过五十或者七十年,第一位家长的孙子确实已经获得了一笔可观的资本,并把它传给自己的儿子,儿子又传给自己儿子,儿子再传给自己儿子,经过五六代,洛希尔男爵,或者说高贝、康姆普……或者还有什么鬼知道的什么人出现了。瞧,场面怎么能不壮观:一百年或者两百年传宗接代的劳动、苦头、智慧、诚实、毅力、刚强、盘算,还有屋顶上的鹳鸟!

  阿列克谢对德国人"严格避免任何形式的放纵和享乐"的工作狂精神所提出的异议,与马克斯·韦伯有关新教伦理的观点如出一辙,在时间上则先于后者。如果考虑到韦伯对俄罗斯文化的强烈兴趣,我们甚至不妨大胆地推测,陀氏作品或许对韦伯在思想上起到了一定的

第三章 文学上的新生(1860-1867)

启发作用，尤其是在工作与生活的手段—目的关系倒置的问题上。[120]

与德国人的勤俭和吝啬形成鲜明对比的，是以莫斯科富婆为代表的俄国人对待金钱的态度。她在赌博时总是孤注一掷，投入巨额赌注，直到把家产输得精光。身为将军遗孀，她原本是贵族阶层的一员，但是她在赌博时的做法，却是上等人所鄙视的"庶民式"赌法。19世纪的俄国贵族一向以注重德行自居，这其中也包括对待赌博的态度。他们将赌博看作冲动情绪的调节器，而不是发泄冲动情绪的闸门。[121]一位"贵族式"赌徒在轮盘转动时应当保持冷静，即使赔掉了大笔赌注，也要面不改色，不能乱了分寸。相反，"庶民式"赌徒在赌博时一心只想赢钱。其动机只有狂热和对金钱赤裸裸的贪欲，而对仪态则完全不管不顾。莫斯科富婆便是如此，她在输了钱后生气得大吵大嚷，烦躁地用手指不停地戳着替她下注的阿列克谢的腰眼。富婆最后逃回了莫斯科，在她的口中，那是一个不受金钱所累的世外桃源："在莫斯科，在家里，还有什么东西没有？那样的果园，那样的花，这里都没有，香味，正在成熟的小苹果，一眼望不到边——这里都没有。"[122]

在"庶民式"与"贵族式"赌博的对照之上，是"墨守成规"和"不拘小节"相对应的文化类型上的反命题。在《赌徒》中，西方的德行和伦理观被视作一种抽象的、反对生活享乐的态度立场，而莫斯科富婆则是俄国人的形象代表，其守护的一切，正是地下人口中的"鲜活的生活"。在阿列克谢·伊万诺维奇看来，这种文化差异的根源是"俄国人太富有了，他们在各个方面都太过聪明，不愿让自己随随便便地受到某种规矩的束缚"。在西方美德法典中占据第一位的，是一个人赚取资本的能力。而这一点，却与俄国人的天性相悖。他们不但"不会赚取资本"，还随意地"挥霍资本"。所以，他们非常倾心于像轮盘赌这样的方法，可以不花气力发大财，当然也很有可能赔钱。

因为《赌徒》或多或少具有某些自传的色彩，因此人们经常把这篇小说看成一部半纪实作品。不过，它确实也为我们了解陀思妥耶夫斯基其人提供了不少帮助，特别是在为赌博的正当性辩护方面，作者与主人公所采取的伎俩在某些方面是重合的。其中最异想天开——与挑战命运之类的浪漫说法远远扯不上干系——的理由是，每天出入赌场其实不过是一种工作的方式，只是有些异类而已。"为什么赌博要比其他赚钱手段恶劣，比如说做生意？"阿列克谢质问道。在赌场，人们可以比在其他地方更轻松地赚到"快钱"，倒不一定是"大钱"。一个人要想把玩轮盘赌当成一份"正经"差事，就不能动辄押上全部家当，而是要遵守一定的"规则"，并努力做到"在游戏的每个时刻都控制住自己的情绪，不能着急上火"（1863年8月20日）。

陀思妥耶夫斯基在给米哈伊尔的信中提到轮盘赌时，为自己辩解道：他曾在威斯巴登凭借自己发明的一种"套路"赢了一万法郎，后来是因为他变换了套路，才开始输钱（1863年9月8日）。靠"套路"赌博必须要冷静地计算，对陀氏笔下的主人公阿列克谢·伊万诺维奇来说，这种做法太过"欧化"，从文化上讲绝不能接受。身为"一个不靠算计赌钱的凡夫俗子"，他对"深谋远虑"的做法向来不屑一顾。

另一个为赌博辩护的策略是，把赌博美化成一项拯救计划。阿列克谢想用赢来的钱保护波林娜，使其不再因债务而受德·格里耶的摆布。但波林娜拒绝接受这笔馈赠，因为她不想把和阿列克谢共度的一夜良宵变成一场交易。从故事逻辑上讲，这段情节是经不起推敲的。因为说到底，最初是波林娜恳求阿列克谢替她去玩轮盘赌，好把她救出眼下的苦海。虽然遭到波林娜的拒绝，但赌博在这里却因为这个高尚的目的，变成了一种令人尊敬的行为。赌博赢来的钱是用于"馈赠"这一物权转移的最高形式，因此去除了赌博原有的腐化贪婪的气息。陀思妥耶夫斯基也曾用同样的方式在哥哥面前为轮盘赌辩护，他说自己之所以要去赌博，是为了用赚来的钱"拯救你们大家"。

在书中，主人公不仅用道德理由为赌博做辩解，还从种族的角度将"庶民式"赌博称作俄国人对待金钱这种生存工具的典型态度：潇洒而富有活力，并以挥霍为荣。通过诗意化处理，轮盘赌俨然变成了催生激情的发动机。赌桌上不停转动的数字罗盘象征着赌场上资金周转的速度，同时也是赌徒们在亢奋中忘乎所以、迷醉癫狂的写照。阿列克谢最终不得不承认，他"对金钱应付不来，简直被它冲昏了头脑"。[123] 在阿列克谢·伊万诺维奇身上，对爱情的痴狂与赌博的狂热交织在一起。当波林娜第一次向他示好之后，他坐在轮盘赌的赌桌前"像发烧一样"晕晕乎乎，然后赢下了十万弗罗林金币。赌博的亢奋把金钱这种"令人唾弃的金属"变成了享乐的对象："当时，眼瞧着钱币在我面前不断地聚集和堆积，我感觉到一种难以抵抗的莫大享受。"最后，这场气氛紧张的赌局变成了一场盛大的狂欢，扛着装满钞票和金币的沉甸甸口袋，阿列克谢几乎迈不动步子，仿佛随时都会瘫倒在地。

作为赌徒，陀思妥耶夫斯基和阿列克谢·伊万诺维奇一样，对赌博有着同样的狂热。不过令人惊讶的是，他从未像小说中那样，用"诗意"这种所谓赌博的最高境界为自己的赌瘾寻找说辞。他在1863年写给斯特拉霍夫的信中，在介绍这部小说写作计划时，特意对此做出了解释。他这样写道，赌徒"在某种意义上也是一位诗人"。但是对他自己来说，无论他把这种冒险的欲望看得多么神圣，他从内心都对这种可悲的"诗意"深深地感到羞耻（1863年9月18/30日）。因此，赌博的"高贵"和"诗意"只是小说主人公的看法。但是，这种"高贵化"其实是一种自我欺骗，因为它的目的不过是掩盖人内心对赌博卑劣性的意识。

陀思妥耶夫斯基在1860年代与亲友的通信中，经常会流露出对自己沉迷于赌博的羞耻感。他常常在信中恳求对方原谅他的这一恶习，并替他保密。

千万不要告诉任何人这件事……特别是帕沙。这孩子还很糊涂,兴许还在盘算着未来能够靠赌博出人头地(1863年8月20日)。——关于我的事,不要和任何人说一个字!这是我们俩之间的秘密。我指的是我在赌博中输钱的事(1863年9月8日)。——因为在这件事情上说再多话都是白搭……所以我坦白地告诉你——虽然这让我很难堪——我因为愚蠢而输掉了身上所有的钱(1865年8月24日)。——安佳,答应我,不要给任何人看这封信。我不想让人们对我的糟糕处境说三道四(1867年4月23日)。——现在让我跟你说说我的各种劣迹和恶习……但是,这些我只告诉你,只有你一个人。千万不要把我供出去,变成众矢之的!(1867年8月18日)

由此可见,在关于俄国人的赌博方式更具道德优势的说法上,作者与阿列克谢·伊万诺维奇的观点是相左的。说到底,这种说法也称不上是真正的观点,不过是一种难以自圆其说的假设。小说中这些经常带有假设性质的夸张说法,让读者很难去分辨,它们是否或在多大程度上代表了作者本人的看法。即使陀思妥耶夫斯基与这位虚构的赌徒在观点上并不完全一致,但有一点,他和其笔下主人公是相同的:作为一位好斗的思想家,无论是在报刊文章,还是在小说中,陀思妥耶夫斯基都喜欢用一些富有挑衅性的言辞来吸引读者,这些言辞的可信性和严肃性常常让人无从判断。

这种行为方式作为一种辩论策略,让人不免联想到俄罗斯东正教中的"圣愚"角色。[124] 在陀思妥耶夫斯基的作品中,"圣愚"经常以不同形象出现,他们(看似)癫痴,说话语无伦次,举止古怪,让人难以琢磨,更无法为其定性。作为疯人,圣愚无须为自己的言行负责。在《地下室手记》和《赌徒》中,作者所采用的自白式写法,也可以起到类似的"规避"责任的效果,用米哈伊尔·巴赫金(Michail

/ 第三章 文学上的新生(1860-1867) / 233

Bachtin）的话讲，这种写法是"开后门"。它指的是一种特殊的讲话方式，使得当事人可以适时地"改变其言语的终极含义"。[125]

从句子结构上讲，陀思妥耶夫斯基常用的一个"开后门"句式是："顺带一提"或"话说回来"。例如在《地下室手记》中，地下人在向妓女丽莎滔滔不绝地宣教时，讲到高潮处，他说了一句："游戏，这游戏让我丢了魂儿，话说回来，也不只是游戏。"无论从句子的含义还是形式上，我们都可以感受到语言表达上的游戏色彩。"话说回来，也不只是游戏"——这一转折使得前半句话的含义顿时变得模糊起来。"话说回来"就像是句子的语义开关，它将前半句话的意思清零，给讲话者提供了可能性，为否认自己的观点"开后门"。从这一意义上讲，阿列克谢·伊万诺维奇不仅是一个轮盘赌徒，也是一个话语的赌徒，就像陀氏本人一样。陀思妥耶夫斯基总爱"和危险玩耍，不论在何时何处，都一向如此……在牌桌前，在纵情酒色时，在神秘的癫痫发作中"。[126]

分裂：《罪与罚》

陀思妥耶夫斯基虽然只用了三个半星期便完成了《赌徒》的书稿，但是，为了这样一部"分心之作"花上三周半时间，已经达到了他所能承受的极限。因为在 1866 年整个一年里，他的全部心思都集中在创作另一部长篇小说上。这部旷世杰作将让他如愿以偿，在世界文学圣殿中获得一席之地。这部作品就是《罪与罚》。陀思妥耶夫斯基说过，"（我相信）在我们的作家当中——无论是活着的还是已经去世的——没有哪个人像我这样，在如此环境下夜以继日地埋首于创作"（1866 年 6 月 17 日）。他这里指的便是《罪与罚》的创作，因为他必须"在四个月内完成共三十印张的两部小说"。

这部新作的最初创意可以追溯到 1850 年代。按照当时的计划，这将是一部篇幅不超过两百页的"短"长篇。他在 1865 年 9 月写给卡特科夫的信中，透露了小说的大致构思。在信里，他把这部作品称作是"一起犯罪事件的心理学报告"。

> 故事发生在当下，也就是今年。一个贫困潦倒的年轻人——平民出身、被学校除名的大学生——出于鲁莽，再加上头脑中的观念还没有成型，而被某些"不成熟"的奇特想法迷住了心智，以至于他下定决心，要做下一件狠事，来摆脱眼下悲惨的处境。最终他决定，要杀死一名老妇：一个靠放贷为生的小公务员遗孀……"她身上没有一点儿好。"——"她活着有什么意义？"——"她对谁都没有用处"等。（1865年9月10日）

从陀思妥耶夫斯基透露的信息可以看出，他最初是想把这份"心理学报告"写成一篇忏悔，并采用第一人称的形式。与这一计划同时，陀思妥耶夫斯基还打算写一部篇幅更长一些的情境小说，暂定名为《酒徒》。1865年夏，他曾就此向《圣彼得堡日报》和《祖国纪事》提出了供稿的建议，但因两份杂志的出版人嫌其索要的预付稿酬（三千卢布）太高，建议遭拒绝。于是，陀思妥耶夫斯基决定将两篇小说的情节糅合在一起，变成一部长篇，其结构的复杂程度将超过陀氏以往的所有作品。早在威斯巴登时，陀思妥耶夫斯基便已动笔，在哥本哈根和返回圣彼得堡的轮船上，也一直没有停止写作。最初，写作进展颇为顺利，但后来却渐渐陷入停滞。陀思妥耶夫斯基越来越清楚地意识到，对这样一部情节错综复杂的长篇小说而言，第一人称叙事使创作视角受到了极大的限制。

1865年11月，陀思妥耶夫斯基销毁了之前的全部手稿，开始以全知视角来写作这部新作品。因为头几章计划于1866年1月在《俄罗斯导报》上发表，所以陀思妥耶夫斯基承受着巨大的时间压力。他在给好友亚历山大·弗兰格尔的信中写道："整个冬天我没去过任何人家做客，对世事也不闻不问。我只去剧院看过一次戏，那是《罗格涅达》（谢洛夫创作的歌剧，作者注）的首演。这种情况还将持续下去，一直到我写完这部小说——如果我没有因欠债被关进监狱的话。"（1866年2月18日）

1866年1月和2月号《俄罗斯导报》，先后刊登了《罪与罚》的前两章。读者的良好反馈给陀思妥耶夫斯基带来了新的动力，但是这个大部头离收尾还差着十万八千里。接下来的几个章节，每一篇都是在上一篇还在印刷排版时便已完成。虽然写作进度因《赌徒》而被迫中断近四周，但是，因为有安娜·斯尼特金娜这个出色的速记员做帮手，这部新作终于在1866年12月顺利完成。只是对读者来说，他们要耐心地等到下一年年初，才能够读到小说的结尾。

正如《罪与罚》德文版译者斯维特拉娜·盖耶（Svetlana Geier）所言，这部小说的名字如果直译的话，应当是《罪行与惩罚》[①]。[127] 1863年，陀氏兄弟主办的杂志上做过一期名为《罪行与惩罚》的专题，报道法国犯罪史上出现过的一些耸人听闻的案例，其中也包括杀人犯皮埃尔·弗朗索瓦·拉塞内尔（Pierre François Lacenaire）的著名案子。这位凶犯为自己辩解称，其所犯罪行是为维护公道和正义而与社会展开的一场"决斗"，并将罪责归咎于其所处时代的社会乌托邦思想的不良影响。[128] 早在1861年，陀氏兄弟便在《时代》杂志上就拉塞内尔一案做过详细报道，并在后续几期杂志上发表了一系列文章，介绍法国近代犯罪史上的类似案例。陀思妥耶夫斯基笔下的主人公拉斯柯尔尼科夫与拉塞内尔有一个共性，他们都把自己看作"高贵的罪犯"，都是受某种思潮——或是陀思妥耶夫斯基所说的"不成熟想法"——的影响，独自与社会展开抗争。

在《罪与罚》中，法律专业学生拉斯柯尔尼科夫在期刊上发表过

[①] 德文版《罪与罚》中的"罪"系罪责（Schuld）之意，而非罪行（Verbrechen）。中文字面上则无此区分。

一篇题为《论犯罪》的论文。他在文章中宣称,世界上有一些特殊的人物,他们可以不按照现行法律行事。比如说开普勒和牛顿,他们如果必须要清除某些障碍,才能让自己的伟大发现为世人所知,那么就算为此搭上十个或一百个人的性命,这样的代价也不算高。因此,人一般可以分作两类:一类是"平凡的人"(繁殖同类的"材料"),这些人占大多数;另一类是"非凡的人",这些人是占极少数的精英。"第一类人必须循规蹈矩,不能越雷池一步……第二类人则相反,他们有权利犯下任何罪行,打破法律框框,因为他们是非凡的人。"主人公的心灵之路由此露出了征兆。到最后,拉斯柯尔尼科夫不得不承认,无论是他,还是像拿破仑那样的超人,都无法逃脱善与恶,也就是说,他们不可能让自己凌驾于法律和道德之上。于是他跑到十字路口的中央,当着众人的面,公开承认自己是杀人凶手。这个原本想成为人类救星的人,只能踏着基督的足迹,走上自己的"受难之路"。

虽然小说中的故事是在短短两周内发生的,但是其内容却十分丰富:主要情节与次要情节,场景与对话,危机与灾难,让人读起来酣畅淋漓,欲罢不能。七百多页(俄文版四百多页)的文字,就像史诗一般波澜壮阔。而且小说从一开篇便进入主题,整个故事情节紧凑,高潮迭起。罗季昂·拉斯柯尔尼科夫是从外省到圣彼得堡学习法律的大学生,因为交不起学费而被迫辍学。他下定决心,要让自己彻底脱离困境。他准备用斧头杀死靠高利贷为生的年迈"无用"的当铺老板娘阿廖娜·伊万诺芙娜,然后用抢来的钱开启自己的"事业",用"无数造福于人的善举"来抵消其犯下的罪行。

在开始行动头两天,男主人公在一家酒馆中结识了退休官吏马尔梅拉多夫。后者把前妻留下的女儿、十八岁的索尼娅靠卖淫挣来赡养家人的钱,都换成酒喝光了。在喝得酩酊大醉后,马尔梅拉多夫请求拉斯柯尔尼科夫送他回家。于是,男主人公借这个机会认识了住在破旧出租屋里的马尔梅拉多夫一家:患有肺痨、神经质到歇斯底里的卡捷琳娜·伊万诺芙娜和三个年幼的孩子，整个屋里的气氛与狄更斯笔下的贫民窟一般无二。看到这些，拉斯柯尔尼科夫对世界的憎恨又深了一层。马尔梅拉多夫夫妇对自己的女儿卖身养家的事，显然已习以为常。"人就是个混蛋，可以习惯一切！"

　　第二天，拉斯柯尔尼科夫收到一封母亲写来的信。母亲在信中告诉她，妹妹杜尼娅和一位家境殷实的律师彼得·卢任订了婚，这样一来，全家人今后就再也不用为钱发愁了。而且，拉斯柯尔尼科夫还可以在未来妹夫的律师事务所得到一份舒服的差事。同时，母亲还告诉他，她和杜尼娅很快要来圣彼得堡，为婚礼做准备。拉斯柯尔尼科夫一下子便看透了真相：杜尼娅之所以答应嫁给比自己大二十岁的"资本家"卢任，只是为了牺牲自己，解救家人，还有他——拉斯柯尔尼科夫。靠出卖爱情来换取金钱，杜尼娅的这种做法与妓女索尼娅·马尔梅拉多娃有何分别？这场婚事必须要阻止！——拉斯柯尔尼科夫又多了一个理由，将自己的谋杀计划尽快付诸实施。

　　作者对谋杀和凶手逃离现场过程的描写，堪称欧洲叙事艺术的绝佳典范。放高利贷的老太婆阿廖娜·伊万诺芙娜在犹豫一番后，让拉斯柯尔尼科夫进了门。正当她低头查看对方交给她的"抵押品"时，拉斯柯尔尼科夫举起斧头，几乎毫不费力地用斧背打她的头，将她击倒在地。正当拉斯柯尔尼科夫在卧室床下寻找钱币和值钱物件时，听到从外面传来走动的声音。因为拉斯柯尔尼科夫忘了锁门，老太婆的妹妹莉扎薇塔直接推门进了屋，望着地板上躺在血泊中的姐姐的尸体，吓得瘫软在地。拉斯柯尔尼科夫别无选择，只能把莉扎薇塔这个证人干掉。他挥起斧头，用斧刃劈了下去："斧刃正劈到她的颅骨上，立刻把前额的上半部，几乎到头顶，都劈作两半。"

　　片刻过后，楼梯间传来了脚步声，迅速向房门靠近。当门铃按响时，拉斯柯尔尼科夫刚好冲到门边，挂上了门上的锁钩。门外站着两个男人，显然也是老太婆的主顾。两人在对话中透露，他们清楚老太婆没有离开房间，一定是有人在里面挂上了门钩。当他们按了多次门铃没有结果后，两人开始用身体撞向房门，试图用蛮力把门撞开。拉斯柯尔尼科夫躲在门后，手里拎着斧头，屏住呼吸，眼看着门钩在撞击下一点点松动。可最后两人还是放弃了撞门，转身跑去找管院子的人。"这场电影式的精彩反转，既不可思议却又合乎逻辑。"[129] 于是凶手趁机溜出房门，神不知鬼不觉地逃走了。

小说前六节便在此处收尾，整个故事的核心情节也就此交代完毕。和所有侦探片一样，接下来的情节都围绕着破案展开，而它的独特之处在于，经典推理小说中最重要的问题（凶手、受害者、时间、手段、动机、目的）都已经有了答案。但悬念依然还在，这就是：人们不知道拉斯柯尔尼科夫是否或何时能够逃脱套在头上、渐渐收紧的绳索。另外一个对于理解这部小说至关重要的悬念是，主人公是否能够意识到自己行为的严重性，并主动站出来认罪。依照传统的心理剖析式悲剧的结构设计，凶手将逐步认清自我，最终承认自己犯下的罪行。

但是在《罪与罚》中，主人公的自我认识和心灵净化却是在整篇小说的结尾才发生的。当时距离审判已经过去了九个月，根据这份判决，拉斯柯尔尼科夫得到了八年西伯利亚苦役这个相对较轻的处罚。作者富有象征性地将拉斯柯尔尼科夫的蜕变安排在了复活节期间，这一刻，索尼娅突然出现在他的身边。自被关押以来，拉斯柯尔尼科夫一直对她的关心报以冷淡甚至粗暴的态度，但她不改痴情，并且追随他一路来到了西伯利亚。

> 这是怎么发生的，他自己也不知道。但是好像不知有什么突然把他举起来，丢到了她的脚下。他哭了，抱住了她的双膝……他们俩都面色苍白，两人都很瘦；但是在这两张仍然带着

第三章 文学上的新生（1860-1867）

> 病容的、苍白的脸上已经闪烁着获得新生的未来的曙光。①

　　这段在1867年新年的"最后一刻、在仓促中匆匆写就"[130]的结尾,是整部小说中最令人迷惑的一个段落:不仅是因为其过度戏剧化的设计,而且是因为拉斯柯尔尼科夫在道德上的新生并没有足够的动机作为铺垫。作者对此既没有提示,也没有做出具体的解释,而是以纯叙述的方式将它呈现给读者。叙事完整性欠缺的主要原因,在于主人公人物设计的高度复杂性,以至于作者无法在现实主义小说叙事的框架内,对主人公的结局做出完美的交代。

　　拉斯柯尔尼科夫这个人物的复杂性,从他的名字便已体现出来。"拉斯柯尔尼科夫"(Raskolnikow)是从俄语中的动词"分裂"(raskolot)演化而来。主人公作为杀人凶手,是一个(劈开受害者头颅的)"分裂者",而与此同时,他也是一个内心分裂的人。其内心分裂体现在很多方面。他相信理性的力量,但作为杀人凶犯,其行事却极不理性,而只能借助一系列偶然因素,勉强实现了自己的谋杀计划。偶然——除偏见和迷信之外最大的启蒙的敌人——最终战胜了谋略和算计。这并不是主人公身上唯一的矛盾之处。拉斯柯尔尼科夫对世界的不公愤愤不平,但他本人却用最原始野蛮的方式来对抗道德法则。他谋财害命,同时却又掏出身上仅有的几个戈比来帮助他人。他的大脑,他的"理论",与他的肉体、"活生生的生命"是分离的。正如索尼娅所说,他背叛了上帝,"而上帝惩罚了你,把你交给了魔鬼"。可与此同时,拉斯柯尔尼科夫却又相信新耶路撒冷,相信拉撒路复活。除了内心的各种矛盾分裂,他还犯下了以俄罗斯东正教人类观为基础的"根基主义"理念中的最大罪孽:脱离俄国人民这个集体。在西伯利亚苦役营里,就连那些比他犯下更重罪行的犯人也对拉

---

① 《罪与罚》,非琴译,上海文艺出版社,2007。下同。

斯柯尔尼科夫表现出敌意。他们对他吼叫:"你是个不信神的人!你不相信上帝!……真该宰了你!"

拉斯柯尔尼科夫的"诡辩术"和"辩证法",最终也和"地下人"的自白一样流于空洞,毫无用处。从这一意义上讲,《罪与罚》的主人公实际上是"地下人"的翻版。拉斯柯尔尼科夫也是一位俄国哈姆雷特,他为了实施行动走出了"地下室",却在这一过程中迷失了方向。只有在索尼娅——其名字源于希腊文"sophia"(智慧)——的指引下,这位男主人公才能最终走上正确的道路。索尼娅的智慧不仅超越了拉斯柯尔尼科夫的"诡辩",同时也远在警探波尔菲里·彼得罗维奇所代表的理性主义之上。她是对西方哈姆雷特主义的特征——恶的理性——的俄国式回应。这种"恶的理性"或许从才智上讲比索尼娅·马尔梅拉多娃的朴素世界观更具吸引力,但缺少道德上的根基。

就连陀思妥耶夫斯基本人,也曾一再被"恶的理性"吸引。而索尼娅及其后来作品中那些"安静"、天真、腼腆而虔诚的人物,在意识形态上的任务便是打败"恶的理性",同时也帮助作者战胜自我的一部分:对怀疑、悖论和否定的痴迷。索尼娅这位身处社会金字塔最底层的卖淫女,在作品的象征性秩序中变成了神权的代言人。这不仅是因为她本能地理解了拉斯柯尔尼科夫犯罪的真实动机——对上帝的背叛,并认定只有认罪和受难才是后者的唯一出路,同时还因为她本人的角色是一个牺牲者。为了赡养家人,她牺牲了自己道德上的贞洁;当拉斯柯尔尼科夫被流放后,她就像那些十二月党人的家眷们一样,跟随她深爱的男人一起来到了西伯利亚,哪怕迟迟没有从对方那里得到爱情的回报。因此,索尼娅不仅是"sophia"(智慧)的代表,同时也是"agapa"——基督教宣扬的"无我之爱"——的化身。

和索尼娅相对应的人物是地主阿尔卡季·斯维德里盖洛夫。他和《被侮辱与被损害的人》中的瓦尔科夫斯基公爵一样,是一个心地歹毒的利己主义者和酒色之徒。这个性欲旺盛的五旬男子亲手犯下过许多恶行：他除掉了自己富有的妻子，并成功掩盖了所有证据；他奸污幼女，并导致其自杀。如今，他来到了圣彼得堡，因为他看上了拉斯柯尔尼科夫的妹妹杜尼娅。他要杜尼娅解除与卢任的婚约，并承诺给她一万卢布作为嫁妆。当遭到杜尼娅拒绝后，他又设下圈套，想用暴力逼迫她就范。同时，他还找到了拉斯柯尔尼科夫，这个他眼里的知音。当他在隔壁偷听到后者向索尼娅坦白自己杀了人之后，他建议对方逃到美国去，路费由他来出。可他的建议同样也遭到了拒绝。

如果说索尼娅是上帝派来的天使，那么斯维德里盖洛夫便是来自地狱的使者。在索尼娅用拉撒路复活的例子为拉斯柯尔尼科夫指引出路的同时，斯维德里盖洛夫却针对《约翰福音》中耶稣关于永生的教诲（"复活在我，生命也在我。信我的人虽然死了，也必复活。"《约翰福音》11:25），提出了地狱般阴暗的另一种"永生"版本："永恒可能只是一间小屋，就像乡下的浴室，被烟熏得黑乎乎的，四周蛛网密布。"这番话令拉斯柯尔尼科夫痛苦万分。斯维德里盖洛夫所描绘的这幅阴森森的画面，再准确不过地表达了现代人对信仰缺失和精神空虚的核心体验。

从斯维德里盖洛夫身上我们可以看到，陀思妥耶夫斯基在这里延续了黑暗浪漫主义的传统，通过斯维德里盖洛夫这个魔鬼式的形象，将邪恶拟人化，用这种吸引读者眼球的文学手法，作为其本体论的要素。"对邪恶激情的痴迷"[131]摧毁了斯维德里盖洛夫的人格。他对无限度自由的病态追求，最终带来的却是极端不自由这个悖论式的结果。最后，在一个令人惊悚却又不乏荒诞的场景下，灵魂被恶魔操纵的斯维德里盖洛夫在大街上当众开枪自杀，最终返回了地狱——那里才是他原本的归宿。

拉斯柯尔尼科夫也有自杀的想法。[132]但是他却抛弃了这样的想法，而且他只能这么做，因为这样的"出路"将会打破救赎史的框架。自《罪与罚》之后，所有陀氏作品中的故事都是在这个框架内上演的。就像中世纪神秘剧中的人类灵魂总是在天堂和地狱间徘徊一样，拉斯柯尔尼科夫也在索尼娅和斯维德里盖洛夫之间踌躇着。整部小说的情节发展都坚定地指向一点：主人公必须在两者间做出抉择——一边是象征基督教秩序的索尼娅，另一边是作为地狱使者的斯维德里盖洛夫。从康德所说的实践理性的层面来讲，这两个富有寓意的形象体现了行为决策的自由性，同时也说明，人在做出每一个行动之前，都必须要诉诸"良心的法庭"。人可以选择，他想成为怎样的人。"他想成为怎样的人，他就会是怎样的人。"[133]

在五部陀氏巨著中，作者都是将善与恶、自由与责任等普世问题与俄国在寻找身份认同中遇到的现实问题相结合。从这一角度看，《罪与罚》可以说延续了《地下室手记》中就许多社会问题的论争。这一点首先体现在对功利主义的批判上。在书中，代表功利主义的是满腹野心的资产阶级分子卢任。这个一心贪图名利的律师公开表示，其信仰的是自由主义，并美其名曰"人人为己，天下太平"。陀思妥耶夫斯基特意选择这样一个人物，作为"青年一代"的支持者，目的是把资产阶级功利主义思想与1861年俄国的革命行动特别是尼古拉·谢尔古诺夫起草的传单《致青年一代》联系起来。[134]评论家德米特里·皮萨耶夫（Dmitrij Pissarjew）在评论屠格涅夫《父与子》的文章里为"青年一代"的权利辩护，并以鄙夷的口吻将书中的父亲一辈称作一群"垂暮老人"。[135]皮萨耶夫特别歌颂了主人公叶夫根尼·巴扎罗夫从利益考量出发的理性生活观——在巴扎罗夫眼里，"任何形式的犯罪，从说谎到杀人"都是愚蠢的，因为它们既有风险，也不会创造任何价值。

从另一方面讲，拉斯柯尔尼科夫的道德考量其实也是源于"青年一代"的极端功利主义思想。他认为杀死一个没有用处、于社会"有害"的老太婆，然后用她的钱来拯救几千个因为无助而走向沉沦的"年轻鲜活的生命"，是很有意义的一件事。这种思路是典型的成本效益计算。拉斯柯尔尼科夫的好友拉祖米欣是个思维"理智"的人，他的名字中的"拉祖"（rasum）在俄文中便是"理性"之意。这位好友的责任便是揭穿主人公行为的自欺欺人一面。他第一刻便意识到，杀死放高利贷的老太婆的凶手"并不是依靠精心谋划"，而显然是凭借侥幸才仓促逃离了杀人现场。

在抨击自由主义和虚无主义的同时，陀思妥耶夫斯基还对空想社会主义大加讽刺。在书中，小职员安德烈·列别加尼科夫便是这派思潮的代表。在他看来，"一切都取决于一个人生活的处境和氛围。氛围意味着一切，而人什么都不是"。列别加尼科夫梦想着建立"公社"制度，大肆鼓吹婚外恋的种种好处，并将婴儿洗礼看作一种中世纪遗留下来的陈规陋习。左派媒体在评论中称，卢任、列别加尼科夫和拉斯柯尔尼科夫等人物是对"青年一代"的赤裸裸污蔑。面对这样的指责，陀思妥耶夫斯基既不感到意外，也没有表示气愤。说到底，向左派阵营发起挑衅，原本就是他的目的所在。

左派阵营的批评并没有影响广大读者对陀氏新作的追捧。《罪与罚》成为1866年俄国文坛的大事件。就连对陀思妥耶夫斯基的写作手法一直持怀疑态度的屠格涅夫，在读过《罪与罚》第一章后，也表示了对这部作品的赞赏。读者对陀思妥耶夫斯基新作的兴趣和热情，还有另一个原因。就在《罪与罚》前几章开始在杂志上连载时，俄国媒体报道了近期发生的一起杀人案件。1866年1月，在莫斯科攻读法律的大学生阿列克谢·达尼洛夫（Alexej Danilow）杀死了一名放高利贷者和他的厨娘。和陀思妥耶夫斯基笔下同时被害的老太婆的妹妹一样，这位厨娘大概也是因为偶然目睹了杀人过程而被凶手灭口。尽管在达尼洛夫案中，无论凶手的个性还是杀人动机，都与拉斯柯尔尼科夫的犯罪迥然不同，但两起案件的相似性仍然在公众中引起了轩然大波。陀思妥耶夫斯基后来在谈起他的"理想主义"写实风格与自然主义文学对现实描写的区别时，也曾提到他的小说透过达尼洛夫案件所反映出的预测能力（他有意避开了"预言"一词）。

> 那些人（指亚历山大·奥斯特洛夫斯基等人，作者注）的现实主义写作，就连……事实的百分之一也解释不了。而我们的理想主义却可以对某些真实发生的事件做出预测。亲爱的，不要笑我自吹自擂。在这里，我不妨借用一句使徒保罗的话："我自夸固然无益，但我是情非得已。"（1868年12月11日）

《罪与罚》的火爆效应，使得卡特科夫的《俄罗斯导报》的订阅量明显大增。当然，一部小说的成功，不可能仅仅是因为与现实的某些偶然巧合，它与陀思妥耶夫斯基在写作中所采用的新颖而复杂的小说技法有着直接关系。首先，作者将侦探小说的形式与社会小说和杂志专栏中的意识形态讨论巧妙地结合在一起，同时还把悲剧元素与许多凄婉哀伤的细节相互掺杂。尤其打动人心的是马尔梅拉多夫一家的经历，作者细致入微的叙述手法，特别是那些富有画面感的场面描写，让人读起来不禁动容：掰手腕，揪头发，抱着陌生人的膝盖跪地哀求，痛苦的呻吟声，伴着幼童的哭号。在1860年前后，这种感伤主义写法已经不再流行，但是陀思妥耶夫斯基知道，这些催人泪下的画面仍然能感动足够多的读者，唤起他们对人世间悲苦的关注与同情。另外，还有作者制造悬念的技巧，它一方面让人联想起英国惊悚小说中的"生动情节"，[136] 另一方面也为后来的悬疑电影手法提供了灵感。按分秒计时的谋杀筹划过程，让读者在不知不觉间变成了凶手的同谋；在撞击下晃动的门钩，拉斯柯尔尼科夫和追踪他的人分立门两侧，他们看不到对方，却又明确地知道对方的存在；还有斯维德里盖洛夫躲在隔壁偷听拉斯柯尔尼科夫向索尼娅坦白自己的罪行，让读者紧张又揪心——以上种种，都是典型的好莱坞特别是希区柯克风格。在这方面，陀思妥耶夫斯基无疑是一位名副其实的先驱。[137]

/ 第三章 文学上的新生（1860-1867）

与《双重人格》中一样，读者之所以感到恐怖，是因为他们感觉到有一股危险却又看不见的力量正在一步步逼近。这种写法既可以增加悬疑的效果，同时也有利于揭示被压抑的、违反禁忌的潜意识。在陀思妥耶夫斯基擅长的富于暗示的梦境描绘中，这一点表现得尤为突出。拉斯柯尔尼科夫在杀人前做过一个噩梦，他梦见一群喝醉酒的壮汉不停地用皮鞭和铁棒抽打一匹瘦弱的驽马，直到它在痛苦中断了气。在陀思妥耶夫斯基笔下，这个噩梦被刻画得如此细腻真实，其令人毛骨悚然的程度甚至超过了后来真实发生的凶案。"咱们走吧，别看啦！"在梦里，拉斯柯尔尼科夫的父亲对吓呆了的男孩说道。父亲试图用逃离的方式，忘记亲眼看见的暴行，压抑潜意识里的恐惧，而揭露人的潜意识恰恰是梦的意义所在。拉斯柯尔尼科夫后来又做过一个同样可怕的噩梦，梦到自己又一次向老太婆行凶。

> 　　他简直要发疯了：使出全身的力气，猛砍老太婆的脑袋，但是斧头每砍一下，卧室里的笑声和喃喃低语的声音也越来越响，听得越来越清楚了，老太婆更是哈哈大笑，笑得浑身抖个不停。他转身就跑，但穿堂里已经挤满了人，楼梯上一扇扇房门全都大敞四开，楼梯平台上、楼梯上以及下面——到处站满了人，到处人头攒动，大家都在看——可是都在躲躲藏藏，都在等着，一声不响……

　　除了悬念丛生的故事情节，陀思妥耶夫斯基还用另一个办法折磨着读者的神经：当《罪与罚》在《俄罗斯导报》上连载时，每一部分往往都是在情节最紧张的地方戛然中断，把悬念延续到下一期。例如，上面提到的噩梦一节，在连载时是这样收尾的：主人公从梦中醒来后，发现屋子里坐着一位陌生人。"请允许我自我介绍：阿尔季卡·伊万诺维奇·斯维德里盖洛夫……"这一期连载便以这串省略号作为结尾，读者就像被吊在悬崖上，接下来将会发生什么，他们茫然不知。[138]1866年在杂志上连载的第三章（单行本中为第六章）第六节是以斯维德里盖洛夫自杀的情节结束的。这段的结尾只有短短一句话："斯维德里盖洛夫扣动了扳机……"后面是括号里的编者提示："未完待续。"[139]在后来出版的单行本中，因为紧接着便是第七节，所以省略号被改成了句号。[140]

小说的尾声有着明显的自传痕迹。所有情节的设定——西伯利亚，"一条宽阔、荒凉的河"，苦役营，犯人们对主人公的歧视，还有"枕头底下的《福音书》"——都指向陀思妥耶夫斯基本人在西伯利亚的经历，以及他从"罪犯"变成"新人"、从空想社会主义者到民族保守主义者的蜕变。这些带有自传性质的内容，使得主人公的道德新生少了些乌托邦式的抽象色彩。它将读者的目光重新转向作者的过往经历，每当谈论起这些往事，读者们（不仅是俄国读者）总是津津乐道，乐在其中。

但是，对于各个时代的读者们来说，他们热衷于追寻的不仅是作者在文字中留下的个人痕迹，还有小说主人公们在实景空间中留下的印记。如今，不同于苏联时期的是，探索干草市场和格里博耶多夫运河周边区域——小说中的许多重要情节都是在这里发生的——已经成为圣彼得堡旅游的经典项目。"运河的曲折迂回将人们的目光收拢起来，气氛也仿佛变得有些压抑，"一本德文导游手册中这样写道，"拉斯柯尔尼科夫曾在这里慌张地逃窜，为他的赃物寻找藏匿之地……陀迷们的另一个打卡地是小市民街九号，从后院第二个门洞顺楼梯上去，便是男主人公曾经住过的斗室。"[141]门洞的四周围布满了各色涂鸦和留言，大部分是献给"罗佳"（罗季昂）·拉斯柯尔尼科夫的，假如陀思妥耶夫斯基还在世的话，大部分内容一定不会得到他的认可。有位名叫"Marik"的游客称赞拉斯柯尔尼科夫是个"有阶级意识的人"，他"用斧头干了件漂亮活儿"。类似这样的话比比皆是:"把这条母狗杀掉真是太棒了!""对!这就是这条犹太母狗应有的下场!""罗佳,还有很多老太婆等着你去杀呢!"只有一条字迹稚嫩、多半出于女孩之手的留言,腔调明显不同于其他,却多少显得有些怯懦:"罗佳,这样做真的没有必要呀!"

重获自由

　　尽管受到了各种羞辱,但陀思妥耶夫斯基始终不肯放弃对阿波利纳里娅·苏斯洛娃的追求。在他眼里,她是他"永远的伴侣"。不过,被陀思妥耶夫斯基纠缠得越久,苏斯洛娃对他便越发反感。当爱情之火熄灭后,剩下的只有厌恶。这位大作家身上的每一样都让她看不顺眼:他抹了发蜡的稀薄的头发,他贪吃甜食的坏毛病,他喋喋不休的说教,还有爱国主义和对沙皇政府的忠诚等。[142] 陀思妥耶夫斯基对自己受到的冷遇却另有一番解释,虽然每个了解苏斯洛娃的人都清楚,事实并非如此:"因为你不能原谅自己曾经为我着过魔,所以才要想办法报复。女人总是这样。"[143]

　　但是随着时间的推移,他渐渐放弃了自己的幻想,开始与其他女人发展暧昧关系,其中包括俄国女探险家玛尔塔(玛尔法)·布劳恩(Martha [Marfa] Brown)。1862年,她在结束伟大的欧洲之旅后,拖着病体、身无分文地返回了圣彼得堡,然后写信给陀思妥耶夫斯基,问他是否需要一名翻译。从她写给陀思妥耶夫斯基的信可以看出,后者对两人关系的想法并不是单方面的。[144] 大约在同一时间,陀思妥耶夫斯基结识了将军的女儿安娜·科尔文·克鲁科夫斯卡娅(Anna Korwin-Krukowskaja),后者于1864年在《时代》杂志上发表过两部短篇小说。两人在通过一段时间信之后,于1865年1月在圣彼得堡见了面。陀思妥耶夫斯基对安娜一见钟情,可安娜的感觉却如冷水浇头。在苦苦追求了两个月后,陀思妥耶夫斯基向对方求婚并遭到拒绝。安娜在给姐姐的信中坦白地写道:

我爱他还没爱到要嫁给他的程度。他需要另一类女人,而不是我。他的妻子必须把自己全身心地奉献给他,为他而活,一心只想着他。这些我都做不到。我只想为自己而活。另外,他这人太过神经质,对人也很苛刻。和他在一起的时候,我感觉自己从来都不是我。[145]

安娜对陀思妥耶夫斯基的反感,并不仅仅是因为后者的神经质性格,同时也是因为两人在意识形态观念上的差异。和苏斯洛娃一样,安娜·科尔文·克鲁科夫斯卡娅也是一位典型的"60一代",甚至比前者更激进。身为虚无主义者和车尔尼雪夫斯基的门徒,她对俄国的政治体制恨之入骨。后来,她于1869年去了巴黎,嫁给了法国社会主义者、巴黎公社的领导成员之一维克多·贾克拉德(Victor Jaclard)。与陀思妥耶夫斯基和苏斯洛娃关系的另一个相似之处是,安娜的妹妹索菲娅·克鲁科夫斯卡娅在十五岁的时候疯狂地爱上了陀思妥耶夫斯基。1884年,婚后改随夫姓的索菲娅·柯瓦列夫斯卡娅

安娜·科尔文·克鲁科夫斯卡娅,摄于1880年前后

在瑞典斯德哥尔摩成为欧洲第一位女数学教授。她在数学界获得的声望，甚至远在阿波利纳里娅的妹妹、俄国第一位女医生娜杰日达·苏斯洛娃之上。虽然这两位成功女性并不是陀思妥耶夫斯基喜欢的女性类型，但是，即使在与两人的姐姐结束暧昧关系后，陀思妥耶夫斯基仍然与她们保持着友好的书信联系。

这个与安娜·科尔文·克鲁科夫斯卡娅不同、愿意"把自己全身心奉献给他、一心只想着他"的女子已经出现了。她就是那个在三周半时间里用娴熟的速记术帮助陀思妥耶夫斯基将《赌徒》文稿落在纸上的年轻姑娘，安娜·格里戈利耶芙娜·斯尼特金娜。安娜在她的回忆录中与读者分享了陀思妥耶夫斯基"第三段"爱情的萌生过程以及其间的种种细节。[146] 早在口述书稿的三个半星期里，陀思妥耶夫斯基对待安娜的态度已经超出了雇主与秘书之间的常规关系。这段时间，他经常坚持用自己的雪橇送安娜回家。有一次，当雪橇突然急转弯时，他用手体贴地扶住了安娜的腰。安娜在回忆录中写道，在当时讲究政治正确的年代里，她和"60一代"的姑娘们一样，对这样有"冒犯"嫌疑的行为依然抱有成见。[147]

在完成《赌徒》书稿后，陀思妥耶夫斯基向女秘书提议，由她来继续接手计划于1866年在杂志上连载的小说《罪与罚》的速记工作。工作开始一周后，陀思妥耶夫斯基用一种极其委婉的方式向安娜表白了自己的心意。他谎称自己准备写一部新的小说，主人公是一位与他年龄相仿的艺术家。

> 费奥多尔·米哈伊洛维奇在描绘他的主人公的时候，不惜运用阴暗的色调。按照他的说法，主人公是个未老先衰的人，害上了不治之症……老是郁郁不乐，猜疑心很重；虽然心肠很软，但不善于表达自己的感情；他可能是个有才能的艺术家，但屡遭失败，一生中从未以他所希望的形式来体现他的思想，为此，他常

常感到苦恼。

"就这样",陀思妥耶夫斯基继续讲下去,"在艺术家生活中的这个决定性时刻",他遇到了一位年轻的姑娘,年纪和安娜不相上下。安娜听着,感觉心都跳到了嗓子眼儿。"如果我们不把她称作女主人公,那么,就叫她安妮娅吧,这是个可爱的名字……"可惜的是,这两个人的年龄相去甚远,陀思妥耶夫斯基接着说道。"如果您的安妮娅不是个头脑空虚、卖弄风情的女人,而有着一颗善良美好、富于同情的心,那么,她为什么不能爱上您的艺术家呢?"听到这里,陀思妥耶夫斯基终于下决心,提出了这个决定性问题:

"假如您现在处在她的地位,"他用颤抖的声音说,"请您设想,这个艺术家就是我,我向您倾诉爱情,请求您做我的妻子。您说说,您怎么回答我呢?"——"那我就回答您,我爱您,而且终生不渝!"

于是,文学虚构与现实间的界线在这一刻被打破,婚约取代了小说。就在当晚,安娜兴奋地把这个喜讯告诉了母亲:"祝贺我吧,我要做新娘了!"

陀思妥耶夫斯基又一次成功地讲述了一篇故事,关于"被侮辱与被损害的人",一个与年轻姑娘相爱的幸运儿,按年龄论,她足可以做他的女儿。如果说,陀思妥耶夫斯基比其处女作《穷人》的主人公杰武什金走运的话,那主要是因为,他自从西伯利亚归来后,便成了一个深受读者同情的作者。因此,早在他向安娜求婚前,他在安娜眼中便是一位"聪明、善良却被众人抛弃的不幸的人",她对他的经历怀有"深深的理解和同情"。[148]

安娜·格里戈利耶芙娜·斯尼特金娜于1846年出生于圣彼得堡,

母亲是瑞典－芬兰裔俄国人，父亲是一位小职员。在上完三年德语小学后，她于1858~1864年在圣彼得堡第一女子中学就读。毕业后，她在一所贵族女子学院接受了自然科学方面的培训，并于1865年起跟随帕维尔·奥利欣学习速记。自1866年秋父亲去世后，安娜便开始想办法赚些外快，帮助靠微薄抚恤金过活的母亲补贴家用。所以，当这年10月奥利欣问她是否愿意为五十卢布薪酬，给作家费奥多尔·陀思妥耶夫斯基做速记员时，她很爽快地答应了。

玛丽娅·伊萨耶娃、阿波利纳里娅·苏斯洛娃和安娜·科尔文·克鲁科夫斯卡娅都是优雅迷人、骄傲自信、在各方面都有很多追求的女子。安娜·格里戈利耶芙娜虽然也自称是"60年代的姑娘"，[149] 但是，这种自我判断更多是因为她不愿落后于人，对那些前辈学姐们，她一辈子都在嫉妒她们。事实上，安娜完全是"60一代"的反面。尽管她所接受的教育对一位19世纪中下层女子来说十分难能可贵，但是除此之外，她在文学或学术方面却从未有过任何抱负，就像苏斯洛娃和科尔文·克鲁科夫斯卡娅两对姐妹那样。

作为妻子，她也是平平常常，不惹人注意。当陀思妥耶夫斯基跟她说到"小说"男主人公爱上了一位年轻女子时，安娜好奇地问道："您的女主人公漂亮吗？""当然，算不上是个美人，但挺好看。"这话虽不讨喜，却是实话。安娜很好看，但算不上是绝顶的美人。另外，安娜的母亲玛丽娅－安娜·斯尼特金娜当年也嫁了个比自己大很多的男人，正是因为这个原因，她对安娜的订婚反应有些冷淡。就在短短几个月前，她刚刚经历了丧夫之痛，所以她预感到，安娜未来也会像大部分老夫少妻一样，要守很多年寡。

她的预感是对的。她的女儿将比孀居二十七年的自己守寡的时间更久，因为她要嫁的这个男人不仅老得可以做她的父亲，而且健康状况也令人担忧。安娜之所以爽快地接受了陀思妥耶夫斯基的求婚，一方面是出于对这位大作家的崇拜，另一方面是因为后者的出现，恰好填补了父亲走后在安娜身边留下的空白。两人婚后不久,有一次陀思妥耶夫斯基问安娜,她是什么时候意识到自己爱上了他。安娜回答说:"我从十五岁起就爱上了你,更确切地说,是爱上了你的一位男主人公。"她指的是《被侮辱与被损害的人》中作者根据自身经历编造的主人公伊万·彼得罗维奇,那是安娜父亲最喜欢的书之一。[150]

话说回来,陀思妥耶夫斯基向安娜求婚主要是为了了却一桩心事,而不是出自炽热的爱情。这一年,他已经四十五岁了,特别是在和妹妹薇拉一家在柳布利诺共同度过一个夏天之后,他更是伤感地意识到,自己到了这把年纪,却还是孤家寡人。从间隔短暂的三次求婚——第一次是阿波利纳里娅·苏斯洛娃,第二次是安娜·科尔文·克鲁科夫斯卡娅,之后是安娜·斯尼特金娜——便可以看出,他已下定决心,要尽快再婚,建立新的家庭。另外还有现实方面的需求,他和继子帕沙在一起共同生活,日子过得很狼狈。至于说为什么他的求婚对象大多是比自己年轻很多的女人,主要是出自他对年轻女人和少女的明显偏好。[151]在他的作品中,经常会出现这样的角色,她们的经历虽然各不相同,但是她们往往都是猥琐的老男人追逐的对象。当两人订婚后,陀思妥耶夫斯基去安娜家做客时,他看到身着玫瑰色衣服的安娜后说道:"玫瑰色和你很配,你穿着它显得更年轻了,像一个小姑娘。"而且,他很喜欢听她讲些"可爱的童年小故事"。[152]

从他对安娜长相的评价("算不上是个美人,但挺好看")就能够感觉到,陀思妥耶夫斯基对安娜的感情并不像对玛丽娅·伊萨耶娃和阿波利纳里娅·苏斯洛娃那样热烈。这一点从他于1867年4月23日写给德累斯顿旧情人的信可以得到证明。在信中,他告诉对方自己再婚的事时写道:

> 她是我的速记员,名叫安娜·格里戈利耶芙娜·斯尼特金娜。她是个年轻漂亮的女孩子,出身正派家庭,上过很好的中

学,性格温柔而开朗。因为有了她,我的工作进展很快。11月28日,我完成了小说《赌徒》……工作结束时我发现,我的速记员发自内心地爱上了我,虽然她对此从未透露过一个字。我也渐渐喜欢上了她。自从哥哥去世后,我的意志变得很消沉,日子也过得很狼狈。所以我跟她提议,请她嫁给我,做我的妻子。她同意了,于是我们就结婚了。

这段话的语气并不像是爱情故事,而更像是成绩单上的备注文字。但是,安娜·科尔文·克鲁科夫斯卡娅的反应是对的。除了算不上绝色美人,对陀思妥耶夫斯基而言,安娜·斯尼特金娜——从订婚起,他便亲昵地称她"安妮娅"——堪称是完美的生活伴侣。"每个人都需要找到自己的归宿",他在《罪与罚》中写道。对陀思妥耶夫斯基这个敏感而神经质、整天忙忙碌碌的作家来说,安娜便是他的归宿,是他安顿身心的港湾。她让混乱的日子有了秩序,让他过上了真正的家庭生活。从两人的私密通信可以看出,在性事上,她也是一个完美的伴侣。当他遇到困难时,她永远是他坚定的支持者,和陀思妥耶夫斯基想象中的"60年代姑娘"全然不同的是,她从来都是将丈夫的利益放在第一位。陀思妥耶夫斯基之所以能够在生命中的最后几年,过上他梦寐以求的衣食无忧的"自在"生活,[153] 主要归功于安娜淳朴务实的天性和家里家外的操持。

1866年11月,陀思妥耶夫斯基频频到斯尼特金家做客,大家一起商量有关婚礼的各种安排和细节。他和安娜订婚的消息,早已在亲朋好友当中不胫而走。婚礼计划于次年初举行。在完成《罪与罚》后,陀思妥耶夫斯基便开始为下一部作品寻找题材。在之后的几个月里,长篇小说《白痴》的脉络渐渐在他的脑子里构思成形。自从《罪与罚》大获成功后,卡特科夫不惜一切笼络陀思妥耶夫斯基,让他为自己的杂志继续供稿。为此,他慷慨地答应后者的要求,分两次向其支付各一千卢布预付稿酬,供其筹备婚礼之用。1867年1月,陀思妥耶夫斯基以四十五卢布年租金,在沃兹涅先斯克大街的一栋房子里租下了一套五居室公寓,作为两人的新房。

1867年2月15日傍晚,陀思妥耶夫斯基与安娜·格里戈利耶芙娜·斯尼特金娜在圣彼得堡圣三一主教座堂举行了婚礼。此时距离他与玛丽娅·伊萨耶娃在西伯利亚库兹涅茨克的婚礼,相隔几乎整整十年。圣三一主教座堂位于著名的伊兹迈洛夫斯基军团(Ismajlowskij-Regiments)驻地,其带有金色满天星的蓝色穹顶是圣彼得堡南部城区的地标。婚礼的伴郎是尼古拉·斯特拉霍夫和作家德米特里·阿韦尔基耶夫(Dmitrij Awerkijew),伴娘是新娘的两位远亲。负责捧圣像的孩子是速记老师奥利欣的小儿子。婚礼仪式结束后,新郎和新娘在沃兹涅先斯克大街的新房举行酒会,用香槟酒招待宾客。当天,两位新人还没到达新居,客人们就已经来齐了。按照俄罗斯习俗,婚庆活动将持续几天,新人要到各处走访,接受亲朋好友的祝贺。

庆祝活动一直持续到"谢肉节"结束,之后是东正教的大斋期。由于每到一处,亲友们都以香槟酒款待,到谢肉节最后一天时,平日很少饮酒的陀思妥耶夫斯基因为不胜酒力倒下了。当时他正在安娜姐姐家,和后者愉快地聊天。

> 突然间,他话说到一半就戛然而止,脸色煞白,从沙发上慢慢地站起来,身子开始向我这边倾斜。我惊讶地望着他那变样的面容。蓦地里,只听到一声可怕的非人的喊声,更确切地说,是嚎叫声,于是,费奥多尔·米哈伊洛维奇便开始朝前弯下身去……我搂住费奥多尔·米哈伊洛维奇的肩膀,用力把他扶到沙发上坐下。但是,当我看到我丈夫失去知觉的身体从长沙发上滑下来,而我又没有力气扶住他的时候,我简直吓呆了。旁边椅子上放着一盏灯,我把这把椅子移开,好让他掉到地板上,我自己

也在地板上坐下来，在他全身抽搐的整个时间里，我双手一直捧住他的头，让它枕在我的膝盖上。[154]

安娜对陀思妥耶夫斯基患有癫痫症一事早有耳闻。但是，这与亲眼看见癫痫发作毕竟是两回事。她所受到的惊吓，与十年前陀思妥耶夫斯基第一位妻子玛丽娅在从库兹涅茨克到塞米巴拉金斯克途中目睹丈夫癫痫发作时的感受并无二致。而且和上次一样，这件事也给两人的新婚生活蒙上了阴影。在接下来的几周里，这对新人还将面临来自其他方面的诸多考验。

首先是陀思妥耶夫斯基的嫂子，米哈伊尔的遗孀艾米莉娅。后者始终认为，是陀思妥耶夫斯基造成了《时世》杂志的破产，并导致自己一家人陷入了经济上的困境，所以他理当承担起赡养自己的责任。陀思妥耶夫斯基的再婚让艾米莉娅感觉受到了威胁，因为她预感到，陀思妥耶夫斯基不可能同时养活两个家庭。面对这位对家务事一窍不

作家第二任妻子安娜·G.陀思妥耶夫斯卡娅

通的年轻女子，她不仅态度冷淡，而且动不动便对夫妇俩指手画脚。另外，她还多嘴多舌地当着安娜的面，夸赞陀思妥耶夫斯基前妻玛丽娅是理想主妇的典范。

其次是陀思妥耶夫斯基的继子帕沙。他只比安娜小一岁，所以他自然不肯接受由这样一位女子来接替母亲的角色。另外他还担心，安娜会在他和继父之间挑拨离间，从而使自己在家庭中的地位受到削弱。当陀思妥耶夫斯基外出时，他便对安娜颐指气使，令她感觉在"自己家里"变成了一位不受欢迎的客人。陀思妥耶夫斯基对此报以听之任之的态度，似乎安娜与帕沙的矛盾与他没有任何关系。

另外，还有三天两头来家串门的客人。这些人通常不到中午便进了门，然后一直待到傍晚才离开，这使得这对新婚夫妻整个白天几乎没有时间单独相处。陀思妥耶夫斯基一到天黑便躲进自己的书房，然后一直工作到黎明，第二天早上很晚才起床。而安娜却要每天一早便跑到市场上去采买食材，然后一整天忙前顾后，伺候丈夫和来访的客人，到晚上累得精疲力竭，不到10点便上床睡觉，丢下丈夫和还没告辞的客人继续闲聊。

终于有一天，她实在忍受不住，和丈夫大吵了起来。在继子帕沙又一次向她发出挑衅之后，她的神经彻底崩溃。陀思妥耶夫斯基吓呆了。在此之前，他似乎从未意识到妻子的问题。于是，他开始想方设法安慰妻子。第二天，他提出建议，带妻子去莫斯科一游，借机认识一下妹妹薇拉一家，如果手头宽裕的话，还可以带她到国外待一段时间。4月初，陀思妥耶夫斯基和妻子一起来到了自己出生的城市，下榻在杜桑酒店。在整整一周的时间里，他们走亲访友，参观克里姆林宫和莫斯科其他景点，然后与妹妹伊瓦诺夫一家共度良宵。除了一次因妒忌——陀思妥耶夫斯基指责安娜在妹妹家和一位年轻男子眉来眼去——发生的口角（类似的事情今后还会发生），这次莫斯科之行可以说是一次成功的安排，它让夫妻两人的感情重新变得亲密起来。

/ 258

/ 第三章 文学上的新生（1860-1867） / 257

但是，夫妻俩刚回到圣彼得堡，不快的事情便迎面而来，就连两人去国外旅行的计划也因此受阻。艾米莉娅·陀思妥耶夫斯卡娅在圣彼得堡郊外的度假胜地巴甫洛夫斯克（Pavlovsk）预订了一栋度假屋，准备两家人到夏天时一起去那里避暑。当陀思妥耶夫斯基告诉她，他已经安排好准备带安娜去欧洲旅行三个月时，艾米莉娅便提出要求，让他给自己和孩子五百卢布，另外再给帕沙两百卢布作为生活补贴。没过多久，一群债权人又登门讨债，陀思妥耶夫斯基夫妇的旅行计划眼看就要泡汤。因为想不出办法应对眼前的各种问题，陀思妥耶夫斯基已经暗自打算放弃夫妻俩的欧洲游计划。在这关键的时刻，安娜出面解了围。她把自己的嫁妆拿去典当，凑齐了旅行急需的第一笔旅费。1867年4月14日，陀思妥耶夫斯基夫妇登上列车，离开俄国首都，前往柏林。待两人重新返回圣彼得堡时，已是四年多以后。

第四章　第二次流亡：欧洲（1867~1871）

情非所愿的旅行者

陀思妥耶夫斯基夫妇这次长达四年的欧洲之旅是一个不伦不类的大杂烩：它既是蜜月，又是为了逃债；既是旅行，又是流亡；既有专注的文学创作，又有疯狂的赌博冒险。1867年，两人先是在德国度过了夏天，然后来到瑞士，并于1868年2月生下了女儿索菲娅（索妮娅）。当女儿在三个月时夭折后，夫妇俩离开了瑞士，去意大利过了一年，大部分时间是在佛罗伦萨。1869年夏，两人返回了德累斯顿。安娜在这里生下了女儿柳波芙，一家人在这里又继续生活了两年。

这次旅行无论是时间还是路线，都没有固定的规划。最初，他们只想在国外待几个月。后来，回程的时间之所以一拖再拖，主要是出于经济的原因。卡特科夫在《罪与罚》大获成功后为下一部新作《白痴》预付的三千卢布稿酬，早在夫妇俩动身前便已花费殆尽。这些钱主要是被拿来还债。安娜用典当嫁妆换来的微薄旅费也在巴登-巴登——德国行程的第二站——被陀思妥耶夫斯基在赌场上输得所剩无几。接下来的几个月里，夫妇两人只能靠东拼西凑来维持生计。无论是预付稿酬、借款、朋友接济还是赌博赢来的钱，都在转眼间被花了出去，不是拿来支付生活费，就是用来赎回典当的首饰或衣物。唯一可靠的收入来源只有正在创作中的新小说，陀思妥耶夫斯基虽然为此投入了巨大的精力，但仍然进展缓慢。《白痴》最后几章面世时已是1869年。这时候，预支的稿酬都已经花光，在俄国借的高利贷更是无力偿还。

与归心似箭的丈夫不同，安娜对返回俄国没有丝毫向往。她很乐意待在国外，在这里，她不用再受艾米莉娅和帕沙的气，可以躲开债主们的纠缠，而且还能有更多时间和丈夫一起享受二人世界。在她看来，即便物质生活窘迫，也比返回圣彼得堡要好得多。还有一个原因是，她毕竟是第一次出国，对国外陌生和新鲜的事物样样都感到好奇。在这方面，她的态度要比丈夫开放得多。后者对旅行指南上介绍的西欧各地景点没有丝毫兴趣，只有德累斯顿历代大师画廊除外。

在陀思妥耶夫斯基旅居国外的四年里，欧洲的政治力量对比发生了翻天覆地的变化。1856年签订的《巴黎和约》确认了俄国在克里米亚战争中失败的事实，法国重新成为欧洲大陆上的强国。但是，人们透过1860年代的政治局势变化发现，拿破仑三世领导下的法兰西第二帝国不过是一个泥足巨人。意大利统一运动取得胜利；在俾斯麦推动下，德国各诸侯国逐步统一在普鲁士麾下；法国武装干涉墨西哥遭遇失败后，又在1870/1871年的普法战争中输给了普鲁士——以上种种事件标志着，欧洲政治已经进入了一个新时代。在德累斯顿期间，陀思妥耶夫斯基夫妇目睹了霍亨索伦王朝打败奥地利及其盟友萨克森之后，普鲁士军队作为占领军的耀武扬威；在瑞士，他们见证了加里波第在1867年日内瓦会议上慷慨激昂地为和平和自由呐喊；在第二次逗留德累斯顿期间，他们从报纸上获知德意志第二帝国在凡尔赛宫镜厅宣布成立以及巴黎公社起义的消息。

对于陀思妥耶夫斯基这样一位民族主义者来说，看到民族主义理念在德国、意大利以及哈布斯堡帝国的少数族裔中所取得的硕果，理应感到振奋。然而，每当民族主义渐渐转化为弥赛亚主义时——就像在陀思妥耶夫斯基身上发生的变化一样——其他民族的崛起在其眼中就会变成一件令人反感的事情。在陀思妥耶夫斯基这里，这种反感的表现是对德国的仇视。在他看来，德国人小气、刻薄、丑陋、吝啬、无趣、精于算计，更重要的是，他们愚蠢得不可理喻。陀思妥耶夫斯基对愚蠢德国人的评价，颠覆了俄国人长期以来对德国文化优越性的认识——自18世纪初以来，这种认识对俄国文化政策产生了深刻的影响。在陀思妥耶夫斯基眼里，比愚蠢丑陋的德国人更加令人厌恶的，是生活在黑森林和日内瓦湖畔的那些被欧洲文化同化的俄国侨民，因为这些人是没有任何根基的，特别是像屠格涅夫这种在巴登－巴登买下别墅、长期定居国外的人。如今，陀思妥耶夫斯基与屠格涅夫之间的冲突日益尖锐。屠格涅夫以旅德俄国侨民为背景的长篇新作《烟》（*Rauch*）不仅在左翼革命者阵营，同时也在斯拉夫主义者当中受到抨击。就像俄国人对德国及其文化的膜拜一样，屠格涅夫在这部小说中所反映出来的思想令陀思妥耶夫斯基感到由衷的厌恶。只有一个没有祖国的愣头青才会写下这样的文字！但是，陀思妥耶夫斯基同时也以自我审视的态度意识到，他在欧洲待得越久，他的身份就会越来越向屠格涅夫这类俄国侨民靠近（1867年10月9日）。

在德国、意大利和瑞士生活的四年多经历，为陀思妥耶夫斯基的反欧情绪提供了新的养分，同时也使得他对西方社会堕落的抨击多了"直接经验"作为充分依据。为了做到有的放矢，陀思妥耶夫斯基总是要找到具体对象作为靶子：在《冬天里的夏日印象》中是法国，如今是德国，后来是波兰人和犹太人。随着时间推移，人们越来越清楚地看到，陀思妥耶夫斯基的民族主义主张实际上是一种策略，目的是巩固自身的民族身份认同，并通过反证的方式确认"俄国性"的重要意义。人们往往很难分辨，这种排外心理有哪些是神经质表现，哪些是意识形态主张，在很多时候，两者是掺杂在一起的。在安娜的旅行日记中，人们看到的是一个极度情绪化的男人，他在国外几乎样样都看不顺眼，但另一方面，他却又对西欧艺术——文学，音乐，尤其是绘画——表现出浓厚的兴趣。在其笔下的许多主人公身上，人们都可以观察到这种对欧洲爱恨交织的心理：《群魔》中的斯塔夫罗金，《白痴》中的韦尔西洛夫，《卡拉马佐夫兄弟》中的伊万。然而在作家的自白中，这一切则始终是一种禁忌。

尽管对西欧国家有着种种排斥，但陀思妥耶夫斯基在这里却一待便是四年多。论其原因，主要是为了躲避圣彼得堡债主们的纠缠，但这同时也与陀思妥耶夫斯基对居住和生活环境的淡漠态度有关。多年以来，陀思妥耶夫斯基一直过着漂泊动荡的生活，他搬家的频率几乎像换衬衣一样勤，他对屋里的家具和摆设也向来不放在心上。他的童年是在莫斯科穷人医院宿舍的狭窄隔间里度过的，少年时代是在军事工程学校寄宿，后来又在苦役营的集体牢房里待了整整四年。经过长时间的历练后，他对游荡的生活状态早已习以为常。

由于陀思妥耶夫斯基夫妇在欧洲住不起酒店，所以他们每到一地，都是在环境或地理位置不佳的地方租下一间带家具的廉价公寓，作为落脚之处。例如在巴登-巴登，他们租住的狭小套间正对一家铁匠铺，打铁的声音叮叮当当从早到晚响个不停。在安娜去世后很久才出版的旅欧日记里，详细记录了这对夫妇日常生活的点点滴滴：从文化娱乐到因没钱付账而四处筹借，从夫妻间的亲昵和争吵，到轮盘赌、生病、社交以及夫妻生活的私密细节，都在日记中一一做了交代。作为资料来源，这本日记的价值不逊于安娜的回忆录。后者早在20世纪初的陀思妥耶夫斯基热中便受到追捧，对人们深入了解陀氏生平起到了重要作用。关于陀思妥耶夫斯基这段旅欧经历，另一个重要的信息来源是作家与诗人好友阿波隆·迈科夫的通信。迈科夫早年也与彼得拉舍夫斯基小组有过密切交往，后来也和陀思妥耶夫斯基一样转变为保守的斯拉夫主义者。不过，除了偶尔提到缺钱的问题，陀思妥耶夫斯基在信中谈论的大多是欧洲与俄国当前的政治和意识形态处境问题，对夫妻二人的日常生活则很少涉及。

工作还是赌博？

陀思妥耶夫斯基夫妇从圣彼得堡抵达德国后，先在柏林休整了两天，然后于1867年4月19日来到德累斯顿。他们在这里逗留了三个月。这三个月是这次欧洲之行最无忧无虑的一段时光。就连一向对德国和德国人没有任何好感的"费佳"（Fedja）——安娜在日记中对丈夫的昵称——也对易北河谷的美丽山峦、宫殿和别墅群由衷地发出赞叹。初到德累斯顿的几周就像是夫妻俩的蜜月。两人每日的安排几乎都是同样的内容：参观画廊，午餐——大多是在布吕尔平台上的赫尔比希餐厅，午后咖啡和读报，逛街，去邮局打听有没有待取的邮件，在德累斯顿大花园里散步，听听露天音乐会，找家中档餐厅吃晚餐，晚上回到住处后喝茶读书，之后陀思妥耶夫斯基开始伏案写作，安娜自己去上床睡觉——她经常在深夜时分被"费佳"叫醒，两人云雨一番后相拥而眠。[1]

但是不久后发生的一件事，为两人的蜜月投下了第一抹阴影：安娜无意中发现了两封来自丈夫的旧情人阿波利纳里娅·苏斯洛娃的来信。虽然结了婚，但陀思妥耶夫斯基仍然与这位老相好保持着秘密联络。安娜的气愤除了妒忌，还有很大一部分是出于失望，因为她万万没想到，这个"方方面面被她视作榜样"[2]的男人，竟会以这样的方式欺骗她。另外她还发现，他们在德累斯顿待的时间越久，丈夫的脾气就变得越坏。没过多久，她便了解了其中的原因。陀思妥耶夫斯基一心惦记着要去赌博。赌博在俄国是被禁止的，只有在"堕落腐化"的西方，赌博才是被允许的事情。我们有理由猜测，或许陀思妥耶夫斯基从一开始便打算在国外通过轮盘赌赚一大笔钱，以便解决资金上的困难。这很可能是他这次安排到欧洲旅行的动机之一，甚至是唯一的动机。

安娜不相信费佳可以靠赌博来赚钱，但她实在经不住丈夫的哀求，而且她心里清楚，如果不答应他，就永远无法让他安下心来。5月中旬，陀思妥耶夫斯基乘车经莱比锡去了巴德洪堡。在之后的十天里，虽然偶尔也有赢钱，但他最终还是把这次出行的全部旅费输得精光：总数"超过一千法郎，折合三百五十卢布"（1867年5月24日）。因为没有钱支付旅馆住宿费和返回德累斯顿的路费，他请求安妮娅给他汇二十帝国银币（合二百卢布）到巴德洪堡。安妮娅得到消息后立刻把钱汇了过去。但是，她的丈夫并没有按照约定于次日乘火车返回德累斯顿，而是把这笔钱又丢在了赌场上。在这段时间每天从巴德洪堡寄给安娜的信里，满篇都是悔恨与自责。过不了多久，安娜还将在巴登－巴登遇到同样的情况。

　　陀思妥耶夫斯基每次在表示懊悔时都会指天发誓，绝不再去赌博，而是要埋头工作："现在我要工作、干活、干活、工作。我要向你证明我的能力！"（1867年5月24日）每当失望和懊悔时，他都会把工作当成道德上的幌子，用以抵偿赌博这件不道德之事的罪过。但是，当他犯了赌瘾时，他便会把这对矛盾抛到九霄云外。那时候，赌博作为"无须付出的赚钱手段"（1867年5月18日）就会替代工作，甚至不仅仅是作为收入来源，而且是日常生活的一种方式，只是其遵循的是另一种套路。

　　通过安娜的旅行日记我们得以了解到，陀思妥耶夫斯基的赌博癖好既有经济方面的考虑，也有病理学因素在起作用。在收到《俄罗斯导报》寄来的四百六十塔勒支票后，陀思妥耶夫斯基夫妇才从德累斯顿到了旅行的下一站黑森林。在巴登－巴登，陀思妥耶夫斯基在赌场上偶尔赢来的钱变成了唯一的收入渠道，夫妻二人的日常开支只能通过赊账和典当衣物与首饰——包括两人的结婚戒指——才能勉强维持。对陀思妥耶夫斯基来说，典当物品早已是家常便饭，这一点在他的文学创作中也留下了清晰的痕迹，最典型的例子便是《罪与罚》。在19世纪的俄国和西欧国家，当铺生意十分红火，它在老百姓日常生活中扮演的角色相当于"小人物的钱庄"。[3]

　　在巴登－巴登，陀思妥耶夫斯基每天在赌场和当铺之间游荡，把赌博变成了糊口的一种手段。安妮娅写道："如果我们每天能赚到两个塔勒，那该有多好！我们就可以赎回（当掉的）衣物，安心等待卡特科夫把钱汇来。"尽管她对丈夫的赌博癖好抱有很深的顾虑，但她同时也相信，费佳一定能靠赌博换来每天的开支，因为丈夫一再对她

巴登 - 巴登赌场，1855 年前后

讲，每次他在赌场押注的时候，心里都只有一个念头："这是给安妮娅买面包的钱，给她买面包的钱。"[4]

陀思妥耶夫斯基幻想着能够把赌博这种"无须付出的赚钱手段"当成工作，就像人们平日出门上班一样。抱着这样的信念，他每日定时定点地出入赌场，而在赌场上偶有斩获的经历更令他进一步坚定了信心。在巴登 - 巴登，有几回，他一次赢来的钱可以够两人几天的花销，运气好的时候，甚至还可以去赎回典当的物品。每次赢了钱，陀思妥耶夫斯基都会买来一堆好吃的，当作两人的夜宵。就像打工者下班后给自己的犒劳，这种庆祝方式让赌博有了更多的劳作色彩。而且陀思妥耶夫斯基还相信，人只需要学会冷静和算计，就一定能在赌场上赚到钱。赌博在他的眼里，俨然变成了一门可以依靠技术和经验掌握的手艺。

/ 第四章　第二次流亡：欧洲（1867-1871）　/ 265

但是，冷静与算计既不符合《赌徒》中所说的富有活力的"俄国"赌博方式，也与陀思妥耶夫斯基的天性背道而驰。从他在赌场上的各种表现便可以看出，按照他在《赌徒》中的定义，他并不是一个"绅士型"赌徒，而是一个"庶民型"赌徒：他三番五次把手里的钱输得精光；每次输得多了，他便毫不客气地催促安娜掏出身上所有的积蓄，或把衣服拿去当掉，甚至连安娜亲戚们接济他们的钱，也拿去当成赌本；他眼看着安娜的衣柜渐渐变空，却从不掏钱给她添置衣服（他在德累斯顿反倒给自己买了两套西服）；他一再承诺要戒掉赌瘾，却又反复打破自己的承诺——他赌的不只是钱，而且是自己的生命。把赌博当作谋生手段的说法，不过是他为自己的赌博恶习编造的借口。他的神经质以及近乎歇斯底里的敏感，都说明他不是一个冷血的绅士型赌徒，而是相反。安娜有一次在赌场见到丈夫，被他脸上的神情吓坏了："他神色惊慌，脸色通红，眼睛里布满血丝，模样就像个喝醉的酒鬼。"[5] 陀思妥耶夫斯基自己也承认，赌博对他有着某种"刺激和麻醉"的效应（1867年5月18日）。

对陀思妥耶夫斯基来说，赌博的真正目的并不在于钱，而在于赌博本身，是冒险的刺激，是孤注一掷的快感，是"押下赌注、眼望骰子转动和停下的那一刻"带给人的眩晕。[6] 只有这种失去理智（"算计"）和道德的亢奋感才能够解释，为什么陀思妥耶夫斯基会用如此冷漠乃至残忍的态度对待安娜，对她的担心和恐惧毫不顾忌。在亢奋的另一面，是奴颜婢膝的自虐式快感：

> 安妮娅，我的爱人，我的朋友，我的妻子，原谅我这个混蛋吧！我犯了罪，昨天晚上，我把你刚刚给我的钱全都输掉了，输得一个子儿都不剩。（1867年5月24日）

> 费佳跪在我的面前，吻着我的胸脯和双手，对我说，我是

一个善良可爱的女人,像我这样好的女人,全世界再也找不到第二个。

他告诉我,他把所有钱都输掉了,甚至把我当掉耳环换来的钱也都输掉了……他一头扑在桌子上,抽泣了起来。是的,费佳哭了……费佳在向我道晚安时说,他深深地爱着我……他永远都不会忘记,在这艰难的时刻,我对他是多么好。

费佳向我道晚安时,情绪激动地说,他疯狂地爱我,用整个身心爱着我;他说,他配不上我,我是上帝派来的天使,他不知自己何德何能,竟能得到这些,所以他必须要改过自新。[7]

从道德角度看,这种犯错与自责交替的行为对陀思妥耶夫斯基来说算不上什么光彩的事。陀思妥耶夫斯基总是用自责来抵偿自己的过失,同时又把自责变成了为犯错创造前提的一种技巧,这一点令弗洛伊德感到颇为诧异。[8] 不过,上瘾这种现象是无法用尊严和道德一类的概念评说的。按照弗洛伊德的观点,延迟满足的能力是"德性本质"必须具备的内容,而任何一种瘾都会使人丧失这方面的能力。上瘾的人不可能戒掉,反过来讲,能戒掉的人也不可能上瘾。

安妮娅凭直觉意识到了这一点,因此,她对丈夫的赌博癖好虽然忧心忡忡,却没有千方百计加以拦阻。她知道,这种癖好并非意志薄弱所致,而是一种"摧毁一切的激情,一种原始力量,任凭人的意志再坚定也无力抗拒",它就像是"一种无可救药的疾病"。[9] 她知道,费佳总是要不断地挑战极限,只有达到或越过极限,他的心才能得到安宁。她同时也知道,冒险是其文学创作的重要动力,因为他们就是在迄今最冒险的一次创作——《赌徒》——的过程中相识的,之后,她又陪伴他完成了另一部同样高风险的作品——《罪与罚》——的收尾工作。

在陀思妥耶夫斯基身上，赌博与文学创作的共同之处并不是他把赌博幻想成和写作一样的挣钱手段，而是它们都具有俄式轮盘赌的心理特征：把自己的身家和性命都当作赌注。陀思妥耶夫斯基总是把所有财力和精力挥霍殆尽，换句话说，他必须要触碰到谷底，将内心积压的欲望发泄一空，然后才会重新回归文学创作，[10] 并借助写作为之前所犯的过错赎罪。从这一点来看，他显然不是个真正的职业作家。因为职业作家和任何一项职业一样，都需要一定的自律能力以及经济上的考量。阿达尔贝特·施蒂弗特（Adalbert Stifter）便是这方面的典范，他把每一笔收入和支出都不厌其烦地记录在账本上。[11] 陀思妥耶夫斯基大概知道，写作是他无论如何都要做的事情，因此才不愿为此受到束缚。赌博于他不仅意味着赚大钱的机会，而且能够给"困境中的诗人"带来比写作更多的激情。

巴登-巴登的日常就这样一成不变地重复着：赌场上的赔和赚，期待与绝望，把首饰或衣物拿去典当或赎回——这样的日子过得越久，安妮娅为这个"可恶的巴登-巴登"和赌场所受的苦便越多。[12] 陀思妥耶夫斯基自己也隐约意识到，这样的生活是难以为继的。1867年8月22日，他又把安娜母亲寄来的期票输掉了，这笔钱原本是准备拿来给安娜赎回当掉的首饰用的。陀思妥耶夫斯基又一次流着泪，垂头丧气地从赌场回了家。这时他决定马上、就在当天离开巴登-巴登，到瑞士去。

但是，下一班前往巴塞尔的列车要到次日下午才发车。对陀思妥耶夫斯基这样的赌徒来说，与其干巴巴地等着，还不如利用最后的机会再去赌一把手气。于是，就在发车前一个半小时，他把安妮娅留在一边作为旅费的钱输了个精光。这一次，安娜"终于忍无可忍地爆发了"。[13] 他跪在她的面前，骂着自己混蛋，搓着双手恳求她原谅。这种场面安娜已经见得太多，更何况对眼下的困难来说，丈夫的态度再诚恳，也一样无济于事。为了和旅馆结账，外加买火车票，安娜不得不拿出自己的首饰，慌慌张张地赶去当铺。这次当掉的是一枚胸针和一副镶钻的耳环，那是两人结婚时，陀思妥耶夫斯基买给她的。这些首饰从此一去不回。

8月23日下午2点，陀思妥耶夫斯基夫妇登上了驶往巴塞尔的列车，经过一路八小时的颠簸，抵达终点时两人都已累得筋疲力尽。过去几个星期以来，安娜满脑子都是法郎、古尔登、塔勒、弗里德里希·多尔（Friedrich d'or）①等货币的名字，这时候，它们终于被睡意打败了。"然后我们就睡着了，"她在日记里写道，"我梦到了钱。我竟然变成了如此贪婪的人，一心只想着钱和金子。"14

日内瓦，"令人厌恶的共和国"

安娜·格里戈利耶芙娜在回忆录中写道："离开了巴登-巴登，我们国外生活的暴风雨时期就此结束。我们的恩人《俄罗斯导报》编辑部照例搭救了我们。"15 实际上，陀思妥耶夫斯基夫妇能够从巴登-巴登来到瑞士，靠的并不是卡特科夫的汇款。另外，两人在日内瓦的一年多生活也并非没有动荡和波折。安娜·格里戈利耶芙娜是用她的记忆，抹平了现实中遭遇的种种不顺。但是，如果换个角度看，两人在瑞士的生活的确与在巴登-巴登有着天壤之别，这是因为陀思妥耶夫斯基在把金钱和精力都耗尽之后，终于又回到了文学创作的正路上。

这次国外旅行的下一站原本应该是巴黎，但是因为手头拮据，两人只好选择花销相对较少的瑞士。瑞士是19世纪最便宜的旅游目的地，每人平均只需要五法郎（约折合一点六五卢布）便可以应付一天的日常开支。16 在瑞士，陀思妥耶夫斯基选择将日内瓦作为落脚之地。自从经历了在德累斯顿和巴登-巴登的语言沟通困难后，瑞士德语区

---

① 普鲁士金币名称。

已不在他的考虑范围。此外，日内瓦有一片很大的俄国殖民地，有自己的教堂和能够提供俄文报纸的咖啡馆。但抛开这些因素来看，这个地处瑞士西部的大都市是加尔文主义的发源地，是陀思妥耶夫斯基反感的让-雅克·卢梭的故乡，而且近年来又变成了俄国革命者活跃的地盘，因此日内瓦在陀思妥耶夫斯基眼里其实并非那么令人向往。

当陀思妥耶夫斯基夫妇1867年8月25日从巴塞尔乘车抵达日内瓦时，整座城市里到处张贴着朱塞佩·加里波第（Giuseppe Garibaldi）的宣传海报。这位意大利统一运动的英雄计划在9月9~12日召开的"和平和自由同盟"成立大会上发表演说。陀思妥耶夫斯基夫妇刚到日内瓦，便目睹了加里波第在这座城市掀起的热潮。三天后，他们参观了自由同盟的会议地点——日内瓦选帝侯宫。不过这时候，因发表批评教宗的言论而惹怒日内瓦天主教会后，加里波第已经离开了日内瓦。整个会议的主张、宣言以及针对欧洲反动政权特别是俄国政权[17]展开的无休止的争论和批判，更进一步激发了陀思妥耶夫斯基对社会主义和自由主义的不满。在他眼里，西欧地区这些观点纷纭的争论是引发社会骚乱的不和谐音：

> 这些我以往只读过他们的书、如今才第一次见到真人的社会主义者和革命者，竟然在台上面对五千名听众如此信口雌黄，真是令人不可思议……你根本无法想象，这些人是多么滑稽、荒谬和漏洞百出，既爱争辩又自相矛盾。可就是这样一群无赖，如今在煽动着不幸的劳苦大众！为了在地球上实现和平，他们要铲除基督教信仰，把大国摧毁，分成一个个小国。他们还要没收所有的资本，把一切财产充公，如此等等，不一而足。（1867年10月11日）

陀思妥耶夫斯基夫妇与生活在日内瓦的俄国侨民几乎没有联系，

只有尼古拉·奥加辽夫（Nikolay Ogarev）是个例外。奥加辽夫是赫尔岑的挚友，1865年随着流亡杂志《钟声》一起从伦敦迁到了日内瓦。除了提供书籍，奥加辽夫还经常在生活上接济陀思妥耶夫斯基夫妇。一位俄国秘密警察的眼线向圣彼得堡方面报告了这一消息，第三局指示在作家夫妇返回俄国时务必要严格审查。陀思妥耶夫斯基之所以和当地侨民保持疏远，并不仅仅是出于对俄国左翼的反感，主要是因为他已下定决心，要在结束巴登－巴登的几周狼狈生活后，全身心地投入写作。为了下一部新小说，卡特科夫已经向他支付了四千卢布预付稿酬。

在日内瓦期间，陀思妥耶夫斯基夫妇在威廉退尔大街靠近日内瓦湖的位置，租下了一套带家具的拐角公寓，透过窗户可以看到勃朗峰大桥和卢梭岛。按照计划，新小说将于1868年1月起在卡特科夫的《俄罗斯导报》上连载。陀思妥耶夫斯基又一次面对着巨大的时间压力，为此，他在日内瓦时为自己制定了一份严格的作息时间表。在之后的几年里，他的生活起居也都是按照这张表格进行的。由于陀思妥耶夫斯基每天都工作到凌晨，所以他通常是在上午11时左右起床。和安妮娅共进早餐后，陀思妥耶夫斯基便开始工作，已怀有四个月身孕的安妮娅则按医生嘱咐，独自去散步。下午3点前后，夫妇俩会在日内瓦老城里找一家便宜的餐厅进餐。之后，安妮娅回家午休，陀思妥耶夫斯基则到日内瓦湖畔找一家咖啡馆——大多数时候是在"拉库罗讷咖啡馆"——落座，一边喝着咖啡，一边阅读俄文和法文报纸。晚上7点左右，夫妇俩一同去湖边散步，或到老城商业街闲逛。陀思妥耶夫斯基经常会在一些高档珠宝店的橱窗前停步，"指着橱窗里的珠宝首饰说，等他有了钱，会把它们买下来送给我"。[18] 到这时候，他依然还没放弃他的发财梦。可是，在这座仅有八万人口却有两百多个百万富豪的19世纪末的大都市里，面对橱窗里那些琳琅满目的珠宝，陀思妥耶夫斯基还能对自己的爱妻说些什么呢？

夫妇俩的经济状况仍然一如既往的窘迫，他们只能靠亲戚朋友从俄国寄来的钱勉强度日。和在巴登－巴登时一样，去邮局取信变成了每天日程的固定内容："又白跑了一趟邮局。天，这实在太折磨人了！"[19] 如果手头没钱，最后的一招只能是去当铺。因为陀思妥耶夫斯基夫妇对此已经习以为常，所以他们对典当这件丢脸的事也渐渐感到麻木。但是，穷困和典当始终是陀思妥耶夫斯基的一块心病。沿罗讷河往上游走，距离马蒂尼（Martigny）几公里远，是瓦莱州一个名叫萨克森（Saxon）的温泉小镇，镇上有一家带轮盘赌的赌场。到日内瓦之后，陀思妥耶夫斯基一直努力抵抗着赌博的诱惑，但是在过了一个月后，他的赌瘾爆发了。10月5日，他乘火车去了萨克森，在一天半时间里输光了身上带的一百五十法郎，还有中间一度赢到手的一千三百法郎。因为错过了返回日内瓦的末班火车，他不得不用戒指和大衣作抵押，在洛桑的一家酒店过夜。

这不是他到萨克森的唯一一次赌博游。1867年11月和1868年3月，他又两次去了萨克森赌运气，结果和第一次一样，收获的只有懊悔和愧疚。一直对丈夫的赌博癖好报以宽容态度的安娜，这次真的动了火。一段时间以来，她都在盘算着给即将出生的宝宝准备衣物，另外她还想到，等家里变成三口人之后，至少需要一套两居室，这意味着要花费更多的租金。所以，她写信给身在萨克森的费佳，要他赢了钱以后，至少要寄两百法郎到日内瓦。但陀思妥耶夫斯基一口咬定没有收到这封信。这时候，两人身边的现金只剩下四十九法郎，其中三十一法郎要寄给酒店，以便赎回抵押的戒指和大衣。安娜在日记中写道："我感到前所未有的难过，就连在巴登－巴登输掉大笔钱时，我也没有这样绝望过。"[20] 于是，两人只好再次写信到俄国求助：向好友迈科夫和亚诺夫斯基，向安娜的母亲，向《俄罗斯导报》。卡特科夫终于松口，答应再汇给陀思妥耶夫斯基五百法郎稿酬，像支付工资一样分成五个月，每次一百法郎。

瑞士萨克森小镇的赌场

  1867 年 12 月，陀思妥耶夫斯基夫妇搬进了一套宽敞的两居室公寓，公寓就在繁华的勃朗峰大街上。在日内瓦，家有孕妇的人要想租到一套像样的公寓，并不是件容易的事。这时候，之前看不出孕相的安娜腰围粗了很多，陀思妥耶夫斯基的情绪也像妻子的肚子一样格外高涨。他已经为将要出生的孩子起好了名字，如果是女儿，就叫"索妮娅"，这是他在莫斯科最爱的外甥女的名字；如果是男孩，就叫"米沙"，这是已经去世的哥哥米哈伊尔受洗时的名字。安娜怀孕的这几个月，夫妻两人的关系比任何时候都要和睦。即将到来的分娩让他们暂时忘记了生活窘迫带来的烦恼，把平日情绪暴躁、敏感多疑的费佳变成了一个开朗诙谐、对妻子体贴备至的丈夫。他替她去采购，想方设法满足她挑剔的胃口（很多咖啡，很多"雏鸡肉"），在没有双层玻璃的日内瓦的冬天里，把炉火烧得旺旺的。"他做这件事时怀着极大的热情，仔细观察每一块木柴是

/ 第四章　第二次流亡：欧洲（1867-1871）　/ 273

作家好友阿波隆·迈科夫,摄于1860年代

否烧透,这使得他的样子看起来很滑稽。他自嘲地笑我们'是快乐的烧火工,这是我们的日内瓦人生。'他总能想出各种搞怪的点子,逗我发笑。"[21]

日内瓦的冬天转瞬即逝。夫妻俩当然不是只忙着生炉子,他们大部分时间都在一起为创作新小说辛勤地工作。1868年3月4日,分娩的阵痛开始了。刚刚经历了癫痫症严重发作的陀思妥耶夫斯基一下子慌了神。他叫来了助产士巴罗太太,后者赶到后的第一件事便是把这位焦躁不安的丈夫赶出卧室,因为他的紧张只会对孕妇的分娩造成不利影响。安娜因为挂念费佳,每当阵痛间歇时,便请求助产士或助产护士替她去看看丈夫在做什么。她们看过后告诉她,"他在跪着祈祷,一会儿又坐在那儿用双手掩着脸,深深地陷入沉思"。[22] 1868年3月5日凌晨2点,夫妇俩终于从痛苦中解脱了。索菲娅(索妮娅)·米哈伊洛夫娜·陀思妥耶夫斯卡娅——用助产士巴罗太太的话说,一个可爱的女孩（une adoralbe fillette）——顺利降生了。

  费奥多尔·陀思妥耶夫斯基高兴得什么似的，一时激动，拥抱了巴罗太太，几次紧握助理护士的手。女助产士告诉我，在她多年的从业实践中，她从未看到过有哪个新生儿的父亲像我丈夫那样自始至终激动不安、心慌意乱的，接着她又重复这句话："这些俄国人，这些俄国人！"（Oh, ces russes, ces russels！）[23]

  陀思妥耶夫斯基陶醉在快乐中："小家伙刚满一个月，就已经有了我的脸部轮廓，她的所有脸部特征，包括额头上的皱纹，都和我一模一样。她安静地躺在那儿，仿佛正在构思一部小说！"（1868年4月2日）但是，这对年轻父母的幸福并没能持续多久。5月，日内瓦天气突变。寒冷干燥的北风吹过日内瓦湖面，躺在婴儿车里、由母亲推着在英国公园（Englischen Garten）散步的小索妮娅受了凉，开始咳嗽发烧，看样子是得了肺炎。尽管儿科医生一再安慰这对忧心的父母说，孩子不过是得了普通的感冒，可是，5月24日，婴儿还是夭折了。

  和婴儿出生时带来的莫大喜悦一样，女儿的夭折让陀思妥耶夫斯基夫妇痛苦不堪。安娜回忆说："他悲痛欲绝，站在爱女冰冷的尸体面前，像女人那样号啕大哭，呜咽啜泣，热烈地吻着她那苍白的小脸和小手。我以后再也没看到过他这种痛不欲生的模样。"三天后，他们在俄国教堂为女儿举行了安魂弥撒，然后将她葬在了素园（Plainpalais）的市立公墓。他们在小小的坟墓周围种上了柏树，在白色大理石的墓碑上刻着东正教的十字架，还有一行铭文："费奥多尔和安娜·陀思妥耶夫斯基的女儿苏菲。"[24]

  陀思妥耶夫斯基从没有喜欢过日内瓦这座城市。他在写给俄国朋友们的信中，总是一再说起他在这个"令人厌恶的共和国"过得很不开心,在这里,"资产阶级生活发展到了登峰造极的水平"(1868年1月12日)。他在从萨克森回日内瓦的火车上第一次见识到日内瓦湖东岸的美丽景色和温和气候,回到家后,他把这些一五一十地告诉了安娜。一段时间以来,他脑子里总是萦绕着一个念头,就是把家搬到沃韦(Vevey),一座位于沃州里维埃拉的温泉小镇,它南部紧邻蒙特勒(Montreux),果戈理《死魂灵》的部分章节就是在那里创作完成的。陀思妥耶夫斯基把爱女索涅奇卡(Sonjetschkas)的夭折归咎于日内瓦变化无常的恶劣天气,他感觉眼下是时候实现自己的计划了。

俄国的基督:《白痴》

但是在沃韦,陀思妥耶夫斯基也没能如愿让心情重归平静。安娜·格里戈利耶芙娜写道,在他们十四年的婚姻生活里,她不记得有哪年夏天是如此令人愁闷的。每遇到一个孩子,都会让她想起自己的丧女之痛。为了避免触景生情,他们干脆放弃去城里散步,而是到种满葡萄的山坡上眺望沃韦城。陀思妥耶夫斯基则试图通过写作来转移痛苦。按照约定,新小说将于1868年1月起在《俄罗斯导报》上开始连载,巨大的压力令他一筹莫展。除了爱女夭折给他造成的抑郁情绪,自来到瑞士以来频频发作的癫痫症也严重损害了他的创作力。很长时间,他都无法完成这部名为《白痴》的新长篇小说的情节构思。在几个月里,他写了无数草稿,设计了不同的人物形象和故事线索,但始终都不能满意。1867年12月初,他把全部草稿都扔进了垃圾筒,然后从头开始重新创作。在短短二十三天里,他像服了兴奋剂似的一口气写完了五个章节,相当于一百印张。

这时距离交稿日期还剩一小段时间。对陀思妥耶夫斯基这种天性散漫的人来说,在时间管理上能够做到如此冷静沉着,颇有些不同寻常。但是如果仔细观察的话,我们会发现,这件事其实与冷静无关,而是陀思妥耶夫斯基热爱冒险的性格所致。他往往要等到迫到眉睫的最后一刻，才会调动起自己全部的脑力资源，而在平日懒散的时候，这些资源大多是被闲置的。[25] 1867年9月，他在给阿波隆·迈科夫的信中写道：

> 我一直没有跟您谈过工作的事，因为我实在不知道该说些什么。眼下能说的只有一件事：我必须竭尽全力地拼命去工作。这中间我总是不断发病，每次发病后都有整整四天无法清晰地思考……这部小说是我唯一的救命稻草。无论情况有多么糟，它都必须是一部出色的小说，这是一切的前提条件，别无他选……简言之，我怀着激动亢奋的心情，全身心地一头扎进了这部小说。我把所有的赌注都押在这一张牌上，结果爱怎样就怎样吧！（1867年10月21日）

在同年1月12日给迈科夫的另一封信中，他也提到过类似的内容："我的做法简直就是冒险，就像玩轮盘赌一样，心里总在想：'说不定写着写着，就会有好运气！'这实在是不可饶恕的罪过。"假如他读过海因里希·冯·克莱斯特（Heinrich von Kleist）的文章《论在讲话过程中思想的逐步形成》（*Über das allmähliche Verfertigen der Gedanken beim Reden*）的话，他也许不会再把冒险看作一种罪过。但是，从这句话可以看出，陀思妥耶夫斯基心里清楚，人本来不应当这样工作，可他却没有其他的办法，因为他的"顽劣和富于激情的天性迫使他，总是孤注一掷地向极限发出挑战"（1867年8月28日）。

如果说"地下人"是生活在1860年代的当代人典型，那么梅诗金公爵这位俄国堂·吉诃德则是一位来自未来的英雄。陀思妥耶夫斯基说，他本意是想"塑造一个极尽完美的人……依我之见，再没有

/ 第四章 第二次流亡：欧洲（1867-1871） / 277

什么比这更难能可贵的了,更何况是在当下这个时代"(1868年1月12日)。关于"极尽完美的人"的想法,陀思妥耶夫斯基早在1854年便说过:"我相信,没有什么能比基督更美好、更深刻、更可爱、更智慧、更坚毅和更完善的了。"作为堂·吉诃德与基督的合体,梅诗金公爵正是这样一位道德高尚而纯粹、无欲无求却又极具人格魅力的理想化身。梅诗金这一角色同时也表达了陀思妥耶夫斯基的另一个观点:"或许只有俄国的思想、俄国的上帝和基督,才能帮助整个人类走向新生。"俄国的上帝和基督将让世界看到,俄国已经成长为一个"强壮、正义、智慧和温柔的巨人"。这个泰坦巨人是用虔诚的信仰来征服世界,而不像天主教会那样,是用火焰和刀剑。

陀思妥耶夫斯基在从瑞士写给友人的信中不断抱怨的"俄国根基"的缺失,为这部新作赋予了一种独特的民族主义色彩。异国生活改变了他看待故乡的眼光。从某种意义上讲,梅诗金公爵比作者先行了一步。他在小说开篇刚刚结束了在瑞士的四年疗养,回到了俄国。但是,由于俄国如今已经被西方瘟疫污染,他最终将作为这个西化的新俄国的牺牲品,带着一颗无法修复的破碎心灵重返瑞士的疗养院。这个富有象征性意味的主题,便是贯穿整部作品的主线。小说在主题叙事之外还穿插着大量的阴谋和圈套、意外曝光的真相、出其不意的反转,以及各种令人感伤的戏剧性场面,以致读者的目光经常被这些情节吸引、面临偏离主线的危险。

故事的核心情节是围绕三个人物展开的。首先是列夫·尼古拉耶维奇·梅诗金公爵,一个古老贵族门户的最后一位子嗣。将主人公冠名为"白痴"并以此作为书名,是典型的陀思妥耶夫斯基式创作手法。按照米哈伊尔·巴赫金的说法,作者在这里选择了一个具有多重含义的"对话式"词语,每个人都可以从各自视角出发对其做出不同的解释。读者应当在"歧义现象学"[26]的范畴内独立得出结论,梅诗金到底是怎样一个人:是一位另类理想主义者,一位圣洁的愚人,一个傻瓜，抑或是一位精神病患者。

梅诗金公爵的对手是一位刚刚去世的富商的儿子巴尔菲昂·罗果仁。罗果仁与梅诗金搭乘同一列火车来到圣彼得堡，一是为了接收父亲留给他的百万遗产，二是为了把娜斯塔霞·菲立波夫娜——一位俄国茶花女式的当红名媛搞到手。娜斯塔霞出身贵族，从小便失去了双亲，之后被地主阿法纳西·托茨基收养。这位受男人追捧的名媛散播消息称，她将在当晚当众宣布，她愿意把两位热门追求者当中的哪一位作为结婚对象。其中一位便是巴尔菲昂·罗果仁，他垂涎娜斯塔霞的动机是阴暗、不可见人的，这里面既有"色情狂"[27]式的性冲动，也有嗜血成性的暴虐心理作祟，陀思妥耶夫斯基借用阿波隆·格里戈利耶夫的说法，称之为"野兽般的贪婪"。[28]罗果仁的直接竞争者是加甫里拉·伊沃尔京（加尼亚），他的父亲是一位年迈落魄的退休将军。虚荣贪财的加尼亚并不爱娜斯塔霞，他娶她的目的是得到托茨基许诺的七万五千卢布陪嫁，好用这笔钱作为启动资金，为自己开创一番事业。娜斯塔霞住在乡下偏僻的一处田庄，在未成年时便受到地主托茨基的蹂躏。多年来，虽然娜斯塔霞对托茨基一直冷脸相向，同时却又享受着后者为她提供的奢靡生活。眼下，托茨基一心打算娶有钱有势的叶潘钦将军的美貌女儿阿格拉雅为妻，所以他想尽快为娜斯塔霞找一位佳婿，以便就此了断与她的瓜葛。

当天晚上，娜斯塔霞的府上宾客盈门。借着香槟酒的酒劲，女主人当众公开了自己从小惨遭托茨基蹂躏的经历，以及身为后者情妇的低贱身份。这时，罗果仁出现在众人面前，把一捆钞票扔到了桌子上。这些钱总共是十万卢布，他要用它买下娜斯塔霞，这个价格远远超过了托茨基为她准备的陪嫁。娜斯塔霞表示，她准备把七万五千卢布礼金扔还给托茨基，然后跟罗果仁一起离开这里。梅诗金公爵提醒她警惕，因为罗果仁是个靠不住的人。由于不忍心看着娜斯塔霞在高傲与绝望之间彷徨并为此受苦，梅诗金当下决定向她求婚。趁着求婚的机会，他向众人透露，他从一位远亲那里得到了一笔巨额遗产，数额高达一百五十万卢布。娜斯塔霞被公爵的表态感动了，但她拒绝了公爵的求婚，因为她知道，自己只会给他带来不幸。就在娜斯塔霞跟随罗果仁上路前，她把包着十万卢布的纸包扔进了壁炉，并要求加甫里拉·伊沃尔京把钱从烈焰中取出。加尼亚抵抗住了这一诱惑，却因急火攻心而昏了过去。"这就是说，他贪财，但更要面子。"娜斯塔霞嘲笑道。

小说的第二部分情节是围绕梅诗金与罗果仁之间的关系展开的。时隔半年后，娜斯塔霞已经和罗果仁分手，因为她真正爱的是梅诗金公爵。此时两个男人虽然已成为好友，而且还彼此交换了十字架，但醋意大发的罗果仁却凶相毕露，他偷偷躲在公爵寄宿的旅馆暗处，想伺机用匕首刺死公爵。就在他准备动手的一刻，梅诗金因为癫痫发作摔下了台阶，罗果仁见状大惊，仓皇逃离了现场。

故事的另一条脉络是叶潘钦将军一家。将军的三个女儿都已到了出嫁的年龄，美丽清高的阿格拉雅便是其中的一个。梅诗金公爵第一次见到她时，便被她深深地迷住了。反过来，阿格拉雅也对梅诗金一见倾心。他的朴素、正直与聪慧，令她爱慕不已。但是，公爵的羞涩和被动，特别是他和娜斯塔霞·菲立波夫娜之间说不清道不明的关系，却让两人始终无法走到一起。因此，阿格拉雅对公爵的爱慕往往是以挑衅和嘲笑作为发泄。

在第二和第三部分，一个在之前处于边缘的人物变成了叙事的重点之一。这个人叫伊波利特·杰连企耶夫，他是整日围在罗果仁身边的一伙年轻人当中的一个。这些人粗俗而没有教养，并以信奉虚无主义为荣。陀思妥耶夫斯基是用这伙人来讽刺1860年代的虚无主义潮流。伊波利特是一个悲剧性人物，他身患严重的肺痨，医生判定他只剩几个星期的寿命。他不相信上帝，也拒绝任何外部力量将其意志强加于自己头上，[29]并因此将自然法则当成了仇恨的对象。在搬进梅诗金公爵在圣彼得堡郊区巴甫洛夫斯克的消夏别墅后，伊波利特宣布将当众宣读自己的"精神"遗嘱，然后开枪自杀。遗嘱的主题是"我死后，哪怕洪水滔天"（Après moi, le déluge）。但是，这场兴师动众的表演最后却以失败告终，因为他的手枪在关键时刻卡壳了。

  小说第四部分和结尾讲述的是阿格拉雅·叶潘钦娜与梅诗金公爵之间关系的日渐隔膜。叶潘钦夫妇本打算在一场家庭晚会上把公爵作为未来女婿介绍给来宾，但是，当人们在席间谈到公爵的养父帕甫里谢夫去世前改宗天主教的问题时，梅诗金情绪顿时失控，当众对罗马教廷和欧洲的现状大放厥词。这些观点与陀思妥耶夫斯基和阿波隆·迈科夫通信中表达的思想如出一辙（1868年3月1日）。梅诗金公爵慷慨激昂地发表了一番独白，声称唯有俄国的思想、俄国的上帝和基督才能使全人类面目一新、起死回生。说到兴头上，公爵的情绪因为过度亢奋——此时，他已出现癫痫发作的征兆——失手把一个贵重的中国瓷盆从基座打翻在地，原本紧张的气氛因为这个小小的意外而得以化解。第二天，阿格拉雅和娜斯塔霞在后者的住处彼此摊了牌。梅诗金公爵亲眼看见了这对情敌为自己争风吃醋，吵得不可开交，却又对此无可奈何。眼下，他必须在两个人当中做出选择。看到他犹豫不决的样子，阿格拉雅深受伤害，绝望地冲出了屋子。梅诗金留了下来，眼看着娜斯塔霞在一番歇斯底里的发作后倒在了地上。公爵抚摸着她的头发和面庞，犹如"哄小孩子一般"。

  在解除与阿格拉雅的婚约后，梅诗金公爵开始筹备与娜斯塔霞的婚事。但是，当一切都已安排就绪，离婚礼只差一小时的时候，娜斯塔霞却穿着婚纱逃走，去找罗果仁。次日一早，梅诗金开始四处寻找她的踪迹。在街上，他遇见了罗果仁。后者坦白地承认，娜斯塔霞确实是在他家里。他把梅诗金带到了自己阴森森的卧室里，娜斯塔霞的尸体裹着油布，倒在床上，周围放着几瓶开了盖的香精油。第二天早上，当屋门被强行打开后，"人们发现凶手已完全昏迷，嘴里说着胡话。公爵一动不动地坐在他身旁的铺位上,每当病人发出狂叫或呓语时,就急忙用发颤的手轻柔地抚摸他的头发和两颊,似乎在对他表示疼爱,让他平静下来"。这时,叙述者用点评的口吻说道,假如这时候公爵的瑞士医生赶来,必定会跟当年一样一甩手说:"白痴!"罗果仁被判处去西伯利亚服十五年苦役,心灵备受摧残的梅诗金公爵则郁郁寡欢地离开了俄国,返回了瑞士的疗养院。

在陀思妥耶夫斯基的作品中,没有哪部小说像《白痴》一样有如此众多令人眼花缭乱的人物,以及充满诡异气息的场面。在陀思妥耶夫斯基的批评者当中,这本书经常会成为诟病的对象。纳博科夫认为,与托尔斯泰相比,陀思妥耶夫斯基的创作手法就像是"用棍棒一顿乱槌……而非用艺术家之手细细地摩挲"。[30] 贝尔塔·埃克斯坦-迪纳(Bertha Eckstein-Diener)在文章中把俄国作为讽刺对象时,经常会用《白痴》作例子,并嘲笑俄国文化是"白痴领袖"。对陀思妥耶夫斯基一向欣赏的列夫·舍斯托夫对梅诗金这个人物形象却难以苟同,称他是一个没有主见、在两个女人之间左右摇摆的不倒翁。[31] 但是,20世纪的著名文学评论家们,如朱利叶斯·梅尔-格雷夫(Julius Meier-Graefe)和瓦尔特·本雅明等人则对这部作品推崇备至。

同时代人对陀思妥耶夫斯基的这部新作反响平平。当小说头几章开始连载时,读者和批评家们对它还普遍持欢迎的态度。但是从一开始就有不少人认为,这部小说的一大不足是缺少现实主义的场景描写以及心理层面的分析。陀思妥耶夫斯基的好友阿波隆·迈科夫描述自己的感觉时称,小说中的人物个个都像过了电一样,每个人的脸上都泛出一种超自然的光芒,使得整部作品呈现出强烈的幻想色彩。[32]《圣彼得堡新闻》对此也持同样的观点,称这部小说所描绘的是一幅赤裸裸的"幻境"。尼古拉·斯特拉霍夫则认为,小说的情节设计过于做作,"它导致您的作品因承载过多而变得过于复杂,假如您能将叙事结构设计得简洁一些，小说会有更强的表现力"。[33] 和这些批评相比，更令陀思妥耶夫斯基难过的是，当小说连载全部结束后，竟然没有一篇评论文章能够对这部新作予以整体的肯定。斯特拉霍夫在最初做出积极的回馈之后曾经答应，将就整部作品撰写一篇评论文章。但是该计划却迟迟未能兑现，由此可以看出，他对这部新作明显持保留态度。这样一来，最初商定的发行小说单行本的计划也暂时被搁置。

同时代人对这部小说的评价所采用的是以托尔斯泰小说为典范的现实主义文学标准，除了"如画赋诗"（ut pictura poiesis）的写作技巧，小说的人物和情节主要应当围绕历史、社会和心理层面的描写而展开。但是如果抱着这样的期待来阅读《白痴》，它带给人的只能是失望。只有在后现实主义潮流出现后，这部小说的价值才真正得到人们的赏识。陀思妥耶夫斯基所采用的怪诞诡异的写作手法为现代派开了先河，例如象征主义和先锋派戏剧、表现主义电影中的过火式表演（overacting），以及弗兰克·卡斯托夫（Frank Castorf）以夸张形体表现为特征的"导演剧场"。后者几乎将陀氏所有作品搬上了舞台，这些戏剧作品与陀氏原作一样，都具有类似"巫术和毒品"的致幻效应。[34]

别林斯基很早便对陀思妥耶夫斯基作品的魔幻风格提出了异议。在《白痴》早期创作阶段，陀思妥耶夫斯基对别林斯基的批评颇为重视，并试图将它转化为积极的因素。在他看来，批评者所说的魔幻风格是理想主义的一种特殊形式，是一种直接指向事物本质的文学手法。运用这种手法写作，可以对当下社会潮流的未来风险和机会起到预警的作用（1868年12月23日）。从这一意义上讲，梅诗金公爵的命运同时也象征着当代俄国社会的内部状况。梅诗金公爵是基督教虚己论的化身，是博爱、非暴力和牺牲精神的体现；而小说中的其他人物所代表的，则是奥斯卡·王尔德所说的"一个只知道每样东西的价格，却不知道其价值"的世界。

陀思妥耶夫斯基在草稿本上写道，这部小说旨在表现三种爱情：情欲之爱（罗果仁）、名利之爱（加尼亚）与基督之爱（梅诗金）。在加尼亚身上，爱情纯粹是出于对金钱的贪欲，因为在他眼里，金钱是攫取和行使权力的最有效手段。他一心渴望成为罗斯柴尔德式人物，其眼中真正的世界主宰。用他的话讲，假如没有罗斯柴尔德们的贷款，19世纪的那些君主便无法发动战争，也无法完成苏伊士运河之类的形象工程的修建。在《白痴》中，金钱的力量更多是以荒诞的形式呈现出来的。小说开篇时，梅诗金和罗果仁各自得到的令人匪夷所思的百万遗产便是典型的例子。包括托茨基为摆脱娜斯塔霞给出的高额礼金，还有罗果仁为收买娜斯塔霞掏出的十万卢布，都同样不乏荒诞的色彩。在小说第一部结尾，当娜斯塔霞把罗果仁的钱扔进壁炉时，"美妙的金钱"（tollen Geldes）——亚历山大·奥斯特洛夫斯基1870年创作的同名喜剧——之舞更是随着这一荒诞的情节达到了高潮。这段插曲在心理刻画上表现出高超的技巧，它不仅刺痛了贪财的加尼亚，而且对其他在座的宾客，包括阅读小说的读者在内，都是一个强烈的刺激。娜斯塔霞的客人们眼望着这捆钱被火舌舔舐着，就像看到一个被绑在火刑柱上的受难者一样愕然失色。

当然，如果用统计学概率来计算的话，这些事都是很难在现实中发生的，而更多是一种"反写实"[35]或"超现实"的手法。从这一点来看，超现实主义艺术家们将陀思妥耶夫斯基奉为精神上的先驱也就不足为奇了。马克斯·恩斯特（Max Ernst）在著名油画作品《朋友聚会》上，把自己的形象与陀思妥耶夫斯基等人画在了一起，画中的他大咧咧地斜坐在作家的大腿上。与马克斯·恩斯特、安德烈·布勒东（André Breton）等注重描绘人的潜意识一样，陀思妥耶夫斯基小说中那些最富戏剧性张力的情节也都呈现出梦境式的氛围，其笔下的人物总是被噩梦追逐着。除了超现实主义艺术家，对梦境的刻画同样也是希区柯克、罗伯特·怀斯（Robert Wise）、斯蒂芬·斯皮尔伯格等电影导演热衷的题材。

梅诗金公爵的无我之爱与加尼亚的贪财和罗果仁的好色形成了反照。在公爵看来，同情是"全人类最重要乃至唯一的生存法则"，而同情和共情则是以移情能力作为前提。梅诗金公爵能够"对一切表达价值做出反馈"。[36] 例如，他能够惟妙惟肖地临摹陌生的笔迹，甚至包括中世纪的书法。另外，他还拥有一种超强的直觉，当他遇到陌生人时，只需一眼便能看破对方的本质。比如，他透过一张照片，便能了解到娜斯塔霞是一个怎样的人。如果说这些性格特征或多或少还能用道理解释的话，那么他被加尼亚扇了耳光后的一幕则让我们看到，作者对梅诗金这个人物的设计并非从心理学层面出发，而更多是出于象征的意义。梅诗金这个人是活在"生存逻辑之外"的，就像整部小说的架构都是"更高意义的现实"一样。[37] 正因为如此，主人公在挨了耳光之后并没有做出反抗，甚至没有表现出恼怒，而是扭过身子，用手捂住脸，轻声说道："呜，您会为您的行为感到羞耻的！"这简直是活脱脱的现实版《山上宝训》。正如别尔嘉耶夫（Berdjajew）所言，这种行为已经不能用心理学，而只能用"病理学"才能做出解释。[38]

梅诗金公爵在娜斯塔霞和阿格拉雅之间的迟疑不决同样也超越了心理学的层面，而是一种纯粹的象征性表达。他对阿格拉雅的倾慕，让这个"不谙男女情事的处子"[39] 多少有了些男人的味道。但是，读者却无从得知，作为一个女人，阿格拉雅身上究竟是哪一点吸引了公爵。假如换作屠格涅夫或托尔斯泰，必定会对此大书特书。至于说梅诗金最终选择留在娜斯塔霞身边，也并不是这位主人公自己做出的决定，而是其创造者代他做出的安排，因为"公爵便是基督"。[40] 梅诗金与异性之间的关系与性欲（Eros）无关，而是由基督式的仁爱与慈悲（Agape）所决定。

与基督一样，梅诗金公爵也受到了周围人的误解和嘲笑。作为人,他最终被当作不可救药的疯子而消失于世间,他的布道使命似乎也因此以失败告终。然而在象征和譬喻的层面上——这是这部小说超越其他所有陀氏作品的地方——公爵却必将得到永生。这是因为,既然上帝之子的牺牲给人类创造了永生的机会,那么像梅诗金这样的基督式人物自然也不例外。正如陀思妥耶夫斯基所言:"一切最终都取决于人们是否将基督教视作人世间的终极理想,也就是说,取决于对基督的信仰。一个人如果相信基督,便会相信永生。"[41]

在这一问题上,《白痴》与欧内斯特·勒南(Ernest Renan)1860年代创作的风靡欧洲的畅销小说《耶稣的一生》(*Das Leben Jesu*)形成了一种批判性的对话关系。后者遵循有关基督生平研究的批判传统,通过对基督神性、神迹以及基督教永生论的彻底否定,把耶稣基督的影响建立在理性的基础之上。勒南认为,耶稣预言的复活和重生是他从古犹太教伪典中断章取义得出的结论,耶稣本人对它的理解更多是在象征意义上,而并没有将它作为其教义的核心。[42] 对费尔巴哈同样深有研究的陀思妥耶夫斯基,[43] 在看到勒南这种彻底否认基督神性的观点时,想必比当初读到费尔巴哈"神人同性论"更加感觉受到了挑衅。

关于永生的观点让人不禁联想到小汉斯·霍尔拜因的油画名作《墓中的基督》(1521年)。陀思妥耶夫斯基于1867年在巴塞尔艺术博物馆见到这幅画时,被它深深地震撼了。陀思妥耶夫斯基妻子在日记和回忆录中都曾提到这件事:在日记中,她主要描述了画的种种细节,而在回忆录中更多是记录了它给陀思妥耶夫斯基带来的触动:

> 这幅画是德国画家汉斯·霍尔拜因的手笔,画的是基督耶稣的"死的形象",耶稣受尽了非人的残酷折磨,已经从十字架上撤了下来,听其腐烂。他那浮肿的脸上血迹斑斑,满是伤痕,样子十分吓人。这幅画给费奥多尔·米哈伊洛维奇留下了压倒一

切的凄惨印象，他站在画前，似乎惊呆了。这幅画我实在无法继续看下去：印象太沉闷了，对于我那敏感的神经来说，尤其受不了。因此我便到别的展厅去。过了十五分钟到二十分钟，我回来后，发现费奥多尔·米哈伊洛维奇仍然一动不动地站在画前，好像钉在那里似的。在他激动的脸上有一种吓人的表情，那是我在他癫痫发作之前曾不止一次见到过的。我把他搂在怀里，带他到另一间展厅，让他坐在长凳上，以为他随时都有可能发病。所幸，病并没有发作。费奥多尔·米哈伊洛维奇终于慢慢平静下来，在离开博物馆时还坚持再一次进去看看那幅使他如此震惊的画。[44]

在《白痴》的情节叙事中，霍尔拜因的《墓中的基督》出现过两次。第一次是在罗果仁家阴森森的房子里，梅诗金看到了这张画的一幅摹本。罗果仁告诉他的客人："我喜欢看那幅画。"梅诗金对此表示不解，并情不自禁地惊呼："这幅画能使某些人失去信仰！""反正信仰正在失去。"罗果仁语气平静地回答道。小说结尾时的一幕令人再次联想起两个人之间的这段对话。为了防止尸体腐烂散发出气味，罗果仁用油布将娜斯塔霞的尸体包裹了起来。这一场景与霍尔拜因《墓中的基督》的相似性是一目了然的：在狭小的空间里，躺着一具正在腐烂的尸体，似乎有一股阻力在妨碍它走向重生：在霍尔拜因的画中，是沉重的棺盖；在小说中，是罗果仁家阴暗狭窄、"透着墓地气息"的石头房子。罗果仁喜欢霍尔拜因这幅"人格构造图式"[45]的作品，因为身为凶手的他眼里只有活人和死人，而不相信死去的人可以重生。

后来，伊波利特·杰连企耶夫也提到了霍尔拜因的画作。他在"遗嘱"中详细描述和解读了这幅画，认为它实实在在地证明了基督教关于复活的说法是不可信的。对此，他将自己观察的结论和对复活

小汉斯·霍尔拜因《墓中的基督》，1521/22 年，巴塞尔艺术博物馆

的质疑做出了如下的总结：

> 既然他所有的门徒、那些后来成为他主要的使徒的人看到的正是这样一具尸体，既然那些跟在他后面和站在十字架旁的妇女、所有信奉他的教义和尊他为神的人看到的正是这样一具尸体，那么他们怎么还能相信这个殉道者会死而复活？于是一个观念便油然而生：既然死这样可怕，自然规律的威力这样大，那又怎么能战胜它们？基督生前也曾降伏自然……他呼叫说："女儿，起来吧，"——她就起来了；他呼叫说："拉撒路出来"——那死人就复活了；然而现在连他也无法战而胜之，那又怎能制服它们呢？看着这幅画，会感到自然依稀化为一只无情而又无声的巨兽，或者说得更确切些——尽管听起来比较奇怪，但要确切得多——依稀化为一台最新式的庞大机器，它无谓地攫夺、麻木不仁地捣碎和吞噬伟大的无价生物——这样的生物一个就比得上整个自然界及其全部规律的价值，比得上整个世界的价值，而世界也许是专为这个生物的降生才被创造出来的呢！

霍尔拜因的《墓中的基督》之所以给陀思妥耶夫斯基带来了如此大的冲击，是一种特殊的文化差异造成的，这就是西方基督教与俄国东正教圣像画上耶稣形象的差别。在东正教的圣像画中，基督耶稣的形象通常只有面部,并且经过了美化处理;而在西方基督教中,耶稣往往是以殉难者全身像的形式出现。东正教派的宗教艺术中虽然也有耶稣受难图,但一般是作为"我主受难"的形象素材被用在复活节敬拜仪式所用的大型罩纱上,即所谓 Epitaphios,它是"一种绣着死去耶稣图案的礼仪专用布,在东正教耶稣受难日的祭祀仪式上,被覆盖在置于教堂中央、象征耶稣棺木的祭台上"。这些罩纱上的耶稣形象看不出受难的痕迹,"而像是睡着了一样,在复活节星期日一早,用揭掉罩纱的仪式来标志耶稣的复活"。[46] 在东正教教堂之外,类似于巴塞尔美术馆这样的世俗空间里,人们从来见不到基督复活题材的艺术作品,更何况是以这种对陀思妥耶夫斯基来说完全陌生的宗教绘画语言。正因为如此,它给陀思妥耶夫斯基造成的震撼几乎达到了诱发癫痫发作的程度。

陀思妥耶夫斯基以他的新作对两件事做出了回应:一是巴塞尔美术馆霍尔拜因的基督像给其信仰带来的挑战;二是欧洲启蒙运动的宗教观对耶稣神性的根本性质疑,这股思潮于 18 世纪由"上帝的理性信徒们"[《雷马鲁斯》(*Reimarus*),莱辛编]发起,从大卫·施特劳斯(David Strauss)和黑格尔左派,直到欧内斯特·勒南,一直在持续不断地发挥着影响。在《白痴》中,由霍尔拜因作品引入的耶稣复活话题,将梅诗金对俄国作为新人类诞生希望之历史使命的期待融入了整部作品的主题。正如陀思妥耶夫斯基坚信基督复活一样,他同样也深信,娜斯塔霞必将通过重生而得到救赎。这一点从娜斯塔霞的名字便得到了印证,它源于希腊文"anátasis"一词,意为"复活"。

《白痴》是陀思妥耶夫斯基所有作品中最私人化的一部。它的题献对象是作家二十二岁的外甥女索妮娅·伊万诺夫娜。她是陀思妥耶夫斯基在瑞士期间的主要通信伙伴之一。1866 年,作家和她一家人在莫斯科郊外柳布利诺村度过了一个无忧无虑的夏天,对这个夏天的美好回忆在小说中通过叶潘钦一家的形象得到了反映。陀思妥耶夫斯基本人在家庭关系方面总是不断地遇到麻烦，而他笔下的叶潘钦夫妇和三个女儿亚历山德拉、阿黛拉伊达和阿格拉雅的关系则十分和睦，在其中扮演核心角色的是将军夫人叶丽扎薇塔·普罗科菲耶夫娜。由于陀思妥耶夫斯基为女儿起的教名是索菲娅·伊万诺夫娜，因此这部小说同时也是献给作家夭折的爱女、这个幸福家庭的反例。从这一点来讲，它为这部作品关于复活的主题更增添了一层自传的色彩。

陀思妥耶夫斯基还让梅诗金公爵患上了与自己一样的癫痫病症，这使得作家和主人公之间的关系又拉近了一步。另外，梅诗金还讲述过一位被判处死刑的政治犯在临刑前被赦免的故事。每一位读者看到这里，都会清楚地知道，这个故事是以作家1849年12月22日的那段亲身经历作为蓝本，而整部小说中频频出现的有关生死问题的讨论，也与陀思妥耶夫斯基本人的濒死经验有关。在书中，梅诗金公爵在讲起一位被拉上断头台的犯人在最后时刻的思想活动时说道，从判决到执行的这段时间比行刑本身要难熬一千倍。

> 谁说人的天性忍受得了这种折磨而又不致发疯？为什么要这样侮弄人，为什么要采取这样不体面、不必要、不应该的做法？也许有这么个人，别人先对他宣读判决书，让他受一番折磨，然后对他说："走吧，你被赦免了。"这么个人也许可以谈谈体会。基督也讲到过这种痛苦和这种恐怖。不，不能这样对待人。

关于假死刑带给人的恐怖感受，陀思妥耶夫斯基确实"可以谈谈体会"。关于人生中的这段关键性插曲，他在私底下的谈话中也一再谈及。但是作为经过检查机关批准、公开发表的文字，这段经历却仅仅出现在《白痴》一书当中，而且是假借一位"白痴"之口，其发生的地点也被搬到了欧洲某国。陀思妥耶夫斯基以此向人们展现出他的卓越技巧，在检查机关和"超我"的审视下，将个人的部分经历融入文字，并以此打破心理禁忌的桎梏：在《白痴》中，是 1849 年 12 月假处决这一国家实施的恐怖行为；在《卡拉马佐夫兄弟》中，是弑父之罪。[47] 从这一意义上讲，《白痴》中娜斯塔霞将十万卢布扔进壁炉这一令人匪夷所思的行为，也可以被理解为作家自身的发财梦想借由虚构文字的一种释放。在陀思妥耶夫斯基的私人书信中，这一梦想往往是其刻意避讳的话题。

意大利和德累斯顿：《永远的丈夫》

《白痴》的创作耗时越长，它在《俄罗斯导报》上的连载拖得越久，读者和评论界对其反应的冷淡便越发明显。在 1868/1869 年的俄国文坛，所有目光的焦点都集中在托尔斯泰的《战争与和平》上，相形之下，无论是陀思妥耶夫斯基同期发表的《白痴》还是其他作家的新作，都变得黯然失色。1868 年夏，虽然小说还远远没有创作完成，但它的失败却俨然已是定局，由此带来的失望让陀思妥耶夫斯基因女儿夭折而受挫的情绪更加陷入了低谷。沃韦壮观美丽的阿尔卑斯山景色，并没能给陀思妥耶夫斯基夫妇带来他们希望的安逸心情。和在日内瓦时相比，夫妇俩的生活变得更加孤独了，而陀思妥耶夫斯基的病也并没有因为温和的气候而有所减轻。另外还有一个麻烦是，沃韦这里没有俄文报纸，对旅居国外的陀思妥耶夫斯基来说，阅读俄文报纸就像每日三餐一样重要。

由于安娜的健康状况一直不佳，于是夫妇俩决定，一旦拿到俄国汇来的款项，便立即动身前往意大利。9 月中旬，两人乘坐邮政马车穿越辛普朗山口，然后在米兰逗留了几个星期。在来意大利之前，陀思妥耶夫斯基夫妇对米兰大教堂早就充满向往。但是，环境变化带来的好心情却没能持续多久。1868 年秋，意大利北部的天气格外寒冷，整日阴雨绵绵。而且，米兰也一样看不到俄文报纸。于是，夫妇俩于 12 月初从米兰来到了佛罗伦萨。陀思妥耶夫斯基对佛罗伦萨并不陌生，他知道这里不仅可以读到俄文报刊和书籍，而且有丰富的文化娱乐活动，这一点一定会让妻子感到开心。在过去一年里，陀思妥耶夫斯基平均每月都要完成三个半印张的创作，相当于大约五十页，所以他也很高兴能有机会喘口气，让长时间因工作压力而绷紧的神经放松。因为以上种种原因，两人初到佛罗伦萨后的生活过得十分惬意。安娜最开心的事是丈夫终于有时间陪自己散步，参观博物馆，去咖啡馆闲坐了。夫妻俩在距离老桥不远的圭恰迪尼大街上租下了一间简陋的公寓，每天从这里出发，到老城四处闲逛：皮蒂宫，波波里花园，大教堂，有著名"天堂之门"浮雕的洗礼堂。陀思妥耶夫斯基说过，"如果哪天发了财"，他一定要买一张大门的照片挂到书房里，"最好是一比一大小"。[48] 在佛罗伦萨的最初几周就像是两人的第二次蜜月，愉悦的心情让夫妻俩几乎忘记了物质窘迫带来的烦恼。

1869 年 1 月完成《白痴》的写作之后，《俄罗斯导报》的定期汇款也随之中止。在过去一年半时间里，陀思妥耶夫斯基夫妇一直是靠这些汇款来勉强度日。他们本打算在小说创作完成后便离开瑞士，用剩余的稿酬还清欠款（或至少是大部分欠款），然后动身返回俄国。但是，这一计划却泡了汤。按照安娜的说法，杂志社为《白痴》支付的稿酬总共约七千卢布，两人在出国前为婚礼便花掉了近三千卢布。卡特科夫的汇票虽然能勉强满足夫妻俩的日常基本开支，但是每到月底，去当铺典当仍然是免不了的事。想省下钱来用作积蓄，更是绝无可能。

陀思妥耶夫斯基依然深信，在俄国有大笔债务在等着他偿还，那是当年哥哥去世后留下的。因此，回国的时间被一拖再拖。而比回国更紧迫的问题是，他必须早日确定给《俄罗斯导报》的下一部作品，以便得到定期汇来的预付稿酬。他初步决定以"无神论"为题创作一篇小说，以后再将它扩写成一部长篇，名为《一个伟大罪人的一生》（*Das Leben eines großen Sünders*）。但是，他并不敢指望能凭这一计划如愿得到急需的稿酬。因此，当1869年1月斯特拉霍夫请他为新创刊的斯拉夫派期刊《曙光》(*Die Morgenröte*)撰写一篇稿件时，陀思妥耶夫斯基顿时喜出望外。他答应为对方撰写一部篇幅类似于处女作《穷人》的短篇小说，稿酬为每印张一百五十卢布，并请求对方即刻支付至少一千卢布。后来，斯特拉霍夫实际汇来的稿酬远远低于这一数目。好在幸运的是，卡特科夫对陀思妥耶夫斯基的处境颇为体谅，并大方地汇来两千法郎作为新作品的预付稿酬。

　　签下这两部书稿后，陀思妥耶夫斯基本应立刻全身心地投入工作。但是，1869年初夏的佛罗伦萨天气格外炎热，让人无法静下心来写作。而且这时候安娜已经有孕在身，安娜的母亲也来到佛罗伦萨与他们同住。所以夫妇两人决定把家搬回欧洲中部地区，最初的目标是布拉格。1848年，这里召开了首届斯拉夫大会。1867年，第二届会议在莫斯科和圣彼得堡两地举办。陀思妥耶夫斯基一直为错过这两次会议感到遗憾。布拉格是泛斯拉夫主义的摇篮，按照计划，9月初这里将举行扬·胡斯（Jan Hus）诞辰五百周年庆典。陀思妥耶夫斯基很想借机与这个此前从未接触过的斯拉夫兄弟民族建立文化上的联系，并与同道中人进行思想上的交流。

　　7月底，一家三口登上了前往威尼斯的火车，然后换乘渡轮来到的里雅斯特。在维也纳短暂停留后，于8月10日抵达布拉格。19世纪中叶的布拉格还不是今天这样的旅游胜地，而是一座土里土气的王宫城市。城里除了简陋的大学生宿舍，很难找到带家具的出租屋。此时，安娜已经临盆在即。经过三天无果的寻找之后，一家人被迫决定回到陀思妥耶夫斯基反感而安娜却备感亲切的城市德累斯顿。没多久，他们便在市中心维多利亚大街上租下了一套带家具的三居室公寓。1869年9月26日，陀思妥耶夫斯基夫妇的第二个女儿在这里出生了。他们为她起名叫柳波芙，这个词在俄语中的意思是"爱"。后来，柳波芙长大后，又用法语中"爱"的谐音给自己起名为艾米。

"一切都进展得十分顺利。孩子个头很大,健康又漂亮……但是,我们手头连十塔勒都拿不出来了。在佛罗伦萨时我们还以为,《俄罗斯导报》汇来的钱(两千卢布,作者注)足够我们支撑一时,可是和其他时候一样,我们又一次算错了账。"(1869年9月29日)

女儿的出生给陀思妥耶夫斯基带来了巨大的喜悦,但与此同时,他也在为养家糊口发愁。这段时间他从德累斯顿寄出的信件,几乎都是在变着法儿借钱。他花了很长时间四处求人,直到他找到《曙光》杂志出版人瓦西里·卡什皮约夫(Wassilij Kaschpirjow),请后者为其下一部小说《永远的丈夫》(Der ewige Gatte)预付两百卢布稿酬。卡什皮约夫对陀思妥耶夫斯基的窘迫处境所表现出的冷漠和傲慢,令后者大为光火:

> 他莫不是以为,我在信中向他描述的窘境不过是在玩弄辞藻?我饿着肚子,把裤子拿去当掉,只为了换两个塔勒拿来发电报,在这般情形下,我如何能够写作?!让我和我的饥饿见鬼去吧!可她还要给孩子喂奶,就这样,她还要把自己最后一条暖和的羊毛裙拿去典当!我明明已经在信里告诉了他我妻子的处境,他却仍然用这种盛气凌人的态度对待我。他难道不知道,这不仅是对我,更是对我妻子的一种侮辱吗?侮辱,绝对是侮辱!我真想把钱给他退回去!他这种做法就像是一位主子对待自己的仆人,一个靠写字为生的下人!(1869年10月28日)

十天后,在好友阿波隆·迈科夫的撮合下,卡什皮约夫终于把稿酬汇到了德累斯顿。但是,这并不能消除陀思妥耶夫斯基心中的怨气,他感觉自己仿佛又回到了被克拉耶夫斯基当成文学奴隶的1840年代。那时候作为文坛新人,他只能听任别人给自己定价。如今他比当时年长了二十岁,没道理再躲在那些文坛巨匠的背后忍气吞声地过日子。可尽管如此，人们付给他的稿酬却只有托尔斯泰《战争与和平》的一半。更何况他对托尔斯泰的这部新作并不服气，这部被斯特拉霍夫称作俄罗斯文学巅峰的作品在陀思妥耶夫斯基看来十分单薄，虽然谈不上太差，但并没有多少新东西（1870年4月5日）。在妻子怀孕期间，他拒绝给她朗读《战争与和平》，因为书中一位女主人公在童年时代便夭折了。

在后来从德累斯顿寄出的信中，缺钱仍然是核心话题。陀思妥耶夫斯基试图说服卡什皮约夫为《永远的丈夫》多付些稿酬，因为这篇小说的实际篇幅远远超过了预期。另外让他生气的一件事是，他在莫斯科的有钱的姨妈、身患老年痴呆症的亚历山德拉·库马宁娜在失去自主能力后，其部分监护权被法院判给了弟弟安德烈·陀思妥耶夫斯基。而且，他还不得不违心地和"流氓斯特洛夫斯基"（1870年4月6日）商量最新两部长篇小说的再版事宜（1869年12月19日）。

直到1869年12月，陀思妥耶夫斯基才终于完成了《永远的丈夫》的"苦役式写作"。这部从9月开始创作的中篇小说实际篇幅超过了十一印张，几乎相当于一部长篇（1869年12月16日）。他毫不掩饰自己对这部新作的厌恶，称之为一部"丑陋的小说"，他"从一开始便恨透了它"。其原因并不在于文字本身，而是因为它没能如愿在四周内完成，而是耗去了整整三个月的时间，这些时间本来是陀思妥耶夫斯基留给他更看重的长篇作品的，那是他答应给卡特科夫《俄罗斯导报》的约稿。不过，尽管陀思妥耶夫斯基本人对《永远的丈夫》并不看好，但陀氏研究者们却一致认为，1870年初发表在《曙光》杂志上的这部中篇小说是陀氏最出色的散文式作品之一。

与托尔斯泰的《克鲁采奏鸣曲》（*Kreutzersonate*）一样，这部小说讲述的同样是一个和嫉妒有关的故事，其情节设计就像是两个人之间的一场决斗。两位主人公当中的一个是花花公子阿列克塞·维尔查尼诺夫，一个俄国唐璜式的人物；另一个是小职员巴维尔·特鲁索茨基。早在多年前，维尔查尼诺夫就给巴维尔戴了绿帽子。一天，特鲁索茨基带着一个名叫丽莎的可爱伶俐的小姑娘出现在维尔查尼诺夫家。从各种迹象看，这个女孩很可能是后者与特鲁索茨基刚刚去世的前妻偷情所生的私生女。面对这个体弱多病的小家伙，维尔查尼诺夫内心萌生出前所未有的父爱。他既感到内疚，同时又为女孩的健康状况感到担忧。他发誓要帮她摆脱恶劣的环境，并找到一户关系要好的人家，请他们帮助照顾这个孤苦伶仃的小姑娘。可是没想到，丽莎却突然染上了急症，在短短几天后便离开了人世。

　　经过这件事后，维尔查尼诺夫和特鲁索茨基这对情敌彼此产生了好感。维尔查尼诺夫患有肝疼的毛病，特鲁索茨基知道一个偏方——夜里睡觉时用加热的盘子给肚子做热敷。于是他主动要求在维尔查尼诺夫家过夜，好帮他换热敷用的盘子。这天深夜，维尔查尼诺夫从噩梦中突然惊醒，浑身大汗淋漓。他在黑暗中坐起身，伸手摸到了一把刀子。那是一把打开的折叠剃须刀，特鲁索茨基正准备用它切断情敌的喉咙。于是，两人摸黑撕打了起来。维尔查尼诺夫尽管手受了伤，却还是成功制服了对手，并用绳子捆上了对方的手脚。第二天一早，他放开了特鲁索茨基，"'你走吧！'他用柔和的嗓音说道，随后锁上了门"。

　　一场病态的谋杀戏由此变成了一出闹剧。时隔两年后，维尔查尼诺夫在乘火车旅行途中与情敌再次偶遇。与特鲁索茨基同行的是他的新婚妻子，一位爱卖弄风情的乡下女子。她见到维尔查尼诺夫后不久，便开始主动和他调情，并邀请他去附近的自家田庄做客。特鲁索茨基这个"永远的丈夫"把维尔查尼诺夫拉到一边，恳求他不要接受邀请。这时的维尔查尼诺夫早已摆脱了旧日的创痛，又变成了一个志得意满的"万人迷"。他笑了笑，慷慨地答应了对方的请求，准备换下一班火车继续旅行。一切就这样结束了吗？当然没有！维尔查尼诺夫是个好了伤疤忘了疼的人。过去的那段经历对他而言，不过是一个云淡风轻的梦。医生建议他"彻底改变生活方式，变换饮食或出门旅行，或不妨尝试一下泻药"。维尔查尼诺夫心里虽然想，或许是有神明在"为他的品行操心，所以才让这些恼人的记忆跑来纠缠他"。但他很快便"自嘲"地打消了这种顾虑，因为"每当他思考自己的问题，都会不自觉地站到嘲讽的角度上"。对一个贪图享乐的人来说，"彻底改变生活方式"与喜欢自嘲的心态是不相容的。

斯拉夫派道路

斯特拉霍夫对《永远的丈夫》赞誉有加。1870年2月，他在给陀思妥耶夫斯基的信中写道："您的小说令人印象深刻，它无疑称得上是一部杰作。依我之见，它是您迄今创作的技巧最娴熟、主题最有趣、最有深度的作品之一。"[49]

斯特拉霍夫的赞誉不仅是出于文学的角度，而是有着"根基主义"的意识形态背景。"根基派"最重要的理论家阿波隆·格里戈利耶夫曾把普希金之后俄国文学中的派别之争称为西方"野兽型"和俄国"温顺型"之间的斗争。这种类型划分是受赫尔德《关于人类历史哲学的思想》（1874~1891年）有关斯拉夫人章节的启发，后者将热爱和平的斯拉夫人称作"盗贼和掠夺者的敌人"，与之形成反照的是那些侵略型民族，特别是德意志人，他们总是不断地对相邻民族施加"严重的冒犯"。[50]

在《永远的丈夫》第七章中，维尔查尼诺夫对特鲁索茨基说道："见鬼！您是个真正的'野兽型'人物！在我看来，您就是个'永远的丈夫'，其他什么都不是！"作者在小说中并没有清楚地说明，两位主人公分别属于哪种类型。说到底，他们二者皆是。特鲁索茨基这个"心地善良的被戴了绿帽子的人"，[51]从"温顺"之人变成了潜在的杀人犯和"野兽"；相反，身为俄国唐璜的维尔查尼诺夫原本是个典型的"野兽型"角色，然而当亲生女儿丽莎出现在他生活中之后，他却变成了一个脾气温柔、沉浸于天伦之乐的"温顺型"人物，并由此成为变身"野兽"的对手特鲁索茨基眼中的猎物。

在《永远的丈夫》中，陀思妥耶夫斯基扮演的角色更多是一个注重心理剖析的叙述者，而非斯拉夫主义理论家。因此，格里戈利耶夫的类型划分对理解这篇文字本身并不具有核心意义。但是，小说中对格里戈利耶夫观点的提及，仍然可以被看作作者对《曙光》杂志的意识形态主张的认同。1869年，尼古拉·丹尼列夫斯基（Nikolaj Danilewskijs）在《曙光》杂志上发表的《俄罗斯与欧洲》（*Russland und Europa*）一文，堪称"斯拉夫主义运动的教义阐释或法典"。[52] 丹尼列夫斯基也卷入过彼得拉舍夫斯基小组事件，但因为调查机关相信了他自述无罪的说法，没有被判处重刑。不过，他在获释后仍然还是被逐出了圣彼得堡，被强制在外省为国家服役。身为自然科学家和统计学家，他后来参与过多次民族志领域的考察活动，对俄国渔业特别是鱼类养殖业做过专门的调查。这项工作给他提供了大量时间和机会从事涉猎广泛的文化形态学对比研究。这些研究与历史学和生物学有着密切关联，因此往往被归入自然科学一类，并且看似具有某种客观性的特征。但如果仔细观察一下的话，它与客观丝毫扯不上干系。

依照丹尼列夫斯基的观点，日耳曼－罗马（欧洲）文化类型在统治世界之后，已经走过成熟期，进入了衰落阶段；而斯拉夫文化类型称霸世界的时代则已被列入了历史日程，但从政治上讲，只有当斯拉夫民族在俄国这个唯一独立强大的斯拉夫国家领导下结成联盟时，这一目标才有望实现。斯拉夫人温和、"反对一切暴力"的本性是以"温柔、顺从和敬畏"为特征的，因此是所有民族中"最接近基督教理想的"。[53] 在放弃暴力的同时，"对宗教真理的渴求"与对东正教的坚定信仰走到了一起。在丹尼列夫斯基看来，与这两者相对立的是异端邪说（天主教、新教）以及西方社会的日趋世俗化。受温顺性格的影响，俄国人和其他斯拉夫人一样，都普遍具有特殊的"顺从能力和习惯"。这一点再加上"对政府权力（即沙皇）的敬畏与信任"，以及"将人民和国家利益置于私人和个体利益之上"的特点，共同构成了丹尼列夫斯基眼中的俄罗斯特征，并由此形成了自尼古拉一世时代以来的三位一体制度——东正教、专制主义和民族性。

鉴于宗教性是斯拉夫人最突出的文化历史特征，而"斯拉夫文化类型首次在最广泛意义上汇聚了文化创造性的全部要素"，所以丹尼列夫斯基坚信，斯拉夫人完全有理由将自己看作上天选定的民族，正如历史上的以色列人和拜占庭人一样。[54] 这种具有救世色彩的观点，为包括陀思妥耶夫斯基在内的俄国斯拉夫派的使命意识提供了重要根据。不过在另一方面，陀思妥耶夫斯基对丹尼列夫斯基的好感也与两人经历的相似性有关，他们在政治信仰上都经历了同样的改过自新的过程。"他（丹尼列夫斯基）曾是一个多么狂热的傅立叶主义者啊！"陀思妥耶夫斯基在给同为《曙光》杂志撰稿人的阿波隆·迈科夫的信中写道，"如今这位傅立叶主义者转身投入了俄国的怀抱，并重新爱上了这片土地和这里的人民。人们可以从中看出一个人的性格。屠格涅夫是从一个俄国作家变成了德国作家，其人品之卑劣由此可见。"（1868年12月23日）

在欧洲的最后岁月：治愈赌瘾

陀思妥耶夫斯基一家第二次在德累斯顿旅居的日子又是在贫困中度过的。《永远的丈夫》的稿酬少得可怜，就连卡什皮约夫付给他的几百卢布，也是他苦苦哀求才得到的。对陀思妥耶夫斯基来说，在他向卡特科夫拿出靠谱的新小说写作计划之前，《俄罗斯导报》这个迄今最可靠的收入渠道便是关闭的。也就是说，他必须另外寻找收入途径。他委托继子帕沙和好友阿波隆·迈科夫在圣彼得堡将出版商斯特洛夫斯基告上了法庭，因为后者未经允许便出版了《罪与罚》单行本。在提交诉状的同时，他也在设法劝说斯特洛夫斯基出版《白痴》的单行本——在授权的情况下——这可以为他带来几千卢布的收入。但很快陀思妥耶夫斯基便发现，无论是通过法律还是商业途径，他都不可能指望从斯特洛夫斯基那里得到一分一文，因为后者此时已经破产了。

陀思妥耶夫斯基将很大希望寄托在莫斯科的姨妈亚历山德拉·库马宁娜的遗产上。1869年，他从好友阿波隆·迈科夫处得知姨妈已经过世的消息。1863年姨夫亚历山大·库马宁去世后，除不动产外，还留给了妻子十七万卢布现金遗产，这个数字是陀思妥耶夫斯基在创作中让想象力驰骋时才能想到的数目。据说，姨妈在遗嘱中将四万卢布捐给了一家修道院。由于姨妈长年患老年痴呆，一直处于监护之下，因此陀思妥耶夫斯基觉得这是一个对遗嘱提出质疑的好机会。他希望能够为自己和兄弟们每人争取一万卢布遗产，这样一来，他的财务困难问题便可迎刃而解。

但是，陀思妥耶夫斯基从迈科夫那里得到的是假消息。在1869年时，姨妈至少在身体上仍然健康无恙。由于陀思妥耶夫斯基迫不及待地为遗嘱问题把矛头指向了库马宁娜两位监护人之一，这使得他的处境变得格外尴尬。更尴尬的是，他为此事不仅得罪了身为第二监护人的弟弟安德烈，还得罪了莫斯科的几位妹妹和家人，甚至连他最喜爱的外甥女索妮娅·伊万诺夫娜都为此和他断绝了关系。

由于无法指望从斯特拉霍夫和姨妈那里拿到钱救急，陀思妥耶夫斯基只好又一次把希望放在赌博上。早在1870年春，他便挡不住诱惑跑去巴德洪堡玩了一周轮盘赌，结果当然是空手而归。如今到了1871年4月，陀思妥耶夫斯基再次重返赌场。这次并不是他自己，而是安娜的主意。在欧洲漂泊了整整四年，再加上无休止的经济压力，陀思妥耶夫斯基的情绪日益低落消沉。"为了缓解他的不安情绪，驱散那些妨碍他专心写作的悲观思想",安娜迫不得已,只得寄希望于轮盘赌。[55] 于是,她从家里仅有的三百塔勒中拿出了一百二十塔勒给了丈夫,让他去威斯巴登试试手气。在坐了十七个小时火车,刚刚抵达目的地后,陀思妥耶夫斯基便一头扎进了赌场,把所有钱输了个精光。他赶紧写信给安娜,请她再寄三十塔勒给他。安妮娅很快便回了信,但并没附上他索要的款项。陀思妥耶夫斯基气哼哼地又写了封信催妻子寄钱,但信却没能寄到。连陀思妥耶夫斯基自己都承认,这封信写得"既卑鄙又残忍"(1871年4月28日)。他每隔半小时便跑一趟邮局,打听安娜的汇款有没有到。直到第二天下午,他才终于等来了从德累斯顿汇来的三十塔勒。眨眼间,这笔钱就被他在赌桌上输掉了。他只好再向安娜"最后一次"讨要三十塔勒,并发誓今后再不踏入赌场,因为他"这三天里已经变作了另一个人,即将开始新的人生"。

陀思妥耶夫斯基在1871年4月底和5月初从德累斯顿写给安娜的信生动地记录了自己的赌瘾、对赌博的愧疚以及悔过自新的决心。以往他每次犯赌瘾时,都会在妻子面前重复这一套说辞。对此,安娜早已经听腻了。但是,陀思妥耶夫斯基这一次自责来得比以往都要真诚,而且,他的理由也是实实在在的:此时安娜已身怀六甲,到7月,夫妻俩将迎来他们的第三个孩子。为了让陀思妥耶夫斯基去威斯巴登用赌博调剂心情,安娜又一次当掉了首饰。之后又当掉了几件首饰,才让丈夫有钱买回来的车票。而且,丈母娘安娜·尼古拉耶夫娜·斯尼特金娜近来一直和他们住在一起,安娜还要帮助丈夫瞒着母亲,不能让她知道丈夫去威斯巴登的真实目的。安娜在回忆录中摘录了丈夫在1871年4月28日写给她的一封信:

> 安妮娅,我的天使!我发生了一件大事,将近十年来(或者,更确切地说,自从我哥哥死后、我突然被债务压倒那时候

起）一直折磨着我的荒唐的念头终于消失了；我过去总是幻想着赢钱，想得认真而且热切。可现在，这一切已告结束，这确确实实是最后一次。你可相信，安妮娅，现在我的双手获得了解放，过去我受赌博的束缚，我现在要考虑正经事，不再像过去那样，整夜想着赌博了。然后，我的工作也会有更快的进展，愿上帝保佑。[56]

经过这次威斯巴登的插曲后，陀思妥耶夫斯基果然再未进过赌场。事实上，他也很难再有这样的机会：不久后，他便将返回俄国，而赌博在俄国历来是被禁止的；1871年德意志帝国成立后，德国的赌场也将全部关闭。但是，陀思妥耶夫斯基"治愈"的关键原因却另有其他。在过去，对陀思妥耶夫斯基来说，无论赌博还是写作，都有一个共同的动机，这就是冒险的刺激。时间压力越大，失败的风险越高，其文学创造力便越旺盛。当然，冒险对写作的自我激励作用在陀思妥耶夫斯基身上从未彻底消失，但是当他返回俄国后，随着家庭、社会以及写作环境的变化，冒险对文学创作的刺激作用变得越来越弱。在德累斯顿的这段时间，陀思妥耶夫斯基逐渐为自己建立起一套固定的工作节奏，并在未来十年一直保持着这样的规律。在威斯巴登受挫之后，他已经别无选择，必须集中精力写作，尽快完成答应卡特科夫、原名《无神论》（*Atheismus*）的小说。同时，他也在继续酝酿题为《一个伟大罪人的一生》的新长篇计划，这部作品将记述一个人心灵净化的历程，其形式类似于后来《卡拉马佐夫兄弟》中的佐西马长老生平。陀思妥耶夫斯基的小说新作结合了对1860年代俄国现实问题的关注，最后定名为《群魔》，其大部分内容是在德累斯顿期间创作完成的。1871年1月，小说在卡特科夫主编的《俄罗斯导报》上连载发表。

《群魔》：一出魔鬼的歌舞剧

《群魔》的创作过程比《白痴》还要艰辛曲折。陀思妥耶夫斯基原本计划在1870年夏之前完成这部小说，可到1870年12月，他在给斯特拉霍夫的信中还这样写道：

> 整整一年，我没有做别的事情，只是在撕毁和修改（手稿）。我写了满满一摞纸，到最后，连自己对这些草稿都没了头绪。大纲至少修改了十遍，第一部分整个儿重写。……不过到后来，一切都进展得很快。（1870年12月14日）

陀思妥耶夫斯基在信中描述的极端情况，实际上是他平日创作的常态。每次，他都会在草稿中拟出完全不同的情节、标题、场景、人物设计和对话，然后再一遍遍推翻，直到时间压力大得再不容拖延，然后确定一个最终版本，并全力投入写作。这之后，头几章便会从他的笔下喷涌而出，一气呵成，不需要做大的修改。他在事先的不同版本构思中，苦苦纠结的并非文字表面的细节，例如语言、叙事和描述的方法与技巧等，而往往是一些大的原则性改动，特别是核心人物的角色设计。《白痴》和《群魔》中的主人公——前者是梅诗金公爵，后者是斯塔夫罗金——在作品酝酿过程中，性格会呈现许多矛盾之处，似乎作者有意要让笔下的人物活起来，不受控制地自由发展，甚至超乎创作者本人的预料。但是，与人物和人物关系不同的是，有些东西从一开始便是确定不变的：一是作品的意识形态坐标体系，二是结局必须要充满悬念和戏剧性张力。例如《白痴》中娜斯塔霞被害现场的阴森可怖画面，还有《群魔》中沙托夫的被杀，都经过了作者事先的精心构思。

在《群魔》的完成版本中，陀思妥耶夫斯基将同时酝酿的两项计划合而为一：一是应约创作的小说，二是关于心灵净化的长篇叙事。

其结构布局虽略显繁复，但充满了吸引力。这部作品的核心主题是从西欧兴起的无神论和唯物论的风靡，宗教因科学而受到的排挤，以及作为神人的基督被作为人神的"新人"所取代的过程。陀思妥耶夫斯基在旅居瑞士时，便对无神论潮流对俄国知识界的冲击做过近距离观察。自1850年代起，日内瓦成为以赫尔岑和尼古拉·奥加辽夫为领导的俄国革命者的圣地。除了这两人，米哈伊尔·巴枯宁（Michail Bakunin）也在其中扮演着重要的角色。后者早在1848年便以革命煽动者的形象活跃于整个欧洲。1851年，巴枯宁从奥地利被引渡回俄国，在多年监禁后被流放到西伯利亚。1861年，巴枯宁从西伯利亚逃到日本，并经美洲来到伦敦。他在伦敦遇到了赫尔岑，后来又将

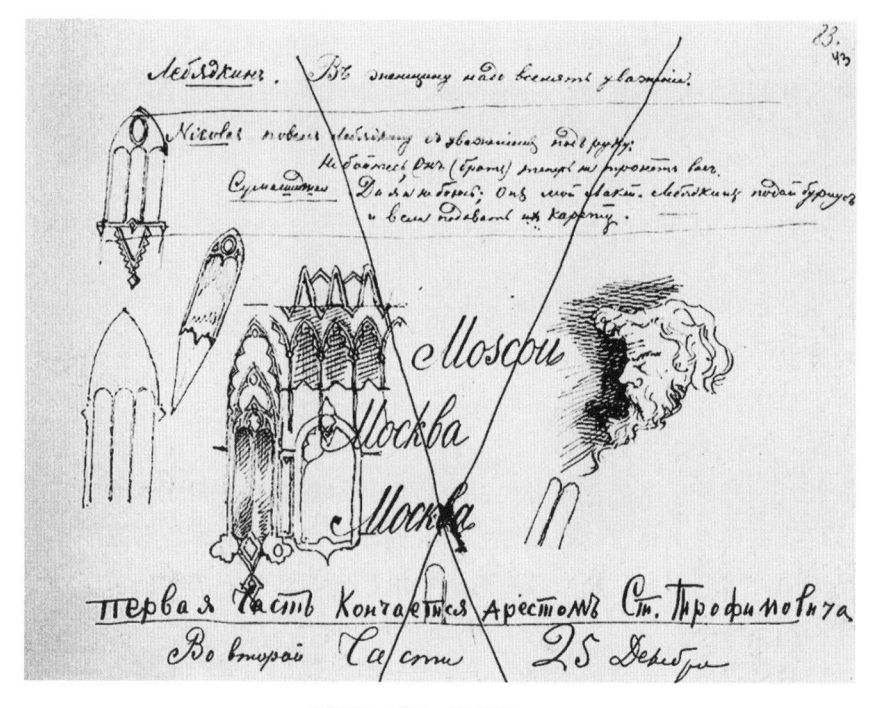

《群魔》手稿和手绘插图

《共产党宣言》译成了俄文。

巴枯宁既是欧洲革命的思想领袖，也是突击手。他早年迷恋黑格尔，后来更多是受到费尔巴哈的影响。其反叛对象不仅仅是剥削和专制，首先是上帝。《旧约》将偷食知善恶树上的果实视作人类罪恶历史的开端，而巴枯宁却将它称作人类摆脱因信上帝而导致的未成熟状态的起始：

> （上帝）希望的是，被剥夺了所有自我意识的人类始终是一种动物，永远跪伏于永恒的上帝、创世者和万能之主的面前。但是这时候，撒旦出现了。他是永恒的反叛者，是第一个自由思想家和救世主，它使人因其卑劣的无知和顺从而羞耻；撒旦解放了人，在人的额头上盖上自由和人性的印记，唆使人反叛并偷食了知识之果。[57]

巴枯宁反叛的对象，正是被陀思妥耶夫斯基视作存在之全部意义的那样东西。今天的读者在阅读陀思妥耶夫斯基作品时，或许很难真正领会撒旦、魔鬼和反基督教者——包括《卡拉马佐夫兄弟》中那个长着一条丹麦狗式尾巴的蹩脚魔鬼——在其中的重要含义。要想理解"魔鬼"这个被陀思妥耶夫斯基冠为新作标题的词语在其作品中的意义，首先必须了解在欧洲文化中以"黑色浪漫主义"为化身并被巴枯宁推崇的撒旦主义这一大背景。

巴枯宁个人充满冒险的经历，以及他对一切形式权威的毫不妥协的反抗，对俄国1840年代出生的"子辈"，即被屠格涅夫冠名为"虚无主义者"的一代人，产生了巨大的影响。巴枯宁的最忠实门徒是谢尔盖·涅恰耶夫（Sergej Netschajew）。两人于1869年春在日内瓦初次相遇。巴枯宁这位无政府主义"教父"被涅恰耶夫的革命热情深深地吸引。他们在日内瓦共同创办了杂志《人民惩治会》（*Das*

Volkstribunal）。涅恰耶夫以作家身份编写了著名的小册子《革命者教义问答》（Katechismus eines Revolutionärs），其中第二十四条明确指出，"我们的事业是可怕地、彻底地、普遍地、无情地破坏"。涅恰耶夫鄙视任何学理主义和世俗科学，因为真正的革命者只知道"一门科学——破坏的科学"。具体地讲，是根据俄国社会各阶层对维护现有政治秩序所起的作用——予以摧毁。为了达到这一目的，应当以危害程度为序拟定罪犯名单，按名单次序进行处决。这一点为20世纪和21世纪有组织和系统性恐怖活动开了先河。涅恰耶夫不认为社会道德会对这类破坏活动产生妨碍，因为在他看来，"凡是促进革命胜利的东西，都是合乎道德的"。[58]

涅恰耶夫的一个代表性观点是革命运动的等级式制度。在革命者当中，只有极少数精英才了解革命的真正目标，以五人委员会形式建立起来的基层组织只负责执行事务，它们并不清楚中央委员会的策略以及革命组织的真实规模。涅恰耶夫认为，为了达成目标可以采取一切手段，就连强取豪夺对革命事业也是无害的。

1869年秋，在俄国大学生中爆发了一系列激进的抗议活动。涅恰耶夫返回俄国，并组织莫斯科农学院的学生，密谋发动一场革命。他的独断专行作风激起了许多同僚的不满，其主要反对者是大学生伊万·伊瓦诺维奇·伊万诺夫（Iwan Iwanowitsch Iwanow）。后者威胁要退出五人委员会，然后于11月22日深夜被涅恰耶夫伙同另外四名党羽在农学院花园里秘密绞杀。第二天一早，一群农民在冰封的池塘里发现了伊万诺夫的尸体。涅恰耶夫的几位同谋被逮捕并送上了法庭，而涅恰耶夫本人则成功逃到了瑞士。1872年，涅恰耶夫在苏黎世被逮捕，之后被遣送回俄国，在彼得保罗要塞中监禁十年后去世。

陀思妥耶夫斯基对涅恰耶夫事件的兴趣与他的小舅子、安娜的弟弟伊万·斯尼特金有一定关系。伊万也是莫斯科农学院的学生，他于1869年10月到德累斯顿探望姐姐和姐夫时，向他们讲述了莫斯科大学生暴动的事情。安娜在回忆录中声称陀思妥耶夫斯基创作《群魔》的灵感来自她的弟弟，[59]这种说法并不属实。因为斯尼特金来到德累斯顿两个月后，才发生了伊万诺夫遇刺事件。自1869年1月底起，俄国和德国报刊对这起耸人听闻的案件做了大量报道。主要是这些报道让陀思妥耶夫斯基做出决定，推迟《一个伟大罪人的一生》的写作计划，而首先着手为卡特科夫的《俄罗斯导报》撰写一部政治性的、带有明显"倾向性"的作品，一本"长篇小册子"（1870年4月5日），并预计于一年内完成。

在陀思妥耶夫斯基眼中，涅恰耶夫的狂热以及对道德约束的无视，是《罪与罚》中促使拉斯柯尔尼科夫行凶杀人的虚无主义妄念的发展和延续。一个人只有在摒弃善恶判断、否定上帝和永生的情况下，才能做出这样的事情。陀思妥耶夫斯基的"小册子"意在探究这一罪行的历史根源，并且是在与屠格涅夫名篇《父与子》（1862年）相同的叙事框架内。屠格涅夫在《父与子》中将两代人的关系定义为一对矛盾，而陀思妥耶夫斯基则认为，这两代人之间是一种精神传承的关系。在他看来，主要责任实际上在于父亲一辈，例如别林斯基、赫尔岑、奥加辽夫以及历史学家季莫菲·格拉诺夫斯基（Timofey Granowskij）等人，是他们将自由主义思想变成了俄国知识界的一种时尚。

在莫斯科大学世界历史系任教的季莫菲·格拉诺夫斯基是俄国自由主义代表人物。他曾在柏林从师于德国历史学家兰克和萨维尼（Savigny）。作为历史教授，他被视为同行中的佼佼者。他的讲座总是听众爆满，每次都能赢得"满堂彩"。[60]在学术研究上，格拉诺夫斯基专注的领域是中世纪欧洲城市史。他对德国哲学和文化的热爱使他理所当然地成为斯拉夫派的批判对象，后者总是不放过任何机会对他发动攻击。

《群魔》问世时，格拉诺夫斯基已经去世十五年，因此，陀思妥耶夫斯基对他应该并不熟悉。但是 1870 年，一本由亚历山大·斯坦克维奇（Alexander Stankewitsch）撰写的格拉诺夫斯基传记在俄国出版，陀思妥耶夫斯基的斯拉夫派同人尼古拉·斯特拉霍夫为此在《曙光》杂志上发表了书评，将格拉诺夫斯基称作 60 年代虚无主义一代的精神先辈之一，其地位与别林斯基比肩。三年后，陀思妥耶夫斯基给皇储亚历山大·罗曼诺夫寄去了一本《群魔》单行本，并在附函中控诉了俄国欧洲化以及民族意识匮乏的危害，并指出，正是后者造成了类似涅恰耶夫事件的悲剧。"我们的别林斯基们和格拉诺夫斯基们一定不肯相信，如果我们告诉他们，他们是涅恰耶夫们的'生父'的话。"（1873 年 2 月 10 日）

《群魔》是陀思妥耶夫斯基所有作品中情节最复杂的一部。为了把情节交代清楚，作者给读者提供了大量信息作为铺垫。这些背景信息不仅描写生动，而且经常是以真实发生的事件为蓝本，这使得读者的注意力被其吸引，而几乎忘记了正题。小说前三章都是围绕"父辈"人物斯捷潘·特罗菲莫维奇·韦尔霍文斯基展开的。斯捷潘·特罗菲莫维奇虽然已年过半百，但仍然精神矍铄、注重仪表，总是以优雅的形象示人。他对黑格尔颇有研究，对其自由观十分推崇。斯捷潘·特罗菲莫维奇曾在大学教授历史，并发表了一篇以《1413~1428 年德国小城汉瑙在政治和汉萨同盟方面所起作用》为题的论文，并在其中论述了"这一作用根本未能实现的那些特殊的、至今弄不清的原因"。陀思妥耶夫斯基这里明显是影射格拉诺夫斯基，因为后者也撰写过一篇有关德国汉萨城市的论文。从开篇部分的这段话便可感受到浓厚的讽刺意味，它也为全书对"父辈"一代人的描写定下了基调。

作为某个空想社会主义组织的成员，斯捷潘·特罗菲莫维奇满怀革命激情写下了一部类似《浮士德》第二部的乌托邦式神秘剧。

最后，已是最后一场，突然出现了巴别塔，建造该塔的一些大力士们终于唱着新的希望之歌把这塔建成了。当他们已经建到塔顶的时候，有个神，比如说，俄林波斯圣山的统治者吧，却可笑地逃跑了。于是恍然大悟的人类便占领了他的位置，立刻以洞察万物的新见解来开始自己的新生活。

马克思说过，历史上重大事件都出现过两次，第一次以悲剧方式，第二次是以喜剧形式。在《群魔》中，这个顺序是颠倒的。在人类以滑稽可笑的方式赶走神之后，在小说第三部分出现的是一出颠覆一切价值观的悲剧，一场所有人针对所有人的战争，正如《冬天里的夏日印象》中预言的失去上帝后的世界一样。

斯捷潘·特罗菲莫维奇的"长诗"落到了当局手中，他的学术生涯也就此结束。他离开圣彼得堡，在前妻留下的毗邻某外省城市的庄园住了下来。小说的所有后续情节，都是在这里上演的。斯捷潘·特罗菲莫维奇享受着一位被埋没天才的卑微名声。由于他无法负担自己一向习惯的阔绰生活，包括赌博和由此带来的损失，因此应聘到一位富有的将军遗孀瓦尔瓦拉·彼得罗芙娜·斯塔夫罗金娜的府上做事。后者和很多人一样，把斯捷潘视作一位天赋异禀的奇人，并以优渥薪金聘请他担任儿子尼古拉的家庭教师。

瓦尔瓦拉·彼得罗芙娜和斯捷潘·特罗菲莫维奇之间的关系显然已经超出了简单的雇主与受雇者之间的关系，但是这种关系始终保持在暧昧的状态，两人在私下谈话时也从来都对此避而不谈。因为尼古拉·斯塔罗夫金已经成年，作为家庭教师，斯捷潘·特罗菲莫维奇的身份早已有名无实。每个夏天，他都是在瓦尔瓦拉家的花园厢房中度过。对她来说，他是她的聊天伴侣、受她摆弄的布偶和儿子的替身，虽然从年纪上讲，两人原本属于同龄人。渐渐地，他变成了"她的创造物，甚至可以说，成了她的发明，成了与她血肉相连的某种东西"。

她为他制定每日的作息时间，为他设计服装，给他整理领结，如果她发现这个老帅哥在花白的鬓角上喷了太多的古龙水，或在西服胸兜里塞了块过于花哨的手帕，她便会立刻醋意大发。斯捷潘·特罗菲莫维奇有一次也禁不住问自己，瓦尔瓦拉对自己的感情也许并不仅仅是母亲式的关怀与疼爱，于是在一个5月的黄昏，在夜色朦胧的花园里，两人进行了一场"极其活跃而又极富诗意的谈话"。两人分手后不久，斯捷潘·特罗菲莫维奇站在花园厢房敞开的窗户前，点上一支雪茄正准备抽，却发现瓦尔瓦拉·彼得罗芙娜像从地里冒出来一样，突然出现在花园里，用仇恨的目光紧紧盯着他，悄声说道："我永远也忘不了您干的这件好事儿！"

除了这对鲍西丝和费莱蒙式①的中年知己，另一个人物形象逐渐进入了读者的视野，他就是尼古拉·斯塔罗夫金。和陀思妥耶夫斯基的许多其他作品一样，对这个人物的介绍最初是以转述的形式作为第二手信息早现出来的。他是瓦尔瓦拉·彼得罗芙娜和她已故将军丈夫的独子，年幼时，这个性格文静腼腆的男孩是在斯捷潘·特罗菲莫维奇的呵护和调教下长大。从贵族学校毕业后，他按照母亲的意愿去服兵役，以喜欢惹是生非而远近闻名。他进行了两次决斗，一个对手被他一枪毙命，另一个被他弄残。犯事后，他被军事法庭罢黜为兵，发配到一个步兵团服役。仗着母亲的关系，他很快又被提升为军官。但是在得到提升后，他却忽然退伍，跑去圣彼得堡跟一群社会混子为伍。有一天，他重新出现在家乡城市，而且并不像母亲想象的那样，邋里邋遢，留着肮脏的胡子和指甲，而是漂亮、英俊而优雅。"他的头发似乎太黑了点，他那浅色的眼睛似乎太平静、太明亮了点，他的面孔的颜色似乎太柔和、太白皙了点，他脸上的红晕似乎太鲜艳、太纯净了点，他的牙齿像珍珠，他的嘴唇像珊瑚——简直像画儿上的美

① 古罗马诗人奥维德的寓言《变形记》中的一对老夫妇，因殷勤好客得到宙斯的庇护，幸运地躲过洪水，死后化身为寺庙前一对相互交织的橡树和椴树。

男子似的，同时又似乎令人感到厌恶。"

  他在圣彼得堡的社交界左右逢源，但经常无缘无故地搞些恶作剧，弄得满城风雨。[61] 有一天，"这头野兽又伸出了爪子"，这次的对象是俱乐部主任，一位德高望重的老人。后者平日的一句口头禅是："不，您哪，休想牵着我的鼻子走！"这天，老人刚刚说完这句话，尼古拉突然走到他身边，出人意料地伸出两根手指使劲捏住了他的鼻子，拽着他，就像把一只羊拖向屠宰凳。令周围人感到气愤的是，他在这么干的一瞬间完全是机械式的，似乎若有所思，脸上也没有挑衅者常见的讥讽和嘲笑的表情。尼古拉·斯塔罗夫金做的第二件无礼的事是，在一场舞会上，他突然走向女主人，"当着所有客人的面，搂住她的腰，吻了吻她的嘴唇，接连亲了三次"。然后，他走到怒不可遏的男主人面前，干巴巴地说了句："请别见怪。"说罢便走了出去。

  不久后，又发生了另一件丑闻。瓦尔瓦拉·彼得罗芙娜找到和自己沾亲带故的省长，请他出面教训教训自己的儿子。这天，省长问斯塔罗夫金："究竟是什么促使您干出这种无法无天和毫无分寸的行为来的呢？"斯塔罗夫金向省长俯下了身子，把嘴凑到他耳朵旁边，仿佛要对他说些什么。这时候，这头野兽又一次凶相毕露，这次他亮出的不是爪子，而是牙齿。他突然张开嘴，用牙齿嗑住省长的耳朵，使劲地咬了咬，把后者吓得闭过气去。这样一来，原计划由长辈对晚辈的管教也便落了空。尼古拉被警察逮捕，关进了拘留所。但是在关押期间，他突然犯了严重的酒狂症，警方只好放弃了对他的处罚。尼古拉·斯塔罗夫金康复后离开了军队，去国外游历。他走遍了整个欧洲，甚至还到过埃及，去过耶路撒冷。家人最后一次得到他的消息是从巴黎。在此之前，他在瑞士逗留了很长一段时间，并在那里结识了一群有革命倾向的年轻人。这群人当中的两个人最近返回了俄国，一个是前大学生伊万·沙托夫，另一个是工程师阿列克谢·基里洛夫，两人住在城郊的同一栋公寓楼里。

除了斯塔夫罗金，第四个主要人物被带入了读者的视野，他就是斯捷潘·特罗菲莫维奇的儿子彼得·韦尔霍文斯基，父亲口中的"小彼得"（彼得鲁沙）。按照父亲的描述，彼得在读者的想象中是一个喜欢秋色暖阳的带有诗人气质的年轻人。但实际上，彼得鲁沙是个富有心机的家伙。身为大学生的他并不喜欢诗，而是热衷于政治，对社会主义思想尤其迷恋。他因参与草拟一份传单而被牵连进了一桩案子，但在案件审理前成功脱身，逃到了瑞士日内瓦。读者很快就会意识到，韦尔霍文斯基是恐怖分子谢尔盖·涅恰耶夫在小说中的虚拟化身。

已经九年多没有见到儿子的斯捷潘·特罗菲莫维奇一方面期待着能早日与儿子重逢，但另一方面又对后者的出现十分恐惧，这是因为彼得拥有斯捷潘·特罗菲莫维奇从前妻那里继承的田庄的一半所有权，而斯捷潘由于在俱乐部打牌时欠下了巨额赌债，为了偿还债务，田庄早已被他零星变卖。这时，儿子突然来信告知，不久后他将返回家乡，以便接手出售母亲遗产换来的收入。眼看好友陷入了窘境，瓦尔瓦拉·彼得罗芙娜虽然答应出面相助，但同时提出了一个令人惊愕的条件：她要斯捷潘·特罗菲莫维奇迎娶养女达里娅·沙托娃（达莎）。达莎是瓦尔瓦拉·彼得罗芙娜儿子尼古拉·斯塔夫罗金的旧情人，而且尼古拉的情人远不止她一个。斯塔夫罗金在瑞士时便勾搭上了母亲好友的独生女丽莎，而且有谣言称，他还在圣彼得堡勾引了酒徒列比亚德金大尉的妹妹、头脑有些疯癫的瘸腿女子玛丽娅·列比亚德金娜，并和她秘密结了婚。也就是说，斯捷潘·特罗菲莫维奇要同"别人的罪孽"结婚，为此，瓦尔瓦拉将替他偿还债务，并愿意供养他和达里娅一辈子。斯捷潘·特罗菲莫维奇陷入了苦苦的思索。能够借机彻底摆脱财务上的危机，对他来说的确具有一定的吸引力，但另一方面令他伤心和气愤的是，和他保持了二十年近似夫妻关系的瓦尔瓦拉·彼得罗芙娜竟然如此绝情，就这样一甩手把他卖给了一个年纪相差甚远的陌生女子。

　　小说写到这里，整个第一部分的大半部实际都是在为后面的情节做铺垫。读者要耐着性子读完整整一百页，才会等来几位主人公的正式出场。当几位"子辈"、此前交代过的几位人物陆续在瓦尔瓦拉·彼得罗芙娜家聚齐时，大戏才真正开始上演。第一个登场的是彼得·韦尔霍文斯基（涅恰耶夫的化身）。为了描述他的相貌，作者花费了不少笔墨：

> 　　谁也不能说他长得丑，但是任何人看到他的脸又都不喜欢。他的脑袋越往后越长，仿佛从两侧给压扁了似的，因此他显得尖头猴腮。他的脑门高而窄，但是面容猥琐；目光锐利，鼻子小而尖，嘴唇长而薄。面部有病容，但是这不过看上去好像是这样。他的脸庞和靠近颧骨的地方有一道干枯的皱纹，这就使他具有一种似乎大病初愈的模样。其实他很健康，很强壮，甚至于从来就没有生过病。①

　　从这些堆砌起来的大量贬义词可以看出，作者在这里描绘的并不是一个人的真实相貌，而是一幅小丑式人物的漫画像。紧随彼得·韦尔霍文斯基之后，斯塔夫罗金走进了客厅。瓦尔瓦拉·彼得罗芙娜虽然一直渴望见到儿子，但是当后者走进来的一刻，她却用命令的手势让他停下。"尼古拉·弗谢沃洛多维奇，"她用严肃的口气带名带姓地称呼他，"请您立刻告诉我：此话是否当真，这个不幸的瘸腿女人——这就是她，就坐那儿，你看着她！有人说她……是您的合法妻子——此话当真？"她用手指了指一边吓呆了的玛丽娅·列比亚德金娜。斯塔夫罗金面对母亲的质问显得格外平静，他体贴地拉着玛丽娅

---

① 《群魔》，臧仲伦译，南京：译林出版社，2002。下同。

的手,把她带出了客厅,并安慰她道:"您想想,您是个姑娘,而我虽然是您最忠实的朋友,但是对您来说毕竟是外人,既不是丈夫,也不是父亲,也不是未婚夫。"斯塔夫罗金的这番话不仅仅是在撒谎,而且是把自己明媒正娶的妻子一下子变成了路人。他的母亲却由此舒了一口气,并决定将玛丽娅收作义女,主动承担起照顾她的责任。

当斯塔夫罗金送走玛丽娅返回客厅后,谈话又再度陷入紧张之中。之前一直在充当和事佬的彼得·韦尔霍文斯基语气傲慢地向达里娅·沙托娃道喜,祝贺她将与自己的父亲成婚。斯塔夫罗金面对将为"自己的罪孽"成婚的斯捷潘·特罗菲莫维奇,也装出一副镇定自若、置身事外的样子。伊万·沙托夫这时候沉不住气了。他了解斯塔夫罗金的为人,并且知道他与妹妹达里娅的关系。他突然冲到斯塔夫罗金面前,挥起胳臂、用足力气打了他一个耳光。在座的人都清楚,尼古拉·弗谢沃洛多维奇是一个天不怕地不怕的人,因此人们心想他一定会跟对方决斗,甚至把这个侮辱他的人当场立刻打死。但是斯塔夫罗金却面色煞白,一言不发地看着沙托夫,然后忍住怒火,扭过身去。这个耳光的真实原因作者在后面才做出了解释。

小说第一部分就此结束。在之后的两部分中,作者的叙事节奏明显加快。沙托夫是彼得·韦尔霍文斯基领导的一个秘密团体"五人小组"的成员,但身为基督徒的他对革命的意义逐渐产生了怀疑,因此打算退出这一组织。这些质疑的想法恰恰是斯塔夫罗金灌输给他的。后者的名字便透露出这样的信息。斯塔夫罗金这个名字中包含着希腊文的"stauros",意为"十字架"。如果结合斯塔罗夫金曾经的耶路撒冷朝圣之行,这个名字可以引申为"背负十字架的人",也就是一个信仰基督的人。但对读者来说,最开始这不过只是一种模糊的推想。

在第二部分一开始,斯塔夫罗金暂时退到幕后,事态的发展主要是由彼得·韦尔霍文斯基操控。他在全城四处制造流言蜚语,把自己的父亲当成了诽谤的对象,并一手导致了瓦尔瓦拉·彼得罗芙娜与斯捷潘·特罗菲莫维奇之间的决裂。瓦尔瓦拉最终将这位结交数十年的老友逐出了家门。除了讨好瓦尔瓦拉,韦尔霍文斯基还千方百计拉拢省长冯·连布克的信奉自由主义的妻子以及大作家卡尔马津诺夫先生——屠格涅夫的漫画式化身,同时还在自由派知识分子和工人当中到处煽风点火。

斯塔罗夫金对韦尔霍文斯基的事业逐渐失去了兴趣,特别是当他听说后者计划对打算退出组织的沙托夫实施暗杀时。为了拉住斯塔罗夫金,韦尔霍文斯基不惜扯下面具,向对方说了实话。他告诉对方,他真正关心的既非革命,也不是公平和正义,他的目的是要制造混乱,闹它个天翻地覆。

"俄罗斯将变成一片昏暗,大地将会哭泣,怀念古代的神明……这时我们就要让一个人粉墨登场……让谁呢?""谁?""伊万王子。""谁——?""伊万王子;您,您!……他在,但是谁也没有见过他,他隐蔽起来了。传播了新的真理就'隐蔽起来了'。到时候我们再搞三两件所罗门式的判决。有几个小组,有几个五人小组也就够了——用不着报纸!如果一万件投诉中有一件得到了满足,大家就会纷纷提出投诉。于是每一个乡里的每一个庄稼人都会知道,什么地方有个树洞,任何投诉都可以投进去。于是全球将会响起一片呼号:'现在实行的是新的公正的法律',大海将会汹涌澎湃,简易的戏台将会倒塌,那时候我们就会考虑,最好兴建一座石头建筑。头一回!我们将要建设,我们,只有我们!"

这里的石头建筑指的是巴比伦塔,而所谓"隐蔽起来的神明"、韦尔霍文斯基要让他"粉墨登场"的世界新主宰,便是人神,后来在

《卡拉马佐夫兄弟》中的《宗教大法官》一章中，陀思妥耶夫斯基对此做出了详细的阐述。

在了解了韦尔霍文斯基的秘密计划后，斯塔夫罗金对和这群阴谋者共事更失去了兴趣。在犹豫不决之际，他去修道院拜访了因病退隐的前主教吉洪，目的是要在后者面前做一番忏悔。早在几年前他便将忏悔写成了一份自白书，并在国外印刷成册。在这份自白书里，主人公袒露了过往犯下的许多罪孽，其中包含一项令人发指的罪行。为此，陀思妥耶夫斯基的出版商当年拒绝将这部分内容发表在《俄罗斯导报》上。[62] 斯塔夫罗金多年前曾经诱拐了一位名叫马特廖莎的幼女，她是斯塔夫罗金在圣彼得堡时房东的女儿。他勾引她的原因并非出于爱情，而是因为他早已预料到诱拐行为的后果，并把它当作满足自身欲望的方式。在被斯塔夫罗金抛弃后，这个崩溃绝望的女孩选择在阁楼上吊自杀，而斯塔夫罗金成为这一事件的间接目击者。他坐在旁边的房间里，想象着这个不幸女孩自杀时的每一步、每一个动作和每一个姿势："现在她走到高处，现在她系上了环扣，现在她爬上了椅子……"读者这时候终于明白，为什么斯塔夫罗金会自诩比萨德侯爵更胜一筹，同时也会为陀思妥耶夫斯基在揭露人的潜意识方面的高超手法感到震惊，那些潜藏在读者内心的卑劣、邪恶和偷窥的欲望也在这一过程中被唤醒。

这种邪恶的看客心理在接下来的章节中得到了极大的满足。韦尔霍文斯基和他的党羽为了颠覆公共秩序上蹿下跳，革命传单被散发到全城各处。省长对局势逐渐失去了控制。在省长妻子于府邸举办的一场失败的游艺会之后，城里发生了大规模骚乱和火灾。这场骚乱因大尉列比亚德金和妹妹、斯塔夫罗金的合法妻子玛丽娅被韦尔霍文斯基指派的凶手暗杀而升级，并以暴乱人群对丽莎及其未婚夫的施暴达到高潮。

但是，真正的高潮是后来发生的另一起事件，它同时也是贯穿整部小说的主线：针对大学生沙托夫的政治暗杀活动。这起案件也是由韦尔霍文斯基精心策划的，在其中扮演关键角色的是桥梁工程师阿列克谢·基里洛夫。他与沙托夫相识多年，并与后者住在城郊同一栋公寓楼里，其所在大街名叫"上帝显灵街"，对基里洛夫这位无神论者来说，这样的街名显得颇有深意。基里洛夫最初是以雅各宾派的形象登场的，据说"为了在欧洲树立健全的理性，他甚至要求砍掉一亿颗以上的脑袋"。斯捷潘·特罗菲莫维奇得知后吃惊地对他说："您想给我们修桥，同时又宣布您奉行破坏一切的原则。他们是不会让您给我们修桥的。""什么？您说什么……啊呀，见鬼！"基里洛夫惊呼道，突然又"开心而豪爽地哈哈大笑起来"。

一个笑起来如此天真和孩子气的人，是不可能"砍掉一亿颗以上的脑袋"的。基里洛夫既不是一个真正的破坏者，也不是一个恶人。相反，他心地很善良，而且正因为善良，所以才感到痛苦。这种痛苦是全人类的痛苦，而痛苦之最便是对死亡的恐惧。一个心怀恐惧的人不可能是真正的人，因为身为恐惧的奴隶，他是不自由的。这个世界的法则一定有某个地方出了岔子。基里洛夫最终将上帝告到理性的裁判所，其诉状是：上帝是一个恐怖分子，一个"由虚无的痛苦构成的鬼怪"，[63]其统治完全建立在恐惧和惊吓之上。因此，按照基里洛夫的观点，上帝不过是"对死亡的恐惧所产生的疼痛"，因此上帝存在的意义只是判处人的死刑，而杀死上帝的唯一手段便是自杀。因为有勇气杀死自己的人——尽管其唯一目的是消除恐惧——将取代上帝，成为上帝本身。"然后才能脱胎换骨，超凡脱俗，变成一个新人"，即所谓人神。正如基里洛夫在与斯塔夫罗金的对话中所说："他会再来的，他的名字叫人神。"斯塔夫罗金想知道，对方是不是口误，把"神人"说成了"人神"。基里洛夫答道："人神，区别就在这里。"

彼得·韦尔霍文斯基听说了基里洛夫的这套自杀理论，并决定利用他来实施自己的计划。他指使基里洛夫在自杀前写下一份声明，把暗杀沙托夫的罪责揽到自己头上。在11月的一个寒冷深夜，沙托夫被骗到大花园一处偏僻无人的角落，被韦尔霍文斯基残忍地枪杀了。这起事件的许多细节与左翼恐怖组织"六二运动"1974年夏天在柏林格鲁讷瓦尔德刺杀大学生乌尔里希·施米克尔的过程极其相似，以至于人们有理由猜测，现实中发生的这起暗杀活动正是以沙托夫事件为样板实施的。在接下来描写基里洛夫自杀的一章中，由于基里洛夫在关键时刻卡了壳，韦尔霍文斯基只得威言相逼，迫使对方最终饮弹自尽。在这段悬念丛生的描写中，陀思妥耶夫斯基又一次充分展现出他在揭示人的病态心理方面的超凡天赋。

如果说前面的几章是用环环相扣的悬念调足了读者的胃口，那么在最后一章中，作者则是用情节剧的手法将故事推上了高潮。就在沙托夫被杀前不久，和他分开数年的妻子达里娅·沙托娃意外回到了他的身边。即将临盆的沙托娃已经开始了阵痛，而明知道自己不是孩子生父的沙托夫却被"新人出生的神秘感"深深地打动了。在小说结尾时，年迈的斯捷潘·特罗菲莫维奇又一次隆重登场。他出人意料地兑现了自己当众宣布的计划，离家出走，像一个朴素的修行者一样踏上了宽阔的乡村公路。但是对于长途旅行来说，他的行装明显过于简陋：时尚单薄的短大衣、雨伞，外加一条薄毯和一个提包。果不其然，他很快就染上了寒热病。一位在路上遇到的女《圣经》推销员收留了他，将这个发着高烧的老男人带到一个小旅店，并应他的要求，给他念了《约翰福音》中的一段：

你要写信给老底嘉教会的使者说，那为阿门的，为诚信真实见证的，在神创造万物之上为元首的，说：我知道你的行为；你也不冷也不热，我巴不得你或冷或热。你既如温水，也不冷也不热，所以我必从我口中把你吐出去。

接下来，她又给他念了《路加福音》中群魔走入猪里的一段（路加福音，8:32-36）。陀思妥耶夫斯基用这段话概括了整部作品的精髓。斯捷潘·特罗菲莫维奇这位自由主义者和沙龙革命家在奄奄一息时，最终回归到对上帝的信念，说出了这样一段话："上帝之所以于我是必需的，因为这是唯一可以让大家永远去爱的事物……"在这里，他说的是"事物"，而非"人"；是伏尔泰所说的"必需"，即理性法则，而非信仰。这不是一段信仰宣言，而是在陈述一句信条。透过这些措辞可以明显感觉到，说出这番话的人在态度上仍然是有所保留的。从这一点来看，斯捷潘与陀思妥耶夫斯基笔下那些虔诚的，准确地讲是渴望得到信仰的主人公们都是同路人。他们始终走在寻找上帝的路上，并且和陀思妥耶夫斯基本人一样，很少会自称已经找到了目标。但是，用《约翰福音》中的话来讲，这些人都是"热"的（路德译德语版《圣经》中用的词是"warm"，即温热），俄语版《圣经》更准确地称之为"炙热"（gorijátschij，即英文"hot"，希腊文"zestós"），而路德版《圣经》中所说的"如温水"在俄语版《圣经》中译为"温热"（tjoplyj，英文"warm"，希腊文"chliarós"）。

这里的"温度"反映的是人的精神气质之间的差异。《约翰福音》中的话令人联想到斯塔夫罗金去修道院探访吉洪主教的一幕。当时，斯塔夫罗金请求吉洪主教为他念《启示录》中的一段话，后者当时便将这段背诵了出来："我知道你的行为；你也不冷也不热，我巴不得你或冷或热。""如温水"般的"不冷也不热"，正是斯塔夫罗金精神气质的核心，虽然吉洪主教在这里并没有对这一判断做出更多解释。在《群魔》的所有角色中，斯塔夫罗金是最"富有"的一个：显贵的出身，富裕的家境，英俊潇洒的容貌，还有超群的智慧和人格魅力、感性和求知欲。但与此同时，他也是所有角色中最"贫穷"的一个。他只是因为"无所事事"，也就是无聊，才参与了革命，并且很快便感到了厌倦，正如他对待所有迷恋过的思想和女人一样。包括那些受其鼓动参与革命的人，比如沙托夫和基里洛夫，最终也被他抛弃。斯塔夫罗金是一个"野兽型"的人，一个欲壑难填的"唐璜"，一个居住在瑞士并享有瑞士公民权、失去了根基的俄国人，因染上欧洲浪漫主义的"世纪病"（mal du siècle）而陷入了沉沦。

从这一意义上讲，斯塔夫罗金是叶甫盖尼·奥涅金式的"多余人"变种，是其"终极化身"。[64] 他有满身的精力不知如何打发，于是整日纵情于酒色，仿佛是在向自己的生命极限发出挑战。在精力耗尽之后，他所剩的出路只有自杀。他在留给旧情人达里娅·沙托娃的信中写道："我的愿望太不足道了，它不足以支配我的行动。抱住一根原木可以泅渡过河，可是抓住一根劈柴却过不了河。"这位"乌里州的公民"最终吊死在火车站附近、距离斯克沃列什尼基田庄不远的一栋两层木屋里。"小桌上放着一张纸，纸上用铅笔写了几个字：'不要怪罪任何人，我自己。'"

文化学家尤里·洛特曼（Juri Lotman）将文学作品中的人物类型划分成"变化型"和"不变型"两种。其中"变化型"指的是一些人物有能力突破初始设定的语义场（空间、意识形态、文化、个性等），进入与之相反的语义场（"反义义场"）。而"不变型"（可视作某种意义上的常量）则是那些没有能力突破这一界限的人物。从《群魔》的人物结构来看，斯塔夫罗金似乎是一个标准的"变化型"人物，一个"行动者"。但事实上他却是"不变的"，因为他没有能力在其面对的各种生存可能性当中做出自己的选择。[65]

在陀思妥耶夫斯基的作品中，选择困境是每一个主人公面对的个性考验。这一方面与陀思妥耶夫斯基小说的戏剧性结构有关，因为其小说的情节发展往往都会指向一种选择、一种决定，一种是与非之间的权衡。[66] 但是从另一方面讲，除了陀思妥耶夫斯基对戏剧化手法的偏爱，还有伦理观在背后所起的作用，这种伦理观与克尔凯郭尔的理论颇有相通之处。克尔凯郭尔以审美生存与伦理生存划分人的生存状况的观点，为我们理解斯塔夫罗金这个人物提供了钥匙。斯塔夫罗金的生存状态是一种审美生存，它指的是人作为一种被欲望驱动的生物而存在，其生存被自身需求所控制，在这种生存状态下，人更多是动物而非人。而只有在进入伦理生存后，人才能够真正成为人，它要求人必须在非此即彼的境况下做出选择。"选择是伦理生存最根本和最具说服力的表现形式。"[67] 它是自由的表现，因为"是选择的能力为人类开启了自由的视野和对善恶的认识"。[68]

一个没有能力选择的人，只能"在消沉中枯萎"。[69] 斯塔夫罗金便是如此，正如他在绝命书中所说，他已经彻底丧失了决断力。他那面如死灰般的呆滞表情暴露了一个事实：早在肉体死亡之前，他的内心便已枯涸。另外，作为一个审美生存的人，他永远都是被情绪左右，在激昂、暴虐、抑郁和绝望中摇摆浮沉。斯塔夫罗金自己也承认，他在国外接触和传播的教义是受当时"心情"的影响。用沙托夫的话说，他在讲述那些思想时，仿佛是在讲述与己无关的身外之事。斯塔夫罗金的审美生存方式还表现在他对待世界的冷漠态度上，他的整个生命都被这种性格毒害。他就像一个"冷血麻木的怪物"，[70] 在他眼里，"不管是什么淫乱行为，禽兽行径，或者是什么丰功伟绩，甚至为人类牺牲生命，都没有什么区别"。这种冷血和麻木将斯塔夫罗金挡在了伦理生存之外，把他变成了"冷漠世界的沙皇"。[71]

伊万·沙托夫曾经是斯塔罗夫金的门徒，如今却是他的对手。从虚无主义者到基督徒，从世界主义者到爱国者，从被驱逐的知识分子到人民之友，沙托夫的反叛之路，正是斯塔夫罗金一手促成的。是斯塔夫罗金将"上帝与故土"的思想灌输给了沙托夫，并且告诉他，那个变成了政权的罗马天主教所宣扬的基督，是屈服于撒旦第三种诱惑的基督。正如陀思妥耶夫斯基在给冯维辛娜的信中所写，斯塔夫罗金也曾表示，"如果能像数学般精确地证明，真理存在于基督之外，那么（他）宁可与基督在一起，而不是与真理在一起"。

这位沙托夫曾经的导师说过，没有一个民族能够自立于科学与理性的原则之上，而只能服从于另一种力量，一种不断肯定存在和否认死亡的力量。整个民族的存在原则，"说到底就是寻神，寻找自己的神，而且这神一定要是自己的"，这个神是"一个民族加在一起而形成的综合的个人"。因此，文化消亡的一个标志便是：所有民族都拥有一个共同的神和共同的价值体系。"一个民族越是强大，它所信仰的神也就越与众不同。"在所有民族中最强大的，正是"天赋使命"的俄罗斯民族。

听到沙托夫当着自己的面，说出这些自己说过的话，斯塔夫罗金并没有直接做出回应，而是反问道："您自己是不是相信上帝？""我相信俄罗斯，我相信俄罗斯的东正教……我相信基督的肉体……我相信基督二次降临将出现在俄罗斯……我相信……"沙托夫闪烁其词地答道。斯塔夫罗金继续追问："那么您相信上帝吗？相信上帝？""我……我会相信上帝的。"沙托夫的名字中包含着俄语动词"schatát"，它的意思是"漂浮，摇摆"，因此如果按照词意来理解，沙托夫是"一个还没有（从空中）落到实地的人"。但实际上，沙托夫与斯塔夫罗金不同，他已经做出了自己的选择。当斯塔夫罗金还在犹豫不决中彷徨时，沙托夫已经走在寻神的路上。斯塔夫罗金尽管犯下了恐怖的罪行，但他并没有最终投靠"恶"，而是选择与"恶"游戏。他对"善"的态度亦是如此：虽然他当众承认了自己与玛丽娅·列别金娜的婚姻关系，并且要向全世界忏悔，但是吉洪主教清楚，这份忏悔并非真诚的悔过，而是一篇傲慢自负的自白。即使面对忏悔这件最需要严肃和诚意的事情，斯塔夫罗金表现出的仍然是一副游戏的心态。在这种游戏式的、用克尔凯郭尔的话讲是"审美式"的生存状态下，他一直到最后都是一个缺乏决断力的人，而没能成为一个"伦理"的主体。

在这里，陀思妥耶夫斯基采用了一个他惯常使用的花招：将一些惊世骇俗、容易引发争议的观点——例如把俄罗斯民族称作"天赋使命"的民族，以及关于"俄国的上帝"等——通过第二手信息的形式加以弱化，从而对其真实性有一定程度的保留。斯塔罗夫金真的说过这些话？这些用词是他的原话吗？他如今依然同意这样的观点吗？更重要的是：作者本人对这一观点到底持怎样的态度？因为斯塔罗夫金对此并没有认真反驳，而沙托夫作为正面的"俄罗斯"英雄显然深受作者的信任和同情，因此人们有理由猜测，这些由沙托夫转述的观点是得到陀思妥耶夫斯基认可的，更何况，它们与《白痴》中梅诗金公爵的观点几乎如出一辙。

关于俄罗斯民族是"天赋使命"民族的说法尤其在西方读者中引起了异议。一位像陀思妥耶夫斯基这样的审慎的知识分子，怎么会发表这种沙文主义言论？这种沙文主义思想与作者视为至高权威的《新约》难道不是背道而驰吗？更令人质疑的是，关于每个民族都有自己的神而不能容忍其他神存在的观点，难道不是由准人种学视角决定的吗？这种19世纪出现的文化相对论思潮，不正是陀思妥耶夫斯基所批判的吗？

如果将沙托夫和斯塔罗夫金的观点放在历史背景下加以审视，我们就不会对它再感到惊异。斯拉夫派的信条之一是，认为东西方之间的文化分歧是东正教和西方基督教之间的根本性差异导致的。阿列克谢·霍米亚科夫（Alexej Chomjakow）便曾指出，东正教的本质主要在于受《约翰福音》及其爱的伦理启发的"村社性"原则（Sobrnost）。而所谓"村社性"更多是一种象征性而非理性的"我族"意识，它否认神职人员与教徒、有权力的信徒与普通信徒，以及不同等级的教会组织之间是存在差异的。"村社性"理念"主要反映在对友爱的重视，其面对的不仅是所有信徒，而且是人类全体"。[72]它的首脑不是某个宗教领袖，而是基督本身。[73]与霍米亚科夫持同样观点的还有尼古拉·丹尼列夫斯基（Nikolaj Danilewskij），他指责西方教会散布异端邪说，认为东正教是唯一的真正基督教派，因为它是"所有时代、所有民族的所有信徒在耶稣基督和圣灵的指引下组成的联合体"。[74]

当然，读者并不能将沙托夫说的每个词都拿到秤上掂量。陀思妥耶夫斯基总喜欢使用一些略显夸张的措辞，比如这句："一个无神论者不可能是俄罗斯人，只要这个人成了无神论者，他就立马不再是俄罗斯人了。"这里的时间副词"立马"给这句话增添了一种荒诞的韵味，使它变得更让人难以确信。正如前文所述，陀思妥耶夫斯基的这些夸张措辞往往是通过信件、引文或传言，即第二手信息的形式呈现的，并以此表达了作者对其真实性的保留态度。这种手法也就是所谓的"留后手"，叙述者随时都有可能话锋一转，让整句话的意思变了味儿。但是，这种模棱两可的表述方式并不意味着作者对其谈论的问题持截然相反的看法。从《作家日记》中我们可以看到，陀思妥耶夫斯基对沙托夫和斯塔夫罗金关于俄罗斯民族肩负救赎使命的观点是百分百认同的。

彼得·韦尔霍文斯基（即涅恰耶夫）虽然以他领导的恐怖行动构成了整部小说的叙事主线，但是在小说的主要人物当中，他的形象却是最模糊的一个。这是因为从心理学角度看，他的性格具有某种不确定性。身为阴谋活动家，他原本应当是个守口如瓶、唯恐言多语失的人，但事实上，他却像果戈理喜剧《钦差大臣》主人公赫列斯达可夫一样，讲起话来滔滔不绝、口若悬河。只有在涉及政治伎俩，如伪装、蒙骗、谎言等撒旦式诡计时，他的模糊形象才变得真实可信。从行动纲领上看，他的目标是实现奴隶式的平等，对于"有很高才智"的精英分子，要予以驱逐或处以死刑。按照五人小组的智囊希加廖夫的说法，就是要割去"西塞罗的舌头，挖掉哥白尼的眼睛，用乱石砸死莎士比亚……"这种极端平等主义的反面，是极端的精英主义，即拉斯柯尔尼科夫所崇尚的超人类。而希加廖夫的梦想是，

"把人类分成不相等的两部分,十分之一的人获得绝对自由,并控制其余十分之九的人"。

不过,希加廖夫承认,无限度自由与无限度专制之间的不可调和性是其理论的一大逻辑缺陷。韦尔霍文斯基以自己的方式解决了这一矛盾:他告诉斯塔夫罗金,其阴谋活动的目标并非解放人类,而是要将人类变成奴隶——在以斯塔夫罗金作为最高统治者以及上帝的专制和新宗教制度下。陀思妥耶夫斯基以此来影射法国大革命,因为法国大革命倡导的人人平等原则最终被拿破仑的恺撒主义战胜。而韦尔霍文斯基和希加廖夫对民主原则的歪曲,则为20世纪的极权主义树立了样板。阿尔贝·加缪在根据《群魔》改编的戏剧《附魔者》(1959年)中将陀思妥耶夫斯基称作新世纪的预言家。[75]

在谈到基里洛夫这个人物时,加缪称之为荒诞意义上的先知。基里洛夫的自杀确实是荒唐的,而且是在多重意义上:基里洛夫同意韦尔霍文斯基将他的自杀行为当作手段,用于一个他自身憎恶的目的。他情愿结束自己的生命,开枪自杀,尽管他喜欢孩子——未来的强大象征——而且也爱生活。另外,同样荒唐的是基里洛夫对信仰上帝之必然性的认识和推翻上帝之愿望的矛盾。实际上,因为他坚信上帝是不存在的,所以也根本无须推翻它。此外,荒唐的还有基里洛夫想要通过基督式的自我牺牲来解救人类的想法,但是,假如真的如其所言,"地球的法则本身都是谎言和魔鬼的轻松喜剧",这种救世行动也便失去了意义。

基里洛夫的自杀并非"逻辑的自杀",[76]而是抽象的。他的自杀与拉斯柯尔尼科夫杀死放高利贷的老太婆的行为,都是基于同样的思想基础。这个基础是由斯捷潘·韦尔霍文斯基所代表的老一辈唯物主义者和不可知论者奠定的。陀思妥耶夫斯基在1876年10月发表的《作家日记》之《判决》一文中,虚构了一封自杀者的遗书。这位自杀者是"出于无聊"而自绝于人世,而正如作者强调的,这个人"自然是一位唯物主义者"。[77] 在这封"遗书"中,欧洲虚无主义华丽登场,就像在让·保罗(Jean Paul)《假如死去的基督从宇宙中宣告上帝不存在》(*Rede des toten Christus vom Weltgebäude herab, dass kein Gott sei*)中一样。[78] 陀思妥耶夫斯基笔下的自杀者将矛头指向死亡,既包括自己和人类的死亡,也包括地球和宇宙的死亡。正如让·保罗笔下死去的基督一样,这位自杀者也将一切存在视作"静默的虚无"、"冷漠永恒的必然物"和"荒谬的巧合"。但是,陀思妥耶夫斯基比让·保罗走得更远。他笔下的自杀者并不排除世间有可能存在一种普遍的和谐秩序,但这对他于事无补,因为他既无法从物质层面,也无法从形而上层面感受它。这让他联想到约伯的命运并发出诘问:"什么,难道上帝把人类带到这个世上,让他接受这种无情的试炼,就是为了看一看,这种造物在地球上是不是能活下去?"他无法理解其法则的大自然没能给他答案,于是他向自然下达了死亡判决。但是,他既然无法消灭自然,便只能消灭自己,因为"忍受一种找不到元凶的暴虐让他实在感到无聊"。[79]

基里洛夫之流以及《作家日记》中的自杀者在探寻存在意义过程中所感到的绝望,深深地触动了现代人的神经,这也是人们总喜欢将陀思妥耶夫斯基与帕斯卡尔、克尔凯郭尔、尼采等伟大思想家相提并论的原因。但是,我们不能忽视的一点是,陀思妥耶夫斯基在讨论自杀这一虚无主义核心命题时,始终都在围绕着与之相反的另一个命题,即对灵魂永生的信仰。在圣彼得堡谢苗诺夫校场的假死刑仪式之前,当陀思妥耶夫斯基用"我们将与基督同在"鼓励尼古拉·斯佩什涅夫时,后者以"几粒尘埃而已"作为回应(参见本书页边码第103页)。斯佩什涅夫的话代表的是费尔巴哈的人本主义理念,而陀思妥耶夫斯基的话的背后则是《约翰福音》中的信条:"凡活着信我的人必永远不死。"(《约翰福音》,11:25)

通过基里洛夫的自杀,陀思妥耶夫斯基再次将矛头指向1840年代俄国的精神领袖们，在他看来，这是促使"子辈"走上恐怖主义道路的根源。在小说第一部分，他对这群"恶魔"做出了无情的揭露，然而在结尾，他对斯捷潘·特罗菲莫维奇临终前一幕的描写却令人大感意外。在这一幕中，这位彻头彻尾的不可知论者变成了一位忏悔的罪人。借着阅读《新约》，他重新找回了对基督教的信仰。作者对斯捷潘·特罗菲莫维奇的同情并非出于对"父辈"的宽恕，这一和解的结局更多是为了衬托斯塔夫罗金的阴暗归宿。斯捷潘·特罗菲莫维奇在临终前一刻变成了洛特曼所说的"变化型"人物，他做出了自己的选择，超越了"不冷不热"的审美生存，进入了"炙热"的伦理生存。在这里，作者再次引用了《约翰福音》中的那句感叹："我巴不得你或冷或热！"最终，斯塔罗夫金的出路只剩下一个，就是变成《路加福音》中群魔附体的猪："……于是那群猪从山崖冲到湖里淹死了。"而这正是陀思妥耶夫斯基这部小说标题的含义。

在陀思妥耶夫斯基在世期间，《群魔》作为单行本只出版过一次（1873年）。这一版本没有收录小说第三部分第九章，即斯塔罗夫金惊世骇俗的自白书。直到1923年，这份自白书才以《在吉洪的修道室》（*Bei Tichon*）为题正式发表。瓦尔特·本雅明将这一章节与1869年出版的洛特雷阿蒙（Comte de Lautréamont）的《马尔多罗之歌》（*Gesänge des Maldoror*）相提并论。在这部以"恶"为主题的作品中，病态的主人公选择将天真无邪的孩子作为泄欲对象。[80] 从这一比较可以看出，即使像瓦尔特·本雅明这样对资产阶级道德观心怀鄙夷的人，也认为斯塔罗夫金的这篇"忏悔"充满了邪恶色彩。

批评家们对陀思妥耶夫斯基这部作品的早期反馈，也对此持类似的观点。德米特里·梅列日科夫斯基在《托尔斯泰与陀思妥耶夫斯基》（1902年）一文中指出，斯塔罗夫金的自白书所描述的内容"超越了艺术的界限，因为它过于生动"，使得读者禁不住要问，这些生动描写究竟是归功于作者的敏锐观察力,还是出于作者自身的经验。[81]1923年,弗洛伊德的学生安娜·卡辛娜-叶夫莱因诺娃(Anna Kaschina-Jewreinowa)在分析斯塔罗夫金和斯维德里盖洛夫的人格时,引用了陀思妥耶夫斯基在世时便流传的一种说法:据说陀思妥耶夫斯基曾经酒后乱性,强奸了一位年仅十岁的幼女。这位女作家一方面毫无根据地将陀思妥耶夫斯基笔下人物的残暴归因于作家的施虐狂性格,但另一方面也表示,关于陀思妥耶夫斯基强奸幼女的谣言主要是作家的仇敌屠格涅夫等人散布的,因此对其真实性需要保持警惕。[82]

在陀思妥耶夫斯基的对手中,还包括其多年好友尼古拉·斯特拉霍夫。从1871年起,斯特拉霍夫开始与列夫·托尔斯泰建立起日益亲密的关系,与此同时,他与陀思妥耶夫斯基的关系也渐渐疏远。在为1883年出版的陀思妥耶夫斯基传记——这是有史以来第一部陀氏传记——查找资料期间,他在1883年11月28日给托尔斯泰的信中表示,在讲述陀思妥耶夫斯基的生平时,他必须花费很大力气超越自我,比如说,后者曾在私下里对他人吹嘘,自己在一间公共浴室里对一位女仆牵线认识的少女实施了性侵。[83]他在信中还写道:陀思妥耶夫斯基对所有丑恶淫荡的事情都抱有浓厚的兴趣,他的"禽兽般淫欲"扼杀了他对女性美和优雅的感知,在他身上,崇高的思想与个人癖好明显是分离的。[84]

这封1913年在斯特拉霍夫去世后公开发表的信函,激怒了陀思妥耶夫斯基的遗孀安娜:"这是闻所未闻的污蔑!更何况,写下这些话的是什么人?是我们最好的朋友、座上宾和证婚人尼古拉·尼古拉耶维奇·斯特拉霍夫,那个在费奥多尔·米哈依洛维奇去世后要求我委托他出版陀思妥耶夫斯基传记和作品全集的人!"[85]安娜·格里戈利耶芙娜的愤怒是可以理解的,因为斯特拉霍夫的这封信破坏了陀氏的声誉,同时也对她将出版丈夫作品作为毕生事业的计划产生了不良影响。

为了揭露斯特拉霍夫的险恶用心,她反复强调丈夫是一个多么宽厚善良的人,曾经给多少受苦受难的人提供了道义和物质上的帮助。这些话虽然有夸大之嫌,但与当时陀思妥耶夫斯基在世人心目中的神圣地位是相吻合的。善良、"贫穷的陀思妥耶夫斯基"的一生是殉难者的一生,这一点已经成为同时代人普遍认可的事实,而斯特拉霍夫却公然对此予以诋毁。

不过尽管如此,斯特拉霍夫信中提到的事情仍然是"陀思妥耶夫斯基身上的一处硬伤",[86] 是所有为陀氏立传的人绕不过去的一道坎。迄今没有人能拿出可信的证据,对此做出有力的回应。一些人提出,陀思妥耶夫斯基经常把儿童的苦难作为小说的重要主题,因此很难想象他在私生活里会对儿童抱有不洁动机。[87] 这一理由很难令人信服,因为另一种说法很容易驳倒这条理由,并使斯特拉霍夫的怀疑多了些根据,这就是陀思妥耶夫斯基在文学创作中对早熟少女的明显偏爱。无论是《地下室手记》中的未成年妓女丽莎,还是《罪与罚》中的索尼娅和《被侮辱与被损害的人》中的幼女内莉,都属于这样的类型。在《被侮辱与被损害的人》中,作家提到画家将内莉画成丘比特时这样写道:"她那时的头发浅黄浅黄的,蓬蓬松松,穿着一件薄如蝉翼的小衬衫,透过衬衫还可以看到她的娇小身体,她在这幅画像上显得多美呀,真叫人百看不厌。"这种近乎"花痴"式的描写[88]让人忍不住猜想,陀思妥耶夫斯基是不是真的如传言所说,犯下过和斯塔夫罗金一样的罪行。

按照斯特拉霍夫的说法,证明他的判断的"证据"正是陀思妥耶夫斯基的作品本身,这个男人的"禽兽般淫欲"在其小说中便暴露无遗。[89] 这里的小说指的是《地下室手记》、《罪与罚》和《群魔》。从今天的视角来看,斯特拉霍夫的这种解释至少是犯了将文学创作者与其作品混为一谈的错误。令斯特拉霍夫尤其感到不适的是,陀思妥耶夫斯基并没有将卡特科夫未准发表的《在吉洪的修道室》一章收进抽屉，而是拿出来"当众朗读"。这一点是激怒斯特拉霍夫的重要原因，因为陀思妥耶夫斯基将斯塔夫罗金的罪行细致入微地诉诸文字，已然是犯了大忌。而他竟然一而再再而三地当众朗读斯塔夫罗金的自白书，以便借这位恶人之口炫耀自己在描写淫乱色情方面的高超技法。这更是一件大逆不道的事。斯特拉霍夫的指责反映出当时社会对小说这一文学类型所抱有的偏见，这种偏见可以追溯到18世纪，那时候有些人甚至把小说本身看作一种伤风败俗的东西。在陀思妥耶夫斯基生活的时代里，这种偏见依然在发挥影响。一个典型的例子是，1881年1月，圣彼得堡大主教最初拒绝将陀思妥耶夫斯基葬在圣彼得堡亚历山大·涅夫斯基修道院的墓地里，因为"陀思妥耶夫斯基不过是一个普通的小说家，并没有写过什么严肃的东西"。[90]

恰恰是为小说在俄国的发展做出最大贡献的伊万·屠格涅夫，也在这一问题上采取了保守过时的立场。1882年，在陀思妥耶夫斯基去世一年后，屠格涅夫气愤地发现："所有俄国主教都在争着为我们这位德·萨德做追思弥撒。"[91] 其实，是陀思妥耶夫斯基笔下的斯塔夫罗金，而非陀氏本人说过，就连德·萨德侯爵也应该向他学习。[92] 屠格涅夫这位小说行家，竟然也混淆了文学家与文学创作的关系，很显然，他对去世的陀思妥耶夫斯基依然怀恨在心，以致丧失了对现实与虚构的甄别能力。

综上所述，没有任何证据可以证明，陀思妥耶夫斯基在他的一生中犯过类似斯塔夫罗金的罪行。但是，由斯特拉霍夫致托尔斯泰的信挑起的相关争论让我们看到，陀思妥耶夫斯基在挖掘人的潜意识方面是多么富于挑衅性。相比之下，安·拉德克利夫（Ann Radcliffe）和霍勒斯·沃波尔（Horace Walpole）的惊悚小说简直像儿童文学一样温和。陀思妥耶夫斯基是一位名副其实的"越界者"，他的文字"逼近极限，其程度就连最大胆的想象也不敢触及"。[93] 无论是他对轮盘赌的痴迷和"赌徒"式的写作方式，还是他对人类心灵深处的恐惧和欲望的探索，都反映出这一点。斯特拉霍夫等人对陀思妥耶夫斯基人品的质疑，可以解释为一种心理上的抵抗，其针对的是陀氏作品在读者脑海中唤起的危险想象。[94] 身为写作者，要想完成这样的"幽暗心灵"之旅，[95] 必须潜入自己的内心窥探和捕捉暗藏在灵魂深处的隐秘。对今天的人们来讲，这已是尽人皆知的精神分析学常识，但是在19世纪，还不具备这样的环境条件。否则，《马尔多罗之歌》不可能这么长时间一直被视为禁书，而应当早在超现实主义之前便已被奉为经典。

第五章　回归之路（1871~1876）

返回俄国

"眼下最要紧的事是返回俄国"，陀思妥耶夫斯基在1871年4月底从威斯巴登给身在德累斯顿的妻子的信中这样写道。[1]那是他最后一次失败的赌场冒险，靠赌博发财的梦想从此彻底破灭。几年来，陀思妥耶夫斯基的债务依然堆积如山，而德国却令他越来越感到厌烦，特别是在1871年德法签订和约之后。另外，长期置身于俄国发生的一系列政治事件之外也令陀思妥耶夫斯基感觉越发压抑。就在这年7月1日，圣彼得堡法院就涅恰耶夫案件正式开庭，这是陀思妥耶夫斯基正在创作中的小说《群魔》描写的主题。此外，安娜已经身怀六甲，这一次她下定决心，无论如何要把孩子生在俄国。

6月底，陀思妥耶夫斯基收到了《俄罗斯导报》汇来的一千卢布支票。这些钱刚好够还清余下的债，还有到圣彼得堡的火车票钱。就在启程离开德累斯顿前，陀思妥耶夫斯基交代妻子生起火炉，然后将一堆手稿付之一炬，其中包括《白痴》、《永远的丈夫》和《群魔》的草稿。身为前政治犯，再加上在日内瓦时与奥加辽夫的联系，陀思妥耶夫斯基一直是秘密警察监视的对象。为了避免入境时被俄国边防刁难，他必须小心行事。1871年7月2日（6月20日），陀思妥耶夫斯基一家坐上火车，从德累斯顿前往柏林，并于次日一早换车继续驶往圣彼得堡。在东普鲁士边境的维尔巴利斯车站，陀思妥耶夫斯基随身携带的行李受到了严格盘查。这时候，年仅两岁的小女儿柳波芙被折磨得不耐烦：坐了两天两夜的火车，小家伙又累又饿，忍不住扯开喉咙大哭了起来。俄国海关人员只好匆匆结束了检查，放陀思妥耶夫斯基一家过了境。

到达圣彼得堡后，一家人租下了"两间带家具的陋室，周围住着一群讨厌的犹太商人"（1871年7月18日）。离住处不远是尤苏波夫公园,公园里的绿地为圣彼得堡的酷暑带来了一丝难得的清凉。1871年7月16日,陀思妥耶夫斯基的大儿子费奥多尔·费奥多洛维奇(Fjodor Fjodorowitsch)在这里降临人世。刚返回圣彼得堡的几个星期,夫妻俩忙着走亲访友,接待来客,去政府机关办理各种手续,为新家置办家当。两人离开圣彼得堡之前的家当,特别是私人藏书,都已经发霉、遗失或被继子帕沙变卖。帕沙虽然已经二十三岁,但一直没有正经职业,整天游手好闲地混日子。

7月底,陀思妥耶夫斯基去了趟莫斯科,和卡特科夫商量《群魔》连载的后续事宜以及稿酬的问题。不久后,《俄罗斯导报》汇来的三百卢布到了账,陀思妥耶夫斯基一家搬到了距离圣彼得堡科学中心不远、环境安静的谢尔普霍夫大街。安娜说服家具商,用分期付款的方式为这个四居室的新家添置了价值四千卢布的全套家具。[2]

1871年9月,圣彼得堡一份报纸报道了著名作家费奥多尔·陀思妥耶夫斯基结束四年海外生活、返回圣彼得堡的消息。接下来,按照安娜的说法,一场"和债权人的搏斗"开始了。[3] 自60年代以来,俄国物价飞涨,特别是在大城市,日常生活成本与日攀升。对陀思妥耶夫斯基一家四口来说,《俄罗斯导报》的稿酬连日常基本开支都难以应付。陀思妥耶夫斯基原本希望能够从亚历山德拉·库马宁娜姨妈的遗产中分得较大份额,另外再从出版商斯特洛夫斯基那里为其非法盗印自己的作品获得一定的赔偿,但这两个计划一时都落了空:库马宁娜姨妈的案子迟迟没有进展,斯特洛夫斯基破了产,安娜原指望能够接手的其名下的出租屋,也因为欠税问题被拍卖。

1871年4月,阿波隆·迈科夫想为陀思妥耶夫斯基向文学基金会申请四百卢布贷款补助,帮助作家为维权继续和斯特洛夫斯基打官司。但是,作为文学基金会早年最积极的成员之一,陀思妥耶夫斯基却对好友的想法不抱任何希望。他在信中对迈科夫说,如今只有虚无主义者才有望得到文学基金会的帮助,相比之下,作家物质上的拮据并不会被人当回事（1871年4月13日）。陀思妥耶夫斯基当然知道，对文学基金会这个政治上持左翼立场的团体来说，重要的问题并不在于如何帮助作家解决经济困难，而在于面对陀思妥耶夫斯基这样一位政治皈依者，必须保持态度上的疏远。在这样的背景下，1873年1月亚历山大·亚历山德罗维奇大公、后来的亚历山大三世沙皇批准为陀思妥耶夫斯基提供救济款更显现出重要的象征性意义。作家在谈起这笔钱时，只是含糊地提到"一笔庞大的款子"（1872年2月4日）。来自皇室的经济资助不仅解决了陀思妥耶夫斯基对贷款的急迫需求，同时也让他与皇室之间建立了直接和持久的联系。如果换成亚历山大·普希金这位"俄国文学之父"的话，他一定会为与"权力场"的亲密关系感到羞耻。但陀思妥耶夫斯基却反而以此为荣。在他看来，沙皇政权或曰沙皇专制是唯一适合俄国的政体。1873年2月10日，他给亚历山大皇储寄去了一本《群魔》单行本，并在附函中写道：

> 我希冀您，殿下，作为世界上负有艰巨使命的伟大皇帝的储君、俄国未来的领导和主宰，可以俯察我的意图，我知道这是卑微的但却是忠诚的意图，即用艺术形式描绘我国当前文明中最危险的祸害。这是一种罕见的、非自然的、没有根基的文明，但在俄国迄今仍占据着主导。

在陀思妥耶夫斯基与皇储之间牵线搭桥的，是年纪虽轻但极端保守的弗拉基米尔·梅什切尔斯基大公（Wladimir Meschtscherskij）。他是亚历山大皇储的好友，同时也是陀氏作品的热心读者。皇室的救济虽然为陀思妥耶夫斯基一家解了燃眉之急，但无法使其彻底摆脱经济上的困境。陀思妥耶夫斯基夫妇仍然要靠赊账过日子，和当铺的交道又重新变成了日常生活的一部分。每逢遇到大的开销，他们只能去借高利贷。1872年底，陀思妥耶夫斯基接到新"恩主"梅什切尔斯基大公的邀请，出任后者主办的《公民》(*Der Staatsbürger*) 杂志的主编。梅什切尔斯基大公为他开出的价码是每年三千卢布，外加额外稿酬。和前几年的收入相比，这一数额近乎天价。可这不过是表面现象。按照安娜的计算，陀氏一家每年的开销大约要三千卢布，其中三分之一用于支付房租。在得到皇室资助后，夫妇俩仍然没能还清旅居欧洲欠下的债务，因此和过去一样，还得靠精打细算过日子。陀思妥耶夫斯基的家庭医生亚科夫·布雷策尔（Jakow Bretzel）在谈起陀氏一家的生活条件时称，这家人的房间陈设"相当简陋"。[4] 1872年春，当画家瓦西里·彼罗夫（Wassilij Perow）受莫斯科富商帕维尔·特列季亚科夫（Pawel Tretjakow）委托，为陀思妥耶夫斯基绘制肖像时（这幅画后来成为最广为人知的陀氏肖像），这位大作家不无嫉妒地得知，对方的家境要比自己好得多，仅房租支出一项，每年便要至少两千卢布。[5]

自1872年5月起，每年夏天，陀思妥耶夫斯基一家都是在伊尔门湖畔的小城旧鲁萨（Staraja Russa）度过的。一方面是因为，旧鲁萨的空气和首都污浊的空气相比要好得多，这里的浴场也很适合孩子们玩耍；另一方面是因为，陀思妥耶夫斯基在这里可以安心写作，不必担心受到外界的打搅。当然，更重要的原因是，在旧鲁萨所在的诺夫哥罗德州，房租比圣彼得堡要便宜得多。因此，每年一进入夏季，陀思妥耶夫斯基一家便会退掉冬天在圣彼得堡的公寓，搬到旧鲁萨来住。今天从圣彼得堡到旧鲁萨，只需要一小时车程。可是在1878年时，这个小城还没有开通铁路，同样一段路程却需要花费一天多的时间：从圣彼得堡先乘火车到诺夫哥罗德，然后乘轮船穿过伊尔门湖，直到波利斯季河入海口，在低水位的夏季，需要再换马车行驶大约三十公里，才能最终抵达目的地。有时候因为水位太低，旅客们不得不由一群"强壮的农妇"背在身上，蹚着水送到驳船上，然后再由驳船送上停泊在湖中心的轮船。[6]只有水位高的时候,人们才能坐船沿伊尔门湖直抵旧鲁萨。到冬天时,这段路程将会缩短几个小时,因为湖水结冰,乘客可以坐雪橇穿越伊尔门湖。

1872年秋,陀思妥耶夫斯基一家回到圣彼得堡,在靠近原来所住街区的地方租下了一套五居室公寓。这时,陀思妥耶夫斯基正忙着《群魔》的收尾工作。同时,他和《俄罗斯导报》编辑部因为"斯塔夫罗金自白书"的问题产生了纠纷。虽然陀思妥耶夫斯基已经按照编辑部要求,对《在吉洪的修道室》一章做出了修改,但对方仍然拒绝发表这一有争议的章节。另外,编辑部还坚决不肯为删掉的部分支付稿酬,这使得陀思妥耶夫斯基与卡特科夫的关系明显变得冷淡。令陀思妥耶夫斯基感到欣慰的是,由他和安娜通过代销方式组织印刷和发行的《群魔》单行本,自上市以来销量可观。[7]于是陀思妥耶夫斯基夫妇决定,从今往后所有陀氏作品在按照俄国惯例首次发表于"大部头杂志"之后,接下来的市场运作一律由夫妇俩自行操办。

1873年1月,陀思妥耶夫斯基正式出任《公民》杂志主编。他之所以决定接受梅什切尔斯基大公的邀请,主要并不是为了钱,而是他想在辛辛苦苦完成《群魔》一书之后给自己放个假,在履行主编职责的同时静下心来酝酿下一部作品。但事实证明,这些不过是一种幻想。他原以为,每天只需要到编辑部上两个小时班,便可以搞定一切,可他很快发现这份新差事实际上是份全日制工作。他的桌子上总是堆满了等待付印的稿件,其中很多稿子写得一塌糊涂,陀思妥耶夫斯基不得不花费大量工夫,才能把它们修改得勉强能够入目。陀思妥耶夫斯基在杂志社的角色,就像是个任人使唤的"丫头":处理来往信件,清点账目,签署校样,和审查机关周旋——所有这些,陀思妥耶夫斯基都要亲力亲为。没过几个星期,陀思妥耶夫斯基便恨透了这份差事。此外,他还因为一篇稿件的问题和梅什切尔斯基大公发生了争执。在这篇稿子里,大公摘录了一段沙皇讲话。按照俄国法律,这

《荒野中的基督》,伊凡·克拉姆斯柯伊绘,1872年,莫斯科特列季亚科夫画廊

种做法是明令禁止的。为此承担罪责的不是梅什切尔斯基大公,而是陀思妥耶夫斯基。作为主编,他被判处两日监禁,后来经过疏通,判决得以缓期执行。

陀思妥耶夫斯基在这段时间写给亲友的信中,总是对工作中的烦恼和辛苦抱怨不迭。"印刷厂那边总是没完没了地找麻烦。"(1873年6月22日)"天,我已经累得半死,随时都会昏倒。"(1873年7月5日)"我坐在这里,满心绝望,可还得撑着把稿子写完。"(1873年7月10日)特别是在1873年夏天,他因为工作不得不频繁往返

陀思妥耶夫斯基肖像,瓦西里·彼罗夫1872年拍摄,莫斯科特列季亚科夫画廊

于圣彼得堡和旧鲁萨之间,常常连续一个多星期见不到妻子和孩子,在这段时间里,他的情绪更是糟透了。不过,正是他在深夜写下的那些家信,才让我们有幸见识到陀思妥耶夫斯基身为父亲和丈夫的温情一面:

> 另外,亲爱的,眼下这一刻我是多么需要你。你明白我的心意吗?你真的梦见我了吗?或许并没有。吻你的双足和全身每一处,热烈地吻你。(1873年7月12日)

> 我现在非常、非常想见到你,虽然我在发烧,不过幸亏因为发烧,才能抑制我……(1873年7月26日)

尽管编辑部的工作给陀思妥耶夫斯基带来了沉重的压力,但

同时,这份新差事也让其重返出版业这一梦寐以求的愿望得到了满足。从 1873 年 1 月起,陀思妥耶夫斯基的《作家日记》开始在《公民》杂志上连载。这部新作的散文式结构与《冬天里的夏日印象》以及创作《冬天里的夏日印象》时曾经借鉴的赫尔岑随笔集《彼岸书》(*Vom anderen Ufer*,1850 年)是一脉相承的。随着几部圣彼得堡题材小说特别是《群魔》的问世,陀思妥耶夫斯基旗帜鲜明地加入了俄国民族保守主义者的阵营。他与极端保守派梅什切尔斯基大公的合作更是向外界发出了一个明确的政治信号。左派和自由派报刊对《作家日记》的反应和面对《群魔》时一样,普遍采取了批评和蔑视的态度,因为陀思妥耶夫斯基在《作家日记》第一章便将矛头对准了左派领袖别林斯基和车尔尼雪夫斯基。不久后,陀思妥耶夫斯基加入了莫斯科斯拉夫主义者组建的"斯拉夫慈善委员会",该组织的任务是通过免费印刷和发放宗教书刊帮助受奥斯曼帝国压迫的斯拉夫同胞重建对东正教的信仰。陀思妥耶夫斯基的这一举动受到了左派阵营的激烈批评。在此之后,陀思妥耶夫斯基又加入了俄国教会资助的"思想启蒙爱好者协会"。该协会名义上是致力于俄国东正教经典的学术研究,但实际上,其主要目标是抵抗西方启蒙思潮的影响,因此可以说是某种意义上的"反革新"组织。

  1874 年 3 月 21~22 日,陀思妥耶夫斯基按照判决书的规定,在圣彼得堡一处看守所蹲了两日监禁。看守所的警员对他十分关照,甚至允许安娜为他送衣送饭。这位囚犯受到的宽大待遇还体现在,他终于可以不受阻拦地阅读雨果的《悲惨世界》了。而且,就在因监禁被迫休息了两天之后,他在梅什切尔斯基大公处的差事结束了。陀思妥耶夫斯基重又恢复了自由身。从此,他不必再忍受大公的颐指气使,可以不受约束、全身心地投入文学创作。而且不无巧合的是,就在两周后,1868 年出任《祖国纪事》主编的尼古拉·涅克拉索夫找上了门。涅克拉索夫虽然是个公认的左派,但是他的商业头脑却和政治头脑一样敏锐。更何况身为主编，为杂志搜罗稿件是他的分内之责。他问陀思妥耶夫斯基，是否愿意将其下一部作品发表在《祖国纪事》上，1840年代的时候，那里曾是陀思妥耶夫斯基文学创作的大本营。为此，他愿支付每印张二百五十卢布的稿酬，并提供一笔可观的预付款。

陀思妥耶夫斯基上一次从卡特科夫手里得到的稿酬是每印张一百五十卢布。听了涅克拉索夫的建议，他感到有些踌躇。他请求对方给自己两周考虑的时间，然后坐车前往莫斯科，听取卡特科夫的意见。后者犹豫再三，最终同意将稿酬同样提高到二百五十卢布，但无法支付预付款。几个月之后，陀思妥耶夫斯基才得知背后的原因：据俄国媒体报道，列夫·托尔斯泰发表在《俄罗斯导报》上的《安娜·卡列尼娜》得到了每印张五百卢布的稿酬。陀思妥耶夫斯基感觉受到了污辱，他气愤地写道："在我向他们提出二百五十卢布的稿酬时他们都不能立刻给我答复，但是面对列夫·托尔斯泰他们却立刻开出了五百卢布的价格！这些人一直都瞧不起我，只因为我是靠写作谋生。"（1874年12月20日）由于担心失去陀思妥耶夫斯基这个固定作者，卡特科夫后来提高了报价，并同意支付预付稿酬。但是这一切已为时过晚。陀思妥耶夫斯基已经和涅克拉索夫达成了协议。陀思妥耶夫斯基之所以做出这一决定，或许也是因为当初卡特科夫拒绝发表《群魔》最后一章的事仍然令其耿耿于怀。

这一次，陀思妥耶夫斯基对预付稿酬十分看重。因为一位圣彼得堡医生诊断，他的慢性咳嗽和长年咽痛是肺气肿的前兆。在经过一段时间的吸氧治疗，病情略有好转后，医生建议他去莱茵兰地区的温泉小镇巴特埃姆斯 (Bad Ems) 休养几周。几年来，巴特埃姆斯已成为欧洲上流社会的疗养胜地，亚历山大二世沙皇和德皇威廉一世等人都曾光顾这里。当地的酒店和旅馆也因此变得供不应求，且价格昂贵。1874年6月9日（21日），陀思妥耶夫斯基独自启程前往巴特埃姆斯。

和以往一样，他必须先经过柏林，在这个他一向讨厌的城市换车。圣彼得堡医生建议他借机探望一下柏林的"德国学术权威"弗里德里希·台奥多尔·冯·弗雷里希斯（Friedrich Theodor von Freichs）教授，听听后者对其病情的看法（1874年6月27日）。陀思妥耶夫斯基抵达柏林的当天正逢周日，他没有料到，在以工作狂闻名的德国，周日是法定的休息日，他只能等周一才能看上病。他在给妻子的信中写道："这些德国人一到周日全都跑到街上狂欢——真是个粗野、没有开化的民族。"为了避开菩提树下大街上那些粗野的德国人，陀思妥耶夫斯基去了博物馆岛（Museumsinsel）。在新博物馆前厅，威廉·冯·考尔巴赫（Wilhelm von Kaulbach）绘制的历史题材壁画又一次引起了他的反感（"除了冷冰冰的譬喻，简直一无是处！"）。但是在绘画陈列馆，他发现了一些过去几次柏林之行时未曾注意到的古典名作，这些作品让他感觉"还不错"。第二天，陀思妥耶夫斯基去了弗雷里希斯教授的诊所。这次问诊花掉了他三塔勒，用时仅两分钟。医生给出的建议是："埃姆斯！"这个结果，陀思妥耶夫斯基早在圣彼得堡时就已经知道了。

陀思妥耶夫斯基搭乘夜车，途经波茨坦、卡塞尔和韦茨拉尔，在十四小时后抵达目的地。一般情况下，陀思妥耶夫斯基对风景并无兴趣。不过，这趟穿越黑森州中部山区的旅程却带给了他难得的美妙体验。他在抵达目的地后寄给安娜的信中写道：

> 和后半段旅途的风光相比，瑞士、瓦尔特堡（你还记得那里吗？）又算得上什么？！这一路的山山水水，它的壮丽、秀美与奇幻，只有在想象中方能得见。丘陵、山峦、城堡，还有马尔堡和林堡这些迷人的小城，其高耸的钟楼与碧峰峡谷交映成辉。如此这般的绝世美景，实乃毕生之所未见。（1874年6月12日）

但是到了巴特埃姆斯以后，面对昂贵的住宿费，沿途美景带来的快乐瞬间便被冲淡。陀思妥耶夫斯基只好在火车站附近找了间客栈，临时落脚。这家客栈虽然有个响亮的名字——"佛兰德酒店"，但房间窄小得仅能容身，所谓的衣架只是钉在墙上的三根钉子。三周后，陀思妥耶夫斯基离开这里，搬到了距离温泉不远的另一家客栈。

关于这段时间的身体状况——睡眠、消化、呼吸道症状、癫痫发作等情况，陀思妥耶夫斯基在《1874年埃姆斯疗养日记》中一五一十地做了记录。[8] 一开始，巴特埃姆斯的温泉并没表现出显著的疗效。相反，咳嗽和咽痛等症状反而出现了加重的趋势。直到陀思妥耶夫斯基遵照医嘱换了家温泉，并增加了每日牛奶的饮用量后，他的痼疾才开始略有好转。但是，陀思妥耶夫斯基还是感觉周身不适。才过了短短几天，他的仇德情绪就把这处怡人的疗养胜地变成了"一个令人作呕的洞穴，这帮讨厌的游客，这一张张愚蠢的嘴脸！这些下作的德国佬！"（1874年6月28日）不过，在他的眼里，俄国人也没有好到哪儿去：他们的法语差得令人难堪，他们对欧洲事物的幼稚膜拜，简直是对祖国的赤裸裸背叛。陀思妥耶夫斯基和其他客人几乎没有任何交往，俄文报纸在这里也是稀缺品。新小说的写作迟迟没有进展，而最令他难过的是和妻子安娜的分离：

每个夜晚，每次睡前，我都想你想到发疯，你知道我在想什么，这是你我的秘密！我用我的精神抱紧你，用我的想象吻遍你，你知道我的意思，对吧？（1874年6月16日）

我用尽全力亲吻着你，至于我的那些不雅的胡思乱想的梦，我的小甜心啊：如果你知道我都梦到了些什么……（1874年7月6日）

一个月过后，陀思妥耶夫斯基才开始感觉到温泉的强大疗效，呼吸道症状比过去明显减轻了。[9] 但是，六个星期之后，昂贵的疗养费用彻底掏空了他的钱包。8月6日，陀思妥耶夫斯基踏上了回程的火车。他本想绕路去趟巴黎，但因为身上的钱不够，他只好顺路去了日内瓦，给1868年夭折后葬在素园公墓的小女儿扫墓。他从索菲娅墓旁的柏树上剪下了几根枝条，带回了俄国。[10]

　　1874年8月初，陀思妥耶夫斯基回到了旧鲁萨。他和家人原本只打算在这里待到9月，但安娜建议，这一年干脆把圣彼得堡的冬季公寓退掉，在旧鲁萨一直待到次年秋季，因为旧鲁萨的房租和生活成本比圣彼得堡低得多，特别是在过了暑期旺季之后。另外，陀思妥耶夫斯基还可以在旧鲁萨安静的环境下专心写他的新小说。陀思妥耶夫斯基最初有些犹豫，但很快便让了步。按照与《祖国纪事》的约定，

从俾斯麦大道眺望巴特埃姆斯

来年1月，他的新作便将在杂志上开始连载，而他却连一份像样的提纲还没有拿出来。虽然他早在2月便在纸上写下了小说的初步构思，但真正的酝酿过程却是在巴特埃姆斯才开始的。对陀思妥耶夫斯基来说，这个过程从来都比写作本身更重要，往往也更耗时。在保存完好的《少年》草稿本上，不仅完整地记录了这部新作的诞生过程，而且我们可以通过这些记录对陀思妥耶夫斯基的文学创作实践获得更多的了解。

一个资产阶级分子的成长与失败史：《少年》

陀思妥耶夫斯基的最初想法是重拾《一个伟大罪人的一生》的构思，在它的基础之上创作一部全新的作品。小说的主人公是一个俄国人，"他在风华正茂时突然失去了信仰和上帝"，在当下流行的各种意识形态思潮中随波逐流，从无神论到斯拉夫主义，从亲西方派、俄国邪教到天主教耶稣会，最终"找回基督和俄罗斯根基，重新皈依俄国基督教和俄国上帝"（1868年12月23日）。从形而上的层面讲，这部小说是一则关于浪子回头的寓言：一个儿子与父亲脱离关系，离家出走，最后满怀懊悔地回到了父亲身边。在《少年》的叙事中，父亲与儿子的角色被颠倒了过来。不是儿子（阿尔卡季）离开父亲（韦尔西洛夫），而是父亲遗弃了儿子。很快，陀思妥耶夫斯基便放弃了书写一位伟大罪人生平的打算，改而写作一部"关于孩子，仅仅关于孩子和一位少年英雄"的小说。[11] 这个新计划的真实背景是1870年代俄国有关少年犯罪问题的公共讨论。陀思妥耶夫斯基曾于1874年春恳求著名法学家阿纳托利·科尼（Anatolij Koni），安排自己去一家青少年拘留所实地考察。直到1875年12月，这个计划才终于兑现。伴随着对青少年问题的关注，《少年》一书的构思渐渐成型，并使得整个作品的主题与有关社会现实问题的讨论融合在了一起。陀思妥耶夫斯基1873/1874年身为《公民》杂志主编和撰稿人，也曾积极参与了这场讨论。不过，在早期酝酿阶段，故事的主人公并不是少年，而是他的父亲。在全篇叙事中，父亲都是以大写的"他"出现，就像首字母大写的上帝一样。

直到温泉疗养临近结束时，陀思妥耶夫斯基才决定，将"男孩"——儿子——作为年青一代的化身，放在叙述的核心位置。在做出调整的同时，陀思妥耶夫斯基还将当时俄国公众关注的另一个政治话题融入了小说的情节。这个话题便是"多尔古申小组案件"。1870年代初，由亚历山大·多尔古申（Alexander Dolguschin）领导的一群年轻人，在圣彼得堡和莫斯科地区的工人和农民当中进行动员，呼吁实行公平的土地分配，取消对社会底层人群的出行限制（废除通行证），反对全民兵役制。为此，多尔古申小组建立了秘密印刷厂，印制和散发革命宣传材料，其中包括亚历山大·多尔古申撰写的传单《致知识分子》(*An die Intellektuellen*)。1873年秋，这个秘密组织被当局破获。1874年夏，法院对案件进行开庭审理，从时间上看，与陀思妥耶夫斯基酝酿和构思《少年》恰好同步。俄国媒体对这起案件给予了极大的关注，因为多尔古申之前便因卷入涅恰耶夫案件而一度受审，后因证据不足获释。警察在搜查多尔古申住处时，在他的房间墙壁上发现了一句希波克拉底的名言，并把它当作煽动革命的证据："Quae medicamenta non sanant, ferrum sanat; quae ferrum non sanat, ignis sanat！"（药物无法治疗的病，刀可以；刀无法治疗的病，火可以。）这段被多尔古申当作警句的名言，是他从席勒的剧作《强盗》中摘引的。在《少年》中，当主人公阿尔卡季第一次走进革命家杰尔加乔夫的寓所时，便听到屋里有人在高呼这句口号。

抛开创作过程中不断做出的调整不谈，早在《少年》创作之初，陀思妥耶夫斯基便将"破坏"确立为作品的主题。所谓"破坏"，即以现代之名打破俄国所有传统旧秩序，特别是金钱至上的制度。在上一部作品《群魔》中，陀思妥耶夫斯基将"全面的无政府状态"称作

"混乱时期"（smuta）模式，是俄国在挣脱"鞑靼枷锁"后所经历的最严重的历史创伤。在《少年》中，作者在双重层面上对这种"混乱时期"模式做出了更进一步分析：在社会层面上，是俄国资本主义发展及其对家庭的影响；在心理层面上，是俄国人当中资本主义"野兽型人格"的形成（和挫败）。

故事的核心人物是第一人称叙述者、二十岁的阿尔卡季·多尔戈鲁基。他以自传的形式记录下自己过去一年来"初涉人世，在人生大舞台的经历"，以此树立对自我的意识。阿尔卡季是一个私生子，他的生父是受西方教育的破落地主安德烈·韦尔西洛夫，生母是韦尔西洛夫家的婢女索菲娅（索妮娅）·多尔戈鲁卡娅。后者名义上是花匠马卡尔·伊万诺夫·多尔戈鲁基的妻子，但被韦尔西洛夫用三千卢布的价格赎了身。马卡尔是位受人尊敬的老人，身为虔诚的基督徒，他长年在俄国各地四处朝圣，很少在家里露面。他之所以同意韦尔西洛夫的交易，并不是因为贪财，而是不愿意阻挠索妮娅的感情。更重要的是，他知道韦尔西洛夫是个性情无常的人，今后一旦索妮娅被其抛弃，他便可以拿这笔钱来照顾她的生活。

阿尔卡季中学时被送进了莫斯科一家贵族寄宿学校就读。在学校里，他是老师和同学的欺负对象。特别是一个颇似狄更斯笔下人物、名叫兰伯特的学生，更是整天以捉弄他为乐。阿尔卡季只是在很小的时候，远远见过一次自己的生父。直到十九岁，也就是刚刚迈入成年时，他才开始与韦尔西洛夫有了近距离接触。接下来的父子关系从坦白和遮掩到彼此间的无话不谈，从激烈的争执到和解，再到新的摩擦，共同构成了整个叙事的主线。在这条主线之外，是盘根错节的次要情节，例如主人公性意识的萌生，与工程师杰尔加乔夫领导的革命团体的来往，在赌场的冒险经历，与法律上的父亲、感情上胜过血脉之亲的马卡尔·多尔戈鲁基的相遇，以及主人公社交圈之外、大多与金钱有关的各种诡计。

中学毕业后，阿尔卡季放弃了读大学，因为他对自己的人生另有规划。他的目标是成为富豪，"不是一般的富豪，而是必须富得像罗斯柴尔德那样"。为了实现这一目标，他为自己制定了一套苦行僧式的清规戒律，从修士般的清淡饮食，到走路姿势的讲究："尽可能不踩歪或者少踩歪，用这个办法穿靴子，平均可以延长靴子三分之一的寿命。"除此之外，他还潜心研究市场规则。他的第一次自我"检验"是在一场拍卖会上，他用两个卢布的价格拍下了一本纪念册，一位迟到的顾客对这本纪念册表示出极大的兴趣。阿尔卡季向对方索要十个卢布，对方觉得这个价格很不厚道。"哪里不厚道？"阿尔卡季反驳道，"这就是市场嘛！哪儿有需要，哪儿就有市场。如果您不要，它连四十戈比也卖不出去。"他心目中的榜样是一个无名的驼背人。1716年，一个名叫约翰·劳的银行家在巴黎兜售以投机为目的的短期股票，在巴黎引发了一场疯狂的股票抢购热潮。因为股民众多，人们甚至没有地方填表。这时出现了一个驼子，他愿意用极低的价钱出借自己的驼背，供大家当桌子用。没过多久，约翰·劳宣告破产，股票变得一钱不值，唯一的赢家只有那个驼子。阿尔卡季也抱定了同样的想法，这便是避免冒险，靠稳赚薄利来积累财富。正如其所说："发财上的锲而不舍和不屈不挠，主要应该体现在攒钱上，这比牟取暴利甚至百倍的暴利更强！"

阿尔卡季一心想成为罗斯柴尔德的愿望背后，是和普希金"吝啬的骑士"一样的权力欲。权力带给人的最大享受在于它所蕴含的无限潜力：权力意味着机会，享受则是对自身能力的意识。一个人要想达成这一目标，必须避开世俗，独善其身，不受外界的窥伺和干扰。正如阿尔卡季对一位朋友所言，他真正寻找的是"自由"和"宁静"，这句话同时显露出其宏伟计划浪漫的一面。莱蒙托夫在他的浪漫主义名作《我独自一人走到大路上》(*Einsam tret ich auf den weg, den leeren*, 1841年) 一诗中，也曾表达了厌倦尘世、满怀诗意的自我对

"自由和宁静"的向往。[12] 自由与宁静，或者说"孤独与权力"，同时意味着"同全世界彻底决裂"。然而对阿尔卡季来说，他身上的俄罗斯性格太重，他不可能做到"在亲密的人面前也不说心里话"，并且不为此感到痛苦。他渴望倾诉、交流、友谊和爱情，对他来说，这是天性决定的。这种天性让他克服了对社交的排斥和抵触，并帮助他赢得了美女卡捷琳娜·阿赫玛科娃的爱情。他初次遇到她时，便对她一见倾心。在遭遇了各种风波和变故之后，两人的感情最终以大团圆收场。

但是，比上述情节更重要的是主人公与两位父亲的交往。他与生父韦尔西洛夫的关系始终是紧张的。阿尔卡季对其怀恨在心，因为是他让自己的母亲由妻子变成了情人，并因此受人鄙视。更令阿尔卡季痛苦的，是他作为贵族私生子的身份。他的姓氏"多尔戈鲁基"原本是俄国历史上一个古老尊贵的王侯世家，然而在这里，这个姓氏——出于象征的目的——却被赋予了一位低贱的家奴马卡尔·多尔戈鲁基。所以，阿尔卡季总是怒气冲冲、一而再再而三地向人解释："不，就姓多尔戈鲁基，不是公爵，而是个私生子。"

小说中最有趣的段落之一，是韦尔西洛夫有关贵族阶级的一番言论。年轻的谢尔盖·索科尔斯基公爵认为，贵族的本性便是挥霍。韦尔西洛夫却不同意这种看法，他认为真正的贵族注重的是荣誉，而荣誉则意味着责任。由荣誉和责任构成的价值观仿佛是一条纽带，虽然它并不能消除主人（贵族）和奴隶（农奴）之间的差异，但在历史上却发挥了使国家长治久安的作用。随启蒙出现的权利平等观念从人道角度讲无疑是值得欢迎的，但它"导致了荣誉感的降低，因而也就导致了责任感的降低"。由此一来，"自私自利代替了原先团结一致的观念，于是一切都分崩离析，成了个人的自由"。

韦尔西洛夫将自私自利的风气归咎于启蒙，这与陀思妥耶夫斯基本人的观点是一致的，因此，他在这里充当的角色似乎是作者的"代言人"。但有一点却难免让读者对这一判断产生疑虑，这就是，韦尔西洛夫所说的权利平等（社会主义）与荣誉感普遍丧失的关系，与尼采的基督教"奴隶道德说"如出一辙。众所周知，尼采对陀思妥耶夫斯基极为赞赏，但是反过来，假如陀思妥耶夫斯基对尼采有所了解的话，人们却很难想象，他会对尼采抱有同样的好感。另外，如果把韦尔西洛夫的这段话与父子最后一场冲突爆发前的长篇对话联系在一起，那么读者显然有理由怀疑，韦尔西洛夫关于启蒙的这番言论或许并非出于真心。在父子对话中，韦尔西洛夫大肆夸耀所谓俄国贵族精神，并明确表达了自己身为贵族一员的骄傲："Je suis gentilhomme avant tout et je mourral gentilhomme！"（我首先是一个绅士，到死也是一个绅士。）在他眼里，贵族是"崇高的俄罗斯文化思想的载体"，这种"崇高的俄罗斯文化思想"便是实现各民族文化矛盾的"全面和解"。陀思妥耶夫斯基笔下的这段父子对话是对读者思辨能力的一种考验。关于俄国作为"和解者"以及西方文化集大成者所肩负的历史使命的说法，的确反映了陀思妥耶夫斯基的个人观点，然而在韦尔西洛夫的话语间，人们不难找出各种蛛丝马迹，来印证其立场与陀氏之间的分歧。因此，我们绝不能简单地将这个人物理解为作者的传声筒。韦尔西洛夫的世界主义倾向与陀思妥耶夫斯基的民族主义、反西方立场是明显背道而驰的。他之所以决定离家出走，到其精神上的故乡欧洲周游，是受"贵族的苦闷"所迫，因为他把"威尼斯、罗马、巴黎，它们的科学与艺术宝库，它们的整个历史"，看得比俄罗斯更亲。此外，韦尔西洛夫极力宣扬自由主义，在这方面，他与格拉诺夫斯基和屠格涅夫等人同属一个阵营。而陀思妥耶夫斯基则坚定地认为，正是屠格涅夫之流为代表的"父辈"，对1860/1870年代左翼激进思潮在俄国的泛滥负有直接责任。另外，这段章节中不止一处提到，韦尔西洛夫讲话时非常"心不在焉"，注意力涣散，这一点也从侧面说明，他的话并不完全经得起推敲。

如果我们将韦尔西洛夫与小说《群魔》中的矛盾人物斯塔夫罗金

做一番比较,就会发现,韦尔西洛夫可谓是斯塔夫罗金在陀氏文学作品中的又一次重生。当我们对这两个人物之间的共性有所了解,韦尔西洛夫这个角色就会变得不那么神秘。这两个男人都是精力充沛,智力超群;他们都在孜孜不倦地寻找真理,都因为寻找无果而陷入沉沦;两人的文化自信心都是在俄国和欧洲之间不断地摇摆;他们都被德累斯顿美术馆中克劳德·洛伦(Claude Lorrain)的油画《阿喀斯与伽兰忒亚》(Küstenlandschaft mit Acis und Galatea)震撼,并由此引发相同的对历史的臆想。在斯塔夫罗金眼中,这幅画是黄金时代的一则寓言。

这是希腊列岛的一角,碧波荡漾,岛屿星罗棋布,悬崖耸立,海滨繁花似锦,远处是一幅神奇的大海全景,夕阳西下,美丽而迷人——简直非言语所能表达。欧洲人认为这里是他们的摇篮,许多神话故事都渊源于此,这里是他们的人间乐园……这里生活过许多优秀的人!他们日出而作,日落而息,过着幸福的、无忧无虑的生活;绿荫下充满了他们快乐的歌声,他们把异常充沛的、无穷无尽的精力都投入到爱和纯朴的欢乐中。太阳把明媚的阳光洒遍岛屿和大海,为自己的优秀儿女感到高兴。奇妙的梦,崇高的想入非非!幻想,所有存在过的幻想中令人最难以置信的幻想,整个人类把自己的毕生精力都献给了它,为了它,牺牲了一切,为了它,先知们壮烈地牺牲在十字架上,没有它人们活着也觉得没有意思,甚至死了也毫无价值。这一切感觉,我仿佛在梦中都体会到了;我不知道我到底梦见了什么,但是那悬崖峭壁,那大海,那夕阳西下时的夕照——这一切,当我醒来,睁开眼睛(我还是生平第一次热泪盈眶),似乎还能看到。①

---

① 《少年》,臧仲伦译,上海三联出版社,2015。下同。

克劳德·洛伦的油画《阿喀斯与伽兰忒亚》，1657年，收藏于德累斯顿美术馆

　　上面这一段是斯塔夫罗金和韦尔西洛夫共有的梦境。陀思妥耶夫斯基将斯塔夫罗金对黄金时代的想象，一字不改地搬到了这部新小说之中。当年《群魔》连载时，《在吉洪修道室》一章被《俄罗斯导报》出版者删节而未能面世。陀思妥耶夫斯基不肯就这样轻易丢弃这段在他看来至关重要的文字，后来《卡拉马佐夫兄弟》中伊万·卡拉马佐夫对欧洲的认识，也是在这个基础上发展而来的。陀思妥耶夫斯基之所以能够将这段文字顺利植入新的作品，是因为这两部作品中的两个人物在个性上属于同类。斯塔夫罗金原本应当像他的名字"背负十字架者"预示的一样，作为虔诚的基督徒度过一生。但实际上，他却变成了一个背弃上帝、十恶不赦的罪犯，最后只能通过自杀来获得

解脱。面对斯塔夫罗金的忏悔,吉洪所谴责的并不是忏悔书的恐怖内容,而是它的"措辞"。韦尔西洛夫的慷慨陈词同样也是因为措辞,因为在很多地方过于夸张的语气,而显得令人难以置信。他在赞扬俄罗斯精神时,这一点表现得尤其突出。他声称,俄国人的特殊品质在于,他们把欧洲看得比欧洲人自己还要神圣,所以,欧洲人"在进入上帝的王国之前,注定要经受许多苦难"。听到这里,阿尔卡季的反应是:"不瞒你们说,我非常不安地听着他说话,甚至他说话的腔调也使我感到害怕……我非常害怕谎言。我语气严厉地打断了他:'您刚才说上帝的王国……您这么执着地信仰上帝吗?'"

韦尔西洛夫用"喜不自胜的语调"东扯西扯,兜了一大圈,最后给出了否定的答案。他从克劳德·洛伦的油画说起,向阿尔卡季描绘了一幅人类末日的景象,并将夕阳称作历史终结的象征。如果说在古代神话世界中,人与神还是"契合无间的统一体",[13] 那么随着世界逐渐走向黑暗与冰冷,人类也被诸神和上帝抛弃。这时候,孤寂无依的人类会怎么做呢?按照韦尔西洛夫的说法,

> (他们)更加亲密、更加充满爱意地偎依在一起……他们终于明白,现在只有他们才是彼此的一切,彼此的依靠。灵魂不死的伟大思想一旦消灭,那就不得不用别的思想来代替它;于是,人们将把过去投向永生(灵魂不死)的大爱,转而投向大自然,投向现世,投向世人,投向每一株小草。他们会不可遏制地热爱大地和生命,随着他们逐渐意识到人生苦短和生命有限,他们的爱也就会愈加强烈,不过这已经是另一种爱,而不是过去的爱了。……他们睡醒之后就急着互相亲吻,急急忙忙地彼此相爱,因为他们已经意识到来日无多,眼下这些,便是他们仅有的一切。

卢卡奇·格奥尔格（Georg Lukács）在其力作《小说理论》（*Theorie des Romans*，1916年）——他原本打算把它写成一部论述陀思妥耶夫斯基的长篇专著——中提到过一种说法，即"超自然的无家可归状态"（transzendentale Obdachlosigkeit）。[14] 如果用韦尔西洛夫的"梦境"来形容这种状态，简直再形象不过。韦尔西洛夫在这里用想象实践了费尔巴哈的观点：人类有能力而且必须要摆脱"对自我的异化"，[15] 这种自我异化是建立对上帝信仰的前提，而摆脱异化的途径是让自己相信，人类自身才是其赋予上帝之超能力的真正来源。

陀思妥耶夫斯基坚信，失去对上帝的信仰是导致当今社会种种"混乱"的最大根源。假如读者了解陀氏的这一信念，便会懂得，韦尔西洛夫激情澎湃地描绘的"人类末日"景象，不过是作家的尖刻讽刺。由于《少年》最初是发表在一份被视为左翼的杂志上，因此人们有理由怀疑，韦尔西洛夫的这番说法其实是陀氏为掩人耳目混入俄罗斯进步阵营的"特洛伊木马"。[16] 特别是文中在描写韦尔西洛夫神态时所使用的"口若悬河""喜不自胜"等词语，[17] 更令人对其言论的可信性产生了怀疑。他口中的人类之爱，他以"哲学自然神论者"自诩的态度，还有关于他曾在国外"宣传上帝的福音，而且还佩戴着枷锁"的传说，究竟有多少是真实的？

一直到小说结尾，韦尔西洛夫仍然和开篇时一样，"简直是个谜"。实际上，陀思妥耶夫斯基描绘的末日想象，与韦尔西洛夫其人无关，更与费尔巴哈和基督教无关，而是为了表现成长中的主人公易受蛊惑的心理。和陀氏小说中的所有主人公一样，阿尔卡季对世界的认识并非通过直接的经验，而是通过自身与他人的意识和语言，即通过不同视点的切换。在《少年》中，视点的变换令人眼花缭乱：正常的，错觉的，切割的，变形的——其交替之繁复，在其他任何一部陀氏作品中，都没有达到如此夸张的程度。人物和情节的多视角处理一方面是为了制造悬念，增加作品的张力；这种手法在一定程度上是受

/ 350

哥特式小说的影响，这也是陀思妥耶夫斯基作品的一贯风格。从另一方面讲，这种叙事方式更多是为了表现主人公成长中所经历的从期待到失意、从希望到绝望、从爱情到仇恨再到新的恋情的曲折过程。这一点同时也体现出陀思妥耶夫斯基与托尔斯泰之间的明显差异。相较于前者，后者的叙事风格偏向于稳重平实。他在自传体小说三部曲《童年》《少年》《青年》中同样描写了一个年轻人的成长经历，其叙事所采用的是半怀旧、半诙谐的全知视角，在叙述过程上，主人公所处的世界始终是一个秩序井然的整体，从未因视角的变化而受到质疑。

　　阿尔卡季在步入社会后必须要学习的一件事是，在许多时候，他总是要在两种以上的可能性当中权衡和抉择。同样，面对两个父亲，他也必须做出自己的选择。一边是生父韦西洛夫，两人之间的关系始终矛盾重重，一直到小说结尾也未能得到解决；另一边是法律上的父亲马卡尔·多尔戈鲁基，在后者去世前不久，父子关系才逐渐拉近。在两人的交流中，非语言交流发挥着异常重要的作用。在开口讲话前，马卡尔"微微一笑，甚至静静地、不出声地笑了起来，虽然这笑很快就过去了，但是这笑容的明快的痕迹仍旧留在他脸上，主要是留在他的眼神里。他这一笑，较之其他，给我（阿尔卡季）留下了极深的印象"。接下来是一大段从笑容展开的联想。正如中世纪人们常说的那样，笑容会让一个人的容貌走样。阿尔卡季觉得，一个人笑的时候，在大多数情况下，会让人看着讨厌，特别是那些虚情假意的笑容。因此，笑首先必须要真诚，这样才会有感染力。然而这样的笑容只有孩子才有，在成年人身上则难得一见，"而在这位老人转瞬即逝的笑中，就闪过某种像孩子般具有无比魅力的神态"。

　　马卡尔孩子似的笑容在陀思妥耶夫斯基笔下被描绘为一种坦诚自然的表达方式，就像好友和姊妹间的亲密交谈，或者忏悔一样。马卡尔一边讲话，一边用充满爱意的目光凝视着阿尔卡季，同时"把他的手掌亲切地放在我手上,抚摩我的肩膀"。接下来,在描写阿尔卡季与母亲单独相处的一幕时,作者同样也是通过两人的身体接触来强调母子关系的亲密:"我拽住了她的手,不让她走;我带着甜甜的笑容注视着她的眼睛,文静而又温和地笑着,另一只手则抚摩着她那可爱的脸和塌陷的两腮。她微微弯下腰,用自己的额头紧贴在我的脑门上。"同样,在小说最后一章,韦尔西洛夫在度过危机后,面对坐在床边的索妮娅,也是"抚摩着她的脸和头发,深情地看着她的眼睛"。作者通过这些描写所呈现的,并不是父母、孩子或夫妻间的心理活动,而是陀思妥耶夫斯基眼中的"俄罗斯民族性",其特征之一便是人与人之间亲密而"坦诚"的交流方式。按照斐迪南·滕尼斯(Ferdinand Tönnies)的说法,这是不同于现代社会的"古老共同体"的特征,这种共同体的本质是"一种身体和血缘的结合"。[18]

马卡尔·多尔戈鲁基是阿尔卡季的生父韦尔西洛夫的象征性反照。韦尔西洛夫讲话时总带有某种模棱两可、语义暧昧的意味,言语间夹杂着调侃和狡黠,让人琢磨不透;相反,马卡尔说话永远都是直爽坦率,其表现就像一个真正的绅士,和他的贵族姓氏带给人的印象一样。身为俄国朝圣者,他将全部身心都交给了耶稣基督。他对私生子阿尔卡季视如己出,对抛弃自己的妻子宽容体谅,因为他知道,妻子索菲娅不可能和韦尔西洛夫一刀两断。马卡尔真正做到了《圣经》所说的"爱你的邻舍",这对韦尔西洛夫来说是不可想象的。相比之下,前者给人的感觉是一位君子,而后者更像是一个心理畸形的伪君子。不过,在马卡尔身上,或多或少也有神秘的一面。在其世界观中,对神秘事物的向往只是相对次要的一部分。马卡尔在回忆自己的朝圣经历时,说起他在一天早晨醒来后看到的景象。对马卡尔来说,这次朝圣仿佛是一个譬喻,它象征着一段真正的人生之旅。

我抬起头来,亲爱的,放眼望了一眼四周,深深吸了口气:

到处都是说不出的美！一切都静悄悄的，空气清新；小草在生长——上帝的小草，小鸟在歌唱，上帝的小鸟，女人抱着的小孩尖叫了一声——主与你同在，小人儿，幸福地成长吧，小不点儿！当时，就像我有生以来头一回似的，把这一切拥抱在我心中……活在这世上真好，亲爱的！……至于奥秘，也许这样倒更好，心里既感到害怕又感到奇妙；这种害怕能使人的心愉悦："主啊，一切都在你之中，我也在你之中，把我收留下来吧！"不要抱怨，年轻人：正因为是奥秘，它才更美更好。

在围绕三位主人公展开的故事之外，一连串和金钱有关的诡计和阴谋也在同步上演。在各种配角人物当中，有年轻的谢尔盖·索科尔斯基公爵，他因为涉嫌伪造期票而被人敲诈。另外，他因为搞大了阿尔卡季妹妹的肚子而心有愧意，所以主动掏出一大笔钱，帮助阿尔卡季还清赌债。在这群人当中，还有四处招摇撞骗的犹太人阿费尔多夫和擅长敲诈勒索的法国混混兰伯特；还有漂亮的将军夫人卡捷琳娜·阿赫玛科娃，她企图通过律师将老公爵父亲判定为没有民事行为能力的人，从而保住自己的遗产；还有阿尔卡季同父异母的姐姐安娜·安德烈耶芙娜，因为穷困潦倒而一心想下嫁老公爵，好让自己在生活上有所倚靠。这些形形色色的人物为了金钱钩心斗角，费尽心机，特别是在小说结尾的章节，其疯魔更是达到了荒诞的程度，就像是一场神话中的金牛犊之舞。拜金主义带来的最明显的社会后果，是俄国贵族家庭的瓦解。托尔斯泰在他的小说《战争与和平》中，曾将其美化为俄国社会的核心。贵族家庭瓦解之后，取而代之的是所谓"偶合家庭"，正如韦尔西洛夫家族的例子一样。

作为成长小说的主人公，阿尔卡季经历了初涉人世的不同阶段。一开始是缥缈虚幻的"罗斯柴尔德计划"，其反映的与其说是现代金钱社会对人的影响，不如说是年轻的主人公对个人奋斗的浪漫想象，以及超越现实的对权力的欲望。后来，通过与不同社会阶层和各式人物的接触与交往，特别是在经历了自我意识和心灵上的痛苦挣扎之后，"罗斯柴尔德计划"在"少年"眼中不再具有吸引力。在充满戏剧性的结尾一幕中，他终于认清了一个道理："物质上的自私自利"是注定要失败的。作为小说中的第一人称叙述者，阿尔卡季在记录自身经历的同时，通过观察、反思和写作完成了对"自我的改造"。一个未来资本家的创业梦，变成了一位少年的人格塑造过程，他的真正资本便是其浓缩于文字的点点滴滴的人生经验。这些资本和陀氏作品中那些在赌博中输掉的、被扔进壁炉中烧掉的、被偷窃的或以其他形式失去的大笔金钱不同，它没有形状，却坚不可摧。

在陀思妥耶夫斯基的五部巨著中，《少年》普遍被视为"明显最弱的一部"。[19] 就连那些公认的陀氏研究专家，在面对这部作品时也感觉十分棘手。究其原因，主要是小说的情节太过错综复杂，其戏剧性冲突在很多地方显得过于唐突，而难免有夸张之嫌。在文学史写作中，这部小说经常会被一带而过，甚至被彻底忽略。对于缺乏耐心的读者来说，这部小说确实不适合推荐。[20] 但是，假如人们在阅读时更多地将注意力放在主人公身上，而非故事本身，就像霍斯特－于尔根·格里克（Horst-Jürgen Gerigk）早在1965年便说过的那样，将小说中频繁出现的如童话般缺乏现实逻辑性的情节，看作一位少年心理成长过程的折射——时而多疑，时而亢奋，时而幼稚，时而内敛，时而冷静，时而歇斯底里——那么他或许就会理解，为什么格里克会把这部"文学拼图"式的作品称作"欧美小说史上最大胆的实验之一"。[21]

主人公的心理成长尤其体现在作为故事主线的父子冲突上。阿尔卡季第一次见到自己的生父时，后者正在为一场家庭戏剧演出进行排练。这部戏是亚历山大·格里鲍耶陀夫（Alexander Gribojedow）创作的启蒙喜剧《聪明误》（*Verstand schafft Leiden*，1824年），迄今在俄国仍然备受喜爱。它讲述的是主人公弗拉基米尔·恰茨基在文化落后的莫斯科大力宣传欧洲启蒙思想，但因为社会的僵化保守而四处碰壁的故事。韦尔西洛夫在家庭舞台上扮演的，正是这部戏的主人公恰茨基。阿尔卡季对父亲的感情从最初的追星式崇拜到失望，再到后来的妖魔化，以及理想形象的重新树立——直到小说结尾，当年迈的韦尔西洛夫卧床不起，失去自理能力后，父子之间的紧张关系才彻底和解。阿尔卡季与卡捷琳娜·阿赫玛科娃之间的关系也是一样，他对她既厌恶又仰慕，既仇视又尊敬，所以他对她的感情永远都处于变化和调整之中。和父亲相比，阿尔卡季是一个更多受感情支配的人，这种视角上的转换给他造成了极大的痛苦。对阿尔卡季来说，只有当他全身心地相信某种理念时，用他的话讲，只有当"理念与感情合而为一"时，它才能在他身上发挥作用。韦尔西洛夫却恰恰相反，他的问题正是在于信仰的不坚定性。任何一种信仰都不会在他的心里牢牢扎根，面对各种思潮，他的表现往往是喜新厌旧。按照克尔凯郭尔的观点，韦尔西洛夫是典型的"审美性"人格。

对那些既不愿意也没有能力将注意力从故事情节转移到多视角技法的读者来说，这部作品难免会令他们感觉乏味。特别是那个时代的读者，他们很多人已经把屠格涅夫和托尔斯泰的小说当成了标准，而在陀氏这部新作中，有太多的秘密书信、偷窥、阴谋、黑幕，还有病态的亢奋、歇斯底里的发作，以及前嫌尽释后的大团圆。这些枝蔓交错的细节和过度情绪化的描写，让读者的视线不断受到干扰，以致失去了阅读的耐心。文学批评界的反馈同样也是负面的。涅克拉索夫虽然口头上向陀思妥耶夫斯基表示，他"对这部小说非常满意"，他的同行（同时也是陀氏的暗中敌人）米哈伊尔·萨尔蒂科夫-谢德林（Michail Saltykow-Schtschedrin）也是这样看（1875年2月5日），不过，这番话显然是出于礼貌的客套，这是所有做出版的人最擅长的事。谢德林本人在1875年6月给涅克拉索夫的信中说，陀思妥耶夫斯基的小说"简直是疯子所作"。[22] 当然，他之所以对陀氏作品做出这样的恶评，很可能是出于一位坚定的左翼分子对一位坚定的右翼分子的深刻反感。但是，即使是偏于保守的杂志《俄罗斯世界》(*Russische Welt*)，也对陀思妥耶夫斯基表达了不满，因为"他又一次把读者带入了一间令人窒息的阴森森的地下室，里面聚集着一群目不识丁的精神病患者、整日无病呻吟的落魄文人、自暴自弃的穷人、满口大话的骗子和类似的社会渣滓"。《圣彼得堡股市报》(*Petersburger Börsenblatt*)更是指责陀思妥耶夫斯基的"自然主义"写法违背了艺术的基本准则。屠格涅夫对陀思妥耶夫斯基在《群魔》中借用小说中的人物丑化自己形象仍然耿耿于怀，当《少年》发表后，他在巴黎写道："天啊！这篇酸溜溜的玩意儿散发着医院的浓浓臭气，满纸都是无用的废话和变态的心理偷窥。"[23]对《少年》持肯定态度的只有弗谢沃洛德·索洛维约夫（Wsewolod Solowjow），这位历史学家之子在《圣彼得堡新闻》上称赞《少年》主人公阿尔卡季具有强烈的现实意义。另外一位支持者是犹太出版商亚伯拉罕·考夫纳（Abraham Uri Kovner），陀思妥耶夫斯基不久后与其结识并开始通信，但是，后者虽然喜欢《少年》，但仍然认为《白痴》才是陀氏"最杰出的作品"。[24]

"矛盾百出，如群蜂乱舞"：《作家日记》

陀思妥耶夫斯基夫妇在旧鲁萨一直住到了1875年秋。8月10日，他们的第二个儿子阿廖沙在这里出生。9月中旬，一家人返回圣彼得堡，搬进了距离市中心不远的格里切斯基大街上的一套五居室公寓。在这套开间狭窄的公寓里，陀思妥耶夫斯基完成了《少年》的最后几个章节。随着《祖国纪事》12月刊的发行，小说连载全部结束。不久后，《少年》首个单行本上市。连同安娜·格里戈利耶芙娜自1873年起亲自负责出版发行的几部陀氏作品的收入所得，再加上出售库马宁夫妇遗产中的一处田庄[25]换来的几百卢布，在接下来的几周，陀思妥耶夫斯基一家的生活开支总算有了着落。但是，小儿子的出生同时也给家里带来了新的经济负担，另外，圣彼得堡的物价水平远远超过了旧鲁萨。而且在1879年之前，陀思妥耶夫斯基因为健康原因，不得不三番五次去巴特埃姆斯疗养。这样一来，家里的经济状况和从前一样，依然是捉襟见肘。

这时的陀思妥耶夫斯基本应好好休息一段时间，因为上一部长篇的写作让他耗尽了精力，而读者对《少年》的负面反馈更是令其备感失落。但是，他必须想办法挣钱，才能养活妻儿老小一大家人。早在担任《公民》杂志主编时，他便以撰稿人的身份积极投入新闻写作中。因为天性喜欢争论，他对新闻写作就像文学创作一样驾轻就熟。当时，他作为"时事报道人"[26]在杂志上以《作家日记》为题开办了专栏，不定期地就最新发生的各种社会事件撰写评论、随笔和杂感。为了"把快乐和效用合为一体"（Omne tulit punctum qui miscuit utile dulci），①陀思妥耶夫斯基自1876年起恢复了《作家日记》的写作，这次是作为一本独立的杂志，由陀氏亲自策划编辑，由聪明能干的妻子安娜负责出版和营销。

这份在俄国文学界独树一帜的刊物，堪称"世界文学史上最早的博客"之一。[27]《作家日记》出版后不久便在读者当中引起了巨大的轰动。无论是在首都还是外省，无论是在政府机关还是知识分子圈，无论是在激进派阵营还是保守派阵营，大家都在争先恐后地阅读和讨论这份杂志。正如《卡拉马佐夫兄弟》中的律师费丘科维奇，陀思妥耶夫斯基第一次有机会"面对整个俄国说出自己的观点"。来自全国各地甚至最偏僻地区的读者纷纷写信给杂志社，面对这些来信，陀思妥耶夫斯基部分是以私人名义回复，另外一部分则是在《作家日记》中公开做出回应。这种以笔谈形式与读者之间的互动是俄国出版业史无前例的

---

① 拉丁文名谚，出自贺拉斯《诗艺》。

创新，它把陀思妥耶夫斯基变成了一个名副其实的"公众人物"，[28] 一个国家级"品牌"，同时也给这位作家带来了丰厚可观的收入。作为一本三十页左右篇幅、发行量六千册的月刊，《作家日记》每本售价二十戈比至二十五戈比，每年的销售额高达一万五千卢布，扣除成本后，纯利润大约可以占到一半。事实证明，将《作家日记》做成一本杂志，的确是陀思妥耶夫斯基在商业上的天才创意。

这份新刊物对外宣称的宗旨是通过反映"民族精神独立性"的现实例子[29] 增强俄国人的民族自信心，其中既包括对自我的认知，也包括自信基础上的自尊。俄国跟在西方背后亦步亦趋的彼得大帝时代，如今早已成为过去。如今，俄国在各个领域都已吸收了西方的精髓，因此，俄国眼下的任务是要意识到本民族的文化独立性和历史使命，并且在政治上适时发挥应有的作用。陀思妥耶夫斯基特别强调了斯拉夫派眼中的俄国民族性特征，其中包括：①对基督教正统教义（东正教）的信奉，以及俄国作为"神性民族"的历史担当；②俄国社会的同质性，由此避免了西方社会中常见的社会与宗教的尖锐矛盾；③与欧洲相比，俄罗斯帝国的疆域辽阔和地区多样性特点；④作为所有斯拉夫人的保护者以及现代世界中政治与文化矛盾的"和解人"，俄国所肩负的特殊使命。

1876/1877年的巴尔干危机为陀思妥耶夫斯基宣扬上述理念提供了难得的契机。在左派和自由派媒体警告俄国政府不应对塞尔维亚实行武装干涉的同时，陀思妥耶夫斯基却义无反顾地擂响了战鼓。他大肆赞扬塞尔维亚军队指挥官、俄国少将米哈伊尔·切尔尼亚耶夫（Michail Tschernjajew）的顽强战斗作风（虽然其领导的军事行动遭遇了失败），并指责反战者是一群"懦夫"。[30] 他不知疲倦地向读者描绘土耳其军队惨绝人寰的暴行，并以希律王在伯利恒屠戮幼儿的场面作为比喻，[31] 同时还就君士坦丁堡作为未来斯拉夫首都的远景展开了联想。通过这些宣扬战争的文章，陀思妥耶夫斯基公开向托尔斯泰发出了挑衅，因为后者曾在《安娜·卡列尼娜》最后一章中对俄国派遣志愿军参与塞尔维亚对土耳其作战提出了严厉谴责。[32] 这两位彼此殊途的文坛巨匠在意识形态上的差异由此暴露无遗。和平主义者托尔斯泰相信，战争是人类的原罪；而在陀思妥耶夫斯基看来，战争是一场道德上的洗礼，它可以激发人的勇气、自尊和牺牲精神，在和平时期，这些品质会随着时间被消磨殆尽。[33] 这一点或许可以解释，为什么罗森伯格和戈培尔等纳粹思想领袖会对陀思妥耶夫斯基的作品如此痴迷。[34]

陀思妥耶夫斯基对欧洲政治特别是德意志与法国之间的关系也同样十分关注。早在1870/1871年普法战争后不久，陀氏便富有远见地预言，法德两国迟早还会拿起武器，彼此展开交锋。在陀思妥耶夫斯基看来，被革命和战争不断削弱的法兰西作为罗马帝国的遗产，是梵蒂冈和天主教的天然守护者，而在俾斯麦"文化斗争"标签下的德意志则是新教、世俗化和无神论的思想化身。虽然陀思妥耶夫斯基对1789年法国大革命深恶痛绝，但是他对法国特别是法国文化却始终情有独钟。相反，他对本杰明·迪斯雷利（Benjamin Disraeli）领导下的英国则没有太多好感，这不仅是因为迪斯雷利在柏林会议上公开推行反俄外交政策，而且是因为这位第一代比肯斯菲尔德伯爵的犹太血统。他曾将迪斯雷利的犹太人相貌比喻为塔兰图拉毒蛛。在陀氏笔下，蜘蛛类动物一向被描绘为邪恶与恐怖的象征。

反犹主义论调几乎贯穿了整部《作家日记》。他在文章中历数犹太人的种种恶行：作为酒贩子，他们教唆工人和农民沉迷于酒精，并以此损害民众的健康；[35] 作为高利贷商人，他们为资本主义的泛滥推波助澜；作为资本家，他们从俄国人手中买下田庄和土地，正如他们在美国南部各州所做的那样，以新主人的身份将被解放的黑奴重新变成奴隶。[36] 犹太人在俄国，特别是在边疆地区，都是"靠我们的血汗"过活。简言之，"在非俄罗斯民族中，没有哪一个民族在这些方面的影响力可以与犹太人相比"。

陀思妥耶夫斯基所表达的这些观点与当时俄国主流社会的反犹潮流是相吻合的，但却惹怒了那些一直将陀氏视作"被侮辱与被损害的人"代言人的犹太读者。在俄国，这些人并不在少数。其中最著名的人物是出版商亚伯拉罕·考夫纳，他曾为各种左翼报刊撰写文章，并于1876年因伪造期票被判处四年苦役。在西伯利亚苦役营里，他开始与陀思妥耶夫斯基通信。如今，看到自己一向仰慕的作家"在几乎每一篇'日记'里，都在散布对犹太人的仇恨"，他感觉深受伤害。[37] 在犹太读者中，对陀思妥耶夫斯基的反犹思想表示不满的，并不止考夫纳一人。面对这些谴责，陀思妥耶夫斯基除了在私人通信中（1877年2月14日）做出解释，还于1877年3月的《作家日记》上发表了长篇杂文《论犹太人问题》。[38] 在文章中，他特别申明自己绝不想与犹太人为敌。为了证明这一点，他没有像以往一样使用带有种族主义意味的"犹太佬"（schid）一词，而是使用了"犹太人"（jewrej）这个政治正确的词语。同时他还强调，俄国人并不是具有反种族思想的民族。当年他在西伯利亚苦役营时亲眼看到，俄罗斯囚犯从没有对身边的犹太裔犯人表现出丝毫的歧视。不过，在表达这些观点之后，他却又一次火上浇油，再次将矛头指向犹太人。他在文章中写道：犹太人擅长做金钱生意，由于钱是一种易于携带和运输的物品，所以他们也总是居无定所，并因此缺少了与土地之间的联系。在西欧，犹太人在赚钱方面的精明和算计与启蒙无神论一拍即合，并大大助长了唯物论思潮在当地的泛滥。作为一个散居在全球各地的"世界民族"，[39] 犹太人总是习惯于把自己与外界隔绝开来，并将建立"国中之国"作为其主张。[40] 这种做法加重了现代社会中少数族裔与社会整体相隔离的趋势。从这一角度看，许多犹太裔俄国人对沙皇政府阻挠其参与社会活动的抱怨是没有根据的，这种状况更多是其自我隔绝导致的结果。

陀思妥耶夫斯基并不是一位真正的犹太问题专家。他的反犹思想主要是受一些煽动性文字的影响，例如勃拉弗姆（Jakow Brafman）的《卡哈尔记》（*Buch vom Kahal*，1875 年第 2 版），以及马克·格林耶维奇（Mark Grinjewitsch）的《论犹太人对俄国经济生活的破坏性影响以及犹太剥削体系》（*Über den verderblichen Einfluss der Juden auf das ökonomische Leben Russlands und das System der jüdischen Ausbeutung*，1876 年）等。[41] 陀思妥耶夫斯基并没有将犹太族群理解为一种文化和社会现象，而是从自己的"俄罗斯理念"出发，将犹太人单纯地视作一个负面形象的代表，为其贴上诸如唯利是图、自私自利、贪婪狡诈等标签，并以此将其眼中西方现代社会的核心特征都推到了这个少数族裔身上。[42] 陀思妥耶夫斯基正是以这样的方式为亚历山大三世（1881~1894 年在位）的反犹政策以及 1880 年代至 1900 年代对犹太人的迫害做了思想上的铺垫。

　　《作家日记》的另一个重要题材是当时在俄国引发轰动的刑事诉讼案件。自 1864 年司法改革后，法庭对案件的审理成为俄国公众关注的对象，媒体也纷纷对此做出追踪报道。整个社会对热门案件的观察和评论为陀思妥耶夫斯基提供了机会，让他可以通过新闻写作在自己擅长的领域，即犯罪的心理学分析领域再一次施展才华。从《死屋手记》开始，这已成为陀氏作品所独有的特色。作为政治上的保守派，除了犯罪心理，他还对新实行的陪审团制度表现出浓厚的兴趣，因为在陪审法庭审理的案件中，很多被告都被无罪释放或从轻处罚，正如轰动一时的涅恰耶夫案件一样。[43] 早在旅居瑞士的时候，陀思妥耶夫斯基便通过报纸关注着陪审团制度的实施，并将它看作维护法律正义的新手段。在对这种新制度原则上表示欢迎的同时，他也对陪审法庭的专业性不足以及"道德原则"的欠缺提出了批评（1872 年 2 月 4 日）。

　　在 1873 年第二期《作家日记》中，陀思妥耶夫斯基便谈到了陪审法庭的话题。他在文章中指出,俄国陪审法庭出于同情,把一些对罪行供认不讳的凶犯也从轻发落,甚至当庭释放,这种做法虽然体现了法律的宽容,但原则上是错误的,因为身为执法者,他必须"说出真相,把恶判定为恶"。[44] 对于轰动俄国的克隆恩贝格案件,陀思妥耶夫斯基也持同样的态度。他在文中写道:面对这起严重的奸淫幼女的乱伦案件,辩护律师——一位著名刑事问题专家——竟然昧着良心为被告做无罪辩护。因为"良心被钱收买",[45] 这位律师关注的不再是真相,而只有金钱。假如法庭听信辩护人的话,并做出相应判决,那么法庭将违背其作为探求真理之"课堂"的职责,民众也将因此失去对"正义"与"非正义"、"真"与"假"的判断力。[46]

陀思妥耶夫斯基的这些表述,是想为"正确地讲话"树立一套标准,但是他本人谈论法律时的话语,却明显没有遵循这套标准。[47] 一个具有代表性的例子是在俄国引发巨大争议的科尔尼洛娃案件。1876年5月11日,年仅十九岁的叶卡捷琳娜·科尔尼洛娃,一位居住在丰坦卡河畔的工人的妻子,在和丈夫发生激烈争吵后,将六岁的继女从三楼厨房窗户扔了出去,然后到警察局自首。女儿摔落到楼下后奇迹般生还,几乎毫发未伤。陀思妥耶夫斯基在文中通过想象虚构了一幅画面,设想科尔尼洛娃的律师出于策略考虑,有可能用哪些煽情的理由,为被告进行辩护。"……想想看,一位年轻女子被人胁迫或因为单纯,糊里糊涂地嫁给了一位鳏夫,从此落入苦海,整天拼命干活,过着衣不蔽体、食不果腹的生活……各位陪审员大人,如果换成你们,你们会怎么做?你们有谁不想像她一样,把孩子从窗口扔出去?"[48] 这种犀利中带着讽刺的语气是《作家日记》的典型风格。在这段文字之前,作者还写道:"伤感是那么简单,伤感是那么有效,现在,伤感可以把一头驴子也变成君子的模样。"[49]

陀思妥耶夫斯基对以小说式虚构煽情的做法所提出的批评,与其早期作品中的激进现实主义认知批判是一脉相承的。特别是在《穷人》和《双重人格》这两部作品中，陀思妥耶夫斯基便通过小说中的人物探讨了这一话题：人在面对文学化的美好想象和由此产生的对自身存在的过高期望时，是多么容易受到欺骗并最终导致失望。和左翼与保守的亲民派一样，他对大众朴素话语十分推崇，并称之为对文学"语言感伤化"的一种修正。[50]

不过，在围绕科尔尼洛娃案件展开探讨时，陀思妥耶夫斯基的立场仍然是在"贴近大众"的朴素性和"远离大众"（被媒体扭曲的、矫情）的复杂性之间摇摆。1876年10月，当圣彼得堡陪审法庭判处被告两年零八个月苦役和终生流放西伯利亚之后，陀思妥耶夫斯基以《一件简单而棘手的事》(*Eine einfache, aber verzwickte Sache*)为题，再次介入这一案件。他在原则上仍然强调，法庭的主要职责在于"全力抓捕和指证罪犯，并公开为其定罪，之后再考虑是否减轻处罚以及如何帮助罪犯改过自新等问题"。[51] 他在文章中称，现代陪审法庭常见的动辄宣布犯人无罪的做法，会让民众失去安全感。在科尔尼洛娃案件的判决公布之前，他担心法庭会像以往经常发生的那样，将被告当庭释放，并且彻底否认其犯下的罪行。因此，对于法庭做出"简单明晰"的判决，陀思妥耶夫斯基原则上表示欢迎。[52]

但是接下来，陀思妥耶夫斯基却话锋一转，用一种与其以往表述明显矛盾的方式，将事件重新变得复杂起来。他在文中写道，要想判决对科尔尼洛娃有利，就必须想办法证明，有孕在身的特殊状况对她的情绪造成了不良影响。因为"众所周知，女性在怀孕期间（特别是初次怀孕）很容易因外界刺激出现情绪上的波动，以致做出异常和怪诞的反应"。[53] 这个理由直接指向对被告行为能力的质疑，这种做法与其一直以来对司法界的呼吁明显背道而驰：将定罪与处罚脱钩，以清晰明确的方式为整个社会树立应有的善恶标准。为了达到减刑的目的，陀思妥耶夫斯基用充满感伤的语调——这种语调正是他在5月份的文章中大加嘲讽的——为读者描绘了这样一幅场景：被告人将不得不把孩子生在苦役营里，这个可怜无辜的孩子，一个罪犯的儿子，将在满目荒凉的西伯利亚旷野中一天天长大，没有母爱，孤苦伶仃，找不到目标和方向……

写到这里，陀思妥耶夫斯基突然收回笔锋，中断了对伤感场景的描写："顺带一提的是，这种事绝不可能发生。接下来，我们能够做的最好的事是冷眼静观，伴随着观察，所有虚无缥缈的想象都会烟消云散。"[54] 之后，作者又为读者勾画出"典型俄罗斯式"的另一番场景：丈夫原谅了妻子的行为，孩子也与继母前嫌尽释。被告人在监狱医院顺利分娩后，夫妻俩亲亲热热地聊着体己话。当科尔尼洛娃准备乘火车前往西伯利亚服役时，父亲带着女儿前来送行，在站台上含泪目送，挥手惜别。"一言以蔽之，我们的人民并不希望活在诗里，难道不是吗？他们是世界上最缺乏诗意的民族，从这一点来看，他们甚至应该为此感到羞耻。"[55] 如果这样的故事发生在西欧，作家一定会把它写成一部荡气回肠的悲情小说。在这里，陀思妥耶夫斯基把朴素意义上的"缺乏诗意"看作俄罗斯人的性格特征之一，与西欧人性格中做作矫情的一面形成了对比，进而将"简单—复杂"的差异引申为"俄国—欧洲"之间文化对立的表现。

在《作家日记》12月刊中，陀思妥耶夫斯基再次提到科尔尼洛娃的案子。就在不久前，一审判决因为办案程序不当被宣布无效，案件被移交另一个法庭重新审理。在此期间，陀思妥耶夫斯基由一位喜爱其作品的司法官员牵线搭桥，两度去女子监狱探望科尔尼洛娃。在两人面对面的谈话中，被告给陀思妥耶夫斯基留下了冷静理智的印象，她说话时"思维清晰，态度坚决而真诚"。[56] 陀思妥耶夫斯基在谈话后相信，对方一定是因为一时情绪失控而把继女推出了窗户。另外，作家预感到的一件事也得到了验证：夫妻俩果然和好如初，科尔尼洛娃与继女之间的矛盾也已经化解。眼看案件重审在即，陀思妥耶夫斯基又一次拿起了笔：

/ 第五章　回归之路（1871-1876）　/ 367

上帝啊，给这个年轻的心灵一条出路吧，千万不要让新的判决把这颗饱受磨难的心彻底击碎。人类的灵魂怎能承受如此重创，这就像把一个被判处枪决的犯人从行刑柱上松绑，给他希望，摘下他眼上的蒙布，让他又一次重见天日；可是五分钟后，却又把他拉到行刑柱前，重新缚住手脚。[57]

那位前面提到的司法官员回忆说，陀思妥耶夫斯基的这句话让《作家日记》的读者不由得联想起作家1849年12月22日亲身经历过的命运时刻。

这幅画面虽只有寥寥几笔，却渗透着浓厚的悲情。陀氏在《作家日记》中发问："难道就没有一线希望判她无罪，哪怕只是为了争取宽大而冒险一试？"对此，法庭里的陪审员们给出了一个言简意赅的答案："被告无罪。"[58]

大团圆的结局终于有了希望。陀思妥耶夫斯基1877年4月再次撰文谈到这起案件，并在文中写道，他从被告怀孕的事实所做出的一番推想，果然在法庭新指派的取证官（妇科医生也破例加入了其中！）那里得到了证实。

（陪审团）主席发表了一番长篇演说后，陪审员们退出法庭，过了短短一刻钟后，法官当庭宣布被告无罪。在现场的旁听席中，顿时响起一片兴奋的欢呼声。很多人在胸前画着十字，还有人握着旁边人的手，大家相互道贺。当天夜里11点多，被告的丈夫将妻子接回了家。在离开将近一年后，这个女人终于幸福地与家人团圆，带着铭心刻骨、终生难忘的教训，以及上帝自始至终的指引。仅仅从孩子神奇地获得拯救这一件事，上帝便清楚地

向世人昭示了他的存在。[59]

从来没有哪一起案件像科尔尼洛娃的案子这样，能够引起陀思妥耶夫斯基如此大的关注。在《作家日记》描写的形形色色的人物和故事中，也没有哪一个像这个案子一样，如此具有代表性。作为亚历山大二世改革时期俄国巨变的观察者，陀思妥耶夫斯基向新设立的陪审法庭指出了其作为道德机构的责任："为罪犯的行为定罪，通过道德裁决将其犯下的罪行公之于世并予以谴责。"[60] 用基督教的说法，法庭应当做的事情便是："你们的话，是就说是，不是就说不是；若再多说，就是出于那恶者。"（《马太福音》5:37）

但是就陀思妥耶夫斯基本人而言，从他介入科尔尼洛娃案件的那一刻起，他便违背了上述原则。从科尔尼洛娃系列第一篇文章的题目《一件简单而棘手的事》便可看出，陀思妥耶夫斯基一改冷静理性的文风，重新拾起了俄国读者自《死屋手记》以来所熟悉的那一套刑事与心理专家的心理分析式的"复杂"语言。他对科尔尼洛娃夫妻破镜重圆——一种"缺乏诗意"的"非感伤式"行为——的预言，虽然再一次印证了"俄罗斯性格"的朴素性，但它带给人的印象更像是一种"不在场证明"，其目的是掩饰作者对自身所述原则的背叛。除此之外，陀氏的文章还暴露出另一个矛盾，即他一方面反复强调呼吁应将定罪与处罚脱钩，另一方面却又用被告缺乏民事能力的揣测为科尔尼洛娃开脱。

这类根本性矛盾贯穿了整部《作家日记》。陀思妥耶夫斯基声称自己并非反犹主义者，但字里行间却又充斥着赤裸裸的排犹论调；他支持受教育女青年继续进大学深造，同时却又指责她们"对某些男性化思想过于依赖"，这里的"男性化思想"指的是女性对社会平等的诉求；他一方面强调苦役营从不曾将一个人改造成"好人"，另一方面却又对酷刑的净化力量大加歌颂；他一边嘲笑媒体为了煽情而故作伤感，另一边却又哀婉悲切地祈求上帝"对那些平凡的好人的生死多一些照顾"；他一方面讽刺左翼阵营中极端"朴素派"的主张，这些人认为老百姓需要的是棉靴而不是普希金的诗歌，另一方面却又从种族主义和民族主义的观念出发，用一套明显违背其智识水平的直白说辞来讨好民众。

从这一点来看，《作家日记》的作者和他小说中那些叙事者一样，都具有类似的"不可靠"（unreliable）特征。[61] 这种"不可靠"并非源于叙事者的知识局限或信息的欠缺，而是因为他放弃用报刊写作应有的简洁明快方式来表达自身观点。在陀氏小说和《作家日记》中，都有一个"自相矛盾式"人物，从《地下室手记》开始，读者对这类人物便已有所见识。[62] 陀思妥耶夫斯基称之为"有独特个性的人"。在谈话时，他总喜欢用过激的论调向对方发出挑衅。这位"自相矛盾者"称赞战争是"世间最有用的事物"，因为它是战胜懦弱和道德堕落的有力手段。当人类长时间处于和平时，自私、享乐、物质至上的风气便会滋生蔓延，与此同时，理想主义、自尊、仁爱和自我牺牲等美德则会逐渐沦落。从基督教的观点来看，战争也是值得欢迎的，因为《圣经》中便这样写道："我来并不是叫地上太平，乃是叫地上动刀兵。"（《马太福音》10:34）

陀思妥耶夫斯基心里当然清楚，他引用的《马太福音》中的段落，是《圣经新约》中最易引发歧义的段落之一。他不仅会因此激怒政治左翼人士，同时也会惹恼托尔斯泰之流的和平主义者。但是，喜欢挑衅原本就是陀氏个性中的一面。另外，他之所以这样做，更多是为了吸引公众的注意力，在同时代作家中，他是最擅长利用公众资源为己所用的人之一。对头脑精明的读者来说，他们当然知道，这些富有挑衅性的文字更多是出于论辩的目的，而不能按照字面的意思去理解，更不能将《作家日记》的作者或记录者与作家陀思妥耶夫斯基本人画上等号。但是从另一方面讲，《作家日记》的日记体形式以及带有自传色彩的叙事，仍然难免令读者从叙述者身上看到身为《作家日记》主编和作者的陀思妥耶夫斯基的影子。

　　陀思妥耶夫斯基正是通过这样的方式，让日记作者的身份变得暧昧不清。作为《作家日记》杂志的出版者和撰稿人，陀思妥耶夫斯基是受责任约束的，而作为半虚构的叙事者，他却可以随时逃脱这种约束。在《作家日记》中，这位负有"有限责任"的作者更喜欢扮演的角色是一位散漫随性的话痨，总是即兴和跳跃式地就某些问题发表观点，并在其间不断地偏离主题，或有意混淆叙事的逻辑，变换说理的方向。除此之外，许多文章的谜语式标题和没有明确答案的问题，更为其增添了一层朦胧的色彩。就连公认的斯拉夫派代表、陀思妥耶夫斯基的同人伊万·阿克萨科夫（Iwan Aksakow）也指责陀思妥耶夫斯基在《作家日记》中"表达的思想缺乏经济学秩序"，其说理方式过于跳跃，"令一些读者感到晕头转向"。[63]

第六章　巅峰时刻（1876~1881）

土地与孩子—新的责任—从刑场到大理石宫

自1871年离开欧洲返回俄国后，时间过去了整整五年，陀思妥耶夫斯基已年近六旬。在这五年里，他在意识形态方面的规划——回归"乡土"，找回根基——大体上已经实现。他彻底回到了俄国，回到了圣彼得堡，回到了首都的文学圈。他有一个完美的家庭，夫妻关系十分和睦，多年来入不敷出的苦日子也终于成了过去。《作家日记》让他的名字变得家喻户晓，同时还给他带来了远远超出预期的收入。生活虽然谈不上大富大贵，但至少是衣食无忧，虽然安娜在丈夫去世前不久还经常抱怨，所有收入加在一起也仅能勉强应付开支。[1] 在过去几十年里，他总是为了钱不得不向他人求助。现在，情况颠倒了过来。陀思妥耶夫斯基总是竭尽所能，去满足那些需要帮助的人。陀思妥耶夫斯基经常光顾的沙龙的女主人、其多年好友叶莲娜·斯塔肯施奈德（Jelena Stackenschneider）回忆说，安娜曾经向她哭诉，丈夫对待朋友总是太过慷慨，动不动就拿钱周济别人。[2]

1876年初，陀思妥耶夫斯基在旧鲁萨的房东提出，要把陀氏一家五年来租住的夏季别墅折价卖给他们。陀思妥耶夫斯基毫不犹豫，当即决定用一千卢布出头的价格买下这处田产。如果换作在圣彼得堡别墅区，要想用同样的价格买下一栋类似大小的房子，是绝无可能的。另外，由于这栋位于伊尔门湖畔的别墅远离首都，所以住在这里还有另一个好处，就是不必担心不速之客的来访。其实，陀思妥耶夫斯基痛快地决定买下别墅，主要是受安娜的鼓动。1875年夏，安娜在这里生下了小儿子阿列克谢（阿廖沙）。在经过四年多旅居西欧的漂泊生活后，她一心希望能有个属于自己的小窝。她在回忆录中写道："这栋别墅不是市区里的房子，而是一处田庄，有一个宽阔的绿树成荫的花园，还有菜园、池塘、地窖……我丈夫对铺了石块的大院子尤其情有独钟,他总喜欢在这里散步休息,特别是在下雨天。那时候,整个城市都陷入了泥泞,街道上满是泥浆,让人寸步难行。"[3]

陀思妥耶夫斯基对这个决定也十分满意。他在《作家日记》的《土地与孩子们》一文中,解释了自己对乡村生活的热爱,并在文中写道:"土地即一切。"因此,土地与孩子从本质上讲是一回事。这个乍看上去令人费解的说法,实际上是"幼儿—(田)园"概念在语义上的延展。"幼儿园运动"的开创者弗里德里希·威廉·福禄贝尔

陀思妥耶夫斯基在旧鲁萨的别墅

（Friedrich Wilhelm Fröbel）的著作曾经对 1870 年代的俄国教育产生了重要影响。陀思妥耶夫斯基在他的作品中描写了许多苦难儿童的形象，并因此享有"受苦儿"代言人的称誉。他曾多次受俄国福禄贝尔基金会的邀请，出席其举办的公益活动，并在现场朗读自己的作品。他在《作家日记》中写道：在欧洲，大众生存空间都被城市和工厂侵占，不再有适宜孩子生长的地盘；相反，俄国拥有辽阔无垠的大自然，可以让下一代过上适合儿童成长需要的生活。就像在《赌徒》中将俄罗斯富婆家的田园风光与罗莱腾堡纸醉金迷的堕落生活相对照一样，在《作家日记》中，陀思妥耶夫斯基让俄国的自然风貌与西方反自然的生存环境再一次形成了对比。后者缺少的东西正是前者取之不竭的。另外，西欧的工人要想在精神上得到疗愈，同样也需要"一个属于自己或者最好是集体的花园"。

> 花园里有他的妻子，一个深爱着丈夫、每天等着他回家的可爱女子，而不是游荡街头的卖淫女。家里和妻子一起的还有孩子，孩子们在花园里和马儿玩耍，他们个个都认识自己的父亲（而不像巴黎贫民窟中的流浪儿那样，作者注）。去他的吧！每个健康体面的男孩生下来都得有一匹小马，这是每个想要过上幸福生活的体面父亲都必须懂得的。

陀思妥耶夫斯基在文中提出了"偶合家庭"的说法，用它来形容欧洲底层民众破裂的家庭关系（卖淫、没有父亲的孩子，流浪儿等）。它是作家个人家庭生活的反面样本，陀思妥耶夫斯基想让读者由此看到与"乡土"的彻底隔绝在欧洲造成的后果。这种隔绝几乎是一种罪孽，因为"土地和乡村是带有神圣色彩的事物"。[4]

自从回到俄国土地上后，陀思妥耶夫斯基渐渐萌生了落叶归根的想法。1879 年 8 月，他在从巴特埃姆斯写给安娜的信中，描述了自己对未来的憧憬。他计划在完成《卡拉马佐夫兄弟》后续写《作家日记》，并用稿酬置办一处庄园或买下一个田庄。对于安娜不愿长期住在乡下的想法，他提出了自己的不同考虑：

> 首先，购置田庄是一种很好的投资手段，等孩子们长大成人以后，它的价值可以翻三倍。其次，有土地的人可以享受国家赋予的政治权力。这一点关乎我们孩子们的未来，并且决定了他们将成为什么样的人：是有坚定意志的独立公民（不被任何人所奴役），还是苟且偷生的贱民。

在《作家日记》1881年1月号即最后一期中，陀思妥耶夫斯基表达了同样的看法：

> 比如说我，我就像相信经济学定律一样深信，土地和田庄不属于铁路股东和工厂主，也不属于银行和犹太人，而首先并且只能属于农民。我相信，那些经营土地的人论地位要比其他人更加重要，他们是国家的主体，是它的核心和命根子。

就在去世前不久，陀思妥耶夫斯基还在给《俄罗斯导报》的信中催促对方尽快支付《卡拉马佐夫兄弟》的四千卢布稿酬，因为他准备用这笔钱去购置田产（1881年1月26日）。陀思妥耶夫斯基渴望拥有土地的心情之迫切，由此可见一斑。另外他还在信中解释说，这大概是他这辈子最后一次跟人要钱。陀思妥耶夫斯基和托尔斯泰这两位文豪一生从未谋面，假如陀氏能再多活几年，两人也许能有机会与对方相逢。但是，那想必不会是在某个文学沙龙或讲座上，而更有可能是在某次木材拍卖会或农业展览上。

1878年5月16日，陀思妥耶夫斯基遭遇了人生中的又一次重创。

/ 第六章　巅峰时刻（1876-1881） / 375

他年仅两岁的幼子阿廖沙不幸夭折。

> 这孩子素来很健康、活泼。在死亡那一天早晨，他还用不是人人都听得懂的语言咿咿呀呀地说话，对着老大娘普罗霍罗夫娜（Prochorowna）高声大笑，她是在我们去旧鲁萨之前到我家来做客的。倏忽间，孩子的小脸微微抽搐起来；保姆以为这是惊风，孩子们出牙齿期间有时会出现这种情况，他当时恰好开始出白齿。[5]

就连儿科医生最初也认为孩子病得并不严重，后来因为孩子抽搐不停，陀思妥耶夫斯基夫妇只好去求助神经科专家。医生看过后做出诊断，孩子是犯了严重的癫痫病，已经生命垂危。下午2点20分，死亡来临了。"费奥多尔·米哈伊洛维奇吻了吻孩子，在他胸前画了三次十字，然后大声抽噎起来。"[6]两天后，阿廖沙被葬在了大奥赫塔河桥附近的圣乔治墓地。陀思妥耶夫斯基悲痛欲绝。除了悲伤，他还被深深的自责啃噬着内心，因为这个他格外疼爱的幼子是死于"他的"疾病，那是做父亲的他遗传给儿子的。

为了减轻丈夫的痛苦，帮他摆脱忧郁的情绪，安娜·格里戈利耶芙娜建议丈夫和弗拉基米尔·索洛维约夫一起，去莫斯科东南部三百公里以外的奥普塔修道院参拜。负责这家修道院的是一位年迈的长老，后来他以佐西马长老的形象出现在《卡拉马佐夫兄弟》中。弗拉基米尔·索洛维约夫是当时俄国哲学界的核心人物之一，他与陀思妥耶夫斯基早在1873年便已相识。在莫斯科大学哲学系就读时，年仅二十岁的索洛维约夫为陀氏主编的《公民》杂志撰写过一篇题为《西方发展负性原则之分析》（*Analyse der negativen Prinzipien der westlichen Entwicklung*）的文章。一年后，索洛维约夫在这篇文章的基础上，完成了他的著名硕士学位论文《西方哲学的危机（反实证主义)》[*Die Krise der westlichen Philosophie* (*Gegen die Positivisten*)]。陀思妥耶夫斯基对索洛维约夫十分欣赏,不仅是因为后者在哲学上更有造诣,而且是因为索洛维约夫从另一套语境出发,对陀氏平素关注的一系列问题做出了自己的思考。这些问题包括物质价值对精神价值的冲击,贪图肉体享乐对心灵的负面影响,宗教责任感的丧失以及东西方精神世界的差异等。

6月底,陀思妥耶夫斯基和索洛维约夫出发前往奥普塔修道院,并在那里逗留了两天。安娜·格里戈利耶芙娜回忆称,与阿夫姆罗西长老的交谈给丈夫留下了深刻的印象。[7]阿夫姆罗西长老住在修道院外面的一间静修室里。据同时代人回忆,这位长老学识渊博、性情温和,虽已年老体衰,却开朗而乐观。当陀思妥耶夫斯基告诉他自己和妻子的丧子之痛后,长老问他,安娜是不是信徒。在得到肯定的回答后,长老让陀思妥耶夫斯基向妻子转达他的祝福和他的一番话。"就是后来小说中佐西马长老对一位悲伤的母亲所说的那些话",安娜在回忆录中写道。她在这里指的是《卡拉马佐夫兄弟》第二卷中的《信女》一章,在这一章中,陀思妥耶夫斯基借一位虔诚的乡下女子之口,抒发了自己的丧子之痛。在书里,这位年轻女子在年仅三岁的幼子夭折后,找到佐西马长老诉说悲苦,后者用《马太福音》中拉结为失去子女痛哭的故事(《马太福音》,2:18)安慰对方:

"你们这些当母亲的在世上的命运注定就是这样。你别安慰自己,你也不需要安慰自己,你别安慰自己,你尽管哭好了,但每次哭的时候都一定要想到你儿子现在成了上帝的一名天使,他从天国望着你,也能看到你,看到你的眼泪他很高兴,还把你的眼泪指给上帝看。伟大的慈母之泪你还要流很久,但这眼泪最后将使你转忧为喜,你那伤心的眼泪将成为暗自激动的眼泪,成为能够脱离罪恶、净化心灵的眼泪。我要为你的孩子祈祷安息,他叫什么名字？""阿列克谢，长老。""这名字真可爱，取自圣徒阿列克谢的名字吗？""是的，长老，是用了圣徒阿列克谢的名字！"

离开奥普塔修道院后，陀思妥耶夫斯基经莫斯科来到旧鲁萨。就在阿廖沙下葬后不久，安娜便带着孩子们一起从圣彼得堡逃到了旧鲁萨。她退掉了格里切斯基大街上的旧公寓，自从幼子在这里去世后，她不愿再走进这间屋子一步。1878年秋，陀氏夫妇回到圣彼得堡后，在铁匠巷五号租下了一套六居室公寓。在纪念作家一百五十周年诞辰的那一年，这里被改建成陀思妥耶夫斯基故居博物馆。这套公寓位于加姆斯卡娅大街（今名陀思妥耶夫斯基大街）拐角处，离北边的涅瓦大街只有不到十分钟的步行距离。

如今来博物馆参观的游客们看到的陀氏故居，透着一股明显的中产阶级气息。当年陀思妥耶夫斯基在世时，这里完全是另一副样子。在革命和内战的混乱中，原来的家具陈设大多四散遗失。除了作家的礼帽，还有一个带有月份和星期的时尚座钟、几份作家手稿和一些文具，屋里几乎找不到一件原始的物品。儿童房紧挨着陀氏的书房，每天晚上9点，当父亲开始伏案写作时，孩子们都已经上床睡觉。这套公寓并没有单独的卧室，平日里，安娜都是睡在儿童房旁边的衣帽间里，陀思妥耶夫斯基则独自留在书房，伴着呛人的烟雾，在帆布面的长沙发上就寝。在沙发上方，挂着一幅西斯廷圣母像，那是陀思妥耶夫斯基在德累斯顿旅行时爱上的一幅画。后来，与陀氏夫妇交好的索菲娅·安德列耶芙娜·托尔斯泰娅（Sofija Andrejewna Tolstaja），1875年去世的诗人阿列克谢·托尔斯泰（Alexej Tolstoj）的遗孀，特意买了一件大幅复制品，送给了陀思妥耶夫斯基。

陀思妥耶夫斯基的女儿柳波芙在一篇回忆文章中，为我们详细讲述了作家每天早晨起床后的情景。柳波芙于1913年流亡瑞士，在俄国革命后萌生了强烈反俄情绪（她一直把父亲看作立陶宛移民的后裔）。

父亲每天早晨起床后，总是先做一套操活动身体，然后去盥洗室洗漱。他对洗漱这件事非常认真，每次都会用很多水、肥皂，还有古龙水。陀思妥耶夫斯基是个酷爱干净的人，这种美德在俄国人当中并不常见。直到19世纪下半叶，人们在这方面才开始变得讲究起来。听祖母那一辈人讲，她们年轻的时候，姑娘们在去舞会之前，都会打发女仆去问母亲，洗脖子的时候该洗"大领口"还是"小领口"。即使到今天，在我们这儿，人们还经常会见到一些有身份的贵族老太婆，指甲缝里总是脏兮兮的。陀思妥耶夫斯基的指甲从来都没有一丝污垢，就算工作再忙，他也会花时间仔细修剪指甲。他经常一边洗漱，一边唱歌。他的盥洗室就在我们儿童房边上，每天早晨，我们都会听到他在哼同一首曲子。……然后，父亲回到房间，把自己收拾停当。我从没有见过父亲穿着睡衣或拖鞋的样子，不像很多俄国男人，一天到晚穿着睡衣和拖鞋到处转。从早晨起，他便穿戴得整整齐齐，皮靴，领带，还有衣领上浆的、漂亮的白衬衣（当时，只有平民才会穿带颜色的衬衣）。父亲总是穿着很讲究的西装，即使在穷得没钱的时候，他也都是去城里最好的裁缝店做衣服。他对西装十分爱惜，总是亲手用衣刷细细清洁，而且他还有一套独创的法子，能够让衣服常穿常新。早晨的时候，父亲通常会穿上一件短夹克。有一次他不小心碰翻了蜡烛，把蜡油滴到了衣服上，他赶紧把上衣脱下来，交给女仆去弄干净。"我讨厌污垢，"他抱怨说，"只要看到它，我便无法工作，满脑子都在想着这件事，没有心思做别的。"父亲换好衣服，做完晨祷，然后走进餐室，坐下来喝茶。……趁早餐的工夫，女仆给父亲的房间通风，再把房间收拾干净。父亲的房间里只有很少几样家具，贴着墙边摆成一排，位置总是固定不变。有时候，同时有好几位朋友来家做客，把椅子和沙发挪了位置，等客人们一走，父亲就会亲自把它们一一摆好。不过，最整齐的地方还要属父亲的写字桌。烟盒、信件、参考书，每样东西都有自己的位置。哪怕有一点不整齐，都会惹父亲发火。所以母亲非常清楚，整洁对父亲有多么重要，每天早晨她都会去看一眼丈夫的办公桌，以免出差错。[8]

吃完早餐后，陀思妥耶夫斯基向妻子口述前一天晚上创作的新内容，安娜把速记稿用打字机誊清，交给丈夫修改，然后再把修改过的稿子用娟秀的字迹誊写清楚。等一个章节完成后，通过邮局把稿子寄到《俄罗斯导报》。

1878年6月，陀思妥耶夫斯基在去奥普塔修道院的途中，在莫斯科短暂停留，目的是找卡特科夫商谈《卡拉马佐夫兄弟》的稿酬事宜。他知道，自从《作家日记》大获成功后，自己的市场价值大大提升。因此，他张口便开价三百卢布每印张，同时也心里清楚，这个价格仍然低于托尔斯泰的稿酬水平。这部计划于1879年1月开始在《俄罗斯导报》连载并于1880年年底前结束的新长篇小说，对陀思妥耶夫斯基的自律性提出了严峻的挑战。他经常抱怨写作压力太大，搞得自己疲惫不堪。当然，陀思妥耶夫斯基对这份"苦役式工作"早已驾轻就熟，否则他也不可能从事写作。但是人们仍然无法想象，作为俄国作家中的新晋领军人物，他如何能够将这一新身份带来的各种差事与创作大部头的繁重工作有机地结合在一起。

在这些差事当中，首先是回复热心读者的来信。自《作家日记》发表后，陀思妥耶夫斯基的粉丝数量与日俱增。为了满足读者的需求，他特意跑到圣彼得堡有名的康斯坦丁·沙皮诺照相馆，拍摄了一套肖像照，在回复读者来信时顺便夹寄给他们。大部分读者的来信都是为了表达感激和敬意，也有些读者是因为生活上遇到困难，或有其他事情想让作家出面为其解忧。不过，也有一些狂热的读者，干脆直接找上门来。例如，一位来自哈尔科夫的女读者听到传言说，安娜抛下重病的丈夫不管，离家出走。于是有一天，她挎着装满食物的篮子来到陀思妥耶夫斯基的公寓，坚决要留下来照顾他。[9]

陀思妥耶夫斯基和读者之间的联系，也有一些是由陀氏身为会员或交往密切的文学团体牵线搭桥建立起来的。比如说文学基金会，不久前他们与作家消除了误会，重新恢复了来往；还有作为俄国作家协会前身的"俄国文学爱好者协会"，曾在俄土战争中扮演重要政治角色的"斯拉夫慈善协会"，类似女子大学的教育机构"别斯图热夫课堂"（其创立初衷是阻止俄国女学生集体赴瑞士求学），"俄国福禄贝尔基金会"，等等。陀思妥耶夫斯基隔三岔五便会收到邀请，在这些团体举办的文学沙龙上朗诵自己的作品。

相比之下，陀思妥耶夫斯基更愿意出席的活动是叶莲娜·斯塔肯施耐德和索菲娅·托尔斯泰娅女伯爵举办的私人沙龙。前者是一位著名建筑师的女儿，她是陀思妥耶夫斯基的密友之一，住在圣彼得堡富人集中的米利翁纳亚大街上的一栋别墅里。叶莲娜家的沙龙带有明显的家庭性质，客人们往往会带着孩子一起出席。除了文学朗诵，大家还一起唱歌，排演话剧。有一次，陀思妥耶夫斯基甚至亲自登台，穿着带泡泡袖的红缎子戏服，参演了普希金的剧目《石雕客人》（*Der steinerne Gast*）。叶莲娜家的聚会都是在每周二晚上举行，索菲娅·托尔斯泰娅家的沙龙则是在周五举行。这位受过良好教育、通晓多国语言的女伯爵（切忌将她与作家托尔斯泰的同名妻子相混淆，她与托尔斯泰只是远亲的关系）与皇室关系不凡，每逢周五，圣彼得堡文化圈的精英分子都会在她的别墅欢聚一堂，经常到访的还有许多俄国贵族，以及类似梅尔基奥尔·德·沃居埃（Melchior de Vogüé）这样的外国驻俄外交官，后者曾经撰写了第一部关于俄国小说的西方专著(《论俄国小说》,1889年)。

在行将暮年之际,陀思妥耶夫斯基终于走入了圣彼得堡上流社会的文化生活,过去多年来,他一直不屑与这群人为伍。与此同时,一系列荣誉也接踵而至。1877年12月,陀思妥耶夫斯基被授予圣彼得堡科学院通讯会员的头衔。1878年3月,他得到法国作家协会委员会的邀请,出席由维克多·雨果主持的巴黎国际文学大会。1879年5月,作为"当代文学最杰出代表"(plus illustres représentants de la littérature contemporaine),陀思妥耶夫斯基被国际文学协会理事会授予荣誉会员称号。对于一位有着极强自尊心但在一生大部分时间里却自视为失败者的作家来说,这些荣誉无疑是对其心灵的莫大安慰。

假如这个世界能够多一些太平、少一些动荡,陀思妥耶夫斯基或许便能从此与自己和世界达成和解。但现实却不如人愿。自1866年4月4日德米特里·卡拉科佐夫(Dmitrij Karakosow)行刺沙皇亚历山大二世(该事件曾为《罪与罚》中拉斯科尔尼柯夫的人物设计以及《群魔》的情节构思带来了灵感)后,在左翼恐怖组织"土地与自由社"的策划下,类似的暗杀事件接二连三地不断发生。1879年,一群激进分子从"土地与自由社"分裂出来,成立了"民意党"(Narodnaya Volya)。1870年代末,恐怖活动在俄国猖獗一时。1878年1月24日,女大学生薇拉·查苏里奇(Wera Sassulitsch)向圣彼得堡行政长官特列波夫(Trepow)连开数枪,致其重伤。同年4月,陪审法庭宣判被告无罪。自由派知识分子对陪审员的决定赞不绝口,而保守的民族主义者——陀思妥耶夫斯基也在其列——却对此义愤填膺。1878年8月4日,恐怖分子谢尔盖·斯蒂普涅阿克-克拉夫钦斯基(Sergej Krawtschinskij)用刀刺死俄罗斯安全警察局局长尼古拉·梅津佐夫(Nikolaj Mesenzow)后逃脱追捕,跑到了国外。后来,他在文章中写道:"恐怖主义是个可怕的东西,比恐怖主义更可怕的只有一样，就是在暴力面前的忍气吞声。"[10] 1879 年 2 月 9 日，"土地与自由社"的另一位成员、无政府主义者格里戈利·戈登伯格（Grigorij Goldenberg）在哈尔科夫省长德米特里·克鲁泡特金大公（Dmitrij Kropotkin）离开剧院时，将其枪杀。1880 年 2 月 14 日，民意党人斯捷潘·哈尔图林（Stepan Chalturin）让人将炸弹埋在冬宫会客厅下面的地窖里，准备在沙皇接待外宾时将其引爆。因为沙皇到得比计划稍晚，炸弹提前爆炸，导致暗杀失败。十一位卫兵被炸死，六十五人受伤。

此后，亚历山大二世下令成立特别委员会，由米哈伊尔·罗里斯－梅里科夫（Michail Loris-Melikow）伯爵担任头目，专门负责恐怖活动的追踪与调查。1880 年 2 月 20 日，在委员会成立刚刚一周后，梅里科夫伯爵在家门口遭到恐怖分子伊万·姆洛杰茨基（Iwan Mlodezkij）袭击，靠侥幸逃过一劫。凶手被逮捕，并于两天后被送上绞刑架。行刑地点是圣彼得堡谢苗诺夫校场，三十一年前，陀思妥耶夫斯基和彼得拉舍夫斯基小组成员正是在这里等待枪决。当时，现场看热闹的只有几百人，而这一次却有六万人。天还没亮，一些好事的木匠就把长凳、桌子、木箱和木桶搬到了刑场上，视线好的位置甚至被叫价出售，要价最高达到十卢布。

陀思妥耶夫斯基也夹在围观的人群中。是什么促使他来凑这场热闹？难道是内心无法抑制的冲动，想要借机重温自己人生中那场噩梦式的经历？——陀氏作品中频繁出现的行刑场面，让这种猜测似乎多了依据；或者，他只是想亲眼看一看恐怖分子的模样，那些他在《作家日记》中反复强调将把俄国推向深渊的人？还是说，这不过是陀氏的好奇心所致，就连屠格涅夫和托尔斯泰等死刑反对者也往往克制不了这样的好奇心，更何况像陀思妥耶夫斯基这样一位对各类极限情境都抱有强烈兴趣的作家？

陀思妥耶夫斯基本人并未就这次事件留下只言片语。不过，据

/ 第六章　巅峰时刻（1876-1881） / 383

很多同时代人讲，姆洛杰茨基的受刑场面让陀氏深受触动。在这些见证人当中，包括尼古拉一世的侄子康斯坦丁·罗曼诺夫大公（Konstantin Romanow）。这位大公是一位业余作家，对陀思妥耶夫斯基十分崇拜，每次与作家会面或读过其作品后，都会在日记中写下感想。1880年2月26日，他邀请陀思妥耶夫斯基到自己的府邸、位于涅瓦河畔的大理石宫做客。据康斯坦丁大公回忆，陀氏在这次会面中向他解释说，自己对姆洛杰茨基受刑场面之所以抱有异乎寻常的兴趣，是因为身为作家，理应"对人类的各种生存境遇和悲喜苦忧，都怀有关切之情"。[11] 立场和角色的转换显然也属于"生存境遇"体验之一种，它让1849年的死刑犯变成了1880年的刑场旁观者，让一位暗杀沙皇的犯罪嫌疑人变成了坚定的君主主义者。

从担任保守杂志《公民》主编时起，陀思妥耶夫斯基便与莫斯科大学民法教授、右翼政治思想家康斯坦丁·波别多诺斯采夫（Konstantin Pobedonoszew）有着私人交往。据传言，波别多诺斯采夫是托尔斯泰小说《安娜·卡列尼娜》中人物卡列宁的原型，他曾于1860年代担任皇太子尼古拉·罗曼诺夫的私人教师，与皇室的关系非同一般。1872年，波别多诺斯采夫成为枢密院成员，并于1880年出任俄罗斯正教会最高领导机构神圣宗教会议首脑，在政府内阁中扮演着"灰衣主教"的角色。波别多诺斯采夫和陀思妥耶夫斯基相仿，也是在俄国虚无主义和左翼恐怖活动泛滥的背景下，从自由主义者变成了政治上的反动派。在他眼中，陀思妥耶夫斯基是一位敢于说出"俄国真相"的作家。[12] 反过来，陀氏也和这位主教一样深信，俄国上层社会流行的否认上帝存在、公然"亵渎神灵"的风潮，是造成俄国当今社会所有丑恶现象的根源所在（1879年5月19日）。

通过波别多诺斯采夫的引荐，陀思妥耶夫斯基于1878年2月初得到皇家教师德米特里·阿尔森尼耶夫（dmitrij Arsenjew）的邀请，与两位皇子谢尔盖（1857年生）和帕维尔（1860年生）会面，为其指点迷津。以辅导之名邀请一位作家进宫，其实并不是真的要他为皇子们上课，而更多是为了表达对受邀者的奖赏或曰恩宠。陀思妥耶夫斯基很快便以行动做出了回报。1880 年 2 月 19 日，在亚历山大二世登基二十五周年之际，他以斯拉夫慈善协会的名义给沙皇寄去了一封贺信，并在信中写道：

> 尊敬的沙皇陛下，最仁慈的君主！在陛下光荣登基二十五周年的隆重而喜庆的时刻，我们斯拉夫慈善协会愿将我等微不足道的声音，与俄罗斯民族亿万欢呼声汇于一道，用欢乐和挚诚恭迎仁慈爱民的君主陛下。人民颂扬爱戴其君主，视其如父。……回首过去时日，在我国知识阶层中，科学和启蒙的硕果固然令人欣喜，却也有杂草在滋生蔓延。在以忠心和热忱为祖国效力的人士之外，有些人不相信俄罗斯人民及其真理，甚至不相信他们的上帝。在这些人周围出现了一群狂暴的破坏者，一群盲目无知的愚人，他们不仅否认上帝，甚至否认他们不久前还认为高于上帝的那个科学，他们是宣扬毁灭和无政府主义的真正祸害。……这些误入歧途的俄罗斯年轻人，最终屈服于一股黑暗的地下势力，这股势力首先是俄罗斯的敌人，同时也是整个基督教世界的敌人。……我们斯拉夫人协会将恪守我们的信仰，无论是诸多父辈之人的游离善变，抑或是迷信和崇拜暴力的子辈们的愚昧蠢行，皆为我等所不耻。我们郑重宣告，消除俄国的种种苦难，使俄罗斯人的生命走向其被赋予的伟大目标的真正希望，只存在于我们以其名义联合并为其效力的思想之中。

在这篇"独白式"的官样文章衬托下，米哈伊尔·巴赫金所强调的陀氏文学作品的对话性更加彰显。"独白"与"对话"是陀氏文风的两面，它们相互制约，此消彼长。在步入暮年后，陀思妥耶夫斯基似乎对以往作品中激烈的"对话"心生厌倦,而越来越渴望用简单直白的方式来传递思想。这种方式就像《少年》中马卡尔·多尔戈鲁基孩童般的笑容一样"纯洁",像《作家日记》中俄国人民的信仰和语言一样"朴素"("科尔尼洛娃案件"),像作家期待的法庭判决一样"简单明晰";在之后的《卡拉马佐夫兄弟》中,佐西马长老也将以同样"简白"的语言向人们传播教义,而且还将用这些"简单"的教义打败伊万·卡拉马佐夫的挑衅和精神上的反叛。在陀思妥耶夫斯基这里,小说作为开放话语空间,始终都是"正反两方交锋"的战场。[13]

一座纪念碑,两位预言家
——1880年普希金雕像揭幕典礼

应接不暇的邀请、与读者的通信来往以及各种荣誉头衔,包括来自皇室的恩宠,都远远无法与陀思妥耶夫斯基在1880年6月莫斯科普希金雕像揭幕典礼上的讲话为他赢得的声誉相媲美。这一在文学和政治上具有重大意义的事件是有特殊的历史背景作为铺垫的。在普希金之前,俄国从没有为诗人树碑立像的传统。矗立在街头巷尾的雕像大多是沙皇统治者或征战疆场的将帅,简单地讲,是那些用丰功伟绩创造历史的人。而诗人的职责所在,是为这些历史创造者歌功颂德。即使偶有例外,也通常是些宫廷诗人,或像米哈伊尔·莱蒙托夫和尼古拉·卡拉姆津这种与沙皇关系密切的诗人。亚历山大·普希金却不在其列,虽然在俄国文学史上,无论思想还是创作形式的丰富性,他的地位都无人可及。这位杰出的诗人在年仅三十七岁时死于决斗(也有传言说死于宫廷阴谋),他的英年早逝在尼古拉一世时代的俄国被当成一件丑闻。1837年1月普希金去世后,为了避免在社会上引起骚动,他的尸体被趁着夜色和浓雾运出首都,送往圣彼得堡西南三百公里外的米哈伊洛夫斯科耶庄园,在无人知晓的情况下匆匆下葬。

尼古拉一世本人对普希金抱有很深的成见，甚至不厌其烦亲自审查他的作品。直到尼古拉一世去世（1855年）后，为普希金立像一事才成为公开讨论的话题。1861年，圣彼得堡皇村中学举行成立五十周年庆典，普希金作为富有传奇色彩的首届毕业生中的一员，为其造像的计划被正式提上日程。[14] 二十位毕业于该校的名人共同发起了这一倡议。不过，该计划在很长时间里处于搁浅的状态，直到"俄罗斯语言之友协会"出面，才终于有了进展。经过翻来覆去的讨论，人们最终商定，将雕像建在诗人的故乡莫斯科，而非首都圣彼得堡。具体地点是莫斯科最主要街道特韦尔大街的一端，与苦行修道院隔街相望。在雕像设计竞标中，雕塑家亚历山大·奥佩库申（Alexander Opekuschin）拔得头筹。

1880年5月2日，俄罗斯文学爱好者协会主席正式向陀思妥耶夫斯基发出邀请，请他届时出席为庆祝雕像落成举办的庆祝活动（活动共分两场），并发表讲话。但是，以反对卡特科夫的自由派人士占多数的庆典组委会，却选定另一个人作为首席演讲嘉宾，这个人便是伊万·屠格涅夫。当时，屠格涅夫住在巴黎郊外的布吉瓦尔小镇，数十年来他一直旅居国外，只偶尔返回俄国做短期旅行。收到邀请后，屠格涅夫随即答应出席活动，其主要考虑是不想把舞台交给反动保守的卡特科夫之流。另外他还希望能够说服托尔斯泰一同出席，在当时的俄国作家中，托尔斯泰是除屠格涅夫本人和陀思妥耶夫斯基之外最有分量的一位。但是，这一计划最终却落了空。这是因为托尔斯泰对各种应酬和名誉一向十分反感，自从在亚斯纳亚-波利尔纳庄园过上隐居生活后，他对社交生活更是彻底失去了兴趣。

屠格涅夫应邀出席庆典的消息让陀思妥耶夫斯基受到了强烈刺激，其中还有一个原因是，与屠格涅夫过从甚密的评论家帕维尔·安年科夫（Pawel Annenkow）在刚刚出版的回忆录中，提起了一段与陀氏有关的陈年往事：1846年陀思妥耶夫斯基完成处女作《穷人》

后，曾经就小说的印刷排版提出了苛刻的要求（见本书页边码第70页）。因此，两位作家还没有见面，气氛已然剑拔弩张。陀思妥耶夫斯基又一次感受到了1846年从屠格涅夫和涅克拉索夫那里受到的羞辱。自步入文坛以来虽然已过去了三十五个年头，但陀思妥耶夫斯基对当时的经历仍然耿耿于怀。在普希金纪念大会日渐临近时，这两位作家之间的矛盾关系因为一种说法的流行而蒙上了又一层阴影。据传言称，"敌对派（屠格涅夫、柯瓦列夫斯基和几乎整个学界）企图竭尽所能，削弱普希金作为'俄国民族性'代表人物的地位"（1880年5月28/29日）。在揭幕庆典的头一天晚上，组委会人员特意赶到屠格涅夫下榻的酒店，与其就活动日程的细节进行商谈，而陀思妥耶夫斯基却没有收到邀请，这让后者更加火气大增。他在给安娜的信中抱怨道，"这些人简直不把我放在眼里"，并且认定，"这肯定是屠格涅

1880年6月6日莫斯科普希金雕像揭幕典礼

夫的主意"（1880 年 6 月 2/3 日）。

由于沙皇亚历山大二世的妻子玛丽娅·亚历山德罗芙娜意外过世，莫斯科总督于 1880 年 5 月 22 日宣布，推迟举行计划中的普希金纪念活动。于是，陀思妥耶夫斯基不得不延长在莫斯科的逗留时间，这对正在进行中的《卡拉马佐夫兄弟》的收尾工作十分不利。6 月 6 日上午，普希金纪念碑揭幕典礼在苦行修道院以牧首马卡尔季的追思弥撒拉开了序幕。中午 12 时整，安放在修道院前方广场上的纪念碑底座被撒上圣水，由市长代表莫斯科市正式接收纪念碑，然后在尼古拉·鲁宾斯坦指挥的乐队伴奏和在场群众的欢呼声中，蒙在雕像上的幕布被缓缓揭开。下午 2 点，俄罗斯文学爱好者协会在莫斯科大学礼堂举行追思会，莫斯科大学校长、著名语言学家尼古拉·蒂洪拉沃夫（Nikolaj Tichonrawow）对屠格涅夫的到场表示感谢，并称之为"受人尊敬的普希金接班人"。[15] 陀思妥耶夫斯基大概早就预料到了这一幕，所以没有出席会议，而是躲在旅馆里，独自享用午餐。当天下午，莫斯科市政府在贵族会议①柱厅举行盛大宴会，招待各方来宾。宴会开始时，内政大臣、莫斯科市长和诗人长子亚历山大·普希金先后致辞。之后是各方来宾的讲话、祝酒与贺词，米哈伊尔·卡特科夫也在席间发表讲话，语气温和，充满了和解之意。当他讲完话后举起酒杯，准备向屠格涅夫敬酒时，后者却扭过头去，假装没有看到卡特科夫的友好表示。这是纪念活动中发生的第一起丑闻。宴会结束后是当天的最后一场活动——文学朗读会暨音乐演出，伊万·屠格涅夫、亚历山大·奥斯特洛夫斯基等知名作家在乐队演奏间隙相继登台，朗诵普希金作品片段。当晚，陀思妥耶夫斯基朗诵了普希金剧作《鲍里斯·戈都诺夫》中修道士皮蒙的一段独白，博得了观众热烈的掌声。他不得不三次返回台前谢幕——他在给妻子的信中骄傲地汇报道。唯

---

① 今元老院大厦。

一令陀思妥耶夫斯基不快的是，屠格涅夫虽然"读得一塌糊涂"，得到的掌声却明显更热烈。在陀思妥耶夫斯基看来，这些鼓掌的人肯定都是屠格涅夫靠收买人心拉来专门为他捧场的家伙（1880年6月7日）。

次日中午，屠格涅夫走上台前，发表了万众瞩目的长篇演说。他以坚定的启蒙主义者的姿态，对斯拉夫派主张的知识精英应当向"大众"靠拢的观点提出了质疑，同时还提出，普希金并非如斯拉夫派所言，是一位"人民"诗人，而更多是一位民族诗人。普希金的贡献在于文化上的两大成就：他创造了俄国的现代文学语言，并用这种语言创作了杰出的诗歌与文学作品。普希金之所以不能被称作"人民"诗人，是因为俄国普通百姓并不读他的诗，正如德国百姓不读歌德、英国百姓不读莎士比亚一样。虽然对诗人来说，让自己的作品被大众接受，是其努力追求的目标，但是要做到这一点，首先必须提高大众的知识水平。此外，关于普希金能否称得上是与荷马、莎士比亚、歌德地位相当的民族诗人，同样也是令人存疑的。假如他能够再多活几年，或许有望达到这样的高度，但命运却做出了别样的安排。为了表达对斯拉夫派试图将普希金"大众化"做法的反对，屠格涅夫引用了普希金的一首十四行诗，诗的开头几句是这样的："诗人，不必珍惜大众的爱戴！/热烈欢呼的声浪转瞬即逝/即使听到愚人的评论、群众的冷笑/你心里阴郁，仍需坚强、冷静/你是帝王：孤独地生活吧。"[16]

屠格涅夫在这里引用普希金的浪漫主义诗句表达诗人对"大众"的傲视，虽然不失真诚且富于勇气，但是对在场的"众人"来说却是令人失望的。屠格涅夫的策略是想把普希金纪念庆典变成一场自由主义思想的盛会，从这种想法可以看出，他对形势的判断是完全错误的。自从柏林会议给俄国带来一系列不良后果后，特别是近来暗杀活动的日益猖獗，使得俄国民众迫切希望能够找到一个象征民族强大的符号。然而屠格涅夫却在演讲中"低估"普希金的贡献，"否认其作为民族诗人的地位",这让陀思妥耶夫斯基气愤不已。在当晚写给安娜的信中,他把白天发生的事情和自己的不满一五一十地告诉了对方(1880年6月7日)。不过,陀思妥耶夫斯基应当感谢屠格涅夫,因为正是对方对形势的误判,给他带来了天赐良机。从他给安娜信中的字里行间,人们可以明显感觉到,他对自己次日的演讲已经急不可耐,蓄势待发。他的戏剧直觉告诉他,目前"一切都取决于(现场)效果"。他要利用这次机会,彻底追上自己一直以来的对手屠格涅夫和托尔斯泰(1880年5月27/28日)。同时他还预感到,这次的表现不仅关乎能否打败屠格涅夫的问题,同时还事关"未来之基础","明天是我真正第一次登台亮相"(1880年6月7日)。陀思妥耶夫斯基的预感是正确的:是"普希金演说"和《卡拉马佐夫兄弟》让他真正攀上了事业的巅峰。当时,《卡拉马佐夫兄弟》虽然刚刚发表了四分之三,在读者中却已好评如潮。

陀思妥耶夫斯基还没有开口发言,观众便对他的出场报以热烈的掌声,在演讲过程中,他的话屡屡被掌声打断。陀思妥耶夫斯基用果戈理在1832年说过的一句话作为开场白:"普希金是俄罗斯精神的一个特殊现象,也许是独有的现象。"紧接着,他又补充了一句:"是一种带有启示性的现象。"[17] 从修辞角度讲,这种直奔正题的开篇,比屠格涅夫传统的客套式开场,效果明显要好得多。在陀思妥耶夫斯基看来,是普希金唤醒了俄罗斯人的自我意识,因为他像"指路明灯"一样指出了后彼得大帝时代俄国的主要问题。接下来,陀思妥耶夫斯基用普希金作品中的人物作为例子,对这一观点展开论述。首先是普希金早期叙事长诗《茨冈》(*Die Zigeuner*)的主人公,身为"文明流浪汉"的阿乐哥。[18] 阿乐哥是俄国西欧派的典型代表,他抛弃了俄国故土,在外国特别是卢梭思想的影响下,钻进虚幻的空中楼阁,而不是在自己的内心和故乡,去寻找真理和幸福。结果,他一样都没能得到,最终从幻想家沦为"野兽",变成了双手染满鲜血的罪犯。普希金另一部长篇诗体小说《叶甫盖尼·奥涅金》中的同名主人公也有着类似的经历。和阿乐哥一样，奥涅金也是脱离现实、耽于幻想的知识分子，最后变成了杀死自己好友的杀人犯。他是"道德上的胎儿"，与对其一见钟情的达吉雅娜恰恰相反。他傲慢轻浮地拒绝了后者的表白，但在时隔多年后，当达吉雅娜从农家少女出落成贵妇后，他却受虚荣心驱使，拼命向对方展开追求。达吉雅娜有着典型的俄罗斯性格：纯洁，率真，坚定，真诚，且富于同情心。实际上，她——而不是奥涅金——才是诗中无可争辩的主人公。普希金以这部不朽的长诗《奥涅金》，成为俄国前所未有的伟大的"人民诗人"。此外，普希金还以其创作的（在国外鲜为人知的）短篇剧作，向人们展现出他在描写其他时代和文明方面所独具的天赋，并以此证明，他同时也是一位世界诗人。[19] 在他的身上，反映出俄罗斯民族的另一个性格特征，即"对世界性和全人类性的追求"。[20] "对于真正的俄罗斯人来说，欧洲和大雅利安民族的命运如同俄罗斯本身一样宝贵，如同他的故乡的命运一样宝贵，因为我们的命运就在于它的世界性，这不是用利剑割取而来，而是依靠博爱的力量，依靠我们对人类重新联合的携手追求获得的。"[21] 从这一点来看，斯拉夫派和西欧派之间的分歧和矛盾不过是一个天大的误会。

陀思妥耶夫斯基并不指望通过这篇演说，化解民族主义与国际主义、沙文主义与世界主义、俄国与欧洲之间根深蒂固的矛盾。从《作家日记》到《卡拉马佐夫兄弟》，这些矛盾始终都是贯穿其作品的主题。他在演说中宣扬的东西方联合的思想，归根结底不过是一种美好的说辞，它与陀氏把全人类性思想称作俄罗斯独有的民族性特征一样，都是一种荒诞的悖论。但是在普希金纪念活动的背景下，这一悖论却引发了强烈的反响。最重要的是，它为"俄罗斯理念"赋予了前所未有的活力，这种活力是以往那些狭隘的民族主义主张所不具备的。

演讲结束后的大厅里，全场群情沸腾。那场面如果不是亲身经历，几乎没有人能够想象。观众如热浪般涌向讲台，一个年轻人挤过人群，冲到陀思妥耶夫斯基身边，激动地晕厥了过去。陀思妥耶夫斯基被人群围在中间，拥抱着，亲吻着。[22]

庆典还没有结束，已经有各种各样的杂志找到陀思妥耶夫斯基，就发表演讲稿一事进行商谈。最后，卡特科夫领导的保守派刊物《俄罗斯导报》拿到了版权，并为这份不到一印张的稿子支付了六百卢布。1880年8月，陀思妥耶夫斯基又将这篇演讲稿刊登在当年出版的唯一一期《作家日记》上，同时还附上了自撰的长篇评论，收回了之前的和解姿态，重新回到了与亲欧派对峙的老路。

今天，当人们读到陀思妥耶夫斯基的这篇纪念普希金演说时，往往很难理解，到底是什么造成了它当年的轰动。要了解这一切的来龙去脉，我们必须对当时的形势有全方位的了解。首先，两位演讲者的反差是有目共睹的：一边是气质高贵、自信同时又有些自恋的屠格涅夫，另一边是面带病容、充满神经质、令人心生同情的对手；在当时人的眼里，"脸庞清瘦、看上去病恹恹"的陀思妥耶夫斯基给人的感觉就像是一位"中世纪的苦行僧和布道者，一位隐士彼得式的狂热信徒"。[23] 其次，两人的讲话方式同样也呈现强烈的反差：一边是陀思妥耶夫斯基激情洋溢的演说，另一边是屠格涅夫用词严谨而考究却处处透着呆板的宣讲。在场的每个人都十分清楚，他们看到的是两位演讲嘉宾之间的一场决斗。首先出击的屠格涅夫原本掌握着主动权，但是他的先手优势却反过来对他形成了掣肘，因为在他后面上台的陀思妥耶夫斯基可以静观其变，根据对方的表现随时对讲稿进行调整润色，而且作为深藏不露的辩论大师，他知道自己该用什么样的语气措辞来征服在场的听众。他在演讲中提到的普希金笔下的那些人物，从奥涅金、达吉雅娜到连斯基，这些名字在俄国几乎家喻户晓，已经变成了整个民族的神话。另外，他所主张的俄国西欧派与斯拉夫派之间的和解，正是卡特科夫在随后的祝酒词中所表达的观点。此外值得一提的是，陀思妥耶夫斯基把普希金称作民族的先知，并以此作为演讲的开篇。在谈到俄国的历史使命在于对"全人类性"的追求后，陀思妥耶夫斯基再次以普希金作例子，称他"是未卜先知者，是预言家"。陀思妥耶夫斯基对普希金的这一评价，在很大程度上也是对自我的标榜。早在两天前，当他在晚会上朗读了普希金剧作《鲍里斯·戈都诺夫》中的皮蒙独白后，便有一群崇拜者将他团团围住，"他们拥到我的身边，冲着我喊：您是我们的先知！您用《卡拉马佐夫兄弟》把我们变成了好人"（1880年6月7日）。两天后，当陀思妥耶夫斯基的普希金演说结束后，同样的一幕再次上演。两位上年纪的男人高喊："您是我们的圣人，是我们的先知！"台下的听众纷纷响应："先知！先知！"（1880年6月8日）在当时的俄国，民众对先知的渴慕主要是受19世纪英雄崇拜风潮的影响，特别是在托马斯·卡莱尔（Thomas Carlyle）①等人的相关著作出版后，这股风潮更是愈演愈烈。6月7日这天，当普希金纪念碑揭幕后，出席典礼的各路人马伴着唱诗班清唱的贾科莫·梅耶贝尔（Giacomo Meyerbeer）歌剧《先知》片段，浩浩荡荡走过广场。在当晚举行的另一场文学朗诵会上，陀思妥耶夫斯基应观众要求，先后两次朗读了普希金的著名诗作《先知》。年轻女作家叶卡捷琳娜·莱特科娃（Jekaterina Letkowa）早在1879年便听过陀思妥耶夫斯基朗诵这首诗，据她回忆称："当他朗诵《先知》时，那副神态看上去，仿佛普希金在写下结尾一句'用你的语言把人心点燃'时，脑子里想的正是他。"²⁴ 接下来，莱特科娃提出了她的疑问：陀思妥耶夫斯基本身是一位职业作家，而职业作家的生存之道是用文字换取物质收益，在这种情况下，他如何能够当得

---

① 英格兰历史学家，著有《论英雄、英雄崇拜和历史上的英雄事迹》等。

起读者为其赋予——同时也是其自封——的"诗人先知"这个神圣头衔?将作家和诗人视作"天命先知"(poeta vates)的理念,在不久后的世纪末一代艺术家身上得到了充分体现,诗人哲学家弗拉基米尔·索洛维约夫便是其中一个。而陀思妥耶夫斯基正是这一理念的开先河者。但是从文学史角度看,他毕竟比世纪末作家们要老一辈,在他的身上,"诗人先知"的理想更多是对自身职业的一种自相矛盾式诠释。身为"未卜先知的预言家",他谆谆告诫那些初出茅庐的作家:"永远不要出卖灵魂!"[25] 然而作为靠文学谋生的职人,他等不及把自己的"先知"演说稿在纸上誊清,就把它转手卖给了出版商。这股由1880年普希金演说掀起的天才崇拜热潮,对金钱的态度本是嗤之以鼻,因为在人们眼里,天职高于职业,先知更是高于文学"无产者"(陀思妥耶夫斯基多年来一直以此自诩)。今天,如果我们回过头来,看一看《卡拉马佐夫兄弟》特别是由安娜·格里戈利耶芙娜亲手经营的"陀氏出版书坊"[26]所取得的商业成就,我们就会发现,陀思妥耶夫斯基在当时的历史背景下,的确称得上是一位"先知",因为他成功把自己打造成了一位"完美职人"(consummate professional)。[27] 这一切其实并不像乍看上去那样矛盾。尽管文学创作总是把灵魂与金钱的结合视为禁忌,或给自己披上非目的性的美丽外衣,但是从人们"对艺术家及其类先知角色的赞美"可以看到,[28] 在19世纪,商业化文学创作已经成为一种合理的现象。正如别林斯基当年所说,把养活创作者作为艺术的目的之一,绝不是一件没有尊严的事情。[29]

文学遗产:《卡拉马佐夫兄弟》

1877年12月,陀思妥耶夫斯基向读者发出预告,在接下来的一年,他将停止《作家日记》的写作,并将精力全部投身于"一项文学创作活动"。"在出版《作家日记》的两年中,这项计划不知不觉却又义无反顾地在我心底里酝酿完成。"这便是《卡拉马佐夫兄弟》的主要缘起。虽然小说中的故事是发生在1860年代后半期，但是很多在《作家日记》中谈到的现实话题也出现在这部新作品中：改革时期的俄国司法现状、俄国年轻人的自杀潮、俄国家庭的瓦解、俾斯麦的文化斗争、"越山主义"（Ultramontanismus）[①]，等等。同时，陀思妥耶夫斯基在这部绝笔之作中再次回到了自己最擅长的主题领域：俄国与欧洲，知识分子与大众，教会与国家，犯罪心理学与玄学。另外，许多在陀氏以往作品中使用过的写作手法，也被运用到这部新作之中，例如虚构的叙述者、人物的角色设计、叙事顺序和结构、场面的戏剧化处理等。假如没有这些娴熟的技法作为基础，陀思妥耶夫斯基不可能在短短两年时间里完成这部在其所有小说中篇幅最长、结构最复杂、最具震撼力的作品。此外，这部小说的核心思想——信仰与非信仰、基督教与无神论之间的冲突，同样也有以往的很多作品作为铺垫。自《罪与罚》以来，它一直是陀氏最关注的主题，在《卡拉马佐夫兄弟》中，特别是在第二部第五卷和第六卷（《正与反》《俄罗斯修士》），这场冲突最终达到了巅峰。

1878年夏，陀思妥耶夫斯基满怀信心地预测，自己将在次年年底前完成这部新作品。按照陀氏的说法，他的所有长篇作品都是按照同一个进度进行创作的。通常他都是从年中开始动笔写作，如果用一部作品四十印张至五十印张来计算，那么到年底时，基本可以拿出一半初稿。这样的话，从次年1月开始在杂志上连载，到12月最后一期时正好全部结束（1878年7月11日）。这部计划用时一年半的作品，总共花费了整整两年，也就是说，比预期的进度略微有些延迟。

[①] 越山主义（Ultramontanism，来自中世纪拉丁语"ultramontanus"，意为"在山的那边"）又称"教宗至威主义"和"教宗至上论"，是罗马天主教中指强调教宗权威和教会集权的观点，该词有北欧的教会成员总是向阿尔卑斯山以南的教宗寻求指示的含义。越山主义起源自14世纪教会内部有关教宗特权的斗争，与会议至上主义和民族主义的兴起有关。

从 1879 年 1 月到 1880 年 11 月，小说以连载方式发表在卡特科夫的《俄罗斯导报》上。

整部小说的情节是围绕一桩弑父案展开的。在《罪与罚》中，读者从一开篇便清楚地知道，谁是杀人案的凶手。《卡拉马佐夫兄弟》则不同，故事的核心从追查凶手转到了形而上意义上的"恶的起源"问题。[30] 在小说中，父亲费奥多尔·卡拉马佐夫的名字有着很深的寓意。"费奥多尔"（Fjodor）与希腊语名字"西奥多"（Theodor）同义，意思是"上帝的礼物"。"卡拉马佐夫"是由两部分组成，其中"卡拉"（kara）是俄语专有名词中经常出现的突厥语词根，意思是"黑色"；"马佐夫"则源自俄语中的动词"másat"，意思是"弄脏，玷污"。陀思妥耶夫斯基之所以给老卡拉马佐夫起了这样一个名字，是因为这个号称"上帝所赐"的家伙一生都在穷尽心思抹黑上帝和身边所有的人，就像是一位恶人版的迈达斯国王。"您真是碰到什么就把什么弄脏"，在小说中，地主米乌索夫以讥讽的语气对他做出了这样的评价。或许是上帝要惩罚他，老卡拉马佐夫满口牙齿都像柏油一般乌黑，丑陋得令人作呕。不仅是牙齿，他整个人的面相都像是一个恶人：臃肿的肥脸，肉鼓鼓的双下巴，厚厚的嘴唇，一说话便唾沫四溅。和这副面容稍显不协调的，是俄国人当中不太常见的细长的鹰钩鼻，用老卡拉马佐夫自己的话说，"地道是一副古罗马衰落时期贵族的面貌"。鹰钩鼻在这里既象征着老卡拉马佐夫的"野兽型"人格，同时也指向其迷恋的罗马－高卢气质。他对伏尔泰的崇拜以及对法国格言警句的钟爱，便清楚地反映出这一点。

老卡拉马佐夫有两样嗜好：金钱和女人。他已经去世的第一位太太当年嫁给他后不久，就被他把嫁资挥霍一空。前妻名下的庄园原本是由如今二十八岁的长子德米特里（米嘉）继承，可老卡拉马佐夫却趁着儿子不在、将庄园托付其代管之际，偷偷在账目上做手脚，把账面价值变成了零，使得德米特里没有办法再从账上支取钱款。除此之外，老卡拉马佐夫还经营着放贷和酒馆的生意。这两个行当在俄国一向是犹太人的专利，从这一点也可以看出，在作者眼里，老卡拉马佐夫是被当作了新兴资本家的典型。老卡拉马佐夫的另一个癖好是对女色的沉迷，他对待异性的态度就像对生意一样寡廉鲜耻、欲壑难填。第一位太太去世后，他就把自家宅子变成了一个淫窟。虽然他很快又续了弦，可行为上却毫无收敛之意。他甚至连流浪街头、绰号"臭丽萨维塔"的疯女人也不放过，甚至很可能还强奸了她。具体情况没人能说得清楚。但是，这位后来也命丧黄泉的丽萨维塔生下了一个私生子，孩子名叫帕维尔，姓氏随母亲的名字被唤作斯乜尔加科夫，在疑似生父的老卡拉马佐夫家里充当厨子和仆役。

老卡拉马佐夫和第二位太太生下了两个儿子，伊万和阿列克谢。伊万今年二十六岁，是三兄弟当中最有学问的一个。就在不久前，他刚刚发表了一篇探讨教会与国家关系的论文。文章受到了广泛关注，并且赢得了保守派和激进派的一致称赞。从这一点可以看出，伊万本人便是一个典型的矛盾体。自两个儿子出生的那一刻起，老卡拉马佐夫便对他们的成长和教育不闻不问，所以两人都是在远房亲戚或同乡的照顾下长大的。二十岁的阿廖沙是几个兄弟当中年纪最小的一个，性格脾气完全是随母亲。和自闭、阴戾、高傲的伊万正相反，阿廖沙不仅生性善良，而且是个虔诚的基督徒。作者在序言中把阿廖沙称作一个"温和"的人，同时还宣称，他才是这部小说的真正主人公。用陀氏价值观来衡量，阿廖沙堪称俄罗斯性格的完美代表。在下定决心一生追随基督后，阿廖沙到邻近的修道院做了一名见习修士，听从佐西马长老的精神指引。两人在相处过程中，渐渐萌生出一种类似父子般的情愫。东正教长老制源于拜占庭的苦修传统，已经有上千年历史，但是直到18世纪才在俄国扎下了根。它的中心是奥普塔修道院，每年来这里参拜的信徒总是络绎不绝，当年陀思妥耶夫斯基在儿子阿廖沙夭折后，也曾与弗拉基米尔·索洛维约夫一起到这里探访。长老是由富有修行经验的修士担任，为一名或数名见习修士做精神引导。见习修士要绝对顺从长老的意志，"以便通过一辈子的修持，最终达到完全的自由，那就是自我解悟，避免那活了一辈子还不能在自己身上找到真正自我的人的命运"。

小说中的故事发生在短短几天之内，具体时间是在1866年，也就是亚历山大二世实行改革的初期。地点是外省小城斯科托普里戈尼斯克，俄语意为"畜栏"或"畜棚"，它的含义在后面通过伊万的诗剧《宗教大法官》得到了解释。这部寓言式的作品是伊万受《圣经新约》中撒旦在荒野里引诱耶稣的故事启发创作的，它对理解整部小说的主题具有关键性意义。陀思妥耶夫斯基在一封信中说过，撒旦诱惑的背后是把人类看作被饲养的"畜"，因为人不仅是"靠面包"生活，而且需要精神食粮。这句话为我们揭示了这部小说的核心主题，即信仰与非信仰之间的交锋，以及由此涉及的对恶的起源的追问。两者之间的对立，从一开始便通过两种不同空间的对照得到了呈现：一边是金钱（老卡拉马佐夫）、科学（伊万）、世俗法律（检察官与辩护人）、军队或贵族的尊严（米嘉）以及肉体之爱（老卡拉马佐夫和米嘉）所构成的凡俗世界，另一边是以修道院和静修室为代表的神性空间。

卡拉马佐夫兄弟在分开多年后首次重逢，促成这次重逢的缘由是老卡拉马佐夫和大儿子德米特里之间的一场纠纷。后者想要夺回对属于自己的遗产的控制权，而前者却千方百计对此加以阻挠。佐西马长老决定充当中间人，为父子俩调解纠纷。事实上，老卡拉马佐夫对调解根本不感兴趣，作为坚定的无神论者，他只想利用这个机会，通过嘲讽和过分夸张的假虔诚让修道院这块圣地当众受到亵渎。一群人在长老的隐修庵里就伊万关于教会与国家关系一文展开的辩论，让这一愿望在抽象的精神层面得到了实现。伊万声称，教会不应成为国家的奴仆，而应当反过来，将国家变成教会的下属，甚至成为教会本身。伊万是借用这番话来影射当时俾斯麦的"文化斗争"。另外，伊万还声称，世界上根本没有什么能使人们爱自己的同类；所谓"人爱人"即使有，唯一的原因也是人们相信上帝、相信自身的不死。而这种信仰一旦被打破，当一切都交给自然法则时，结果必将导致一场以极端利己主义为表现的所有人针对所有人的战争，到那时，人们只信奉一条原则，就是"任何事都是允许的"。佐西马长老渐渐意识到，伊万这些关于教会与国家的言论和他父亲的滑稽举动一样，都不是出于真心。至少他可以断定，"这些想法"在伊万的内心里还没有成为定论。

众人的谈话被德米特里的到来突然打断。后者刚一进门，便立刻和父亲陷入了激烈的争吵，场面因此变得越发难堪。随后，当父亲向儿子提出决斗的荒唐要求后，儿子恼羞成怒地回应道："这样的人活着有什么用！"佐西马长老及时出面，阻止了事态的恶化。他在德米特里面前跪下来，全身俯地，叩了一个头。这一举动是因为他预感到，米嘉很快将大祸临头。至于说德米特里为什么在父亲面前如此情绪失控，读者要到后面才能得悉分晓。米嘉生性挥霍，整天过着花天酒地的生活，手头的钱永远都不够花。就在不久前，他花费了一千多卢布，为漂亮的风流女子阿格拉费娜·斯韦特洛娃在乡下举办了一场香槟狂欢。这位交际花外号格露莘卡，米嘉被她迷得神魂颠倒。可是，米嘉花掉的这些钱并不是他自己的，而是属于他的未婚妻卡捷琳娜·伊万诺芙娜，后者拿给他三千卢布，托他汇给急需用钱的姐姐。卡捷琳娜的父亲是德米特里所在营队的一位中校，他连续多年私自挪用营里的公款，拿到市场上去投机。当上峰突然准备查账、让中校陷入绝境时，是德米特里及时出手，替他解了围。当时德米特里刚刚迷上卡捷琳娜，他从遗产中预支了六千卢布，从里面拿出四千五百卢布交给了卡捷琳娜，让她拿去给父亲填补账上的漏洞。卡捷琳娜为此对德米特里感激涕零，主动以身相许，两人很快便订了婚。没过多久，卡捷琳娜意外地成为一位富有的将军遗孀的指定继承人（在陀氏作品中，类似的童话式情节屡见不鲜），于是便向米嘉还清了欠款。可是就在这时，米嘉遇到了格露莘卡，并对她一见钟情。格露莘卡身边有很多追求者，其中最疯狂的一位正是米嘉的父亲老卡拉马佐夫。米嘉不顾一切要把格露莘卡搞到手，不过在继续发展这段暧昧关系之前，他要把三千卢布还给卡捷琳娜。这些钱中的大部分他已经为格露莘卡挥霍掉了，为了还钱，唯一的办法是向父亲索要，这正是他回到家乡斯科托普里戈尼斯克的原因。于是，他和父亲之间的纠纷除了财产，又多了一重情欲的因素。早在之前的小说《少年》中，父子为女色争风吃醋便已成为陀氏作品的一个重要题材。被米嘉私吞的三千卢布变成了一根导火索，引发了后续的一系列事件：从米嘉在绝望中找人借高利贷，到老卡拉马佐夫被斯乜尔加科夫所杀，再到米嘉因涉嫌杀人被捕，这起杀人案变成了俄国万众瞩目的一起案件。这场审判最终以米嘉因杀人罪获刑结束，这时，真正的杀人凶手斯乜尔加科夫已经自缢身亡。

与围绕米嘉展开的刑事与诉讼情节并行的，是伊万和阿廖沙两兄弟彼此重叠交织的故事和冲突。两兄弟之间的世界观交锋，在第三卷第八章（《喝白兰地的时候》）达到了高潮。当老卡拉马佐夫问他们，到底有没有上帝和灵魂不朽这回事时，伊万不假思索地给出了否定的答案，而阿廖沙则同样斩钉截铁地做出了肯定的回答。接下来，在第五卷（《正与反》）中的《反叛》一章——加缪后来受这一章启发写下了随笔《反叛者》（*Der Mensch in cler Revolte*，1951年）——伊万对自己的观点做出了修正。他声称自己不是不接受上帝，而是不接受上帝所创造的世界，因为这个世界给人类带来了无法承受的苦难。为了让论据尽可能简短，他把话题集中于孩子们所受的苦难。这个主题在以往的陀氏作品中，大多是以感伤主义风格呈现的，而这一次，作者则将它提升到了神义论的形而上层面。同时，陀思妥耶夫斯基还用类似的手法，以伊万作例子，将双重人格从心理学问题转化为形而上的问题，把伊万的内心变成了信仰与理性、上帝与魔鬼交锋的战场。伊万列举了一系列令人发指的行径,从最近的巴尔干战争中土耳其士兵残杀儿童的暴行,到当今俄国普遍存在的虐童现象——这些都是《作家日记》中出现过的话题,并以此来论证世界秩序的荒诞性。用伊万的话说,在这样的世界里,人类对待同类的做法与野兽无异。即使有一天,当所有时代都成为历史、世界一派和谐、"天上地下都齐声颂扬"主的恩德,他也绝不接受这种"最高的和谐",因为这种和谐的价值"还抵不上一个受苦的孩子的眼泪"。一位母亲永远都不会宽恕折磨她孩子的人,人类的爱心到不了这样的程度。即使有人能够宽恕这种罪行,他,伊万也绝不会这样做,而是宁愿执着于"未经报复的痛苦"。

阿廖沙反驳说,这样的人是有的,他能宽恕一切人和一切事,因为他曾为了一切人和一切事而流出了自己清白无辜的血,这个人就是耶稣基督,而伊万忘记了他。伊万则说,他并没有忘记,而且还在一年前为这个"唯一的无罪的人"写过一首诗。接下来,便是小说中最著名的章节《宗教大法官》。这段神话发生在西班牙宗教裁判制度最可怕的时代,故事的阴暗基调很像是埃尔·格列柯的油画作品。这时,距离耶稣受难已经过去了十五个世纪,人类仍然怀着当年的信仰在等待着他的归来。终于有一天,上帝之子怀着无比的慈悲,"以他十五个世纪以前在人间走动了三年时那个原来的人形",又一次回到人间。他出现的地点是塞维尔,在这里,每天都有几十个邪教徒经过宗教裁判被扔进"艳丽夺目的火堆"。人们以不可抗拒的力量拥到他的面前,他把两手伸向他们,为他们赐福。他让盲者重见光明,让棺材里的女孩死而复活。恰好走过教堂旁广场的宗教大法官,一位高大挺直、脸庞消瘦的老人,目睹了这些神迹。他指示卫队把耶稣抓住,关进了监狱。

到了深夜,监狱的铁门突然打开,宗教大法官出现在牢房门口,用一段滔滔不绝的独白向耶稣解释自己这样做的原因。他说,既然耶稣已经指定由教会来做自己在人世间的代表,就没有权利再来妨碍他们。假如当时在荒野中遇到撒旦时,这位上帝之子能够接受诱惑,将石头变成面包,才更合乎人道。因为人类更想要的是吃饱饭的安宁,而不是饿着肚子的自由。可是基督却把道德的自由,也就是良心的自由,看得比幸福和安宁更重,这对人类来说显然太过苛刻。如今,人类把自由抉择的重负托付给了掌握国家权力的教会,教会将帮助人类建成巴比伦塔,给他们创造一个家园。教会的目标是拯救芸芸众生,而不只是少数强者。但是,因为人类天性喜欢叛逆,所以必须要用三种力量去统治他们,这三种力量就是奇迹、神秘和权威。教会正是凭借这三种力量,更好、更圆满地完成了耶稣基督的事业。耶稣自始至终平心静气地听着,当老人说完话后,"他一声不响地走到老人身边,轻轻地吻了下这位90岁老人没有血色的嘴唇"。阿廖沙听到这里,突然打断对方说:"但是,这太荒唐了!你的长诗是对耶稣的赞美,而不是指责。"事实到底是哪一个,迄今仍是陀氏研究者们讨论的话题。正如阿廖沙所说,宗教大法官的秘密是他不相信上帝。但是,写下这首长诗的伊万,还有这位虚构作者背后的作者——陀思妥耶夫斯基,又是怎样想的呢?

随着情节的发展,伊万一步步走向了与宗教大法官结盟的"那聪明的魔鬼,那可怕的死亡和毁灭的魔鬼"指引的方向。在小说开篇时,作者便通过伊万与老卡拉马佐夫的亲密关系暗示了这一点,后者曾经引用《约翰福音》中的话,把自己称作"说谎的父亲",而在《约翰福音》中,"说谎的父亲"指的是魔鬼(《约翰福音》8:44)。另外,伊万对斯乜尔加科夫的明显好感也同样指向这一点。斯乜尔加科夫和《罪与罚》中的斯维德里盖洛夫一样,都是地狱使徒的化身,他在杀死父亲之后,又通过自杀返回了地狱。但更为关键的是,在斯乜尔加科夫眼里,坚信"任何事都是允许的"伊万才是弑父的真凶。在两人第三次会面时,斯乜尔加科夫便告诉伊万:"按照法律,您才是不折不扣的杀人凶手！"

在这场冲突之后，是接下来的一章《魔鬼，伊万·费奥多罗维奇的噩梦》。无论从思想还是语言的魅力来讲，这个章节都毫不逊色于《宗教大法官》。读者在这一章看到的是伊万在心理受到打击、患上脑炎后，与另一个自我的对话。伊万的另一个自我是一个梅菲斯特式的魔鬼，其冷漠理性的气质与伊万的敏感和神经质形成了鲜明对比。陀思妥耶夫斯基早在年轻时，便以浪漫主义手法描写过双重人格这一主题。如今在《卡拉马佐夫兄弟》中，作家将这一主题提升到更高的层面，将双重人格由本体的分裂变成了怀疑的代码。在陀氏笔下的人物中，没有哪个人物像伊万一样，把怀疑作为一种精神品质表现得如此淋漓尽致，却又如此充满悲情。伊万借助另一个自我之口，说出了启蒙运动第一名句："我思故我在。"这种通过独立思考来确立自身存在的方式，所体现的正是笛卡儿式的怀疑精神。因为"思维物"（res cogitans）——这是笛卡儿独创的概念——必须包括的含义便是，"有能力提出怀疑的物体"。[31] 魔鬼在和伊万的对话中声称，他很愿意加入信众的队伍，"和大家一起高喊'和散那！'"但是在此之前，他必须让自己的信仰"经过怀疑的熔炉"。陀思妥耶夫斯基在1880年最后发表的一篇《作家日记》里说过同样的话，不过其所指是作家自己："在欧洲，无神论思想从来没有如此强大，现在没有，过去也没有。因此，我并不是像一个小孩子那样幼稚地信仰基督和他的教义。经过了怀疑的大熔炉，我的'和散那'才传扬开来。"[32]

读者从第五卷的标题《正与反》可以看出，这个章节的内容是观点针锋相对的双方展开的一场辩论。和决斗时一样，双方手中的武器原则上是相同的。但事实上，在这个章节中，无论是伊万和阿廖沙之间，还是宗教大法官和基督之间，话语武器的分配都是不平等的。通过兄弟俩之间的对话，人们再次感受到，在陀思妥耶夫斯基笔下，"反叛者的声音总是比辩护者的声音更加响亮"。[33] 无论智力还是情感,那些反叛上帝及其创造物的人,几乎总是比信仰的守护者们更胜一筹。根据卢卡奇·格奥尔格(Georg Lukács)的理论,小说主人公所体现的是那些与外界和自我分裂的"问题"个体,这是由小说这一文学类型的性质决定的。[34]在陀思妥耶夫斯基这里,还要再补充一点:他之所以总是着力刻画人物性格中的消极面,是因为他和其反感的卢梭一样,相信人类独具的可完善能力(Perfektibilität)。正是因此,陀思妥耶夫斯基一直醉心于《一个伟大罪人的一生》的写作计划。想要创作一部完美的成长小说的梦想始终萦绕在他心底,几乎达到了痴魔的程度。这项计划虽然对《卡拉马佐夫兄弟》的创作有一定影响,但作为理想的成长小说,却最终未能完成。究其原因,主要有两点:一方面,陀思妥耶夫斯基自始至终都更像是一位剧作家,[35]而非叙事作家。换言之,他更擅长于对"瞬时"(kairos)而非"长时"(chronos)的书写。[36]另一方面,很大程度上是受个人经历的影响,陀思妥耶夫斯基一直到生命最后,都对迷途知返的主题更为关注。这一点也反映在《卡拉马佐夫兄弟》中的许多人物身上:从德米特里到佐西马长老,再到长老的兄长马尔克尔,还有男孩柯里亚·克拉索特金,后者在成长过程中从理性主义者和潜在的社会主义者最终蜕变为一位虔诚的基督徒。

从正反方的表现来看,宗教大法官和基督在监狱中的深夜长谈,与伊万和阿廖沙兄弟的对话迥然相异。宗教大法官滔滔不绝的独白就像是一场控诉,但二人当中的强势一方却并不是控诉者,而是辩护者。基督沉默无言的吻,远比身为宗教领袖的对手的诡辩更有力量。后者陈述的理由因为自相矛盾而不攻自破,其所谓的三种信仰武器,恰恰指向了与其观点相反的目标:"奇迹"和"神秘"是蒙蔽眼目、迷惑心智的手段,而所谓"权威",也不是佐西马长老那样的精神指引,而是大众对少数被选择的精英的盲目服从。所有这三种力量,都与基督教启示论背道而驰。此外,宗教大法官口中的珍惜弱者,同样是一句谎言。[37] 其背后初衷并非对芸芸众生的同情，而是以自然"生物人"（homo animalis）为基准的道德与社会规制，这种"生物人"既没有通过思想也没有通过信仰，从其原始欲望中获得拯救。

透过宗教大法官欺世盗名本质的败露，我们可以看出，这个形象并非其创作者另一个自我的真实呈现，而是伊万从意识形态出发、凭空虚构的一个角色，其目的是论证他的观点：独裁者通过单纯地满足大众的物质需求来实现剥夺权利、统一思想的目标，是形而上反叛所导致的必然结果。但事实上，独裁体制——无论是宗教大法官还是20世纪和21世纪步其后尘的世俗独裁者们实行的制度——绝非人类对存在意义的终极怀疑所必将导致的不可避免的结果。陀思妥耶夫斯基之所以在这里将话题引向政治，是为了贬低伊万的形象。他以这种方式，从这位离经叛道者的身上去除了浪漫主义反叛精神的魅力，因为伊万的反叛是用人间篡位者的独揽大权代替被剥夺了权力的造物主。在接下来的第六卷《俄罗斯修士》中，陀思妥耶夫斯基通过佐西马长老的生平和教诲延续了两派观点的交锋，只是将重点转到了正方。他用"宇宙正义论"（Kosmiodizee）形式的"对上帝造物的赞美"来回应伊万的神义论，从而避免整部作品的基调因为第五卷（《正与反》）的强大破坏力而受到影响。[38]

伊万的最大对手是阿廖沙。在《作者的话》中，叙述者将阿廖沙称作作品的真正主人公，在后面讲述当前（即1880年代）事件的第二部分里，他的活动是故事的重点。笃信上帝和永生、立誓要在修道院度过一生的阿廖沙，其实并不像他给人的印象那样虔诚。在他的内心深处，同样涌动着时刻有可能迸发的激情，这是卡拉马佐夫父子共有的性格特征，无论其表现形式是爱还是恨。面对小女孩丽莎的诱人魅力，他主动张开怀抱；在听到伊万讲述的一个男孩被地主家猎犬撕碎的故事后，他认为该把凶手拉去枪毙，而全然不顾《山上宝训》中不可杀人的诫命。身为虔诚的上帝奴仆，他的身上也潜藏着强烈的反叛意识。当佐西马长老的尸体散发出腐烂的臭气，而不像传说中的圣人那样散发着幽香时，阿廖沙生气地责怪上帝，不应让佐西马这样一位圣徒受到如此贬低和侮辱。面对上帝"失败的创造物"，他的反应和愤怒的伊万并没有分别，只是程度略轻而已。阿廖沙心里也有恶的种子，"只是它一旦萌芽，就立刻被扼杀"。[39]

按照作者未完成的续集计划，阿廖沙最终将像长老临终前嘱咐他的那样，"到俗界去生活"，那里有"无数灾难和不幸在等待着他"。但是，在《卡拉马佐夫兄弟》的时空界限里，阿廖沙最后以充满象征性的方式踏上了佐西马长老的道路，这便是耶稣基督的道路。在他的带领下，十二个男孩聚拢在奄奄一息的伊柳沙身边，就像耶稣的十二个门徒。在伊柳沙的坟墓前，孩子们齐声高呼，要"一辈子手拉着手"向前走。男孩头头柯里亚问他的导师阿廖沙："卡拉马佐夫！宗教说我们死后都能复活，到时候，可以再见到所有人，还有伊柳沙，这是真的吗？""我们一定会复活的，我们会快乐地相见，互相欢欢喜喜地诉说过去的一切。"阿廖沙半玩笑半兴奋地回答说。

对眼光挑剔的文学迷来说，小说结尾的一幕或许并不讨喜，因为那场面太过悲壮，难免有煽情之嫌。诺贝尔文学奖得主、波兰裔作家切斯瓦夫·米沃什（Czeslaw Milosz）便说过，阿廖沙身边那群男孩让他联想到童子军，在他看来，《卡拉马佐夫兄弟》从头到尾都显得太过"矫情"。[40]但是对陀思妥耶夫斯基来说，再没有哪种结尾比这一个更完美。正如人们所知，小说中发生在修道院的几段插曲，是陀思妥耶夫斯基对他在幼子夭折后去奥普塔修道院参拜经历的重温，而结尾一幕中的两位主角——阿廖沙和伊柳沙，则体现了作者对爱子阿廖沙的追忆和缅怀。读者只需留意一下两个名字的发音，便可发现它们之间的关系。结尾的这两个人物，再次重现了整部作品的主题，这便是对上帝和永生的诘问。在陀思妥耶夫斯基看来，这个问题的答案是决定人类道德生存的关键。假如没有灵魂的不死，那么"任何事都是允许的"。但是比这些更重要的，还在于结尾对于作品本身的文本意义。如果没有结尾一幕对复活的确信，《卡拉马佐夫兄弟》很可能不会像现在这样被人们奉为"宣扬基督精神的元小说"。它完成了以往文学作品"从未解决的任务"：把宗教作为"积极的社会理想"大加称颂。[41] 至少在后苏联时代重拾基督教信仰的俄罗斯，陀思妥耶夫斯基的研究者们大多持这样的观点。在战后时期的欧洲，受基督教影响的陀氏专家对这一问题的看法也与此相仿。[42]

　　通过小说形式来宣扬基督教精神，无疑是陀思妥耶夫斯基创作毕生最后一部作品的初衷。但是作为读者，要想真正领会这一点，必须要有相应的"受体"，即对基督教教义的基本认知。假如读者是一位基督徒，他会把作者在佐西马长老生平中引用的《约翰福音》的话，看作理解整部作品的钥匙："我实实在在地告诉你们：一粒麦子不落在地里死了，仍旧是一粒；若是死了，就结出许多籽粒来。"（《约翰福音》12:24）在这里，麦种的譬喻作为至高信条，甚至超越了作者的权威，是不容许任何怀疑的。它是神的启示，正如耶稣所言："复活在我，生命也在我。"（《约翰福音》11: 25）但是，在陀思妥耶夫斯基生活的时代里，《圣经》的权威却并非理所当然的，这一点透过陀氏作品本身也得到了反映。他总是将基督教信仰的瓦解作为创作的核心主题，而信仰瓦解的根源是物质利益至上的社会风气。但是，在陀思妥耶夫斯基还在世时，康斯坦丁·莱昂蒂耶夫（Konstantin Leontjew）便对陀思妥耶夫斯基小说的宗教性提出了质疑，并斥责其关于全人类性与和谐世界的思想是"离经叛道"的异端邪说。[43] 康斯坦丁·波别多诺斯采夫（Konstantin Pobedonostsev）也以怀疑的口吻指出，"陀思妥耶斯基不可能做到用小说的后半部分来治愈他在小说前半部分诊断出的病症"，[44] 具体地讲，是用具有说服力的另一派观点打败伊万的虚无主义。学术界从怀疑出发对这部陀氏杰作的解读，一直持续到世纪之交。例如，瓦西里·罗扎诺夫（Wassilij

Rosanow)认为,宗教大法官不仅是伊万,而且也是陀思妥耶夫斯基本人的传声筒;在列夫·舍斯托夫看来,不是阿廖沙,而是伊万·卡拉马佐夫,才是"陀思妥耶夫斯基的活生生翻版"。[45] 虽然也有不乏分量的个别例外,[46] 但是,至少在西方关于陀思妥耶夫斯基的讨论中,这类观点迄今仍然占据着主流。比如说,按照马尔科姆·琼斯(Malcolm Jones)的观点,既不能用单纯的宗教视角,也不能反过来,从单纯的世俗视角去解读《卡拉马佐夫兄弟》这部作品。沃尔夫·施密特(Wolf Schmid)认为,《卡拉马佐夫兄弟》反映出作者立场的两个极端:在借正面人物宣扬基督教精神的同时,将怀疑和矛盾原则视作生命意义的另一种潜在可能性。苏珊·麦克雷诺兹(Susan McReynolds)将陀思妥耶夫斯基的反犹倾向归因于他在耶稣被钉死于十字架问题上的异端态度,这种态度是以伊万的反叛作为表现。因为在陀氏看来,《旧约》中的上帝(犹太教的神)才是耶稣之死的真正原因。[47]

除了信仰与怀疑之间的分歧,人们对陀氏作品的争议主要是围绕卡拉马佐夫兄弟的形象寓意展开的。对于这一问题,迈克尔·霍尔奎斯特(Michael Holquist)做出了富有成果的诠释。他以弗洛伊德《图腾与禁忌》(*Totem und tabu*,1912/1913年)中的观点为依据,将卡拉马佐夫四兄弟看作一个依照"原始群落"模式组织起来的兄弟团伙,他们联手杀死父亲,从而取代他的位置。[48] 所以,这部小说实际讲述的是儿子如何成为父亲的过程,在这方面,兄弟当中的每一个人都有其各自不同的结局。其中最失败的要数斯乜尔加科夫,他的下等人身份以及与父亲之间的主仆关系决定了他的命运:他比其他任何一个兄弟都更难摆脱父亲的控制。伊万也始终难逃受虐儿心理的折磨,面对不在眼前却又不无处不在的父亲,在自卑感的支配下,他为自己构架了两个精神上的权威:代表"善父"的上帝和代表"恶父"的魔鬼。但是,这两个形象之间的激烈矛盾令他不堪其苦,并最终导致自我意识的分裂与人格的毁灭。相比之下，德米特里是成功的，他曾在睡梦中对一个遭灾的婴孩心生怜悯，并欲出手相助。虽然没有救下孩子，但这场梦境却让他至少在精神上体验了一次父亲的角色（第九卷第八章）。在父子关系坐标上走得最远的是幼子阿廖沙，他没有参与杀害生父的行动，而是成为精神之父佐西马长老的接班人。在结尾一幕中，他呈现在读者面前的形象是一位"脾气温和"的新生代父亲，他一定会给自己的子嗣更多的自由，而不像他那位独断专行的生父。

与拉斯柯尔尼科夫的故事一样，《卡拉马佐夫兄弟》故事的核心也不是追缉凶手，而是以利益为焦点，对罪责与良知问题展开探讨。陀思妥耶夫斯基用卡拉马佐夫兄弟作为例子，提出了"关于罪恶的阶段论"。在这套理论中，阿廖沙是成功战胜恶念的代表，伊万对罪恶的态度是默许，德米特里是公开赞扬，而斯乜尔加科夫则是罪恶的实施者。[49] 米嘉虽没有参与犯罪，但是在父亲被杀后，他对各种不利于自己的证据却采取漫不经心的态度，以致成为弑父嫌疑人，并最终被陪审法庭判处苦役，被送往西伯利亚。在叙述案件细节的过程中，陀思妥耶夫斯基将重点放在形式正义与良知的矛盾之上，用康德的话说，即外在法庭与"人的内心法庭"之间的矛盾。"内心法庭"是一个人"对自己提出控诉或辩解"的地方。[50] 米嘉认识到自己在弑父行为上是有罪的，因为他公开表达过杀死父亲的愿望（"这样的人活着有什么用！"）。他拒绝了伊万让他逃到美国去的建议（"美国有什么！在美国也仍旧不过是无谓空忙！"），而是心甘情愿接受惩罚，像拉斯柯尔尼科夫和当年的陀思妥耶夫斯基一样，踏上了通过对死刑和苦役的反省式经验实现自我净化的道路。

在对"外在法庭"的描写中，陀思妥耶夫斯基将他擅长的讽刺手法用到了极致。在他的笔下，这场对米嘉·卡拉马佐夫的审判变成了一场巨大的闹剧。为了赢得陪审员们的好感，同时也是为了吸引公众和媒体的注意力,各方在法庭辩论中各显其能,花样百出,把以追究真相为目的的刑事审判活生生变成了一出脱口秀表演。在陀思妥耶夫斯基看来,这场追究真相的行动之所以变了味,原因在于新型司法制度的"西方"诡辩式性质,这种制度与俄国大众意识里深藏的"prawda"观念是完全相悖的。在俄语中,"prawda"是一个多音字,它既有"真理"也有"正义"和"公道"的含义。[51] 除此之外,这场"错误的审判"——它是全书第十二卷即最后一卷的标题——同时还暴露出以伊万为代表的欧几里得理性的局限性。在结尾一章中,阿廖沙及其"门徒"的天真纯洁但不可撼动的坚定信仰,与此形成了鲜明对比。

去世与封圣

对一个作家来说,再没有比事业如日中天时的陨落更能让人不朽了。托尔斯泰活了八十二年,在同时代人眼里,他的光芒早在他离世前便已渐渐黯淡。陀思妥耶夫斯基只活了五十九年,但是在世人眼中,他的事业堪称圆满。在经历了生命中最后一年的风光和荣耀后,还有什么遗憾可言?《作家日记》为他戴上了俄罗斯大师的桂冠,纪念普希金的演说让他成为俄国作家中的第一人。在这场公开对决中,他终于击败了自己一生的对手屠格涅夫。托尔斯泰在《安娜·卡列尼娜》之后似乎已才思枯竭,而陀思妥耶夫斯基却相反。在完成《卡拉马佐夫兄弟》后,他的事业达到了巅峰,其地位在当世作家中再无人能够企及。至少在1881年1月,在陀思妥耶夫斯基去世前的最后日子里,这是世人的普遍看法,或许就连陀氏本人也是这样想的。

很长时间以来他便意识到,自己的生命已悬于一线。虽然以往最让他担心害怕、每一次发作都有可能致命的癫痫病,在过去一段时间略有减轻,但新添的肺气肿毛病却越来越严重。尽管知道来日无多,可他却没有因此对身体更加爱惜。59岁生日时,弟弟安德烈在信中向他道贺并祝他健康长寿。陀氏在回信中写道,他大概活不了多久了,"自从害上了肺气肿,圣彼得堡的冬天变得十分难熬"(1880年11月28日),如果能活到明年春天,对他已是万幸。到时候,他就能再去巴特埃姆斯泡温泉,那里的温泉总能让他重新打起精神,恢复活力。但是,在他于1879年夏天最后一次去巴特埃姆斯疗养时,他其实也一直在工作,而不是休息。当时他不惜一切代价,也要把《卡拉马佐夫兄弟》写完。

不惜一切代价,即意味着牺牲健康。在陀思妥耶夫斯基的通信中,当他提起写作时,经常会把这项工作称作"苦役"。在他生命中的最后几个月,这个词出现的频率比任何时候都高。驱使他继续写作的动力,已不再是对声名的渴求,而是让家人得到更多的物质保障。1879年8月,他在从埃姆斯写给康斯坦丁·波别多诺斯采夫的信中说起自己对疗养的反感。不仅因为他在时隔三年再次来到德国后发现这个国家变得"过分犹太化",更重要的原因是,他在这里足足花掉了七百卢布。这笔钱如果留给家人,远比花在自己的健康上更有意义。"我坐在这里不停地想,我可能很快就要死了,也许再过一年,或两年,在那以后,我的三位亲人该如何过活。"(1879年8月21日)

虽然对陀氏夫妇来说,他们再也不用为了一块面包去把衣物当掉,但是他们手头却没有任何积蓄。他们在旧鲁萨的房子,也是以安娜兄长伊万·斯尼特金的名义买下的,后来才转给了安娜。陀思妥耶夫斯基在生命即将结束时,依然还在为家人未来的生活操心。这一点通过一件小事便可得到证明:他在病榻上还亲笔给《俄罗斯导报》编辑部写信,催要《卡拉马佐夫兄弟》的四千卢布剩余稿酬。

据说,陀思妥耶夫斯基的死也和一场因钱引发的争执有关。在文学生涯之始,促使他拼命写作的主要动力并不是荣誉和名望,而是钱这种"令人唾弃的金属"。根据安娜在回忆录中的记述,1881年1月26日夜里,陀思妥耶夫斯基因为弯腰捡拾掉落在地板上的钢笔杆,引发了轻微的鼻出血。因为血量不大,他怕惊扰安娜,就没有叫醒她。第二天早上安娜听说后吓坏了,赶紧派仆人去叫医生,可不巧的是,家庭医生冯·布列采尔当时正好出诊,直到傍晚才赶到。当天下午3点左右,有一位"和气的先生"来家做客,"此人对我丈夫很友好,但有个缺点,老是喜欢热烈地争论"。[52] 两人在谈话中间一度争论得热火朝天,安娜几次试图阻止他们,却无济于事。将近5点钟,客人才离开。许多迹象显示,这个神秘的客人并不是什么"和气的先生",而是陀思妥耶夫斯基的妹妹薇拉。她特意从莫斯科赶来,为库马宁遗产的事和哥哥理论。这天,当一家人正准备坐下吃晚餐时,安娜看到丈夫突然跌坐沙发上,沉默了三四分钟,"蓦地,我看到丈夫的下巴被血染红,血形成一股细流顺着他的胡子流下来"。

临近傍晚时,冯·布列采尔终于来了。当医生开始检查和叩击病人胸部时,又出现了第二次吐血,这次是从口腔。"费奥多尔·米哈伊洛维奇这一次吐得那么厉害,以致失去了意识。在他恢复知觉后,对我说的第一句话是:'安妮娅,求你赶快去请神父来,我要忏悔,领圣餐!'"忏悔结束后,安娜又叫人请来了两位医生。由于病人出血不多,医生认为破裂的肺泡有可能形成"栓子",那样就会有复原的希望。这天夜里,陀思妥耶夫斯基的确睡得很平静,呼吸和脉搏都没有明显异常。

第二天早上,病人的气色明显好转。他可以正常交谈,吃些简单的东西,处理些工作上的事情,甚至还有精力接待访客。傍晚,肺病专家科什拉科夫医生来家里探视,对病人的状况表示满意,但嘱咐病人要保持绝对安静,不要多讲话。安娜头一天夜里和冯·布列采尔医生一起守护病人,在床边的椅子上坐了一夜,未曾入眠。于是,这天晚上她让家人在丈夫床边放了张床垫,因为太过疲惫,她躺下后不久便睡着了。"我早上7点左右醒来,看到我丈夫正朝我这边望。'嗳,你感觉怎么样,亲爱的?'我向他俯下身去,问道。'你知道,安妮娅，我已经醒着躺了三四个钟头，我左思右想，到现在才清楚地意识到，我今天就要死了。'"

安娜听到后吃了一惊，赶紧安慰他，但对方却坚持说："不，我知道，我今天一定会死的。点上蜡烛，安妮娅，把《福音书》拿给我！"这本《福音书》是三十年前陀思妥耶夫斯基在西伯利亚服苦役时，十二月党人的妻子送给他的。在四年苦役和后来旅居欧洲期间，包括在国内无数次搬家，他始终都把它带在身边。

> 后来它总是放在我丈夫书桌上显眼的地方，当他想到什么事、心存疑惑时，他就随手翻开《福音书》，阅读他首先看到的那一页左侧的文字。此刻，费奥多尔·米哈伊洛维奇也想按照《福音书》来检查一下他的疑惑是否有根据，他亲自翻开圣书，要我读给他听。《福音书》打开在《马太福音》第三章第十四节上："约翰想要拦住他，说，我当受你的洗，你反倒上我这里来吗？耶稣回答说，你暂且许我，因为我们理当这样尽诸般的义。"
>
> "你听见没有，——'不要拦住我'，那就是说，我要死了。"我丈夫说着，合上了书。[53]

1月28日星期三，病人最初感觉身体恢复了一些。他不顾医生的嘱咐，坚持要自己穿衣。当他弯下腰准备穿鞋时，突然又开始大口吐血，这种状况一直持续到晚上。虽然身体越来越虚弱，但他还是努力打起精神，叮嘱安娜，如果他死了，要想办法把《作家日记》杂志订阅款退还给读者。另外，他还向安娜口述了一封给伯爵夫人叶丽萨维塔·海登的信，他在信中以医生诊断书的口吻向伯爵夫人汇报了自己的病情，说病人目前意识清醒，但如果"血管再次破裂"，他多半就会死掉（1881年1月28日）。这是陀思妥耶夫斯基写下的最后一封信。

灵床上的陀思妥耶夫斯基，伊万·克拉姆斯柯伊绘，1881年

晚上 6 点钟左右，他把孩子们叫到了跟前。他又让安娜打开了《福音书》，这次，安娜给他念了浪子回头的比喻。奄奄一息的陀思妥耶夫斯基为孩子们祈福，然后将《圣经》送给了儿子费佳。又一次吐血后，病人失去了意识。晚上 8 点钟左右，神父为他做了临终祷告。8 点 30 分，死神降临了。《莫斯科新闻报》在报道中写道，随着临终祷告的结束，陀思妥耶夫斯基咽下了最后一口气。这篇报道的作者名叫波利斯拉夫·马尔克耶维奇（Boleslaw Markjewitsch），他的文风矫情做作，总爱用一些夸张的表述来博人眼球，比如说"伯爵夫人脸上顿失血色"等。[54]

陀思妥耶夫斯基逝世的消息很快传遍了各地。没过多久，第一批亲友便陆续赶来和死者告别，并向陀氏家人表示哀悼。作家遗体被安放在书房中央的灵床上，伊万·克拉姆斯柯伊于 1 月 30 日为死者绘制了一幅铅笔素描，这幅素描成为与瓦西里·彼罗夫的油画齐名、流传最广、最富感染力的作家肖像之一。在同一天，陀思妥耶夫斯基的

"御用"摄影师康斯坦丁·沙皮诺赶来,拍摄了逝者躺在灵柩里的照片。在整整三天时间里,登门吊唁的亲戚和朋友络绎不绝。"密集的人流从正门进来,另一股人流则从后门拥进各个房间,然后在书房驻足,有时候,那里的空气是如此混浊,氧气是那么稀少,以致灵柩周围的长明灯和大蜡烛都熄灭了。"[55]

1月29日,康斯坦丁·波别多诺斯采夫将陀思妥耶夫斯基逝世的消息转告了皇太子亚历山大。后者对死者对祖国的贡献表示崇敬,同时还不忘提及陀氏和家人物质生活的贫寒:"他一生穷困,留给后世的唯有他的作品。"[56] 就在同一天,皇太子还告知神圣宗教会议主教长,沙皇向内务大臣洛里斯·梅利科夫伯爵(Loris-Melikow)下达指令,每年向"穷困的陀思妥耶夫斯基"一家发放固定数额的抚恤金。安娜·格里戈利耶芙娜也在回忆录中证实,在1月29日这天,内务大臣派来的一位官员来到她家,受托转交给她一笔丧葬费,同时还向她宣布,陀氏子女未来的教育费用将由政府承担。安娜谢绝了这番好意,因为在她看来,"用丈夫挣来的钱来安葬他,是我的道德责任"。[57] 孩子们受教育的费用也是一样。不过,这位官员在给内务大臣的报告中,对作家遗孀拒绝资助一事却并未提及。[58] 安娜这样做的目的,显然是想维护丈夫远离体制、自由独立的作家形象。陀氏在刚刚开始文学创作时,便曾立下这样的志向,然而随着与宫廷关系的不断拉近,其自由作家的形象难免受到了损害。

安娜在回忆录中详细记述了选择墓地的具体经过。最初,她希望按照丈夫生前的愿望,将他葬在新圣母修道院旁的公墓里,但是由于墓地租金过高,计划面临着失败的危险。恰好在这时候,亚历山大-涅夫斯基大修道院主动提出,愿为陀氏免费提供墓地,并且表示,"如果这位热诚地捍卫东正教的作家能在该修道院内长眠,将是它的光荣"。[59] 但是,主管这项事务的圣彼得堡大主教伊西多尔(Isidor)最初却不肯同意将"一位没写过什么严肃作品的浪漫派平庸作家"葬在古老尊贵的涅夫斯基大修道院墓地,享受与莱蒙托夫、卡拉姆津和茹科夫斯基等俄国文学大师同等的荣光。[60]后来,当神通广大的康斯坦丁·波别多诺斯采夫出面说和后,大主教才终于改变了主意。

1月31日,一个阳光和煦的周六,送殡队伍于11点从陀思妥耶夫斯基家所在的铁匠巷出发,向涅夫斯基大修道院行进。当天一大早,就有几千名群众聚集在巷口,等着为送殡队伍送行。"从我家的窗户望出去,是一片人的海洋;到处人头攒动,如潮水般起伏。学生们高举着系着绸带的花圈,宛若海洋中耸立的岛屿。"[61]到铁匠巷送行的人群沿街排成长龙,有将近半公里长,一直排到弗拉基米尔大街和涅夫斯基大街的交叉口。在前往涅夫斯基修道院的途中,还有成千上万人站在街头等候。"如此壮观感人的场面,在圣彼得堡和任何一座俄罗斯城市都是前所未有的",《新时代》(*Neuen Zeit*)主编阿列克谢·苏沃林(Alexej Suworin)感慨地回忆道。[62]

灵柩由八到十个男性轮流扛在肩上,缓缓行进,走向四公里外的亚历山大-涅夫斯基大修道院。空空的灵车跟在后面,与灵柩保持着固定的距离,就像国王葬礼上的御马。最初共有六十七家机构敬献了花圈,这些机构有研究所、大学、报刊编辑部和协会等,在送殡途中,花圈数量不断增多。每家机构的代表用竿子高高地撑起花圈,除了花圈,还有用松枝编成的花环和彩链。十几个合唱团一路唱着圣歌,走在送殡的队伍里,其中最大的一支合唱团的人数多达百余人。涅夫斯基大街被挤得水泄不通,交通陷入了瘫痪。由数万人组成的送葬队伍像一股洪峰,缓缓漫过街道,穿过熙熙攘攘的人群,直到下午2时,才终于抵达修道院。修道院院长和一群神父还有神学院的学生,早已在那里翘首迎候。灵柩被抬入修道院内的圣灵教堂,并由主教为逝者主持了小规模的安灵弥撒。

2月1日星期日是葬礼的日子。按照东正教习俗,棺木在下葬前是敞开的,亲友可以行吻礼与逝者诀别。但是,陀思妥耶夫斯基的灵

陀思妥耶夫斯基出殡仪式，1881年1月31日，圣彼得堡

柩始终没有打开。因为当天一早，波别多诺斯采夫来到圣灵教堂，让人打开棺木察看时，发现尸体由于在炎热的房间中停放长达两天之久，其腐烂程度超过了预想。为了避免家人看到后伤心，这位主教长指示修道院在葬礼期间不要打开棺木。他显然不希望人们像陀氏笔下的阿廖沙·卡拉马佐夫一样，看到像佐西马长老这样的圣人也不得不因腐臭而蒙羞，从而对上帝的存在产生怀疑。安娜·格里戈利耶芙娜因为没有能和丈夫见上最后一面，对波别多诺斯采夫一直耿耿于怀。"就算看到他的容颜变了样，对我又有何妨？他毕竟是我亲爱的丈夫！他就这样进了坟墓，没有我的吻，也没有我的祝福！"[63]

不过，多亏了波别多诺斯采夫的热心张罗，才让安娜·格里戈利耶芙娜每年能拿到两千卢布的国家津贴。另外，他还亲自担任了陀思妥耶夫斯基子女的监护人。这位细心的主教长对任何事情都安排周到，不肯出现任何纰漏。他要把陀思妥耶夫斯基的葬礼办得尽善尽美，让世人见证这位俄罗斯圣人的不朽和国家对逝者的尊敬与厚爱。

但是说到底，1881年1月31日圣彼得堡这么多人走上街头为陀思妥耶夫斯基送葬，既不是国家也不是教会的功劳。据亲历者回忆，送葬的人群当中有很大一部分是年轻人，特别是大学生。在他们心目中，陀思妥耶夫斯基永远是那个用《死屋手记》撼动其心灵的殉道者。当路人问起，这是在为谁送葬时，这些大学生的回答是："一位苦役犯！"[64]"别斯图热夫课堂"的女学生们披挂着铁链，用它来代替鲜花和花圈，并以此来警示人们不要忘记陀思妥耶夫斯基的苦役经历以及俄国所有政治犯的命运。警察发现后，立刻派人上前收缴了铁链。三年后，当伊万·屠格涅夫的遗体从巴黎运到圣彼得堡沃尔科夫墓地下葬时，所有花圈都只能放在送殡队伍中随行的车辆上。陀思妥耶夫斯基对自己死在屠格涅夫前面一定不会甘心，但这样一来，他至少不必目睹这位文学对手的葬礼场面，因为后者的送殡队伍要比他本人的规模大得多。自从陀思妥耶夫斯基去世后，一直到苏联后期，俄国作家的葬礼逐渐演变成盛大的政治仪式。此外，陀思妥耶夫斯基也不必经历1881年3月13日亚历山大二世遇刺的惨剧，波别多诺斯采夫在事后写给皇太子的信中写道："我多想捂着脸钻进土里，好让自己看不到、感觉不到、意识不到这一切。主啊，请怜悯我们！"[65]

丈夫去世的那一年，安娜·格里戈利耶芙娜只有三十五岁。她一生没有再婚，在孀居近三十七年的时间里，她共出版了七部陀思妥耶夫斯基作品集，积攒了丈夫做梦也不敢想象的财富。她完全不需要依靠国家发给名人遗孀的津贴来养活自己。大牌出版商阿道夫·台奥多尔·马尔克斯为陀思妥耶夫斯基的作品向她支付了二十万卢布版税，按照当时的行情来说无疑是一笔巨款。她用这笔钱为自己买下了一栋位于克里米亚半岛的别墅，成为革命前俄国上流社会的一员。安娜·格里戈利耶芙娜生前的最后照片之一，是在莫斯科历史博物馆中由其主持建立的陀思妥耶夫斯基纪念馆中拍摄的。在照片上，这位七旬老人端坐在真人大小的陀思妥耶夫斯基胸像前，手里拿着一本摊开的书，神态自信而坚毅，就像一位变身圣殿卫士的富婆。安娜·格里戈利耶芙娜于1918年6月9日在克里米亚半岛的雅尔塔城去世，据说是死于疟疾。半个世纪之后，她的遗骨才被送到列宁格勒——昔日的圣彼得堡，安葬在亚历山大-涅夫斯基大修道院墓地，与丈夫陀思妥耶夫斯基并肩长眠。

安娜·G. 陀思妥耶夫斯卡娅在莫斯科历史博物馆中的陀思妥耶夫斯基纪念馆，摄于1916年

/ 注 释

前 言

1 Thurneysen 1925:3.
2 Nötzel 1925:96.

引 子

1 Saraskina 2011:7.
2 Zacharov 2013:9.
3 同上:8。
4 Freud 1948:400.
5 Sir Galahad 1925:36.

第一章 起步与受挫（1821~1849）

1 本书中发生在1917年之前俄国的事件大部分采用儒略历纪年法，发生在西欧的事件则采用格里历纪年。
2 M.N. Zagoskin: Moskva i moskviči. Zapiski Bogdana Il'iča Bel'skogo, izdavaemye M.N. Zagoskinym. Moskau 1988 [1848]:117.
3 AMD:24.
4 Miller 1921:11.
5 AMD:85-87.
6 在《卡拉马佐夫兄弟》中，胡伯纳的少儿版《圣经》曾是佐西马长老成长中的重要经历。佐西马长老对宗教的虔诚、他的神学知识以及人生智慧，都和陀思妥耶夫斯基一样，在很大程度上是受到童年经历的影响。参见14:264。
7 Grossman 1928:22.
8 AMD:353.
9 同上:92。
10 AGD 1987:156.
11 PSS 22:28 f.
12 PSS 22:27.
13 Beltschikow 1977:144.
14 AMD:89 及 PSS 28.1:409.
15 AMD:109.
16 Dostojewski, geschildert von seiner Tochter:44.
17 DVS I:233.

18 关于亚历山大一世时期有关弑父罪的政治嚎言与陀思妥耶夫斯基父亲之死之间的关系，参见 Volgin 1991:346 及 Meerson 1998:13。
19 Wortman 1995:315.
20 DVS I:165.
21 Miller 1921:45.
22 G. Prochorov: Die Brüder Dostojevskij und šidlovskij. In: Zeitschrift für Slavische Philologie 7 (1930):314-340.
23 DVS II:204.
24 PSS 26:13.
25 DVS I:231.
26 同上 :176 f。
27 Eichenbaum 1987:66.
28 Belinskij, Bd. 9:245.
29 Strachow 1921:24.
30 Dostoevskij, PSS. Bd. 1. Petrozavodsk 1995:412-577.
31 详见 Grossman 1973:11-49。
32 Willms 2007:94.
33 DVS I:188.
34 PSS 30.2:25.
35 Grossman 1935:40.
36 PSS 28.1:421.
37 同上，另参 LN 86:365, 368。
38 Belinskij 9:245.
39 Belinskij 10:217.
40 Let. I:117.
41 DVS I:207-209.
42 PSS 25:30.
43 Städtke 1978:181.
44 PSS 25:31.
45 Volgin 1991:480.
46 Louisier 2005:67.
47 J.-U. Peters 1972.
48 Volgin 1991:480.
49 Belinskij 9:543.
50 同上 :522。
51 Bachtin 1971:54.
52 PSS 1:19.
53 另参 W. Schmid 1991。
54 Belinskij 9:554.
55 DVS I:218.
56 Kreuzer 1971:49 f.
57 另参 Grob 2004:335 及 Bennett 2004:29。
58 尼古拉·涅克拉索夫虽然是个自律克制的商人，但是也经常把大笔钱花在赌博上（Louisier 205:125 f.）。
59 Stäheli 2007:80；这句法国大革命思想家经常引用的名言出自西哀士著作《什么是第三等级？》(Qu'est-ce que le Tiersétat？)，陀思妥耶夫斯基在后来的作品《冬天里的夏日印象》中也曾引用这句名言。(PSS 5:78)。
60 Gerigk 2012:107.

61 Belinskij 10:41.
62 Nekrasov I:423. 第三任洛伊希滕贝格公爵马克西米利安·约瑟夫·尤金·奥古斯特·拿破仑（Maximilian Josèphe Eugène Auguste Napoléon, 1817~1852 年）是欧仁·德·博阿尔内（Eugène de Beauharnais）与奥古斯塔（Auguste von Bayern）之子，与沙皇尼古拉一世长女玛丽亚·尼古拉耶芙娜（Maria Nikolajewna Romanowa）结婚后，由于后者不愿随夫离开俄国，前往巴伐利亚生活，洛伊希滕贝格公爵于 1839 年被授予罗曼诺夫斯基大公封号。在俄国，洛伊希滕贝格公爵以热心资助艺术和文学创作闻名。
63 DVS I:221.
64 同上 :220。
65 PSS 10:106.
66 "为了深刻地揭示人类心灵深藏的不为人知的力量，他[陀思妥耶夫斯基]必须让自己处在道德的高压环境之下，在现实生活的'真实'条件下，他很少或几乎不可能感受到这样的压力。"（Mereschkowskij 1924:314）
67 Harreß 1993:76.
68 "我一声呼哨，一帮沾满污血的打手 / 便会顺从地、畏葸地向我爬来，/ 看着我的眼色，领会我的旨意。/ 什么都服从我，我什么也不服从；/ 我驾驭一切欲望；我心安理得；/ 我了解我的力量；我充分认识 / 这一点……"（Puschkin 1971:291）后来在文学基金会的慈善活动上，陀思妥耶夫斯基尤其喜欢朗诵这段男爵的独白，参见 Volgin 1986:368f。
69 PSS 19:73 f.
70 Belinskij 12:421, 10:42, 10:351.
71 W. Schmid 2002:65.
72 Terras 125 f.
73 Alexander 1979:7.
74 Fourier 1980:171-174.
75 Fourier 1966:325.
76 同上 :175, 177。
77 DVS I:293.
78 Nötzel 1925:223.
79 Alexander 1979:215.
80 Prokof'ev 1962:97.
81 Miljukov 1890:170 f.
82 Nekrasov 4:9.
83 DVS I:295.
84 DVS I:248; Saraskina 2000:180-184.
85 Paperno 1997:146 f.
86 Beltschikow 1977:72 f.
87 DVS I:301.
88 Miller 1921:93, 98.
89 PSS 18:191 f.
90 Mereschkowski 1924:118, 120.
91 Biografija 1883:90.
92 Keil 1998:101.
93 Belinskij 10:214, 215, 213.
94 Beltschikow 1977:135.
95 DVS I:242.
96 Frank 2010:153.
97 PSS 18:174 f.
98 Beltschikow:302.
99 Sachuranjan 1970:105.

100　Let. I:166.
101　PSS 18:122.
102　Miller 1921:115.
103　Catteau 1989:104 f.
104　陀思妥耶夫斯基曾经遗憾地表示，审查制度是把作家当成了"政权的天敌"（PSS 18:124），同时他还抱怨，有些文学作品仅仅是因为没有以大团圆结局，或者暴露了太多俄国日常生活中的黑暗面，就被判定为禁书。但是，如果一个作家对生活的阴暗面视而不见，既是对读者也是对政府的不忠。另外，对于像他这样把写作当成"生存工具"的职业作家来说，禁止出版或对文字横加干涉更是具有致命的影响。
105　Saraskina 2011:228.
106　Beltschikow 1977:161.
107　Saraskina 2011:235.
108　PSS 18:133 f.
109　PSS 18:121.
110　Miller 1921:117.
111　Beltschikow 1977:206.
112　Knapp 1987:26; Paperno 1997:131.
113　Mereschkowski 1924:122.
114　Nötzel 1925: 256, 259；斯蒂芬·茨威格（1923:113-115）也曾称赞陀思妥耶夫斯基拥有"将自身经历转化为文字的魔鬼般能力"，他能够将最深刻的同情变成最崇高的信仰和最高雅的艺术。
115　Véniukoff 1895:276；与陀思妥耶夫斯基同时参与杜罗夫小组活动的尼古拉·斯佩什涅夫和费奥多尔·勒沃夫于1856年从监狱释放后，在东西伯利亚民事机构任职。
116　Miller 1921:124.
117　PSS 8:52.
118　PSS 8:21.
119　Mereschkowski 1924:122.
120　De Vogüé 2010:297-367；关于陀思妥耶夫斯基作品中自由与苦难象征的关系参见 Berdjaev 1968:109。
121　Tschernyschewski 1974:375.
122　Guardini 1947:167.
123　Nietzsche 1977, I:281.
124　PSS 6:405.
125　Zacharov 2013:158; Frank 1983:116; Gerigk 2013:31; Freud 1948: 410f.; Schestow 1924:40 f.; Gerigk 1981:7; McReynolds 2008:25.
126　PSS 6:422.
127　PSS 21:134.
128　Paperno 1997:136.
129　PSS 25:24.
130　Gerigk 2013:32.
131　PSS 28.1:164.
132　Miljukow 1890:197 f.

第二章　第一次流亡：西伯利亚（1850~1859）

1　PSS 4:198 f.
2　PSS 21:134.

3 有关陀思妥耶夫斯基癫痫病史的文献如今不胜枚举。迄今内容最全面、资源最丰富的首推 Rice 1985；关于目前研究进展的简要概述参见 Engelhardt: Epilepsie in Leben und Werk Dostojewskis. In: Dostoevsky Studies N. S. 5 (2001):25-40, Janz 2006:125-140；另参 Catteau 1989:90-116 及 Horst-Jürgen Gerigk: Epilepsie in den großen Romanen Dostojewskijs als hermeneutisches Problem. In: Dostoevsky Studies N. S. 1 (2006):141-153。

4　Rice1985:287-289,81.
5　DVS I:354.
6　Janz 2006:131.
7　摘自 Strachow 1921 [1883]:18。
8　Janz 2006:136f.
9　Rice1985:5.
10　PSS 4:82.
11　DVS I:329 f.
12　PSS 4:76.
13　PSS 28.1:181.
14　DVS I:344.
15　PSS 28.1:451 f.
16　Kjetsaa 1986:144.
17　Lessing:Werke in drei Bänden. Leipzig 1956. Bd. 3:307.
18　Lew Schestow: Tolstoj und Nietzsche. Die Idee des Guten in ihren Lehren. München 1994: XXXVII.
19　Gerigk 2013:37.
20　DVS I:153 f.
21　Enko 2011:37.
22　Svincov 1995:122.
23　Saraskina 2011:372.
24　DVS I:357.
25　PSS 6:421.
26　Dietrich Gerhard: Dostoevskijs Gedichte und die Literatur. In: Hans Rothe (Hrsg.): Dostoevskij und die Literatur.Vorträge zum 100.Todestag des Dichters auf der 3. Internationalen Tagung des Slavenkomitees in München, 12.-14.Oktober 1981. Köln u. a. 1983:213.
27　PSS 2:520.
28　PSS 2:405; 德文翻译: Alexander Eliasberg 1920, 摘自 Gerhard 1983:222。
29　PSS 2:407.
30　Let. I:220.
31　PSS 28.1:476 f.
32　PSS 28.1:257.
33　Let. I:233.
34　Hildermeier 1990:193; U. Schmid 2004:148.
35　PSS 4:10.
36　Honoré de Balzac: Die Kunst, seine Schulden zu zahlen und seine Gläubiger zu befriedigen, ohne auch nur einen Sou selbst aus der Tasche zu nehmen. Frankfurt a.M. 2004:35.
37　Ingold, Unveröffentl. Ms.
38　Henscheid 2014.
39　Neuhäuser 1976:194.
40　PSS 28.1:507.
41　Let. I: 264.
42　PSS 3:505.

43 关于陀思妥耶夫斯基作品中的篡位者形象，参见 Harreß 1993:58-72。
44 MMD 1. 11. 1859.
45 Pokrowski 1929:160.
46 Cypkin 2006:235.
47 Volgin 1986:490.
48 Miljukow 1890: 209 f.

第三章　文学上的新生（1860~1867）

1　Miljukow1890:210.
2　Hildermeier 2013:1129.
3　PSS 28.1:316.
4　PSS 6:238.
5　Dowler 1982:57.
6　PSS 18:37.
7　Rosenshield 2005:20.
8　Šelgunov Bd. 1, 1967:161 f.
9　LN 83:125-170.
10　Let. I:291.
11　Strachow 1921:31.
12　Nečaeva 1972:42.
13　Let. I.343.
14　Saraskina 1994:143 f.
15　Meier-Graefe 1988:114.
16　不同观点参见 Močul'skij 1947:163-180, Doerne 1969:102 f.。
17　Greenblatt 1980.
18　Catteau 1989:153.
19　Čulkov 1939:312 f.
20　米柳科夫曾在他的杂志《火炬》中撰文，将《死屋手记》与利文斯通（David Livingstone）的非洲旅行日记进行对比。Let. I:320.
21　Gercen PSS, Bd. XVIII:219.
22　Schestow 1924:39, 144.
23　PSS 4:65；另参 Andrea Zink: "DieArrestanten waren die reinsten Kinder". Zur Rechtfertigung des Verbrechens in Dostojewskijs Aufzeichnungen aus einem Totenhaus. Dostoevsky Studies IX (2005), 115-134。
24　de Vogüé 2010:266；Hans Moser 于 1888 年翻译的德文版也存在同样问题："Memoiren aus einemTotenhaus"。
25　LN86: 384; Zitat: A. A. Grigor'ev, Materialy dlja biografii. Pod red. Vladimira Knjažnina, Pg. 1917: 317; hier nach: Let. I:372.
26　LN 86:595.
27　Miljukov 1890:211.
28　N. Ašimbaeva u. a.: Obraz Dostoevskogo v fotografijach, živopisi, grafike, skul'pture. Sankt Petersburg. 2009:45-48.
29　Let. I:333.
30　同上：364。
31　Boborykin 1965: 281; Hervorhebung A.G.

32　Šelgunov 1967, Bd. 1:185.
33　同上：187。
34　Venturi 1960:227.
35　Molodaja Rossija, www.hist.msu.ru/ER/Etext/molrus.htm. Zugriff 30.07. 2013；另参 Venturi 1960: 293-296。
36　Strachow 1921:56.
37　N.G. Rozenbljum: Peterburgskie pŏzary 1862 g. i Dostoevskij. Zapreščennye cenzuroj stat'ižurnala "Vremja". In: LN 86:16-54.
38　同上：17。
39　PSS 21:25f；由于陀思妥耶夫斯基在这里提到的是 1862 年 5 月的事件，所以他很可能是把传单搞混了，他实际指的是《青年俄罗斯》，当时圣彼得堡发生的一系列火灾与这份传单有关。
40　černyševskij, N.G.: Polnoe sobranie sočinenij, Bd. 1. Moskau 1939:777; Dostoevskij PSS 21:394.
41　LN 86:34 f.
42　PSS 28.2:376.
43　发生在俄国以外的事件均按照格里历纪年。
44　Hielscher 1999:26.
45　MMD, 27. 6. 1862.
46　Strachow 1921:60.
47　Gercen XXVIII, Buch 1:247.
48　PSS 20:28 f.
49　Strachow 1921:61.
50　N. M. Karamzin: Pis'ma russkogo putešestvennika. Leningrad 1981:149.
51　Ju.M. Lotman, Boris A.Uspenskij: Pis'ma russkogo putešestvennika i ich mesto v razvitii russkoj kul'tury. In: Nikolaj M. Karamzin: Pis'ma russkogo putešestvennika. Leningrad 1987:531.
52　Städtke 2002:119.
53　Benjamin 1961:192.
54　另参 Mark Twains "Tramp Abroad"，1880。
55　Erich Fromm: Haben oder Sein. 38. Auā. München 2001:89-109.
56　Joachim Klein: Russische Literatur im 18. Jahrhundert, Köln u. a. 2008:190.
57　Peter Sloterdijk: Im Weltinnenraum des Kapitals. Für eine philosophische Theorie der Globalisierung. Frankfurt a.M. 2005:267.
58　Helmut Gold:Wege zurWeltausstellung. In:Hermann Bausinger u.a. (Hrsg.): Reisekultur. Von der Pilgerfahrt zummodernen Tourismus.München 1991:320.
59　Gold, 同上。
60　Marx-Engels-Werke, Bd. 23:285.
61　Geoffrey Hosking: Empire and Nation-Building in Late Imperial Russia. In: Hosking/Service 1998:23.
62　Let. I:406.
63　Let. I:402.
64　Saraskina 1994:63, 46.
65　A. P. Suslova 1991:135.
66　Dostojewskij, geschildert von seiner Tochter 1923:118.
67　Dolinin 1989:206.
68　Saraskina 1994:60.
69　Kant: Die Metaphysik der Sitten. In: Kant. Akademieausgabe, Bd. 6. Berlin 1907:277.
70　Slonim 1957:127.
71　Nietzsche 1977, II:83.
72　Dolinin 1989:200. 安娜在她的私密日记中把夜里在床上性欲旺盛的丈夫比喻为"野兽"，参见 AGD 1985:39。

/ 注释 / 427

73　Dolinin 1989:199.
74　Saraskina 1994:97.
75　Saraskina 1994:100. Suslowa 1996:11 f.
76　Suslowa 1996:129.
77　MMD, 15.9.1863 und 2.9.1863.
78　Saraskina 1994:125.
79　Suslova 1991:155 f.
80　Saraskina 1994:117.
81　PSS 20:172.
82　PSS 20:173-175.
83　Frank 2010:411.
84　PSS 29.1:465 f.
85　Nečaeva 1975:19.
86　PSS 5:104.
87　Bachtin 1969:256.
88　N.G. Tschernyschewski: Ausgewählte philosophische Schriften. Moskau 1953:166.
89　G.W.F. Hegel: Vernunft in der Geschichte. Hamburg 1955:257.
90　关于陀思妥耶夫斯基受康德《纯粹理性批判》影响做出的有关自由意志与自然法则矛盾的论述，参见 Ja. E.Golosevker: Dostoevskij i Kant. Moskau 1963; Paperno 1997:124 f., 242.
91　Močul'skij 1947:205.
92　Hegel, Phänomenologie des Geistes. Frankfurt a.M. usw. 1970:127. Gerigk: Dostojewskijs Paradoxist. In: R.Geyer, R.Hagenbüchel: Das Paradox. Eine Herausforderung des abendländischen Denkens. Tübingen 1992:483-485.
93　Belinskij 7:313.
94　Turgenev 1960, Bd. 7:189.
95　同上 :184。
96　Lew Schestow: Kierkegaard und Dostojewskij. In: ders.: Kierkegaard und die Existenzphilosophie. Graz 1949:18.
97　Schestow 1924:58.
98　Ludwig Büchner: Natur und Geist. Halle, 3. Auﬂ. 1874:186.
99　LN 77:343.
100　Močul'skij 1947:212.
101　N. K.Michajlovskij: Ñestokij talant. In: Michajlovskij 1957:181-263.
102　Schestow 1924:48.
103　Frank 2010:440.
104　Il'inskij 1922:9; Eckstein 1925:29; Kjetsaa 1985:229; Lavrin 1994:64; Nasedkin 2003:731; Frank 2010:475. 另参 Rusakov 1904:950 f.。
105　PSS 28.2:154-159; 29.1:209-214; AGD 1987:76.
106　PSS 28.2:127.
107　Dostojewski am Roulette 1925:LXXIV.
108　PSS 28.2:128.
109　Hielscher 1999:32.
110　Guski 2012:33.
111　AGD 1987:66 f.
112　DVS II:49-60.
113　Miljukov 1890:234.

114 AGD 1987:65.
115 Dnevnik:304.
116 AGD 1987:73, 82, 85.
117 Natascha Drubek-Meier: Dostoevskijs Igrok: Von nul' zu zéro. Wiener Slawistischer Almanach, Sonderband 44 (1997), 173-210.
118 Ryklin 1995:28.
119 Schopenhauer: Aphorismen zur Lebensweisheit. Leipzig 1941:36.
120 Andreas Buss: Die Wirtschaftsethik des russisch-orthodoxen Christentums. Heidelberg 1989; Max Weber 2002:164; Hartmann Tyrell: Intellektuellenreligiosität, "Sinn"-Semantik, Brüderlichkeitsethik. Max Weber im Verhältnis zu Tolstoi und Dostojewski. In: Anton Sterbling, Heinz Zipprian (Hrsg.): Max Weber und Osteuropa. Hamburg 1997 (Beiträge zur Osteuropaforschung, Bd. 1), 25-58.
121 Lotman 1997:153.
122 Ryklin 1995:19-39.
123 Swetlana Geier (2009:189) 将这段话按照意思翻译为"……像遭到了龙卷风袭击"。
124 关于俄罗斯东正教中的"圣愚"角色，参见 V. V. Ivanov: Jurodskij žest v poètike Dostoevskogo [Die Narrengeste in Dostojewskijs Poetik]. In: J. M. Prozorov, O. V. Slivickaja (Hrsg.): Russkaja literatura i kul'tura novogo vremeni [Russische Literatur und Kultur der Neuzeit]. Sankt Petersburg 1994:108-133。
125 Bachtin 1969: 262-264. 另参 Sasse 2013 und Horst-Jürgen Gerigk: Dostojewskijs "Paradoxalist"。Anmerkungen zu den Aufzeichnungen aus einem Kellerloch. In: Paul Geyer, Roland Hagenbüchle (Hrsg.): Das Paradox. Eine Herausforderung des abendländischen Denkens. Tübingen 1992:485. 另参 Joseph Brodsky: Less thanOne. NewYork 1986:160: "Like a banknote into change every stated idea instantlymushrooms in this language into its opposite, and there is nothing its syntax loves to couch more than doubt and selfdepreciation"。
126 Mereschkowski 1924:121.
127 由于这部小说几十年来以《罪（责）与（惩）罚》之名被列入德文陀氏经典，而且从含义来讲，这个译名更贴近原作者的意图，故本书仍然采用这个习惯名称，而不按字面意思改成《罪行与惩罚》。
128 PSS 7:334 f., 19:284 f.
129 Meier-Graefe 1988:146.
130 Močul'skij 1947:255.
131 Berdjaev 1964:80.
132 关于陀思妥耶夫斯基作品中有关自杀问题的论述，参见 Paperno 1997:123-184。
133 A.Pieper: Gut und Böse. München 1999:78.
134 Šelgunov 1967, Bd. 1:333.
135 D. I. Pisarev: Izbrannye proizvedenija. Leningrad 1968:49-95; 尤参 49-52。
136 参见 Ludwig Giesz. Phänomenologie des Kitschs. Heidelberg 1960；关于惊悚小说参见 Norbert Miller: "Der wahre Poet der Historie ⋯" Horace Walpole erfindet den Schauerroman. In: HoraceWalpole: Das Schloss Otranto - Ein Schauerroman. München 2014:177.
137 Gerigk 2013:100 f.
138 Russkij vestnik 62/1866:689.
139 Russkij vestnik 66/1866:155.
140 William M. Todd III: The Professionalization of Literature and Serialized Fiction. In: Dostoevsky Studies. N. S, XV (2011):29-36.
141 Elena Nowak, Anja Otto, Vadim Sergeev: St. Petersburg entdecken. Berlin 2004:88.
142 Slonim 1957:187.
143 Saraskina 1994:269.
144 G. V. Prochorov: Nerazvernuvšijsja roman Dostoevskogo. Pis'maMarfy Braun k Dostoevskomu. In: Zven'ja 1936, Bd. VI:582-600; Slonim 1957:199-203.

145 S. V. Kovalevskaja: Vospominanija. Povesti. Moskau 1974:88.
146 Slonim 1957.
147 AGD 1987:92. 下述引语出处同上 :95-99。
148 同上 :74。
149 同上 :1987:92。
150 同上 :1987:110 f.
151 Slonim 1957:211.
152 AGD 1987:100; AGD 1985:268.
153 Il'inskij 1922:7.
154 AGD 1987:132.

第四章　第二次流亡：欧洲（1867~1871）

1 AGD 1985:33, 39, 47, 90, 139.
2 AGD 1985:103.
3 Karl Christian Führer: Das Kreditinstitut der kleinen Leute. Zur Bedeutung der Pfandleihe im deutschen Kaiserreich. In: Bankhistorisches Archiv. Zeitschrift für Bankengeschichte 18 (1992):3-21.
4 AGD 1985:250, 217, 218.
5 AGD 1985:284.
6 Engelhardt: 2010:103.
7 AGD 1985:204, 205-207, 265.
8 S. Freud: GW, Bd. 14, Frankfurt a. M. 1948:400.
9 AGD 1987:183 f.
10 Kjetsaa 1986:274 f. Jacques Catteau 认为陀思妥耶夫斯基的赌欲是为转移无处发泄的性欲。在他与安娜婚后的最初阶段，两人的关系还在磨合期，后来随着夫妇两人感情的日益巩固，他的赌博欲望也逐渐消失，"就像是一场噩梦"（Catteau 1989:144）；但是安娜在日记中称，她和丈夫在性爱方面从一开始便十分默契，与陀思妥耶夫斯基对赌博的热衷并没有关系。
11 Bleckwenn 1981.
12 AGD 1985:293.
13 同上 :320。
14 同上 :330。
15 AGD 1987:185.
16 Nadja Bontadina: Alexander Herzen und die Schweiz. Bern u. a. 1999:341, 349.
17 Rakusa 1981:19.
18 AGD 1987:187.
19 Dnevnik:353.
20 同上。
21 同上 :343。
22 AGD 1987:195.
23 同上 :196。
24 AGD 1987:200; Rakusa 1981:Tafel 39.
25 David M. Bethea: The Idiot. Historicism Arrives at the Station. In: Knapp 1998:130-190, 177.
26 Gerigk 2013:113.
27 Nabokov 2013:272.

28　Serman 1971:130-142.
29　Paperno 1997:128.
30　Nabokov 2013:310.
31　Schestow 1924:162.
32　Let. II:167; PSS 9:410 f.; Saraskina 2011:496.
33　PSS 9:411.
34　Rüdiger Schaper: Eine Einladung im Kampf um die Stadt. In: Tagesspiegel vom 29.9.2017，第 1 页。
35　Stepun 1961:11.
36　Guardini 1947:247.
37　Bachtin 1971:196; Meier-Graefe 1788:184.
38　Berdjajew 1925:14.
39　Saraskina 2011:496.
40　PSS 9:246, Majuskeln im Original.
41　PSS 20:174.
42　Ernest Renan: Das Leben Jesu. Vom Verfasser autorisierte Übertragung aus dem Französischen. Zürich 1981:132 f.
43　PSS 21:10 f., 132 f.
44　AGD 1987:186.
45　Kristeva 1989:248.
46　Stoichita 1995:438 f.
47　Meerson 1998:14.
48　AGD 1987:205.
49　šestidesjatye gody. Materialy po istorii literatury i obščestvennogo dviženija. Pod red. N. K. Piksanova i O. V. Cechnovicera. Moskau, Leningrad 1946:265.
50　Grigor'ev 1915; Herder 1966:434.
51　Meier-Graefe 1988:259.
52　N.N. Strachov: O knige N. Ja. Danilevskogo "Rossija i Evropa". In: N. Ja. Danilevskij: Rossija i Evropa, Moskau 1991:510.
53　Danilevskij 1991:480, 487, 129.
54　同上 :508, 480。
55　AGD 1987:217 f.
56　同上 :218。
57　Bakunin 1969:57.
58　F.M.Lur'e: Sozidatel' rasrušenija. Dokumental'noe povestvovanie o S.G.Nečaeve. Sankt Petersburg 1994:105 f.
59　AGD 1987:212.
60　Hildermeier 2013:863.
61　关于丑闻在陀思妥耶夫斯基作品中的隐喻，参见 Lachmann 1989:307-325。
62　"斯塔夫罗金的自白"原为小说第二部分的第九章，但直到 1921 年，这部分手稿才被重新发现；在三十卷本陀氏全集中（Leningrad 1972-1990），该章节以《在吉洪的修道室》为题，作为附录被附在小说后面；陀思妥耶夫斯基本人当年小说单行本初次出版时也主动放弃了这一章，因为他预料这一章节不可能通过审查。
63　Guardini 1947:173.
64　Frank 2010:653.
65　Lotman 1982:358-367.
66　šklovskij 1957.
67　Kierkegaard 1987. Bd. 2/2:177.

68 Pieper 1997:82.
69 Kierkegaard 1987. Bd. 2/2:174.
70 Gehrigk 2013:145.
71 Camus 1962:91; ebenso 1947:213.
72 Benz 1957:125.
73 Tschiźewski 1961:74.
74 Danilewskij 1965:134 f. 关于丹尼列夫斯基观点对《群魔》的影响,参见 PSS 12:234。
75 Camus 1962:13.
76 PSS 24:46.
77 PSS 23:146.
78 István Molnár: Vom redenden Christus zum schweigenden Christus. In: Rudolf Neuhäuser (Hrsg.): Polyfunktion und Metaparodie. Aufsätze zum 175.Geburtstag von Fedor Michajlovič Dostoevskij. Dresden 1998:115-128.
79 PSS 23:147 f.
80 Gerigk 2013:174 f.
81 Mereschkowski 1924:165-167.
82 A. Kašina-Evreinova: Podpol'e genija. Seksual'nye istočniki tvorčestva Dostoevskogo. Petrograd 1923:56 f., 66 f.
83 斯特拉霍夫称,文学史学家 Pawel Wiskowatow 是这件事的证人。但是,鉴于陀思妥耶夫斯基在涉及个人隐私问题上一向讳莫如深,而且他与 Wiskowatow 只有一面之交,因此斯特拉霍夫的说法并不具有可信性。
84 Perepiska L.N.Tolstogo s N.N. Strachovym, Bd. 2. Sankt Petersburg 1914:307-310.
85 S.V.Belov,V.A.Tunimanov: A.G.Dostoevskaja i ee vospominanija. In: AGD 1987:30.
86 Kjetsaa 1985:397.
87 Pascal 1970:293 f.; Catteau 1989:94.
88 Svincov 1995:122.
89 AGD 1987:418.
90 Let. III:551.
91 Turgenev: Polnoe sobranie sočinenij, Bd. 13. I. Moskau, Leningrad 1968:49.
92 PSS 3:364.
93 同上。
94 Svincov 1995:132.
95 Peter von Matt: Literaturwissenschaft und Psychoanalyse. Stuttgart 2000:132-135.

第五章 回归之路(1871~1876)

1 PSS 29.1:201.
2 AGD 1987:226.
3 同上:232。
4 LN86:310; DVS II:282; Miljukov 1890:167.
5 PSS 29.1:254.
6 AGD 1987:308 f.
7 同上:266。
8 PSS 27:108-110.
9 同上:110。
10 AGD 1987:288.
11 PSS 16:5.

12 里尔克在他的同题诗歌中,为了和"自由"(Freiheit)押韵,将"宁静"(Ruhe)改为"和平"(Frieden): "Nichts hab ich vom Leben zu verlangen, / Und Vergangenes bereu ich nicht: / Freiheit soll und Frieden mich umfangen / Im Vergessen, das der Schlaf verspricht"; Michail Lermontow: Gedichte und Poeme. Ausgewählte Werke in zwei Bänden. Bd. 1. Hrsg. von Roland Opitz. Berlin (Ost) 1987:204。
13 Hegel 1976:188.
14 Lukács 1985 und 1974:32.
15 Feuerbach 1956:81.
16 Frank 2010:708.
17 Swetlana Geier in: Fjodor Dostojewskij: "Ein grüner Junge". Zürich 2006:670.
18 Tönnies 1979:46.
19 Wasiolek 1971:137.
20 Städtke 2004.
21 Gerigk 1965; Felix Philipp Ingold: Glanzvolle Premiere. Nur vermeintlich sein schwächstes Werk. In: NZZ 17./18. 2. 2007:69; Gerigk 2013:178.
22 M. E. Saltykov-ščedrin: Polnoe sobranie sočinenij, Bd. XIII. Moskau 1936:292.
23 PSS 17:347 f.; Turgenev 1960 ff., Bd. 11:164.
24 PSS 17:349; Die Beichte eines Juden 1927:96.
25 Il'inskij 1951:554 f.
26 PSS 21:236.
27 G.S.Morson (1981:46) 认为其榜样是狄更斯主编的刊物《汉弗莱少爷之钟》(*Master Humphrey's Clock*, 1840/41); Ulrich Schmid: Wie sollte man den Westen verstehen? In: FAZ vom 11. 12. 2015:12。
28 Frank 2010:724-737.
29 PSS 24:61.
30 PSS 23:44.
31 PSS 23:110; 24:44.
32 PSS 25:193-206.
33 PSS 22:122-126.
34 U. Schmid 2007:47-59.
35 PSS 21:94 f; 自叶卡捷琳娜二世以来为犹太人划定的居住区里,酿酒与贩酒都是由犹太租赁者垄断经营。即使在 1880 年代取消租赁制度后,犹太酒商比例仍然占整个行业 60% 以上。感谢 Basler Freund 和 Heiko Haumann 为我提供本条信息。另参 Sonja Margolina: Wodka. Trinken und Macht in Russland. Berlin 2004:3-85。
36 PSS 25:78.
37 Die Beichte eines Juden 1927:102.
38 PSS 25:74-88.
39 PSS 25:79.
40 同上 :81-85。
41 关于陀思妥耶夫斯基与犹太人问题的详细研究,参见 Goldstein 1976; Ingold 1981。
42 McReynolds 2008.
43 Kaiser 1972:483.
44 PSS 21:15.
45 PSS 22:53.
46 Rosenshield 2005:32.
47 下面文字摘自笔者 1998 年论文 "Einfach und kompliziert bei Dostoevskij"。
48 PSS 23:19.
49 同上 :10 f.。
50 Lachmann 1994:286.

51　PSS 23:137.
52　同上.:136。
53　同上:138。
54　同上:140。
55　同上。
56　PSS 24:39.
57　同上:42。
58　Épizod iz žizni F.M.Dostoevskogo. In: Polnoe sobranie sočinenij F.M.Dostoevskogo, Bd. 1 (Biografja, pis'ma i zametki iz zapisnoj knižki s portretom F.M.Dostoevskogo). Sankt Petersburg 1883:108.
59　PSS 25:120 f.
60　Schach 1980:50.
61　Wayne C. Booth: The Rhetoric of Fiction. Chicago 1983:158 f.; Morson 1981:10.
62　一位同时代作家对《作家日记》的评价是："矛盾百出，如群蜂乱舞"（Let. III:88）。
63　Let. III:467.

第六章　巅峰时刻（1876~1881）

1　LN86:521.
2　DVS II:363.
3　AGD 1987:334 f.
4　所有引语均摘自 PSS 23:95 f。
5　AGD 1987:344.
6　同上:345。
7　同上:347。
8　Dostojewski, geschildert von seiner Tochter 1923:205-207.
9　AGD 1987:351 f.
10　Volgin 1986:13.
11　Let. III:383.
12　同上:458。
13　Šklovskij 1957.
14　关于普希金雕像和庆典的详细情况参见 Volgin 1986:214-322; Levitt 1989。
15　Let. III:428.
16　Turgenev 1960 ff., Bd. 15:66-76.
17　PSS 26:136.
18　普希金的法文译者普罗斯佩·梅里美借鉴这部作品创作的小说《卡门》将《茨冈》的故事带到了法国，在法国作曲家比才 1875 年改编的同名歌剧中，阿乐哥化身为唐·何塞，成为举世闻名的歌剧人物。
19　在俄国以外的地区，普希金创作的短歌剧当中为人所知的只有《莫扎特与萨莱里》一部，Peter Shaffnerr 的话剧《莫扎特传》(1979) 以及 MilošForman 的同名电影（1984）均据此改编。
20　PSS 26:147.
21　同上。
22　Strachow 1921:79.
23　Levitt 1989:124 f.
24　DVS II:466.
25　同上:448。

26 AGD 1987:367-371.
27 Todd 2002:66.
28 Pierre Bourdieu: Zur Soziologie der literarischen Formen. Frankfurt a. M. 1974:82.
29 Guski 2004:13.
30 Gerigk: Die Architektonik der "Brüder Karamasow" 1997:49.
31 René Descartes: Meditationes de prima Philosophia. Hrsg. von L.Gäbe. Hamburg 1959:27；另参 Dominik Perler: René Descartes. München, 2.Aufl. 2006:68 ff。
32 PSS 27:86.
33 Šklovskij 1957:229 f.
34 Lukács 1974: 66 f.
35 Terras 1981:84.
36 曾在陀氏与卢梭的悖论式关系上给我提供很大启发的 Hans Rothe (1997) 认为，陀思妥耶夫斯基没能如愿完成创作的原因在于他对悲剧的偏爱，因为悲剧与成长或教育小说的逻辑是彼此不容的。
37 关于宗教大法官独白中谎言的寓意分析，参见 Jones 1990:186。
38 W. Schmid 1996:29.
39 Gerigk 2013:210.
40 Czesław Miłosz: Dostoevsky and Swedenborg. In: ders.: Emperor of the Earth. Modes of Eccentric Vision. Los Angeles, Berkeley 1977:120-143, 142.
41 Zacharov 1997:226; ders. 2013:426.
42 Guardini 1947; Močul'skij 1947; Lauth 1952; Maceina 1952.
43 PSS 15:496; Rothe 1997:172 f.
44 Wladimir Tunimanow: Dostojewskijs Paradoxienträger des Untergrunds und Schestows "überwindung der Selbstverständlichkeiten". In: Dostoevsky Studies, N. S., Vol. X (2006):54.
45 Rosanow 2009:143 f.; 164-167; Schestow 1924:158.
46 Girard 1963; Terras 1981; Frank 2010, bes. 871 ff; 另参 Schult 2012。
47 Jones 1990:181; W. Schmid 1996:25-50; McReynolds 2008 passim.
48 Holquist 1977:165-191.
49 Gerigk 2013:209 f.
50 Immanuel Kant: Metaphysik der Sitten. Werke in zwölf Bänden. Bd. 8. Frankfurt a.M. 1977:572.
51 Rosenshield 2005:225.
52 下述引语均摘自安娜日记，AGD 1987:393 f., 396 f。
53 在《新约》早期俄语译本中，希腊文 "aphes arti" 一词被译为 "ne uderschiwaj"（不要拦住我），后被修改为 "ostaw"（暂且许我）。
54 Volgin 1986:429 f.
55 Dostoevskaja 1987:406.
56 Volgin 1986:486.
57 AGD 1987:403.
58 Volgin 1986:566, Anm. 44.
59 AGD 1987:405.
60 Volgin 1986:492.
61 Dostojewskij, geschildert von seiner Tochter 1923:302.
62 DVS II:473.
63 Dostojewskij, geschildert von seiner Tochter 1923:306.
64 LN 86:341.
65 K. P. Pobedonoscev i ego korrespondenty. Pis'ma i zapiski s predisloviem M.N.Pokrovskogo.Moskau, Petrograd 1923, 1. Halbbd.:45.

参考文献

注释中的书名缩写

AGD 1987	Anna Grigor'evna Dostoevskaja: Vospominanija [Erinnerungen von Dostojewskijs Frau]
AGD 1985	Anna Grigorjewna Dostojewskaja: Tagebücher [Aufzeichnungen zur Europareise]
AMD	Andrej Michajlovič Dostoevskij: Vospominanija [Erinnerungen von Dostojewskijs Bruder Andrej]
Biografija	Fedor Michajlovič Dostoevskij: Biografija, pis'ma i zametki iz zapisnoj knižki
Dnevnik	Dnevnik Anny Grigor'evny Dostoevskoj 1867 g. [Tagebuch der A. G. Dostojewskaja]
DVS I, II	Dostoevskij v vospominanijach sovremennikov [Dostoevskij in zeitgenössischen Erinnerungen, 2 Bände]
Erinnerungen	Lebenserinnerungen der Gattin Dostojewskis
Let. I, II, III	Letopis' žizni i tvorčestva F. M. Dostoevskogo. 3 Bände [Chronik zu Leben und Werk F. M. Dostojewskijs]
LG	Literaturnaja Gazeta [Literaturzeitung]
LN 83	Literaturnoe nasledstvo, Bd. 83 [Unveröffentlichte Texte]
LN 86	Literaturnoe nasledstvo, Bd. 86 [Neue Materialien und Untersuchungen]
MMD	Michail Michajlovič Dostoevskij: Pis'ma [Briefe von Dostojewskijs Bruder Michail]
NM	Novyj Mir [Literaturzeitschrift «Neue Welt»]
PSS	F. M. Dostoevskij: Polnoe sobranie sočinenij v tridcati tomach. [30-bändige Gesamtausgabe der Werke F. M. Dostojewskijs, aus der hier zitiert wird, einschl. Kommentare]
PSS 21–27	«Tagebuch eines Schriftstellers»

陀思妥耶夫斯基作品德文版书目索引
（按出版年代排序，方括号中为俄文初版日期）

Arme Leute [1846]. In: Fjodor M. Dostojewski: Frühe Romane und Erzählungen. Übertr. von E. L. Rahsin. 8. Aufl. München 1996, S. 9–193.
Der Doppelgänger [1846]. Eine Petersburger Dichtung. In: F. M. Dostojewski: Frühe Romane und Erzählungen. Übertr. von E. L. Rahsin. 8. Aufl. München 1996, S. 195–416.
Herr Prochartschin. Eine Erzählung. [1846] In: F. M. Dostojewski: Frühe Romane und Erzählungen. Übertr. von E. K. Rahsin. 8. Aufl. München 1996, S. 417–462.
Ein junges Weib (Die Wirtin) [1847]. Eine Novelle. In: F. M. Dostojewski: Frühe Romane und Erzählungen. Übertr. von E. L. Rahsin. 8. Aufl. München 1996, S. 463–571.
Netotschka Neswanowa [1849–1860]. In: Fjodor M. Dostojewskij: Aufzeichnungen aus einem Kellerloch. Erzählungen. Übers. von Erwin Walter u. a. München 1962.
Ein kleiner Held. Aus unbekannten Memoiren [1857]. In: F. M. Dostojewski. Ein kleiner Held. Onkelchens Traum. Zwei Novellen. Übertr. von H. Röhl. Leipzig 1921, S. 5–63. – Dasselbe unter dem Titel «Der kleine Held. Aus den Erinnerungen eines Unbekannten». Übertr. von Arthur Luther. In: Aufzeichnungen aus einem Kellerloch. Erzählungen. München 1962, S. 384–420.
Onkelchens Traum. Aus den Chroniken der Stadt Mordassoff [1859]. In: F. M. Dostojewski: Drei humoristische Romane. Übertr. von E. K. Rahsin. München 1968, S. 7–154.
Das Gut Stepantschikowo und seine Bewohner [1859]. Aus den Aufzeichnungen eines Unbekannten. Aus dem Russischen übertr. von Marianne Kegel. Mit einem Nachwort von Rudolf Neuhäuser. München 1982.
Aufzeichnungen aus einem Totenhaus [1860–1862]. Übertr. von Dieter Pommerenke. Mit Kommentaren von Heinz Müller-Dietz und Dunja Brötz. Berlin 2005.
Erniedrigte und Beleidigte [1861]. Übertr. von Marianne Kegel. Mit einem Nachwort von Rudolf Neuhäuser. 2. Aufl. München 1983.
Winteraufzeichnungen über Sommereindrücke [1863]. In: F. M. Dostojewski. Autobiographische Schriften. Übertr. von E. K. Rahsin. München 1923, S. 163–275.
Aufzeichnungen aus dem Kellerloch [1864]. Aus dem Russischen von Swetlana Geier. Frankfurt a. M. 2008. – Dasselbe unter dem Titel: «Aufzeichnungen aus dem Abseits». Aus dem Russischen neu übers. und hrsg. von Felix Philipp Ingold. Zürich 2016.
Schuld und Sühne. Roman in sechs Teilen mit einem Epilog [1866]. Aus dem Russischen von Margrit und Rolf Bräuer. Berlin 2008. – Dasselbe unter dem Titel «Verbrechen und Strafe. Roman». Aus dem Russischen von Swetlana Geier. Zürich 1994.
Der Spieler. Roman. Aus den Aufzeichnungen eines jungen Mannes [1867]. Aus dem Russischen von Swetlana Geier. Zürich 2009.

Der Idiot [1868/69]. Roman. Aus dem Russischen von Swetlana Geier. Frankfurt a. M. 2010.
Der ewige Gatte [1870]. In: Drei humoristische Romane. Übertr. von E. K. Rahsin: München 1968, S. 403–573.
Die Dämonen. Roman [1871/72]. Übertr. von E. K. Rahsin. München 1999. – Dasselbe unter dem Titel «Böse Geister. Roman». Aus dem Russischen von Swetlana Geier. Frankfurt a. M. 2010.
Der Jüngling [1875]. Aus dem Russischen von E. K. Rahsin. München 1996. – Dasselbe unter dem Titel «Ein grüner Junge». Aus dem Russischen von Swetlana Geier. Zürich 2006.
Tagebuch eines Schriftstellers [1873–1881]. Notierte Gedanken. Aus dem Russischen von E. K. Rahsin. München, Zürich 1996.
Die Brüder Karamasow [1879/80]. Aus dem Russischen von Swetlana Geier. Zürich 2003.

其他文献

Alexander, Manfred: Der Petraševskij-Prozess. Eine «Verschwörung der Ideen» und ihre Verfolgung im Russland von Nikolaus I. Wiesbaden 1979.
Bachtin, Michail: Probleme der Poetik Dostoevskijs. München 1971.
Bakunin, Michail: Gott und der Staat und andere Schriften. Hrsg. von Susanne Hillmann. Reinbek bei Hamburg 1969.
Die Beichte eines Juden in Briefen an Dostojewski. Hrsg. von René Fülöp-Miller und Friedrich Eckstein. München 1927.
Belinskij, V. G.: Polnoe sobranie sočinenij. Moskau 1953–1959.
Benjamin, Walter: Illuminationen. Ausgewählte Schriften. Frankfurt a. M. 1961.
Bennet, John, G.: Risiko und Freiheit. Das Wagnis der Verwirklichung. Zürich 2004.
Benz, Ernst: Geist und Leben der Ostkirche. Reinbek bei Hamburg 1957.
Beltschikow, N. F.: Dostojewskij im Prozess der Petraschewzen. Leipzig 1977.
Berdjajew, Nikolaj: Die Weltanschauung Dostojewskijs. München 1925.
Berdjaev, N.: Mirosozercanie Dostoevskogo. Paris 1968.
Bleckwenn, Helga: Künstlertum als soziale Rolle (II). Stifters Berufslaufbahn in den 1840er Jahren. In: Vierteljahresschrift des Adalbert-Stifter-Instituts. 30 (1981), Folge 1/2, S. 15–45.
Boborykin, P. D.: Vospominanija v dvuch tomach, Bd. 1, Moskau 1965.
Bontadina, Nadja: Alexander Herzen und die Schweiz. Bern u. a. 1999.
Braun, Maximilian: Dostojewski. Das Gesamtwerk als Einheit und Vielfalt. Göttingen 1976.
Camus, Albert: Der Mythos von Sisyphos. Reinbek bei Hamburg 1959.
Camus, Albert: Dramen. Reinbek bei Hamburg 1962.
Catteau, Jacques: La création littéraire chez Dostoïevski. Paris 1978.
Catteau, Jacques: Dostoevsky and the Process of Literary Creation. Cambridge u. a. 1989.
Cicovacki, Predrag, Granik, Maria (Hrsg.): Dostoevsky's *Brothers Karamazov*. Art, Creativity and Spirituality. Heidelberg 2010.

Čulkov, Georgij: Kak rabotal Dostoevskij. Moskau 1939.
Cypkin, Leonid: Ein Sommer in Baden-Baden. Berlin 2006.
Danilewsky, N. J.: Russland und Europa. Eine Untersuchung über die kulturellen und politischen Beziehungen der slawischen zur germanisch-romanischen Welt. Nachdruck der Ausgabe von 1920. Osnabrück 1965.
Danilevskij, N. Ja.: Rossija i Evropa. Moskau 1991.
Dnevnik Anny Grigor'evny Dostoevskoj 1867 g. Moskau 1923.
Doerne, Martin: Tolstoj und Dostojewskij. Zwei christliche Utopien. Göttingen 1969.
Dolinin, A. P.: Dostoevskij i drugie. Stat'i i issledovanija o russkoj klassičeskoj literature. Leningrad 1989.
Dostoevskaja, A. G.: Vospominanija. Moskau 1987.
Dostojewskaja, Anna Grigorjewa: Tagebücher. Die Reise in den Westen. Übertr. von B. Conrad. Frankfurt a. M. 1985.
Dostoevskij, A. M.: Vospominanija. Moskau 1999.
Dostojewski, A.: Dostojewski, geschildert von seiner Tochter. München 1923.
Dostojewski am Roulette. Hrsg. von René Fülöp-Miller und Friedrich Eckstein. München 1925.
Dostoevskij, F. M.: Biografija, pis'ma i zametki iz zapisnoj knižki. Sankt Petersburg 1883.
Dostoevskij, F. M.: Polnoe sobranie sočinenij v tridcati tomach. Leningrad 1972–1990. [30-bändige Gesamtausgabe der Werke F. M. Dostojewskijs, aus der hier zitiert wird.]
Dostoevskij, F. M.: Polnoe sobranie sočinenij. Izdanie v avtorskoj orfografii i punktacii pod redakciej professora V. N. Zacharova. Kanoničeskie teksty. Bd. 1–11. Petrozavodsk 1995–2015. [Neueste russische Gesamtausgabe in vorrevolutionärer Orthographie, bisher 15 Bände.]
Dostoevskij, M. M.: Pis'ma k F. M Dostoevskomu. [Elektronische Version RGB. Fond 93.II.4.29]
Dostoevskij v vospominanijach sovremennikov v dvuch tomach. Moskau 1990.
Dostoevsky in Context. Edited by Deborah Martinsen and Olga Maiorova. Cambridge 2015.
Dowler, Wayne: Dostoevsky, Grigor'ev, and Native Soil Conservatism. Toronto 1982.
Eichenbaum, Boris: Mein Zeitbote. Belletristik, Wissenschaft, Kritik, Vermischtes. Leipzig, Weimar 1987.
Elsässer-Feist, Ulrike: F. M. Dostojewski. 2. Aufl. Wuppertal, Zürich 2002.
Engelhardt, Dietrich von: F. M. Dostojewskij: Der Spieler. Phänomene, Ursachen, Ziele und Symbolik einer Sucht. In: Dostoevsky Studies, N. S. XIV (2010), S. 89–114.
Enko (Pseudonym für Tkačenko), K. i M.: Tajnaja strast' Dostoevskogo. Moskau 2011.
Fanger, Donald: Dostoevsky and Romantic Realism. Cambridge, MA 1965.
Feuerbach, Ludwig: Das Wesen des Christentums. Ausgabe in zwei Bänden. Bd. 1, Berlin 1956.
Fourier, Charles: Theorie der vier Bewegungen und der allgemeinen Bestimmungen. Hrsg. von Theodor W. Adorno. Eingeleitet von Elisabeth Lenk. Frankfurt a. M., Wien 1966.

Fourier, Charles: Ökonomisch-philosophische Schriften. Eine Textauswahl. Übers. und eingeleitet von Lola Zahn. Berlin 1980.
Fedorov, G. A.: Domysly i logika faktov. In: LG 25/1975 und NM 10/1988.
Frank, Joseph: Dostoevsky 1. The Seeds of Revolt: 1821–1849. Princeton, NJ 1976.
Frank, Joseph: Dostoevsky 2. The Years of Ordeal: 1850–1859. Princeton, NJ 1983.
Frank, Joseph: Dostoevsky 3. The Stir of Liberation: 1860–1865. Princeton, NJ 1986.
Frank, Joseph: Dostoevsky 4. The Miraculous Years: 1865–1871. Princeton, NJ 1995.
Frank, Joseph: Dostoevsky 5. The Mantle of the Prophet: 1871–1881. Princeton, NJ 2001.
Frank, Joseph: Dostoevsky. A Writer in His Time. Princeton, Oxford 2010.
Freud, Sigmund: Dostojewski und die Vatertötung. In: Freud, Gesammelte Werke in 18 Bänden, Bd. 14. Frankfurt a. M. 1948, S. 399–418.
Gercen, A. I.: Polnoe sobranie sočinenij, Bd. XVIII, Petrograd 1919.
Gerhard, Dietrich: Gogol und Dostojevskij in ihrem künstlerischen Verhältnis. Versuch einer zusammenfassenden Darstellung. Leipzig 1941. Nachdruck München 1970.
Gerigk, H.-J.: Versuch über Dostojewskis «Jüngling». Ein Beitrag zur Theorie des Romans. München 1965.
Gerigk, H.-J.: Notes Concerning Dostoevsky Research in the German Language after 1945. In: Canadian-American Slavic Studies, VI (1972). No. 2, S. 272–285.
Gerigk, H.-J.: Die Gründe für die Wirkung Dostojewskijs. In: Dostoevsky Studies 2 (1981), S. 3–26.
Gerigk, H.-J. (Hrsg.): «Die Brüder Karamasow». Dostojewskijs letzter Roman in heutiger Sicht. Dresden 1997.
Gerigk, H.-J.: Die Architektonik der Brüder Karamasow. In: Gerigk 1997, S. 47–74.
Gerigk, H.-J.: Ein Meister aus Russland. Beziehungsfelder der Wirkung Dostojewskijs. Heidelberg 2010.
Gerigk, H.-J.: Dichterprofile. Tolstoj, Gottfried Benn, Nabokov. Heidelberg 2012.
Gerigk, H.-J.: Dostojewskijs Entwicklung als Schriftsteller. Vom «Totenhaus» zu den «Brüdern Karamasow». Frankfurt a. M. 2013.
Girard, René: Dostoïevski. Du double à l'unité. Paris 1963.
Goldstein, David S.: Dostoïevski et les juifs. Paris 1976.
Greenblatt, Stephan: Renaissance Self-fashioning. Chicago 1980.
Grigor'ev A. A.: Vzgljad na russkuju literaturu so smerti Puškina. In: Sobranie sočinenij pod red. F. V. Savodnika, Teil 6, Moskau 1915.
Grob, Thomas: Inkommensurabilität, Tausch und Verschwendung. Puškin und das Geld. In: Guski/Schmid 2004, S. 329–360.
Grossman, L. P.: Poètika Dostoevskogo. Moskau 1925.
Grossman, L. P.: Dostoevskij na žiznennom puti. Vyp. 1. Molodost' Dostoevskogo 1821–1850. Moskau 1928.
Grossman, L. P.: Dostoevskij za ruletkoj. Roman iz žizni velikogo pisatelja. Riga 1932.
Grossman, L. P.: Žizn' i trudy F. M. Dostoevskogo. Biografija v datach i dokumentach. Moskau, Leningrad 1935.
Grossman, L. P.: Dostoevsky. A Biography. Translated by Mary Mackler. London 1974.

Grossman, Leonid: Balzac and Dostoevsky. o. O. 1973.
Grossman, Leonid: Dostoevskij-reakcioner. Dostoevskij i pravitel'stvennye krugi 1870-ch godov. Pis'ma konservatorov k Dostoevskomu. Moskau 2015.
Guardini, Romano: Religiöse Gestalten in Dostojewskijs Werk. München 1947.
Guski, Andreas: «Einfach» und «kompliziert» bei Dostoevskij. In: Neuhäuser, Rudolf (Hrsg.): Polyfunktion und Metaparodie. Aufsätze zum 175. Geburtstag von Fedor Michajlovič Dostoevskij. Dresden, München 1998, S. 13–33.
Guski, Andreas: Zwischen Tempel und Werkstatt. Literatur und Kommerz in Russland. In: Guski/Schmid 2004, S. 7–28.
Guski, Andreas, Schmid, Ulrich (Hrsg.): Literatur und Kommerz im Russland des 19. Jahrhunderts. Zürich 2004 (Basler Studien zur Kulturgeschichte Osteuropas, Bd. 8).
Guski, Andreas: «Geld ist geprägte Freiheit». Paradoxien des Geldes bei Dostoevskij. In: Dostoevsky Studies, N. S., Vol. XVI (2012), S. 7–57; Vol. XX (2016), S. 103–165.
Harreß, Birgit: Mensch und Welt in Dostoevskijs Werk. Ein Beitrag zur poetischen Anthropologie. Köln u. a. 1993.
Harreß, Birgit (Hrsg.): Dostojewskijs Romane. Interpretationen. Stuttgart 2000.
Hegel, G. W. F.: Ästhetik. Nach der zweiten Ausgabe Heinrich Gustav Bothos (1842) redigiert und mit einem ausführlichen Register versehen von Friedrich Bassenge. Bd. 1, Berlin, Weimar 1976.
Henscheid, Eckhard: Dostojewskijs Gelächter. Die Entdeckung eines Großhumoristen. München 2014.
Herder, Johann Gottfried: Ideen zur Philosophie der Geschichte der Menschheit. Mit einem Vorwort von Gerhart Schmidt. Darmstadt 1966.
Hielscher, Karla: Dostojewski in Deutschland. Frankfurt a. M., Leipzig 1999.
Hildermeier, Manfred: Der russische Adel von 1700 bis 1917. In: Hans-Ulrich Wehler (Hrsg.): Europäischer Adel 1750–1950. Göttingen 1990, S. 166–216.
Hildermeier, Manfred: Geschichte Russlands. Vom Mittelalter bis zur Oktoberrevolution. München 2013.
Hoffmann, Nina: Th. M. Dostojewsky. Eine biographische Studie. Berlin 1899 [Erste deutsche Dostojewskij-Biographie].
Holquist, Michail: Dostoevsky and the Novel. Princeton, NJ 1977.
Hosking, Geoffrey, Service, Robert (Hrsg.): Russian Nationalism. Past and Present. London 1998.
Il'inskij, L.: Gonorar Dostoevskogo. Bibliografičeskie listy russkogo bibliologičeskogo obščestva. 3/1922, S. 4–9.
Il'in, N.: Dostoevskij v spore za kumaninskoe nasledstvo. In: Zven'ja. Sbornik. Moskau 1951, S. 547–565.
Ingold, Felix Philipp: Schuld und Schulden bei F. M. Dostojewskij. Unveröffentl. Ms. der Öffentlichen Antrittsvorlesung vom 9. Mai 1972 an der Hochschule St. Gallen.
Ingold, Felix Philipp: Dostojewskij und das Judentum. Frankfurt a. M. 1981.
Jackson, Robert Louis: Dostoevsky's Underground Man in Russian Literature, 'S-Gravenhage 1958.
Jackson, Robert Louis: Dostoevsky's Quest for Form. Bloomington 1978.

Jackson, Robert Louis: The Art of Dostoevsky. Deliriums and Nocturnes. Princeton, NJ 1981.
Janz, Dieter: Zum Konflikt zwischen Kreativität und Krankheit. Dostojewskijs Epilepsie. In: Dostoevsky Studies, N. S. 10 (2006), S. 125–140.
Jones, Malcolm: Dostoevsky. The Novel of Discord. London 1976.
Jones, Malcom: Dostoevsky after Bachtin. Readings in Dostoevsky's Fantastic Realism. Cambridge u. a. 1990.
Jones, Malcolm: Dostoevsky and the Twentieth Century. Cotgrave 1993.
Kaiser, Friedhelm B.: Die russische Justizreform von 1864. Leiden 1972.
Kampmann, Theoderich: Dostojewski in Deutschland. Münster 1931.
Kapielski, Thomas: Je dickens, destojewki! Ein Volumenroman. Berlin 2014.
Kašina-Evreinova, A.: Podpol'e genija. Seksual'nye istočniki tvorčestva Dostoevskogo. Petrograd 1923.
Keil, Rolf-Dietrich: Gogol. Reinbek bei Hamburg, 3. Aufl. 1998.
Kierkegaard, Sören: Entweder/Oder. In: Gesammelte Werke. Hrsg. von Emanuel Hirsch und Hayo Gerdes. 2. Teil, Bd. 1. und 2. Gütersloh 1987.
Kjetsaa, Geir: Dostojewski: Sträfling, Spieler, Dichterfürst. Gernsbach 1986.
Knapp, Liza (Hrsg.): Dostoevsky as Reformer. The Petrashevsky Case. Ann Arbor 1987.
Knapp, Liza (Hrsg.): Dostoevsky's «The Idiot». A Critical Companion. Evanston, Ill 1998.
Kreuzer, Helmut: Die Boheme. Analyse und Dokumentation der intellektuellen Subkultur vom 19. Jahrhundert bis zur Gegenwart. Stuttgart 1971.
Kristeva, Julia: Holbeins's Dead Christ. In: Michael Feher u. a. (Hrsg.): Fragments for a History of the Human Body. Teil I. New York 1989, S. 238–269.
Lachmann, Renate: Die Schwellensituation. Skandal und Fest bei Dostoevskij. In: W. Haug, R. Warning (Hrsg.): Das Fest. München 1989, S. 307–325.
Lachmann, Renate: Die Zerstörung der schönen Rede. München 1994.
Lauth, Reinhard: «Ich habe die Wahrheit gesehen». Die Philosophie Dostoevskijs in systematischer Darstellung. München 1950.
Lauth, Reinhard: Dostojewski und sein Jahrhundert. Mit einer Einleitung von Hans Rothe. Bonn 1986.
Lavrin, Janko: Fjodor M. Dostojewski. Reinbek bei Hamburg, 22. Aufl. 1994.
Lebenserinnerungen der Gattin Dostojewskis. Hrsg. von René Fülöp-Miller und Friedrich Eckstein, München 1925.
Letopis' žizni i tvorčestva F. M. Dostoevskogo. 3 Bde. Sankt Petersburg 1994/95.
Levitt, Marcus C.: Russian Literary Politics and the Pushkin Celebration of 1880. Ithaca, London 1989.
Literaturnoe nasledstvo, Bd. 83. Neizdannyj Dostoevskij. Moskau 1971.
Literaturnoe nasledstvo, Bd. 86. F. M. Dostoevskij. Novye materialy i issledovanija. Moskau 1973.
Lotman, Jurij M.: Die Struktur des künstlerischen Textes. Hrsg. mit einem Nachwort und einem Register von Rainer Grübel. Frankfurt a. M. 1982.
Lotman, Jurij M.: Russlands Adel. Eine Kulturgeschichte. Köln u. a. 1997.
Louisier, Annette: Nikolaj Nekrasov. Ein Schriftsteller zwischen Kunst, Kommerz

und Revolution. Zürich 2005 (Basler Studien zur Kulturgeschichte Osteuropas, Bd. 11).
Lukács, Georg: Dostojewskij: Notizen und Entwürfe. Budapest 1985.
Lukács, Georg: Die Theorie des Romans. 2. Aufl. Frankfurt a. M. 1974.
Lur'e, F. M.: Sozidatel' rasrušenija. Dokumental'noe povestvovanie o S. G. Nečaeve. Sankt Petersburg 1994.
Maceina, Antanas: Der Großinquisitor. Geschichtsphilosophische Deutung der Legende Dostojewskis. Heidelberg 1952.
Mackiewicz, Stanislaw: Der Spieler seines Lebens. F. M. Dostojewskij. Zürich 1951.
Margolina, Sonja: Wodka. Trinken und Macht in Russland. Berlin 2004.
Maurina, Zenta: Dostojewski. Menschengestalter und Gottsucher. Memmingen 1952.
McReynolds, Susan: Redemption and the Merchant God. Evanston 2008.
Meerson, Olga: Dostoevsky's Taboos. Dresden, München 1998.
Meier-Graefe, Julius: Dostojewski. Der Dichter. Frankfurt a. M. 1988.
Mereschkowski, Dmitry Sergejewitsch: Tolstoj und Dostojewski. Leben, Schaffen, Religion. Berlin 1924.
Michajlovskij, N. K.: Literaturno-kritičeskie stat'i. Moskau 1957.
Miljukov, A.: Vstreči i znakomstva. Sankt Petersburg 1890.
Miller, Orest: Zur Lebensgeschichte Dostojewskis. In: F. M. Dostojewski. Autobiographische Schriften. München 1921, S. 1–176.
Miłosz, Czesław: Dostoevsky and Swedenborg. In Miłosz: Emperor of the Earth. Modes of Eccentric Vision. Los Angeles, Berkeley 1977, S. 120–143.
Močul'skij, Konstantin: Dostoevskij. Žizn' i tvorčestvo. Paris 1947.
Morson, Gary Saul: The Boundaries of Genre. Dostoevsky's *Diary of a Writer* and the Tradition of Literary Utopia. Austin 1981.
Müller, Ludolf: Dostojewski. Sein Leben, sein Werk, sein Vermächtnis. München 1982.
Nabokov, Vladimir: Vorlesungen über russische Literatur. Hrsg. von Fredson Bowers und Dieter E. Zimmer. Reinbek bei Hamburg 2013 (Gesammelte Werke, Bd. XVII).
Nasedkin, Nikolaj: Dostoevskij. Ènciklopedija. Moskau 2003.
Nečaeva, V. S.: Žurnal M. M. i F. M. Dostoevskich «Vremja». 1861–1863. Moskau 1972.
Nečaeva, V. S.: Žurnal M. M. i F. M. Dosoevskich «Èpocha». 1864–1865. Moskau 1975.
Nečaeva, V. S.: Rannij Dostoevskij. Moskau 1979.
Nekrasov, N. A.: Polnoe sobranie sočinenij i pisem v pjatnadcati tomach. Leningrad 1981–1987.
Neuhäuser, Rudolf: Das Frühwerk Dostojewskijs. Heidelberg 1976.
Nietzsche, Friedrich: Sämtliche Werke in 3 Bänden. Hrsg. von Karl Schlechta. München, 8. Aufl. 1977.
Nötzel, Karl: Das Leben Dostojewskijs. Leipzig 1925. Nachdr. Osnabrück 1967.
Meier-Graefe, Julius: Dostojewski. Der Dichter. Frankfurt a. M. 1988.
Paperno, Irina: Suicide as a Cultural Institution in Dostoevsky's Russia. Ithaca, London 1997.
Pascal, Pierre: Dostoïevsky. L'homme et l'œuvre. Lausanne 1970.
Peters, Jochen-Ulrich: Turgenevs «Zapiski ochotnika» innerhalb der očerk-Tradition

der 40er Jahre. Zur Entwicklung des realistischen Erzählens in Russlands. Wiesbaden 1972.

Pieper, Annemarie: Gut und Böse. München 1997.

Pisarev, D. I.: Izbrannye proizvedenija. Leningrad 1968.

Pokrowski, Michail: Geschichte Russlands. Leipzig 1929.

Prokof'ev, V. A.: Petraševskij. Moskau 1962.

Puschkin, Alexander Sergejewitsch: Eugen Onegin. Dramen. Weimar o. J.

Rakusa, Ilma (Hrsg.): Dostojewskij in der Schweiz. Frankfurt a. M. 1981.

Renan, Ernest: Das Leben Jesu. Zürich 1981.

Rice, James L.: Dostoevsky and the Healing 1978 Art. Ann Arbor 1985.

Rosenshield, Gary: Western Law, Russian Justice. Dostoevsky, the Jury Trial and the Law. Madison, WI 2005.

Rothe, Hans: Dostojewskijs Weg zu seinem «Großinquisitor». In: Gerigk 1997, S. 159–204.

Rosanow, Wassilij: Die Legende vom Großinquisitor. Versuch eines kritischen Kommentars. Hrsg. von Rainer Grübel. Oldenburg 2009 (Studia Slavica Oldenburgiensis, Bd. 18).

Rusakov, Viktor: Literaturnye gonorary russkich belletristov. In: Knižnyj vestnik XXI (1904), No. 32, Sp. 917–924, 948–951, 964–968.

Ryklin, Michail: Russkaja ruletka. In: Wiener Slawistischer Almanach 35 (1995), S. 19–39.

Sachuranjan, Evgenij: Dostoevskij v Peterburge. Leningrad 1970.

Saraskina, Ljudmila: Vozljublennaja Dostoevskogo. Apollinarija Suslova: Biografija v dokumentach, pis'mach, materialach. Moskau 1994.

Saraskina, Ljudmila: Nikolaj Spešnev. Nesbyvšajasja sud'ba. Moskau 2000.

Saraskina, Ljudmila: Dostojevskij. Moskau 2011.

Sasse, Sylvia: Hintertüren. Dostoevskij, Nietzsche, Bachtin. In: Die Welt der Slaven LVIII (2013), S. 209–231.

Schach, K. H.: Verbrechen und Strafe in den Werken F. M. Dostojevskijs von den «Aufzeichnungen aus einem Totenhaus» bis zu «Schuld und Sühne». Diss. Tübingen 1980.

Schestow, Lew: Dostojewski und Nietzsche. Philosophie der Tragödie. Köln 1924.

Schmid, Ulrich: Die russische Zensur zwischen Öffentlichkeit und Repression. In: Guski/Schmid 2004, S. 145–200.

Schmid, Ulrich: Die Dostojewskij-Rezeption im deutschen Nationalsozialismus. In: Jahrbuch der Deutschen Dostojewskij-Gesellschaft, Bd. 14 (2007), S. 47–59.

Schmid, Ulrich: Russische Religionsphilosophen des 19. Jahrhunderts. Freiburg u. a. 2003.

Schmid, Wolf: Der Textaufbau in den Erzählungen Dostoevskijs. München 1973.

Schmid, Wolf: Puškins Prosa in poetischer Lektüre. München 1991.

Schmid, Wolf: Die Brüder Karamazov als religiöser *nadryv* ihres Autors. In: R. Fieguth (Hrsg.): Orthodoxien und Häresien in den slavischen Literaturen. Wien 1996 (Wiener Slawistischer Almanach, Sonderband 41), S. 25–50.

Schmid, Wolf: Dostojewskijs Erzähltechnik in narratologischer Sicht. In: Dostoevsky Studies VI (2002), S. 63–72.

Schult, Maike: Im Banne des Poeten. Die theologische Dostoevskij-Rezeption und ihr Literaturverständnis. Göttingen 2012 (Forschungen zur systematischen und ökumenischen Theologie, Bd. 126).
Šelgunov, N. V.: Vospominanija v dvuch tomach. Moskau 1967.
Serman, I. Z.: Dostoevskij i ego vremja. Leningrad 1971.
Šestidesjatye gody. Materialy po istorii literatury i obščestvennogo dviženija. Pod red. N. K. Piksanova i O. V. Cechnovicera. Moskau, Leningrad 1946.
Šklovskij, Viktor: Za i protiv. Zametki o Dostoevskom. Moskau 1957.
Slonim, Marc: Tri ljubvi Dostoevskogo. New York 1953.
Städtke, Klaus: Ästhetisches Denken in Russland. Berlin, Weimar 1978.
Städtke, Klaus: Dostojewskij für Eilige. Berlin 2004.
Städtke, Klaus (Hrsg.): Russische Literaturgeschichte. 2. Aufl., Stuttgart 2011.
Stäheli: Spektakuläre Spekulation. Das Populäre der Ökonomie. Frankfurt a. M. 2007.
Stepun, Fedor: Dostojewskij und Tolstoj. Christentum und soziale Revolution. Drei Essays. München 1961.
Steiner, George: Tolstoj oder Dostojewskij. Analyse des abendländischen Romans. München 1990.
Stoichita, Victor: Ein Idiot in der Schweiz. Bildbeschreibung bei Dostojewski. In: Gottfried Boehm, Helmut Pfotenhauer (Hrsg.): Beschreibungskunst – Kunstbeschreibung. Ekphrasis von der Antike bis zur Gegenwart. München 1995, S. 425–439.
Strachow, N. N.: Über Dostojewskis Leben und literarische Tätigkeit. In: F. M. Dostojewski: Literarische Schriften. München 1921. S. 3–100.
Suslova, A. P.: Gody blizosti s Dostoevskim. Dnevnik. Povest'. Pis'ma. Vstupitel'naja stat'ja A. S. Dolinina. Taschkent 1991.
Suslowa, Polina: Dostojewskis ewige Freundin. Mein intimes Tagebuch. Aus dem Russischen von Rosa Symchowitsch. Mit einem Nachwort von Verena von der Heyden-Rynsch. Berlin 1996.
Svincov, Vitalij: Dostoevskij i stavroginskij grech. In: Voprosy literatury 2/1995, S. 111–142.
Terras, Victor: The Young Dostoevsky (1846–1849). A Critical Study. Den Haag, Paris 1969.
Terras, Victor: A Karamazov Companion. Commentary on the Genesis, Language, and Style of Dostoevsky's Novel. Madison, WI 1981.
Thurneysen, Eduard: Dostojewski. München 1925.
Todd, William Miles III: Dostoevsky as a Professional Writer. In: Leatherbarrow, W. J.: The Cambridge Companion to Dostoevsky. Cambridge 2002, S. 66–92.
Tönnies, Ferdinand: Gemeinschaft und Gesellschaft. Grundbegriffe der reinen Soziologie. Darmstadt 1979.
Troyat, Henri: Dostoïevski. Paris 1960.
Trubetzkoy, N. S.: Dostoevskij als Künstler. Den Haag u. a. 1964.
Tschernyschewski: Was tun? Aus Erzählungen von neuen Menschen. Berlin, Weimar 1974.
Tschižewski, Dmitrij: Zwischen Ost und West. Russische Geistesgeschichte (II). Reinbek bei Hamburg 1961.

Tunimanov, Wladimir: Dostojewskijs Paradoxienträger des Untergrunds und Schestows «Überwindung der Selbstverständlichkeiten». In: Dostoevsky Studies, N. S. Vol. X (2006), S. 30–55.

Turgenev, I. S.: Polnoe sobranie sočinenij v dvadcati tomach. Moskau, Leningrad 1960 ff.

Tvorčeskij put' Dostoevskogo. Sbornik statej pod redakciej N. L. Brodskogo. Leningrad 1924.

Véniukoff, M.: Mes souvenirs. Iz vospominanij M. I. Venjukova, Bd. 1. Amsterdam 1895.

Venturi, Franco: Roots of Revolution. A History of the Populist and Socialist Movements in Nineteenth-Century Russia. New York 1960.

Vogüé, Eugène-Melchior de: Le roman russe. Édition critique par Jean-Louis Backès. Paris 2010.

Volgin, Igor: Poslednij god Dostoevskogo. Istoričeskie zapiski. Moskau 1986.

Volgin, Igor: Rodit'sja v Rossii. Dostoevskij i sovremenniki. Žizn' v dokumentach. Moskau 1991.

Walicki, Andrzej: The Slavophile Controversy. History of a Conservative Utopia in Nineteenth-Century Russian Thought. Oxford 1975.

Wasiolek, Edward: Dostoevsky. The Major Fiction. Cambridge, MA 1971.

Willms, Johannes: Balzac. Eine Biographie. Zürich 2007.

Wortman, Richard: Scenarios of Power. Myth and Ceremony in Russian Monarchy. Bd. 1. Princeton, NJ 1995.

Zacharov, Vladimir N.: «Brat'ja Karamazovy»: metafizika teksta. In: Gerigk 1997, S. 213–228.

Zacharov, V. N.: Imja avtora – Dostoevskij. Očerk tvorčestva. Moskau 2013.

Zweig, Stefan: Drei Meister. Balzac, Dickens, Dostojewski. Leipzig 1923.

/ 插图版权说明

S. 12: © Andreas Guski; S. 23: © culture-images/fai; S. 26: © Andreas Guski; S. 43: © culture-images/fai; S. 47: © culture-images/fai; S. 86: L. P. Grossman: Žizn' i trudy F. M. Dostoevskogo. Biografija v datach i dokumentach. Moskau, Leningrad 1935; S. 139: © culture-images/fai; S. 171: © culture-images/fai; S. 180: © culture-images/fai; S. 184: © culture-images/fai; S. 196: © culture-images/fai; S. 204: © akg-images/Sputnik; S. 205: © culture-images/fai; S. 250: © culture-images/fai; S. 256: © culture-images/fai; S. 265: © akg-images; S. 273: Ilma Rakusa (Hrsg.): Dostojewskij in der Schweiz. Frankfurt a. M. 1981 (Farblithographie Victor Rose, Imprimerie Lemercier, Paris, um 1870); S. 274: © culture-images/fai; S. 287: © akg-images; S. 303: © culture-images/fai; S. 334: © akg-images; S. 335: © Bridgeman; S. 340: © akg-images; S. 347: © bpk/Staatliche Kunstsammlungen Dresden/Ursula-Maria Hoffmann; S. 368: © culture-images/fai; S. 382: © culture-images/fai; S. 407: © culture-images/fai; S. 410: © culture-images/fai; S. 412: © ullstein bild – ullstein bild

/ 人名索引

（索引页码为原书页码，即本书页边码）

Achscharúmow, Dmítrij Dmítrijewisch (1823–1910) 94
Aksákow, Iwán Sergéjewitsch (1823–1886) 366
Aksákow, Sergéj Timoféjewitsch (1791–1859) 27
Albert von Sachsen-Coburg und Gotha 190 f.
Alexander I. (1777–1825, seit 1801 Zar von Russland) 41 f., 171, 186, 418
Alexander II. (1818–1881, seit 1855 Zar von Russland) 133, 135, 138, 145, 150, 154, 156–158, 162 f., 181, 194, 226, 338, 364, 376 f., 379, 382, 392, 412
Alexander III. (1845–1894, seit 1881 Zar von Russland) 114, 307, 331, 359, 408
Alexander, M. 419
Amwróssij Óptinskij (eigentlich Alexánder Michájlowitsch Grenków, 1812–1891) 371 f.
Ánnenkow, Páwel Wassíljewitsch (1813–1887) 169, 381
Antonélli, Pjotr Dmítrijewitsch (1825-?) 89 f.
Arsénjew, Dmítrij Sergéjewitsch (1832–1915) 379
Ašimbaeva, N. 423
Awérkijew, Dmítriij Wassíljewitsch (1836–1905) 255

Bachtin, Michail 13, 63, 235, 278, 379 f., 418, 425 f., 428
Bakúnin, Michaíl Alexándrowitsch (1814–1876) 303 f., 429
Balzac, Honoré de 17, 46, 52 f., 71, 142, 166, 188, 422
Barschew, Iwan 29
Basunow, Alexander 170
Bausinger, H. 424
Bekétow, Alexéj Nikolájewitsch (1824–1898) 46, 78–80, 86
Bekétow, Andréj Nikolájewitsch (1825–1902) 46, 78–80, 86
Bekétow, Nikoláj Nikolájewitsch (1827–1911) 46, 78–80, 86
Belichów, Grigórij (?–1857) 130, 134
Belínskij, Wissarión Grigórjewitsch (1811–1848) 50, 56 f., 59 f., 62–67, 69–73, 75, 78–80, 89 f., 99 f., 102, 213, 283, 306 f., 336, 388, 418–420, 425

448 / 陀思妥耶夫斯基传 /

Belov, S. V. 430
Beltschikow, N. F. 417, 420
Benjamin, W. 282, 325, 424
Bennet, J. G. 418
Bentham, Jeremy 210 f.
Benz, E. 429
Berdjajew, N. 285, 421, 427 f.
Bereschézkij, Iwán Ignátjewitsch (1820–1869) 45 f.
Bethea, D. M. 428
Bieito, Calixto 129
Biljéwitsch, Nikoláj Iwánowitsch (1812–1860) 33
Bismarck, Otto von 260, 340, 357, 389, 392
Bizet, G. 433
Blanc, Louis 81
Blanqui, Louis-Auguste 81, 85
Bleckwenn, H. 428
Boborýkin, Pjotr Dmítriewitsch (1836–1921) 176, 202, 219, 423
Bontadina, P. D. 428
Booth, W. C. 432
Borél, Pjotr Fjódorowitsch (1829–1898) 171, 175
Bortnjánskij, Dmítrij Stepánowitsch (1751–1825) 87
Bourdieu, P. 433
Bráfman, Jákow Alexándrowitsch (1824–1879) 359
Braun, M. 427
Breton, André 284
Brétzel, Jákow Bogdanówitsch (1842–1918) 332, 405 f.
Brodsky, J. 426
Brown, Márfa (Martha) Petrówna 249
Büchner, L. 425
Búnin, Iwán Alexéjewitsch (1870–1953) 13
Bush, George Walker 13
Buss, A. 426
Buturlín, Dmítrij Petrówitsch (1790–1848) 83 f., 98, 158
Byron, George Gordon 46, 116, 172

Cabet, Étienne 81, 85
Camus, Albert 215, 323, 394, 429
Carlyle, Thomas 184, 387
Castorf, Frank 9, 283
Catteau, J. 420 f., 423, 428, 430
Cechnovicer, O. V. 429
Chaltúrin, Stepán Nikolájewitsch (1857–1882) 377
Chereau, Patrice 129
Chomjaków, Alexéj Stepánowitsch (1804–1860) 321
Chotinénko, Wladímir Iwánowitsch (* 1952) 132
Chruschtschów, Nikíta Sergéjewitsch (1894–1971) 13
Cicero, Marcus Tullius 322
Constant, Benjamin 209
Constant, François de 131
Čulkov, G. 423
Custine, Astolphe de 90
Cypkin, L. 422

Daniléwskij, Nikoláj Jákowlewitsch (1822–1885) 297 f., 321 f., 429
Danilow, Alexej 245 f.
Dante Alighieri 173, 175
Derscháwin, Gawríil Románowitsch (1743–1816) 33
Descartes, René 397, 433
Dickens, Charles 61, 76, 166, 184, 190, 239, 343, 419, 431
Diderot, Denis 186
Disraeli, Benjamin 358
Dobroljúbow, Nikoláj Alexándrowitsch (1836–1861) 167
Doerne, M. 423
Dolgorúkow, Wladímir Andréjewitsch (1810–1891) 154 f.
Dolgúschin, Alexánder Wassíljewitsch (1848–1885) 341 f.
Dolinin, A. P. 13, 424 f.
Dostojéwskaja, Alexándra Michájlowna (1835–1889, Dostojewskijs Schwester) 25, 31, 35, 299
Dostojéwskaja, Anna Grigórjewna

(«Anja», geb. Snítkina, 1846–1918, Dostojewskijs zweite Gattin) 21, 31, 129, 224, 227, 234, 237, 250–260, 262–269, 271–276, 286, 290–293, 299–301, 305, 326, 329–333, 335 f., 338–340, 355 f., 367 f., 370–375, 382–384, 388, 404–409, 411–413, 425, 428, 434

Dostojéwskaja, Emília Fjódorowna (1822–1879, Dostojewskijs Schwägerin) 54, 140, 208, 257 f., 260

Dostojéwskaja, Ljubów Fjódorowna («Aimée», 1869–1919, Dostojewskijs Tochter) 39, 196, 259, 293, 330, 373, 411, 417, 424, 432, 434

Dostojéwskaja, María Dmítrijewna (geb. Constant, 1824–1864, Dostojewskijs erste Gattin) 131 f., 136–142, 144, 150–152, 154, 182 f., 193, 195, 197, 203–207, 252, 254 f., 257

Dostojéwskaja, María Fjódorowna (geb. Netschájewa, 1800–1837, Dostojewskijs Mutter) 22–24, 26, 28, 30–33, 35, 37, 40 f.

Dostojéwskaja, Sófja (Sonja) Fjódorowna («Sonjetschka», 1868, Dostojewskijs Tochter) 259, 275 f., 290, 339

Dostojéwskaja, Warwára Michájlowna (1822–1893, Dostojewskijs Schwester) 25, 35, 53, 123, 139, 141 f., 299

Dostojéwskaja, Wéra Michájlowna (1829–1896, Dostojewskijs Schwester) 25, 35, 224 f., 253, 258, 299, 405

Dostojéwskij, Alexéj (Aljoscha) Fjódorowitsch (1875–1878, Dostojewskijs Sohn) 355, 368, 370–372, 391, 400

Dostojéwskij, Andréj Grigórjewitsch (Dostojewskijs Großvater) 22

Dostojéwskij, Andréj Michájlowitsch (1825–1897, Dostojewskijs Bruder) 21, 25, 28 f., 32 f., 35, 38–40, 91, 93–97, 118, 123, 183, 294, 299, 404

Dostojéwskij, Fjódor Fjódorowitsch (1871–1922, Dostojewskijs Sohn) 330, 407, 411

Dostojéwskij, Michaíl Andréjewitsch (1788–1839, Dostojewskijs Vater) 22–41, 45, 53–55, 66, 119, 130, 418

Dostojéwskij, Michaíl Michájlowitsch (1820–1864, Dostojewskijs Bruder) 24 f., 28, 32–36, 39 f., 44 f., 48, 50–57, 64, 66 f., 70, 72 f., 80, 91, 93, 97, 100, 104, 110 f., 121–123, 126, 128, 130, 133, 136, 138–141, 143 f., 147, 150–152, 155 f., 158 f., 161 f., 165, 169, 182 f., 193, 200–205, 207 f., 210, 218, 223, 233, 237, 254, 257, 273, 292, 300

Dostojéwskij, Nikoláj Michájlowitsch (1831–1883, Dostojewskijs Bruder) 25, 35

Dowler, W. 423

Dráschussow (eigentlich Suchard), Nikoláj Iwánowitsch (1783–1851) 28

Drubek-Meier, N. 426

Druschínin, Alexánder Wassíljewitsch (1824–1864) 164

Dúbelt, Leóntij Wassíljewitsch (1792–1862) 94, 134

Dúrow, Sergéj Fjódorowitsch (1815–1869) 85–88, 90–94, 98 f., 103 f., 111, 113, 115, 125, 157, 421

Eckstein, F. 425
Eichenbaum, B. 418
El Greco (eigentlich Dominikos Theotokopoulos) 395
Eliasberg, A. 422
Engelhardt, D. 421, 427
Engels, Friedrich 190, 424
Enko (eigentlich Tkačenko), K. und M. 422
Ernst, Max 284

Feuerbach, Ludwig 81, 85, 88, 216, 285, 303, 324, 349, 431
Filíppov, Tértij Iwánowitsch (1825–1899) 99
Fjódorowna, María (1759–1828) 25

Fonwísin, Michaíl, Alexándrowitsch (1887–1854) 114, 123 f.
Fonwísina, Natálja Dmítrijewna (1805–1869) 114–116, 122–124, 319 f.
Forman, M. 433
Fourier, Charles 79–83, 94, 99, 211, 213, 245, 419
Frank, Joseph 109, 420 f., 425, 429, 431, 433
Franklin, Benjamin 153 f.
Frerichs, Friedrich Theodor von 338
Freud, Sigmund 15, 39 f., 68 f., 109, 119, 215, 267, 325, 401, 417, 421, 427
Fröbel, Friedrich Wilhelm August 369
Fromm, Erich 189, 424
Führer, K. C. 427
Fukuyama, Francis 188

Gabelsberger, Franz Xaver 226
Gäbe, L. 433
Garibaldi, Giuseppe 260, 270
Geier, S. 237, 426, 431
Géjden (Heiden), Jelisawjéta Nikolájewna (1833–1894) 407
Gércen (Herzen), Alexánder Iwánowitsch (1812–1870) 60, 64, 173, 175, 184, 192, 221, 271, 303, 306, 336, 423 f., 428
Gerhard, D. 422
Gerigk, Horst-Jürgen 109, 353, 419, 421 f., 425–431, 433 f.
Geyer, P. 426
Geyer, R. 425
Ghiberti, Lorenzo 291
Giesz, L. 427
Gilardi, Giovanni 25
Girard, R. 433
Glínka, Michaíl Iwánowitsch (1804–1857) 154
Godunów, Borís Fjódorowitsch (1552–1605) 114
Goebbels, Joseph 357
Goethe, Johann Wolfgang von 166, 384
Gógol, Nikoláj Wassíljewitsch (1809–1852) 14, 33, 49–51, 59, 64, 68 f., 72, 79, 89 f., 100, 142, 146, 149, 164, 200, 276, 322, 385
Gold, H. 424
Góldenberg, Grigórij Dawýdowitsch (1855–1880) 377
Goldstein, D. S. 431
Golosovker, J. È. 425
Gontscharów, Iwán Alexándrowitsch (1812–1891) 27, 49, 164 f.
Górkij, Maxím (eigentlich Alexéj Maxímowitsch Peschków, 1868–1936) 13
Gortschaków, Pjotr Dmítriewitsch (1789–1868) 115
Granówskij, Timoféj Nikolájewitsch (1813–1855) 306 f., 346
Greenblatt, S. 423
Gribojédow, Alexánder Sergéjewitsch (1795–1829) 57, 353
Grigórjew, A. A. 423, 429
Grigórjew, Apollón Wassíljewitsch (1816–1864) 97, 161 f., 165, 175, 208 f., 279, 296 f.
Grigórjew, Nikoláj Petrówitsch (1822–1886) 91 f., 100, 102 f., 105, 114
Grigoŕowitsch, Dmítrij Wassíljewitsch (1822–1900) 46, 58, 64, 79, 164, 193
Grinjewitsch, Mark 359
Grob, T. 418
Grossman, L. P. 13, 417 f.
Guardini, Romano 107, 421, 428 f., 433

Hagenbüchle, R. 425 f.
Hanska, Ewelina 52
Harreß, B. 419, 422
Hasford, August von 135, 145
Haumann, H. 431
Hausmann, Georges Eugène 188
Hegel, Georg Friedrich Wilhelm 59, 79, 126, 188, 212, 303, 307, 425, 431
Heine, Heinrich 187
Henscheid, Eckhard 146, 422
Herder, Johann Gottfried 160 f., 186, 296, 429

Herzen *siehe* Gércen
Hielscher, K. 424, 426
Hildermeier, M. 422 f., 429
Hippokrates 342
Hitchcock, Alfred 246, 284
Hoffmann, E. T. A. 72, 146, 168
Holbein d. J., Hans 27, 155, 286–288
Holquist, M. 401 f., 434
Homer 384
Hosking, G. 424
Hübner, Johann 30, 417
Hugo, Victor 46, 103, 107, 121, 165, 185, 188, 336, 376
Hus, Jan 292

Il'inskij, L. 425, 427, 431
Ingold, F. P. 422, 431
Issájew, Alexánder Iwánowitsch (1822–1855) 130–132, 136, 140
Issájew, Páwel Alexándrowitsch («Pascha», 1848–1900) 131, 137, 143, 150 f., 154 f., 182 f., 197, 204, 208, 234, 253, 257 f., 260, 299, 330
Ivanov, V. V. 426
Iwán IV. («der Schreckliche», 1530–1584, seit 1547 Zar von Russland) 22, 114, 194
Iwánow, Iwán Iwánowitsch (?–1869) 305
Iwánowa, Sófja Alexándrowna (1846–1907, Dostojewskijs Nichte) 225, 289, 299

Jaclard, Victor 250
Janáček, Leoš 129
Janówskij, Stepán Dmítriewitsch (1815–1897) 47 f., 79, 87, 89, 91, 156, 162, 273
Jányschew, Ioánn Leontjewitsch (1826–1910) 222
Janz, D. 421
Jastrschémbskij, Iwán Lwówitsch (1814–1886) 111, 113
Jean Paul (eigentlich Johann Paul Friedrich Richter) 324

Jélzin, Borís Nikolájewitsch (1931–2007) 12
Jones, M. 401, 433

Kafka, Franz 72, 215
Kaiser, F. B. 431
Kant, Immanuel 126, 186, 198, 244, 402, 424 f., 434
Kapielski, Thomas 76, 419
Karakósow, Dmítrij Wladímirowitsch (1840–1866) 376
Karamsín, Nikoláj Michájlowitsch (1766–1826) 31–33, 186, 380, 409, 424
Karépin, Pjotr Petrówitsch (1796–1850) 53–57
Kaschina-Jewreinowa, Anna 325 f., 430
Kaschpirjów, Wassílij Wladímirowitsch (1836–1875) 293 f., 298
Katanájew, Iwán Mirónowitsch (1804–1873) 140
Katharina II. («die Große», 1729–1796, seit 1762 Zarin von Russland) 29, 41, 95, 186, 431
Katków, Michaíl Nikíforowitsch (1818–1887) 143 f., 147–150, 152, 192, 219, 222–224, 236, 246, 255, 259, 265, 269, 271, 273, 291 f., 294, 298, 301, 306, 327, 330, 333, 337, 374, 381, 383, 386 f., 390
Kaulbach, Wilhelm von 338
Keil, R.-D. 420
Kepler, Johannes 238
Kierkegaard, Sœren 318–320, 324, 354, 425, 429
Kiréjewskij, Iwán Wassíljewitsch (1806–1856) 160 f.
Kiríllow, Nikoláj 82
Kjetsaa, G. 422, 425, 428, 430
Klein, J. 424
Kleist, Heinrich von 146, 277
Knapp, L. 420
Kóni, Anatólij Fjódorowitsch (1844–1927) 341

Konstánt, Warwára Dmítrijewna (1826–1866?) 144, 197
Kopernikus, Nikolaus 322
Kornílowa, Jekaterína Prokófjewna (1856–1878) 360–364, 380
Korsch, Wálentin Fjódorowitsch (1828–1883) 219
Kórwin-Krukówskaja, Ánna Wassíljewna (1843–1887) 249 f., 252–254
Kórwin-Krukówskaja, Sófja Wassíljewna (1850–1891) 249 f.
Koschlaków, Dmítrij Iwánowitsch (1834–1891) 406
Kostomárow, Koronád Filíppowitsch (1803–1873) 35
Kostomárow, Nikoláj Iwánowitsch (1817–1885) 226
Kotelnízkaja, Warwára Michájlowna 23
Kotelnízkij, Wassílij Michájlowitsch (1769–1844) 23
Kowaléwskaja, S. V. 427
Kowaléwskij, Jegór Petrówitsch (1809–1868) 178, 382
Kówner, Arkádij Grigórjewitsch (eigentlich Awraám Úrija, 1842–1909) 355, 358
Krajéwskij, Alexánder Alexándrowitsch (1810–1899) 65, 67 f., 73 f., 97, 148, 152, 159, 219 f., 294
Kramskój, Iwán Nikolájewitsch (1837–1887) 334, 407 f.
Krestówskij, Wsjewolód Wladímirowitsch (1839–1895) 162
Kreuzer, H. 418
Kristeva, J. 429
Kropótkin, Dmítrij Nikolájewitsch (1836–1879) 377
Krylów, Iwán Andréjewitsch (1769–1844) 50
Kumánin, Alexánder Alexéjewitsch (1792–1863) 24, 32, 35, 37, 123, 141, 203, 207, 299
Kumánina, Alexándra Fjódorowna (1796–1871) 23 f., 32, 35, 37, 123, 141, 209, 294, 299, 331, 355, 405
Kúrbskij, Andréj Michájlowitsch (1523–1583) 21 f.
Kuscheljów-Besboródko, Grigórij Alexándrowitsch (1832–1876) 143–145

Lacenaire, Pierre-François 237 f.
Lachmann, R. 429, 432
Lafontaine, Jean de 50
Lamartine, Alphonse de 46
Lamennais, Félicité de 81, 83
Lauth, R. 433
Lautréamont (eigentlich Isidore Lucien Ducasse) 325
Lavater, Johann Caspar 186
Lavrin, J. 425
Law, John 344
Lénin (eigentlich Uljanow), Wladímir Iljítsch (1870–1924) 11, 13, 95
Leóntjew, Konstantín Nikolájewitsch (1831–1891) 401
Lérmontow, Michaíl Júrjewitsch (1814–1841) 54, 197, 209, 230, 344, 430 f.
Lesków, Nikoláj Semjónowitsch (1831–1895) 209
Lessing, Gotthold Ephraim 124 f., 288, 422
Letkówa, Jekaterína Páwlowna (1856–1937) 388
Leuchtenberg, Herzog von (Maximilian de Beauharnais, 1817–1852) 69, 419
Levitt, M. 432 f.
Liprándi, Iwán Petrówitsch (1790–1880) 89, 92
Livingstone, David 423
Lomonóssow, Michaíl Wassíljewitsch (1711–1765) 33, 380, 409
Lorís-Mélikow, Michaíl Tariélowitsch (1825–1888) 377, 408
Lorrain, Claude 346–348
Lotman, J. M. 318, 325, 424, 426, 429
Louisier, A. 418 f.
Lukács, Georg 349, 397, 431, 433

Lukaschénko, Alexánder Grigórjewitsch (* 1954) 14
Lur'é, F. M. 429
Luther, Martin 317
Lwow, Fjódor (1823–1885) 106, 420 f.

Maceina, A. 433
Májkow, Apollón Nikolájewitsch (1821–1897) 79, 88, 121 f., 156, 162, 193, 262 f., 273 f., 277, 281 f., 293, 298 f., 331
Májkow, Walerián Nikolájewitsch (1823–1847) 79, 82, 97
Margolina, S. 431
Markjéwitsch, Bolesláw Michájlowitsch (1822–1884) 408
Marx, Adolph Theodor (Ádolf Fjódorowitsch, 1838–1904) 413
Marx, Karl 71, 191, 307, 424
Matt, P. von 430
McReynolds, S. 401, 421, 431, 433
Meerson, O. 418, 429
Meier-Graefe, Julius 167, 282, 423, 426, 428 f.
Mereschkówskij, Dmítrij Sergéjewitsch (1865–1941) 88, 105–107, 109, 325, 419–421, 426, 430
Mérimée, Prosper 433
Merkurow, S. D. 26
Meschtschérskij, Wladímir Petrowitsch (1839–1914) 332–337, 355
Mesenzów, Nikoláj Wladímirowitsch (1827–1878) 377
Meyerbeer, Giacomo (eigentlich Jakob Liebmann Meyer Beer) 387 f.
Michajlovskij, N. K. 425
Miljúkow, Alexánder Petrówitsch (1816–1897) 83, 93, 111, 149, 156 f., 162, 226 f., 420–423, 426, 430
Mill, John Stuart 210 f.
Miller, N. 427
Miller, O. 417 f., 420 f.
Miłosz, Czesław 400, 433
Minájew, Dmítrij Dmítrijewitsch (1835–1889) 162

Mlodézkij, Iwán Ósipowitsch (1855–1880) 377 f.
Mo Yan 76
Močul'skij, K. 423, 425, 427, 433
Molière (eigentlich Jean-Baptiste Poquelin) 71
Molnár, I. 429 f.
Mombélli, Nikoláj Alexándrowitsch (1823–1902) 94, 103
Morson, G. S. 431 f.
Moser, H. 423
Musset, Alfred de 209

Nabokov, Vladimir 13, 96, 282, 428
Nabókow, Iwán Alexándrowitsch (1787–1852) 96, 98
Napoleon I. (Kaiser der Franzosen) 17, 22, 45 f., 71, 238, 323
Napoleon III. (Kaiser der Franzosen) 260
Nasedkin, N. 425
Nečaeva, V. S. 423, 425
Nekrássow, Nikoláj Alexéjewitsch (1821–1878) 48, 58–60, 64 f., 67, 69 f., 73, 84, 135, 147 f., 152, 159, 164 f., 178, 192 f., 337, 354, 382, 418–420
Netschájew, Fjódor Timoféjewitsch (1769–1832) 22
Netschájew, Sergéj Gennádijewitsch (1847–1882) 304–307, 310 f., 322, 329, 342, 359
Neuhäuser, R. 422, 430
Neworótowa, Jelisawéta Michájlowna (1837–1918) 129
Newton, Isaac 80, 238
Nietzsche, Friedrich 107 f., 198, 215–217, 324, 345, 421 f., 425
Nikoláj I. (1796–1855, seit 1825 Zar von Russland) 33, 42, 54, 59, 78, 83 f., 90, 93, 100 f., 104–106, 110, 114, 121, 133, 135, 150, 154, 157 f., 173, 187, 194, 298, 378, 380 f., 419
Nötzel, K. 105, 417, 419 f.

Novalis (eigentlich Georg Philipp Friedrich von Hardenberg) 72
Nowak, E. 427

Odójewskij, Wladímir Fjódorowitsch (1803–1869) 64
Offenbach, Jacques 188
Ogarjów, Nikoláj Iwánowitsch (1813–1877) 271, 303, 306, 329
Ólchin, Kostja 255
Ólchin, Páwel Matwéjewitsch (1830–1915) 226 f., 252, 255
Opekúschin, Alexánder (1838–1923) 381
Opitz, R. 431
Orlów, Alekséj Fjódorowitsch (1787–1862) 92, 94
Osnówskij, Nikoláj 167 f.
Ostrówskij, Alexánder Nikolájewitsch (1823–1886) 165, 175, 193, 246, 284, 383
Otto, A. 427

Palm, Alexánder Iwánowitsch (1822–1885) 85–88, 90–93
Panájew, Iwán Iwánowitsch (1812–1862) 64 f., 70
Panájewa, Awdótja Jákowlewna (1819–1893) 65, 70, 129
Paperno, I. 420 f., 425, 427 f.
Pascal, Blaise 324, 430
Pátton, Óskar Petrówitsch (1823–1870?) 52
Paul (Pawel) I. (1754–1801, seit 1796 Zar von Russland) 41 f.
Páwlow, Platón Wassíljwitsch (1823–1895) 176, 178
Paxton, Joseph 211
Perler, D. 433
Perów, Wassílij Grigórjewitsch (1833–1882) 332, 335, 408
Perówskij, Lew Alexéjewitsch (1792–1856) 92
Peter (Pjotr) I. («der Große», 1672–1725, seit 1682 Zar von Russland) 16, 81, 94 f., 150, 160 f., 186, 356

Peter der Einsiedler 387
Peters, J.-U. 418
Petraschéwskij (Butaschéwitsch-Petraschéwskij), Michaíl Wassíljewitsch (1821–1866) 36, 81–87, 89–93, 96, 103 f., 106, 110, 113, 115, 123, 137
Pieper, A. 427, 429
Piksanova, N. K. 429
Píssarjew, Dmitríj Iwánowitsch (1840–1868) 244, 427
Píssemskij, Alexéj Feofiláktowitsch (1821–1881) 164
Pleschtschéjew, Alexéj Nikolájewitsch (1825–1893) 79, 86 f., 89, 103 f., 143, 147, 149
Pobedonószew, Konstantín Petrówitsch (1827–1907) 378 f., 401, 404, 408–412, 434
Pogódin, Michaíl Petrówitsch (1800–1875) 226
Pokrowski, M. 422
Polónskij, Jákow Petrówitsch (1819–1898) 162
Pomeránzew, Konstantín Petrówitsch (1835–?) 175
Prochorov, G. 418, 427
Prokof'ev, V. A. 419
Proudhon, Pierre-Joseph 79, 81
Prozorov, J. M. 426
Púschkin, Alexánder Sergéjewitsch (1799–1837) 14, 33, 37, 49–51, 63 f., 71, 73, 76, 116, 146, 151, 160 f., 169, 197, 225, 230, 296, 331, 344, 364 f., 376, 380–388, 403, 419, 432 f.
Pútin, Wladímir Wladímirowitsch (*1952) 12–14
Putjatín, Jewfémij Wassíljewitsch (1803–1883) 163

Radcliffe, Ann 172, 328
Radíschtschew, Alexánder Nikolájewitsch (1749–1802) 95
Rakusa, I. 428
Ranke, Leopold von 306

Reimarus, Hermann Samuel 288
Renan, Ernest 285, 288, 428
Rice, J. 421
Richardson, Samuel 30
Riesenkampf, Alexander 48 f., 53 f.
Rilke, R. M. 430
Románow, Alexéj Petrówitsch (1690–1718), Sohn Peters des Großen 95
Románow, Konstantín Konstantínowitsch (1858–1915, Enkel Nikolajs I.) 378
Románow, Michaíl Páwlowitsch (1798–1849, Bruder Nikolajs I.) 42
Románow, Nikoláj Alexándrowitsch (1843–1865, Zarewitsch) 378
Románow, Nikoláj Nikolájewitsch (1831–1891, Bruder Alexanders II.) 138
Románow, Pawel Alexándrowitsch (1860–1919, Sohn Alexanders II.) 379
Románow, Sergéj Alexándrowitsch (1857–1905, Sohn Alexanders II.) 379
Románowa, Alexándra Fjódorowna (1798–1860, Gattin Nikolajs I.) 135
Románowa, María Alexándrowna (1824–1880, Gattin Alexanders II.) 382
Románowa, María Nikolájewna (1819–1876, Gattin Herzog von Leuchtenbergs) 419
Rósanow, Wassílij Wassíljewitsch (1856–1919) 196, 401, 433
Rosenberg, Alfred 357
Rosenshield, G. 423, 432, 434
Rothe, H. 422, 433
Rousseau, Jean-Jacques 29 f., 186, 189, 270 f., 385, 397, 433
Rozenbljum, N. G. 424
Rubinstéin, Antón Grigórjewitsch (1829–1894) 176
Rubinstéin, Nikoláj Grigórjewitsch (1835–1881) 383
Rukawíschnikow, Alexánder Juliánowitsch (* 1950) 11 f.

Rusakov, V. 425
Ryklin, M. 426
Ryléjew, Kondrátij Fjódorowitsch (1795–1826) 103, 114

Sacharow, W. N. 14, 109, 417, 421, 433
Sachuranjan, E. 420
Sade, Donatien Alphonse François de 167, 314, 328
Sagóskin, Michaíl Nikolájewitsch (1789–1852) 24, 417
Saint-Simon, Henri de 79, 81
Saltyków-Schtschedrín, Michaíl Jewgráfowitsch (1926–1889) 354, 431
Salvador 199 f.
Sand, George (eigentlich Amantine Aurore Lucile Dupin de Francueil) 46, 52, 61, 91, 166, 194
Saraskina, L. 417, 420, 422–425, 427 f.
Sasse, S. 426
Sássulitsch, Wára Iwánowna (1849–1919) 376
Savigny, Carl Friedrich von 306
Schach, K. H. 432
Schaper, R. 428
Schapíro, Konstantín Nikolajewitsch (?–1900) 375, 408
Schelgunów, Nikoláj Alexándrowitsch (1824–1891) 178 f., 244
Schelling, Friedrich Wilhelm Joseph 79, 161
Schestow, L. I. 13, 109, 125, 174, 215 f., 218, 282, 401, 421–423, 425, 428, 433
Schétschkin, Walérij Wíktorowitsch (* 1960) 15
Schidlówskij, Iwán Nikolájewitsch (1816–1872) 45 f.
Schiller, Friedrich 33, 45 f., 49, 51, 90, 342
Schmid, U. 422, 431
Schmid, W. 401, 418 f., 433
Schmücker, Ulrich 316
Schnitzler, Arthur 72
Schopenhauer, Arthur 230, 426

Schostakówitsch, Dmítrij Dmítrijewitsch (1906–1975) 209
Schukówskij, Wassílij Andréjewitsch (1783–1852) 24, 33, 409
Schult, M. 433
Scott, Walter 33, 172
Šelgunov, N. V. 423, 427
Sergeev, V. 427
Serman, I. Z. 428
Sétschenow, Iwán Michájlow (1829–1905) 194
Shaffer, P. 433
Shakespeare, William 45, 51, 56, 186, 213, 215, 322, 384
Sieyès, Emmanuel Joseph 67
Sir Galahad (eigentlich Bertha Eckstein-Diener) 18, 282, 417
Šklovskij, V. 429, 432 f.
Slivickaja, O. V. 426
Slonim, M. 425, 427
Sloterdijk, P. 424
Smirdín, Alexánder Filíppowitsch (1795–1857) 50
Snítkin, Grigórij Iwánowitsch 253, 255
Snítkin, Iwán Grigórjewitsch (1849–1887) 305, 404
Snítkina, Ánna Nikolájewna (1812–1893) 252 f., 255, 268, 273, 292, 300
Sollogúb, Wladímir Alexándrowitsch (1813–1882) 64
Solowjów, Wladímir Sergéjewitsch (1853–1900) 371, 388, 391
Solowjów, Wsewolód Sergéjewitsch (1849–1903) 355
Solschenízyn, Alexánder Issájewitsch (1918–2008) 113
Sonnleithner, Joseph 116
Sorókin, Wladímir Geórgiewitsch (*1955) 15
Soulié, Frédéric 188
Speschnjów, Nikoláj Alexándrowitsch (1821–1882) 84–89, 92, 103, 106, 114, 324, 420 f.

Spielberg, Steven 284
Stáckenschneider, Jeléna Andréjewna (1836–1897) 367, 375 f.
Städtke, K. 418, 424, 431
Stäheli, U. 419
Stankéwitsch, Alexánder Wladímirowitsch (1821–1912) 306
Stellówskij, Fjódor Timoféewitsch (1826–1875) 219 f., 225–228, 294, 299, 331
Stendhal (eigentlich Marie-Henrí Beyle) 17
Stepnják-Krawtschínskij, Sergéj Michájlowitsch (1851–1895) 377
Stepun, F. 428
Sterbling, A. 426
Stifter, Adalbert 268
Stoichita, V. 429
Stráchow, Nikoláj Nikolájewitsch (1828–1896) 162, 165, 169, 179, 184–186, 192, 202, 225, 228, 234, 255, 282, 292, 294, 296, 302, 306, 326–328, 418, 421, 423 f., 429 f., 433
Strauß, David Friedrich 288
Suchosanét, Nikoláj Onúfrijewitsch (1794–1871) 138
Sue, Eugène 46, 52, 91, 165 f., 188
Súslowa, Apollinárija Prokófjewna (1839–1918) 129, 193–203, 207, 218, 221 f., 249 f., 252–254, 263, 424 f.
Súslowa, Nadéschda Prokófjewna (1843–1918) 194, 250
Suwórin, Alexéj Sergéjewitsch (1834–1912) 409
Svincov, V. (Swinzow, W.) 129, 422, 430

Terras, V. 419, 433
Thomas von Kempen, 19
Thurneysen, E. 417
Tichonráwow, Nikoláj Sáwwitsch (1832–1893) 383
Timkówskij, Kónstantin Iwánowitsch (1814–1881) 99

/ 人名索引 / 457

Todd, W. M. 427, 433
Tönnies, F. 351, 431
Tolstája, Sófja Andréjewna (1844–1892) 373, 375 f.
Tolstój, Alexéj Konstantínowitsch (1817–1875) 373, 376
Tolstój, Lew Nikolájewitsch (1828–1910) 14, 19, 21, 27, 49, 62, 78, 184, 189, 200, 282, 285, 290, 294, 325 f., 328, 337, 350, 352, 354, 357, 365, 370, 374, 376–378, 381, 384, 403, 422, 426
Totleben, Eduard von (1818–1884) 48, 137 f., 153 f.
Totleben, Gustav Adolf von (1823–1868) 48, 137
Trépow, Fjódor Fjódorowitsch (1809–1889) 376
Tretjaków, Páwel Micháljowitsch (1832–1898) 332
Trollope, Anthony 184
Troyat, Henri (eigentlich Lew Aslanowitsch Tarassow, 1911–2007) 39
Trutówskij, Konstantín Alexándrowitsch (1826–1893) 46 f., 204
Tschaadájew, Pjotr Jákowlewitsch (1794–1856) 90
Tschajkówskij, Pjotr Iljítsch (1840–1893) 237
Tschéchow, Ánton Páwlowitsch (1860–1904) 14
Tschermák, Leóntij Iwánowitsch (ca. 1770–1840) 32, 35
Tschernjájew, Michaíl Grigórjewitsch (1828–1898) 357
Tschernyschéwskij, Nikoláj Gawrílowitsch (1928–1889) 95, 107, 176, 181, 184, 210 f., 216, 250, 336, 421, 425
Tschinkowskij, Iwan 28
Tschižewski, D. 429
Tunimanow, V. A. 430, 433
Turgénjew, Iwán Sergéjewitsch (1818–1883) 48, 60, 64, 66, 70, 78, 142, 147 f., 164 f., 184, 193, 197, 200 f., 203, 213, 217, 220 f., 244 f., 261, 285, 298, 304, 306, 313, 326, 328, 346, 354, 377, 381–385, 387, 403, 411 f., 425, 430–432
Twain, M. 424
Tyrell, H. 426

Uljánow, Alexánder Wladímirowitsch (1866–1887) 95
Útin, Nikoláj Isaákowitsch (1841–1883) 165
Uwárow, Sergéj Semjónowitsch (1786–1855) 84
Uxbridge, Lord of (Henry William Paget) 32

Véniukoff, M. 420
Venturi, F. 423
Victoria (Königin von Großbritannien) 190
Vogüé, Eugène-Melchior de 175, 376, 421, 423
Volgin, I. 418 f., 422, 432, 434
Voltaire (eigentlich François Marie Arouet) 317, 390

Walpole, Horace 328, 427
Walújew, Pjotr Alexándrowitsch (1815–1890) 182
Wasiolek, E. 431
Weber, Max 71, 215, 231, 426
Weinberg, Pjotr Issájewitsch (1831–1908) 164
Wenjuków, Michaíl Iwánowitsch (1832–1901) 106
Wergunów, Nikoláj Borísowitsch (1832–1870) 137 f., 140
Wieland, Christoph Martin 186
Wieniawski, Henryk (1835–1880) 176
Wilde, Oscar 283
Wilhelm I. (Deutscher Kaiser) 338
Willms, J. 418
Wise, Robert 284
Wiskowátow, Páwel Alexándrowitsch (1842–1905) 88, 430

Witkówskij, Nikoláj Iwánowitsch
　　(1820–1892) 46
Wortman, R. 418
Wrángel, Alexánder Jegórowitsch
　　(1833–1915) 128, 132 f., 135–138, 151,
　　164, 222 f., 237

Zacharov *siehe* Sacharow
Zink, A. 423
Zipprian, H. 426
Zweig, S. 420

图书在版编目（CIP）数据

陀思妥耶夫斯基传 / （德）安德里亚斯·古斯基著；强朝晖译. -- 北京：社会科学文献出版社，2021.10（2025.7重印）
书名原文: Dostojewskij
ISBN 978-7-5201-9011-4

Ⅰ.①陀… Ⅱ.①安… ②强… Ⅲ.①陀思妥耶夫斯基(Dostoyevsky, Fyodor Mikhailovich 1821-1881) – 传记 Ⅳ.①K835.125.6

中国版本图书馆CIP数据核字（2021）第184262号

陀思妥耶夫斯基传

著　　者 /	［德］安德里亚斯·古斯基（Andreas Guski）
译　　者 /	强朝晖
出 版 人 /	冀祥德
责任编辑 /	段其刚
责任印制 /	岳　阳
出　　版 /	社会科学文献出版社·教育分社（010）59367069 地址：北京市北三环中路甲29号院华龙大厦　邮编：100029 网址：www.ssap.com.cn
发　　行 /	社会科学文献出版社（010）59367028
印　　装 /	北京盛通印刷股份有限公司
规　　格 /	开　本：787mm×1092mm　1/16 印　张：29.25　字　数：393千字
版　　次 /	2021年10月第1版　2025年7月第4次印刷
书　　号 /	ISBN 978-7-5201-9011-4
著作权合同 登 记 号 /	图字01-2019-3605号
定　　价 /	118.00元

读者服务电话：4008918866

▲版权所有 翻印必究